PUBLICATION DE LA RÉUNION DES OFFICIERS

HISTORIQUE

DU

82ᵉ RÉGIMENT D'INFANTERIE

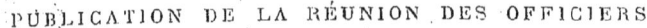

DE LIGNE

ET DU 7ᵉ RÉGIMENT D'INFANTERIE LÉGÈRE

1684-1876

Par P. ARVERS

Capitaine au 82ᵉ

AVEC LES DIFFÉRENTS TYPES D'UNIFORMES DE L'INFANTERIE LÉGÈRE
ET DE LIGNE
D'APRÈS LES COLLECTIONS DU MINISTÈRE DE LA GUERRE

Par CH. BRECHT

Lieutenant au 82ᵉ

DESSINÉS ET GRAVÉS A L'EAU-FORTE

Par E. COLLOMB

Sous-lieutenant de réserve au 82ᵉ

PARIS

TYPOGRAPHIE LAHURE

RUE DE FLEURUS, 9

HISTORIQUE

DU

82ᴱ RÉGIMENT D'INFANTERIE

DE LIGNE

(104)

HISTORIQUE
DU
82ᵉ RÉGIMENT D'INFANTERIE
DE LIGNE

ET DU 7ᵉ RÉGIMENT D'INFANTERIE LÉGÈRE

1684-1876

Par P. ARVERS
Capitaine au 82ᵉ

AVEC LES DIFFÉRENTS TYPES D'UNIFORMES DE L'INFANTERIE LÉGÈRE
ET DE LIGNE
D'APRÈS LES COLLECTIONS DU MINISTÈRE DE LA GUERRE

Par CH. BRECHT
Lieutenant au 82ᵉ

DESSINÉS ET GRAVÉS A L'EAU-FORTE

Par E. COLLOMB
Sous-lieutenant de réserve au 82ᵉ

PARIS
TYPOGRAPHIE LAHURE
RUE DE FLEURUS, 9

1876
Tous droits réservés

A

MONSIEUR LOUIS FAUCHON

COMMANDEUR DE LA LÉGION D'HONNEUR
COLONEL DU 82ᵉ DE LIGNE

Régiment de Saintonge, créé le 8 Septembre 1684

imp. Beillet, 35, Quai de la Tournelle, Paris

PRÉFACE

« Les officiers chargés de la rédaction des historiques de régiments devront analyser l'historique des demi-brigades et des régiments dont, par suite de transformations successives, leur corps porte aujourd'hui le numéro, de manière à faire du tout un ensemble qui renoue et complète pour chacun « la chaîne des traditions. »

(Général DE CISSEY, *Recommandations relatives aux historiques des corps de troupe.* 1872.)

Le travail que nous présentons à nos chefs et à nos camarades du 82ᵉ a été entrepris conformément aux instructions de M. le ministre de la guerre, en date du 3 juin 1872. Nous nous sommes proposé de renouer pour notre régiment la chaîne des traditions interrompue, pour tous les régiments de l'infanterie française, à deux époques de notre histoire, 1791 et 1815 : pour y arriver, nous avons dû réunir des éléments qui, de prime abord, ne paraissent pas se rapporter au sujet que nous traitons, car entre eux il n'existe pas de lien généalogique ; il n'y a entre ces régiments, ces demi-brigades et le 82ᵉ actuel, d'autre point commun que le numéro, et nous ne sommes pas les descendants de ceux qui, aux différentes époques dont nous évoquons le souvenir, l'ont porté sur leurs drapeaux et sur leurs boutons.

Mais quel est celui d'entre nous dont le cœur n'a pas battu d'une noble émotion en rencontrant dans les annales de l'histoire un fait glorieux se rapportant au numéro de son régiment? Pour notre part, nous avons entendu à plusieurs reprises de jeunes officiers se plaindre, avec une sorte de dépit, de n'avoir jamais rencontré le numéro 82 dans l'ouvrage de M. Thiers, et en conclure qu'il n'avait dû être mêlé à aucun des événements de guerre de cette époque. Certainement ils n'ignoraient pas que la 82e demi-brigade, ou le 82e de ligne, et le régiment actuel, n'ont aucune communauté d'origine, mais portant à leur collet le même numéro, ils eussent été fiers de savoir que leurs devanciers l'avaient illustré.

D'un autre côté, venu au 82e à une époque où il se souvenait d'avoir été 7e léger, ayant servi sous un drapeau qui portait dans ses plis les noms glorieux d'Iéna, d'Eylau, de Wagram et de la Moskowa, nous ne pouvions laisser de côté les fastes de ce beau régiment, un de ceux de la Grande-Armée, et parmi ceux-là un de ceux qui, pendant dix ans, sous les Davout, les Gudin, les Gérard, servirent de modèle à l'armée tout entière.

Nous avons donc entrepris l'histoire des deux numéros, et, au fur et à mesure que nous avancions, nous nous félicitions de ne pas nous être tenu, dès l'abord, à un plan purement généalogique qui nous eût conduit à retracer les origines et l'existence du 46ᵉ de ligne, dont les débris servirent, en 1816, à former la légion du Jura, qui devint 7ᵉ léger, et à nous approprier l'histoire d'un régiment dont le 46ᵉ actuel conserve avec jalousie les traditions, car on y répond encore aujourd'hui à l'appel du nom de Latour-d'Auvergne, le premier grenadier de l'armée, « mort au champ d'honneur. »

Rechercher tout ce qui, comme régiment, avait porté le numéro 82, nous eût mené bien loin et à une époque où le numéro n'était qu'un classement ignoré du régiment lui-même, qui ne connaissait que son nom. Nous avons donc pris le numéro à son origine, c'est-à-dire à l'époque où les régiments abandonnèrent leurs noms pour prendre des numéros, sous lesquels on les désigna désormais ; puis, remontant l'échelle du temps, nous avons fait l'historique du régiment qui devint 82ᵉ en 1791. Ce fut Saintonge, dont nous avons fidèlement reproduit les fastes, d'après M. le général Susane, auquel nous adressons nos humbles remercîments pour les services que son livre nous a rendus à tous les points de vue.

Nous aidant des recherches faites par MM. Pascal, Brahaut, Sicart, Amyot, nous avons poursuivi l'étude du 82ᵉ partout et sous toutes ses formes : les *livrets d'emplacements des troupes*, les *livrets de situations des divisions à l'intérieur* nous indiquant les divisions militaires, les armées ou les camps auxquels il appartenait aux différentes époques ; les *situations des corps d'armée*, nous donnant des renseignements plus circonstanciés sur les divisions et les brigades dont il faisait partie, sur son effectif aux différentes périodes, sur ses mouvements par quinzaine; la *Correspondance de Napoléon I*[er], nous renseignant parfois sur les origines et les causes de ces mouvements, nous étudiions ensuite dans les ouvrages, et notamment dans les mémoires, les campagnes auxquelles il avait pris part : après quoi, recherchant dans la *Correspondance* et dans les *journaux de marche* les faits qui lui étaient propres, il ne nous restait, pour avoir des matériaux complets, qu'à retrouver, sur les matricules des officiers et sur celles de la troupe, les noms de ceux qui s'étaient signalés, ainsi que ceux des tués et des blessés. Aux *Archives historiques*, aux *matricules des corps* et à la *Bibliothèque du ministère*, nous avons rencontré une complaisance inépuisable, et grâce à elle nous avons pu conduire nos recherches à bonne fin.

Nous avons procédé de même pour le 7e léger : là encore, notre point de départ a été le bataillon des chasseurs d'Auvergne, qui devint, en 1794, le 7e bataillon d'infanterie légère, lequel servit de noyau à la 7e demi-brigade d'infanterie légère.

Ces deux historiques complètent merveilleusement l'ensemble de cette époque de guerres : le 82e et le 7e léger ont porté leurs armes aux extrémités opposées de l'Europe, et jusqu'au Nouveau Monde ; leurs fortunes ont été diverses, et nos lecteurs pourront en tirer plus d'un rapprochement. A côté de succès éclatants, nous avons dû enregistrer des revers ; nous n'avons rien dissimulé, par respect pour la vérité, et parce que nous avons souvent trouvé les vaincus égalant leurs vainqueurs.

Au début, le 82ᵉ est dans Mayence : forcé de capituler, il fait partie de ces Mayençais qui avaient déployé tant de valeur que, ne pouvant les utiliser contre les ennemis du dehors, la Convention les envoya en Vendée pour en finir avec une insurrection que les troupes de la République étaient impuissantes à maîtriser. Jusque-là les Vendéens n'avaient eu devant eux que des volontaires sans éducation militaire, gens des villes, ignorant la campagne et s'enfuyant à chaque affaire devant ces paysans mal armés, mais dont la foi et une connaissance parfaite du terrain augmentaient la force. « Les Mayençais ne terminèrent pas la guerre de Vendée, mais après les coups qu'ils portèrent à l'insurrection, les grands périls cessèrent [1]. »

Le 82ᵉ, vieux débris de Saintonge, dont on lui donnait parfois encore le nom, disparaît et, bientôt après, une 82ᵉ demi-brigade, obtenue par l'amalgame d'éléments hétérogènes, fait revivre le numéro. Dans les temps qui suivent sa formation, nous ne relevons rien qui mérite d'être cité; comme dans la plupart des corps de l'Ouest, l'indiscipline y cause de grands désordres, et ce n'est qu'à la longue qu'elle acquiert de la cohésion.

Nous avons trouvé là l'occasion d'une étude dont nous avons puisé les éléments aux *Archives historiques* du ministère de la marine. La 82ᵉ, par des détache-

---

1. Camille Rousset, *les Volontaires* de 1791.

ments d'abord, puis par un bataillon entier, prit part aux expéditions de la Guadeloupe : après la paix d'Amiens, elle alla prendre possession de la Martinique et de Sainte-Lucie ; en 1803, cette dernière colonie fut enlevée par les Anglais, après une lutte héroïque de sa garnison, composée d'un bataillon de la 82º. En 1805, le 82º régiment d'infanterie de ligne fut formé à deux bataillons, à Fort-de-France (Martinique). Il se signala aussitôt par la prise du Diamant, un des plus beaux faits d'armes qui aient illustré la valeur française. En 1809, il fut formé à trois bataillons, et, peu après, il fut compris dans la capitulation du fort Desaix, après avoir supporté, seul avec un bataillon du 26º de ligne, tout le poids d'une défense honorable contre un ennemi dix fois plus nombreux. Le régiment de la Martinique dépendait d'un 82º dont le dépôt, organisé aux Sables, et venu ensuite à La Rochelle, présente, de son côté, un ensemble de faits qui se rattachent à la défense des côtes et des établissements maritimes de l'Océan contre les entreprises des Anglais.

Peu après s'être reformé aux Sables, à la suite des désastres de Sainte-Lucie et de Tabago, et avec les débris qui en vinrent, le 82º fournit des bataillons à l'armée de Portugal, et, jusqu'en 1814, il fit la guerre en Portugal et en Espagne, tantôt avec quatre bataillons et finalement avec un seul. Si les résultats de cette guerre ne furent pas heureux, si le 82º prit part à des expéditions désastreuses, sa gloire n'en subsiste pas moins : Vimeiro, Ciudad-Rodrigo, Busaco, Fuentès de

Oñoro, l'évacuation d'Almeïda, Salamanque, le blocus de Bayonne, pour n'avoir pas toujours été des victoires, sont néanmoins de brillants faits d'armes.

Enfin, après la ruine de l'armée en Russie, le 82ᵉ concourut à sa réorganisation. En 1813, l'excédant de ses cadres, composé d'officiers et de sous-officiers aguerris en Espagne, forma un bataillon qui se fit remarquer à Lutzen et à Bautzen, et dont les débris, réunis à un nouveau bataillon, furent bloqués dans Mayence. La campagne de France fut, pour d'autres bataillons du 82ᵉ, l'occasion de montrer ce que peuvent les bonnes traditions d'un corps dans les temps de revers. En 1815, le 82ᵉ fit partie de la division Girard, qui supporta une partie du poids de la bataille de Ligny, où ses régiments se battirent contre les Prussiens avec tant d'acharnement, qu'on dut laisser la division tout entière à Charleroi, pour s'y refaire, et qu'elle ne se trouva pas à Waterloo.

La 7ᵉ demi-brigade d'infanterie légère fit d'abord partie de l'armée d'Italie ; elle se signala ensuite, dans le royaume de Naples, par la prise de Gaëte, Nola et Trani ; elle était à la bataille de la Trebbia, et défendit, sous Suchet, la ligne du Var. Elle envoya, vers cette époque, un bataillon à Malte, et en eut un autre qui fit partie de l'expédition de Saint-Domingue.

A partir de 1805, le 7ᵉ régiment d'infanterie légère appartint à la Grande-Armée. Iéna, Eylau, y marquent ses étapes : en 1809, dans la marche de Davout sur Abensberg, il appuya la cavalerie du général Pajol dans les courses les plus aventureuses et porta au plus haut la réputation de l'infanterie légère : il était à Wagram. Dans la campagne de Russie, Smolensk, Valoutina, Borodino, Malo-Iaroslawetz, la Bérésina, furent témoins de sa bravoure, de sa discipline et de son dévouement. Serré autour de l'aigle, un groupe d'officiers et de soldats marche à l'arrière-garde, protégeant la retraite, ayant juré de ramener en France ce signe de l'honneur du régiment ; à Kowno, cette poignée de braves, réunie autour du général Gérard et du maréchal Ney, tient encore en respect un ennemi de beaucoup supérieur en nombre.

Entre ces deux régiments, que de différences! Pendant que l'un a ses bataillons dispersés dans les deux mondes, et que son dépôt doit constamment préparer des ressources pour faire face à de nouveaux dangers, l'autre, toujours réuni, tire du sien les ressources qui lui sont nécessaires ; il combat avec le maître, et sous ses yeux, faisant ample moisson de gloire et d'honneurs, jusqu'au jour où, succombant à son tour à la mauvaise fortune, il donne encore, jusqu'à la fin, des preuves de son dévouement et l'exemple du devoir. 1813 les réunit dans la même armée, et quand cette année finit, l'un est bloqué dans Mayence, tandis que l'autre, par une insigne déloyauté, est fait prisonnier de guerre après la capitulation de Dresde. Ses débris se signalent, en 1814, à Anvers et au blocus d'Huningue. En 1815, le 7e léger reconstitué fait partie de l'armée du Rhin, et son dépôt, représenté par quelques hommes, prend part à la défense d'Huningue, où il n'a pas cessé de tenir garnison depuis 1805.

Nous venons de faire un résumé rapide de l'histoire

du 82ᵉ de ligne et du 7ᵉ léger jusqu'en 1815, afin de faire ressortir aux yeux de nos lecteurs l'obligation dans laquelle nous nous étions trouvé de faire pour l'un ce que nous avions fait pour l'autre. En effet, en 1815, l'armée est licenciée, et ses vestiges disparaissent dans une formation nouvelle, la légion : les dépôts où l'on avait conservé quelques comptables et des soldats sans famille, que l'on n'osait renvoyer, servirent de noyau à la nouvelle infanterie, et ce ne fut que peu à peu que ses cadres se complétèrent en officiers et sous-officiers ayant appartenu à des régiments de l'ancienne armée. Ainsi se forma la légion du Jura, et ce serait pousser l'amour de la généalogie bien loin que de lui assigner comme origine les rares débris du 46ᵉ qui entrèrent dans sa formation. Du reste, n'est-il pas évident que, si les régiments formés en 1820 cherchèrent à rattacher leurs débuts à un passé militaire, c'est à celui du régiment dont ils faisaient revivre le numéro qu'ils durent revenir? C'est ainsi qu'en 1852, quand on inscrivit sur les drapeaux des régiments les noms des batailles les plus mémorables auxquelles leur numéro avait participé, celui du 7ᵉ léger porta les victoires de son illustre devancier. Mais aujourd'hui, que les régiments d'infanterie légère ont disparu, à qui appartenait-il de retracer l'histoire du 7ᵉ léger, sinon au 82ᵉ?

La seconde période commence en 1816, et continue sans interruption jusqu'à 1875. Le régiment change trois fois de nom : il est légion du Jura, 7ᵉ léger, 82ᵉ de ligne; il englobe un régiment de formation nouvelle qui, lui aussi, a déjà son histoire, et la confond avec la sienne. Il se signale en Algérie et quitte la Crimée avec une réputation légendaire ; il fait la campagne d'Italie, retourne en Algérie et succombe sous les coups de la fortune, pour renaître bientôt à un nouvel avenir.

Il nous a paru indispensable d'exposer la méthode que nous avions suivie pour traiter notre sujet : le plan de l'ouvrage en découle naturellement ; nous l'avons divisé en quatre parties correspondant chacune à l'un des corps dont nous avons été conduit à retracer l'origine et les fastes.

Dans la deuxième partie, nous avons dû consacrer un chapitre spécial à l'histoire du dépôt du 82° de 1799 à 1815. Dans les chapitres suivants nous avons développé séparément les campagnes auxquelles le 82° a pris part, successivement ou simultanément, par ses différents bataillons, de manière à présenter pour chacune un ensemble de faits non interrompu.

Dans les autres parties les faits se succèdent dans l'ordre chronologique, les dépôts des corps qui en font l'objet ne présentant aucun intérêt au point de vue historique.

PREMIÈRE PARTIE.

Saintonge et 82° de ligne, 1684-1796.
Campagnes de Saintonge de 1684 à 1791, et du 82° sur le Rhin et en Vendée.

DEUXIÈME PARTIE.

82° demi-brigade et 82° de ligne, 1799-1815.
Campagnes des côtes de l'Océan, des Antilles, de Portugal et d'Espagne, d'Allemagne, de France, de Belgique (1815).

PRÉFACE.

TROISIÈME PARTIE.

1. *Chasseurs d'Auvergne et 7ᵉ demi-brigade d'infanterie légère* (1ʳᵉ formation), 1788-1796.
Campagnes du Rhin et de Rhin et Moselle.
2. *7ᵉ demi-brigade d'infanterie légère et 7ᵉ léger*, 1796-1815.
Campagnes d'Italie, d'Allemagne, de Russie, de Saxe, de France et du Rhin (1815).

QUATRIÈME PARTIE.

Légion du Jura, 7ᵉ léger et 82ᵉ de ligne, 1816-1876.
Campagnes d'Espagne, d'Afrique, d'Orient, Siége de Sébastopol. Campagne contre l'Allemagne. Armée de Versailles.

Dans ces pages écrites avec sincérité, nous nous sommes contenté d'exposer les faits, nous figurant, pour chaque époque, tenir au jour le jour un journal de marches. Nous avons éprouvé tant de satisfaction en écrivant ces lignes, résultat de nos recherches aux sources mêmes, que nous sommes déjà récompensé de ce fait; nous le serions davantage, si notre œuvre recevait l'agrément de nos chefs, et l'accueil de nos camarades jeunes et vieux du 7ᵉ léger et du 82ᵉ.

NOTICE

SUR LES DIFFÉRENTES ORGANISATIONS DE L'INFANTERIE

L'organisation de l'infanterie en régiments remonte à 1561, elle est due au duc de Guise et ne fut rendue définitive qu'en 1567 ; ce fut deux ans plus tard, en 1569, que les vieilles bandes s'organisèrent en régiments qui prirent les noms de Gardes françaises, Picardie, Piémont, Champagne, Navarre et le titre de vieux corps[1].

Le nombre des régiments n'était que de 13, quand Henri IV fut assassiné; à la mort de Richelieu il était de 139. Diminué successivement, il était à la paix de Nimègue de 70, plus les bataillons de garnison.

En 1684, il fut créé 30 régiments nouveaux, sous le nom d'autant de provinces; ils furent formés avec les 3es ba-

---

[1]. Nous avons cru devoir faire précéder l'historique du 82ᵉ d'une notice sur les différentes organisations de l'infanterie, afin de mettre le lecteur à même de se rendre compte des transformations successives qu'elle a subies depuis son organisation en régiments, jusqu'à nos jours; ceux qui voudraient pénétrer plus loin dans la vie intérieure des corps avant la Révolution et s'initier aux règles qui les régissaient sous le rapport du recrutement, de l'avancement, des préséances, etc., pourront lire avec fruit le 1ᵉʳ volume de l'*Histoire de l'infanterie* par le général Susane.

taillons d'autant de régiments, et destinés à la garde des places fortes ; ils rendaient disponibles les autres régiments, qui prirent la dénomination de « régiments de campagne ».

Le 19 septembre 1691, ces nouveaux régiments furent classés parmi les autres.

1701-1715. Le nombre des régiments, porté à 280, fut réduit à 120 à la paix.

Le 25 mars 1776, l'infanterie fut répartie en 94 régiments, dont 12 à 4 bataillons, et le reste à 2. L'artillerie, qui formait le 64ᵉ régiment, cessa d'en faire partie.

Le 1ᵉʳ janvier 1791, l'infanterie se composait de 82 régiments français et de 24 étrangers, à 2 bataillons de 9 compagnies, dont 1 de grenadiers, chacun.

Le règlement du 1ᵉʳ janvier 1791 prescrivit la suppression des noms portés par les régiments, et leur substitua des numéros distribués suivant l'ordre d'ancienneté.

En 1792, on entreprit le dénombrement des régiments, en envoyant les bataillons dans des armées différentes et en agissant de même à l'égard des grenadiers, parce qu'il était, disait-on, « moins facile de les corrompre en détail qu'en masse », mais, en réalité, parce qu'on voulait avoir partout un noyau pour servir d'exemple et d'appui aux volontaires.

Le 13 août 1793, les vieilles enseignes des régiments furent brûlées en place de Grève, et les drapeaux et le pavillon tricolores furent les seuls admis.

La loi du 21 février 1793 prescrivit que les régiments prendraient le nom de demi-brigades, et que l'infanterie serait distinguée en infanterie de ligne et infanterie légère. Les demi-brigades de ligne ou de bataille devaient être formées par l'amalgame de deux bataillons de volontaires et d'un vieux bataillon ; les demi-brigades légères, par l'amalgame de deux bataillons de volontaires et d'un bataillon de chasseurs.

L'embrigadement s'opéra au moyen du tiercement des compagnies entre elles, d'après l'ancienneté de grade de leurs capitaines.

1er *bataillon* : 1er grenadiers : 1er, 13e, 4e, 16e, 7e, 19e, 10e, 22e fusiliers.

2e *bataillon* : 2e grenadiers : 2e, 14e, 5e, 17e, 8e, 20e, 11e, 23e fusiliers.

3e *bataillon* : 3e grenadiers : 3e, 15e, 6e, 18e, 9e, 21e, 12e, 24e fusiliers.

Mais cette organisation ne fut définitivement exécutée qu'en vertu d'un nouveau décret du 24 janvier 1794, conforme au précédent. L'infanterie comprenait, à ce moment, 99 régiments d'infanterie de ligne à 2 bataillons, et 14 bataillons de chasseurs.

Indépendamment des demi-brigades de ligne ci-dessus, on forma 15 demi-brigades provisoires et 24 autres demi-brigades, sous diverses dénominations, au moyen de bataillons de volontaires. Ces formations furent nécessitées par suite du désordre de l'administration, qui ignorait jusqu'au nombre et à l'emplacement des corps. 48 bataillons réguliers, qui auraient dû servir de noyaux à autant de demi-brigades, continuèrent ainsi d'exister sous leurs numéros de régiments.

Le 18 nivôse an IV (8 janvier 1796), l'infanterie fut réorganisée en 110 demi-brigades de ligne et 30 demi-brigades légères, dans la composition desquelles entrèrent les demi-brigades provisoires et autres, et qui furent dites de deuxième formation; on ne tint aucun compte des numéros des anciennes demi-brigades.

Un arrêté des consuls, du 1er vendémiaire an XII (24 septembre 1803), supprima la dénomination de demi-brigade, et rétablit celle de régiment. Il fixa à 90 le nombre des régiments, qui eurent les uns 4, les autres 3 bataillons; tous les numéros ne furent pas créés; il resta des vacances, dont quelques-unes ne furent remplies qu'à la fin de l'Empire.

De 1808 à 1813, l'infanterie subit de nombreux accroissements. 44 régiments de ligne (de 113 à 156) et 6 régiments légers (de 32 à 37) furent formés.

En 1809, pour faire face à la cinquième coalition, on forma

30 demi-brigades ou régiments provisoires, dont 8 demi-brigades actives pour l'Allemagne, et 22 dites de réserve pour l'Espagne.

Il est essentiel de savoir, pour comprendre comment il pouvait se faire que, souvent, le même régiment eût en même temps des bataillons en Allemagne, en Espagne ou dans les colonies, qu'à partir de 1808, certains régiments comptèrent jusqu'à 7 bataillons, disséminés par un ou par deux dans des garnisons lointaines ou dans les diverses armées mises sur pied depuis cette date jusqu'en 1814. Les régiments d'infanterie de ligne et d'infanterie légère, qui n'étaient qu'à 2 ou à 3 bataillons, furent, par le décret du 18 février 1808, portés à 5, dont 4 de guerre et 1 de dépôt. Les nouveaux bataillons furent formés d'hommes de nouvelle levée, pris dans les classes de réserve de 1804, 1805, 1806 et 1807; il en fut de même pour les 6ᵉ et 7ᵉ bataillons créés depuis.

Le 1ᵉʳ avril 1814, à la chute de l'empire, l'infanterie se composait de : 35 régiments, jeune et vieille garde; 135 régiments d'infanterie de ligne; 35 régiments d'infanterie légère.

Le 12 mai 1814, une ordonnance royale fixa à 90 le nombre des régiments de ligne et à 15 celui des régiments légers. Les 30 premiers régiments de ligne conservèrent seuls leurs numéros.

1815. Aux Cent-Jours, les régiments conservés par l'organisation du 12 mai reprirent leurs numéros.

Après Waterloo, l'armée fut licenciée, et en 1818, le maréchal Gouvion Saint-Cyr constituait l'infanterie sous la forme de 86 légions départementales, avec leur artillerie légère et des éclaireurs à cheval. En vertu de l'ordonnance royale du 23 octobre 1820, la dénomination de régiment fut rétablie.

L'ordonnance du 27 février 1825 fixa le nombre des régiments d'infanterie à : 6 de garde royale, 64 de ligne, 20 de légère ; à 3 bataillons de 8 compagnies dont 6 de fusiliers, 1 de grenadiers, 1 de voltigeurs.

17 août 1830. Création des 65ᵉ et 66ᵉ de ligne.

18 septembre 1830. Création d'un quatrième bataillon par régiment.

29 septembre 1840. Le nombre des régiments de ligne fut porté à 75. Celui des régiments d'infanterie légère à 25.

28 septembre 1840. Création de 10 bataillons de chasseurs à pied.

22 novembre 1853. Création de 10 autres bataillons de chasseurs à pied.

28 octobre 1854. L'infanterie légère fut supprimée en tant que régiments ; les 25 régiments légers prirent la suite des numéros jusqu'à 100 à partir de 75.

Le 1ᵉʳ janvier 1870, l'infanterie comprenait : 8 régiments de la garde, 100 régiments de ligne, 21 bataillons de chasseurs, dont 1 de la garde, 3 régiments de zouaves, 3 régiments de tirailleurs algériens, 1 régiment étranger, 3 bataillons d'infanterie légère d'Afrique.

Le 14 juillet 1870 un quatrième bataillon fut créé dans chacun des 100 régiments d'infanterie ; de la réunion de ces quatrièmes bataillons, et des compagnies formées ultérieurement avec les évadés des prisons de l'ennemi et les hommes des classes 1869 et 1870, on forma des régiments de marche dont le dernier portait le nº 91. Il fut aussi formé 30 bataillons de chasseurs à pied, de marche.

Une circulaire ministérielle du 13 mars 1871 décida la fusion entre les régiments de ligne et les régiments de marche correspondants, mais elle ne put avoir lieu qu'à la fin de septembre.

Les régiments de l'ex-garde devaient fusionner avec les 9 derniers numéros, de 92 à 100.

Le 11 mai 1871, les 101ᵉ, 102ᵉ, 103ᵉ et 104ᵉ, furent licenciés.

Le 24 juillet 1871, une circulaire ministérielle décida que les 109ᵉ, 110ᵉ, 113ᵉ, 114ᵉ, 119ᵉ et 135ᵉ régiments conserveraient leurs numéros et ne fusionneraient pas, il fut en même temps créé des régiments provisoires qui par décret du 4 avril 1872 devinrent définitifs et prirent les numéros 101 à 108, 111, 112, 115 à 118, 120 à 126.

Un décret du 29 septembre 1873 porta création de 18 régiments d'infanterie, de 127 à 134 et de 136 à 144, obtenus en prélevant 3 compagnies sur chacun des régiments existants, ce qui eut pour effet de constituer l'infanterie à 144 régiments à 3 bataillons de 6 compagnies, plus 3 compagnies de dépôt; 30 bataillons de chasseurs à pied, 4 régiments de zouaves, 3 régiments de tirailleurs, 1 régiment étranger, 3 bataillons d'Afrique.

La loi du 13 mars 1875 a maintenu ces chiffres en modifiant la constitution du régiment qui est de 4 bataillons à 4 compagnies, plus 2 de dépôt.

PREMIÈRE PARTIE

PREMIÈRE PARTIE

CHAPITRE I

SAINTONGE ET 82ᵉ, 1684 A 1796

Historique du régiment de Saintonge (1684-1791). — Rangs et numéros de Saintonge. — Saintonge devient 82ᵉ régiment d'infanterie (1791). — Campagne de 1792. — Prise de Spire. — Campagne de 1793. — Défense de Mayence. — Guerre de Vendée. — Le 2ᵉ bataillon est amalgamé dans la 152ᵉ demi-brigade (1794). — Le 1ᵉʳ bataillon est amalgamé dans la 81ᵉ demi-brigade (1796)[1].

Historique du régiment de Saintonge.

Le régiment de Saintonge fut créé sous ce nom le 8 septembre 1684 et formé avec des compagnies du régiment de Navarre.

---

[1]. Ouvrages consultés. — L. Susane, *Histoire de l'ancienne infanterie française*. — Archives historiques, *Notes sur le 82ᵉ*. — *Pajol général en chef*, par le général Pajol, son fils. — *Dix ans de guerre en Vendée*, par Pattu-Deshautschamps. — *Guerre des Vendéens contre la République*, par Savary. — *Mémoire sur la guerre de Vendée*, par Kléber (Archives historiques). — *Histoire de la Révolution française*, par Thiers. — *Les situations de l'Armée des côtes de Brest*. — *La Correspondance de l'Armée des côtes de Brest*, de 1793 à 1796.

1688. Au commencement de la guerre de la ligue d'Augsbourg il fut mis en garnison à Landau.

1689. Le 5 mai, 9 compagnies chargées de construire une redoute vis-à-vis de l'embouchure du Necker, sur le Rhin, furent attaquées par un corps impérial qu'elles mirent en déroute.

1690. Le régiment commença la campagne sur la Moselle, il passa ensuite dans les Pays-Bas, et combattit vaillamment à Fleurus.

1691. Il servit au siége de Mons, après lequel il retourna sur la Moselle.

1692. Il fournit 4 compagnies pour la formation du 3e bataillon de Picardie, et il fit cette campagne et la suivante (1693), à l'armée du Rhin.

1694. Il se rendit sur les Alpes.

1695. Il revint sur la frontière d'Allemagne.

1696. Il servit sur la Meuse.

1697. Il vint en Flandre prendre part au siége d'Ath.

1701. Porté à deux bataillons (1er février), Saintonge occupa ce même mois la ville d'Anvers, pour le nouveau roi d'Espagne Philippe d'Anjou, petit-fils de Louis XIV.

1702. Il passa à l'armée que le maréchal de Catinat réunissait en Alsace.

En septembre, le 1er bataillon, sous Villars, fut embrigadé avec Champagne, et partagea la gloire de cet illustre corps à l'attaque du pont d'Huningue, à la prise de Neubourg et à la bataille de Friedlingen.

Le 9 juin, le 2me bataillon s'était jeté dans Landau et avait pris part à la longue et belle défense qu'y avait faite M. de Mélac, contre l'armée du roi des Romains.

1703. Les deux bataillons faisaient partie de la brigade de Champagne, et débutèrent au mois de février par le siége de Kehl. Le 1er bataillon marcha ensuite à l'avant-garde de Villars, dans la belle course de ce général pour joindre l'Électeur de Bavière, et rivalisa d'ardeur avec le régiment de Champagne à l'attaque des lignes de Stollhofen, à la prise de Gegembach, Biberach, Haslach, Husen, à l'assaut des retranchements de la vallée de Hornberg, à la première bataille d'Hochstedt et à la soumission d'Ulm et d'Augsbourg.

Pendant ce temps, le 2ᵐᵉ bataillon, resté sur le Rhin, avec le maréchal de Tallard, contribua à la prise de Brisach et de Landau, et à la victoire de Speyerbach. Il passa aussi en Bavière et fut mis en garnison dans Ulm (1704).

Après la défaite d'Hochstedt, où le 1ᵉʳ bataillon avait courageusement combattu à la défense du village d'Oberklaw, le régiment demeura à l'arrière-garde pendant toute la retraite des débris de l'armée, et en arrivant sur le Rhin il fut jeté dans Vieux-Brisach. Le 10 novembre, il contribua à faire échouer une tentative du prince Eugène sur cette place.

1705. Le régiment garda Brisach.

1706. Il rentra sous les ordres de Villars et contribua à la levée du blocus de Fort-Louis, à la prise des retranchements de Drusenheim, de Lauterbourg, d'Haguenau et de l'île du Marquisat.

Après ces expéditions, il partit pour la Flandre, que la perte de la bataille de Ramillies laissait à découvert, et il y resta jusqu'au commencement de 1708. Il revint alors sur le Rhin, mais la défaite d'Audenaërde le fit rappeler dans les Pays-Bas et, pendant que les alliés assiégeaient Lille, il fit partie de cette armée de 90 000 hommes que le duc de Bourgogne tint inactive au camp de Saulsoy (1708).

1709. Saintonge, embrigadé avec le régiment du Roi, combattit avec la plus grande intrépidité à Malplaquet. Il était placé de manière à prendre en flanc les troupes qui attaqueraient le régiment du Roi. Cette brigade fut une des trois avec lesquelles Villars chargea à la baïonnette l'armée anglaise ; on allait saisir la victoire, quand une balle frappa le hardi général au genou et le mit hors de combat.

En quittant le champ de bataille de Malplaquet, le régiment de Saintonge se jeta dans Douai et se signala dans la belle défense de cette place qui fut si glorieuse pour le comte d'Albergotti et la brave garnison placée sous ses ordres. Le régiment fit surtout admirer sa valeur pendant l'assaut livré le 24 juin : monté sur la plongée des parapets, il fusilla à découvert les colonnes d'attaque des ennemis.

Après la capitulation de Douai, il fut envoyé à l'armée du Rhin où il servit jusqu'à la paix, terminant cette guerre de la manière la plus brillante au siège de Landau. Dans la nuit du 18 au 19 août 1713, à l'attaque des contre-gardes, les deux compagnies de grenadiers furent chargées d'une attaque sur la droite ; elle fut si vive que les défenseurs surpris n'eurent pas le temps de mettre le feu à leurs fourneaux de mine ; tous furent tués, pris ou jetés dans les fossés. Landau capitula le lendemain. Le régiment y fut mis en garnison, et la lieutenance du Roi en fut donnée à son lieutenant-colonel, M. de Chastenet, qui s'y était fort distingué.

1715. Le 2° bataillon fut réformé.

1719. Au moment où commença la guerre de la succession de Pologne, le régiment de Saintonge était en garnison à Besançon. Il ne joignit l'armée du Rhin qu'en 1734 et se trouva à l'attaque des lignes d'Ettlingen et au siège de Philipsbourg où furent blessés les capitaines de Langle et de Riencourt ; ce dernier y faisait les fonctions d'ingénieur.

1735. Saintonge servit sur la Moselle et prit part au combat de Klausen ; à la paix, il s'établit à Phalsbourg (1737).

1742. Au mois de mars, il se rendit en Bavière avec le régiment d'Auvergne et demeura quelque temps au camp de Nieder-Altach.

Il contribua plus tard à la prise d'Elnbogen et de Kaaden, et au secours de Braunau.

Il passa l'hiver avec le régiment de Bretagne, dans les cantonnements de Regenstauf, Dietpoldskirchen et Walkemberg.

1743. En avril, il prit part au ravitaillement d'Egra, et, après l'affaire de Deckendorf, se mit en retraite sur Ratisbonne et de là sur le Rhin.

1744. En garnison à Bitche, d'où il détacha des compagnies à Saverne pour faire le service du Roi. Pendant tout le reste de l'année, il compta dans l'armée du Bas-Rhin.

1745. Au printemps, il passa en Flandre. Arrivé le 22 juin à l'armée du maréchal de Saxe, il fut employé aux divers siéges entrepris après la bataille de Fontenoy et termina cette campagne par le siége d'Ath.

1746. Il combattit à Rocoux, et, au mois de novembre, il fit partie des renforts envoyés aux défenseurs de la Provence. Il contribua à rejeter de l'autre côté du Var l'armée austro-sarde, et il se trouva, le 19 juillet 1747, au sanglant combat du col de l'Assiette, où le colonel de la Grandville fut blessé. Le régiment demeura sur cette frontière jusqu'à la paix.

1755. Le régiment de Saintonge fut appelé au camp d'Aimeries-sur-Sambre.

Il se trouvait à Brest au début de la guerre de Sept ans et demeura en Bretagne pendant toute la durée des hostilités.

1759. Quand la France fit ce grand effort pour attaquer l'Angleterre sur son propre territoire, Saintonge fut embarqué sur la flotte de M. de Conflans qui ne se montra pas à hauteur d'une pareille mission. Après un combat déplorable, l'expédition rentra à Brest.

1761. Saintonge s'embarqua pour la Guyane et perdit plusieurs compagnies dans un naufrage épouvantable[1].

1762. L'ordonnance du 10 décembre le fit passer au service des ports et colonies.

1766. Le régiment de Saintonge quitta Cayenne pour la Guadeloupe.

1768. Il rentra en France, par Brest, le 11 avril, et se rendit à Libourne ; de là, au mois d'octobre, à l'île d'Oléron ; puis à Rochefort, en septembre 1769 ; en juillet 1770, à Tours ; en septembre, à l'île de Ré ; en novembre 1773, à Toul.

---

1. Le lieutenant vicomte de Berlaymont resta quatre jours avec quelques hommes en pleine mer, sur les débris d'un vaisseau.

1775. Suivant l'ordonnance du 26 avril, il fut réuni à l'ancien régiment de Cambrésis, qui devint son 2ᵉ bataillon.

En novembre 1776, à Calais; en novembre 1777, à Saint-Omer; en février 1778, à Rouen et Dieppe; en juillet, à la Hougue et Barfleur; en juillet 1779, à Rennes.

1780. Le régiment de Saintonge s'embarqua, à Brest, le 10 avril, sur le vaisseau *le Fantasque*, pour l'Amérique septentrionale. Il avait été précédé par de nombreux volontaires, impatients de prêter l'appui de leur valeur aux citoyens des États-Unis.

Le 15 juillet 1779, à la prise de Stony-Point, le major de Fleury, du régiment de Saintonge, était arrivé le premier dans les retranchements des Anglais, et avait abattu le drapeau britannique. A la paix, le Congrès donna à ce brave officier une médaille qui lui fut remise par l'illustre Franklin.

Le régiment commandé par le vicomte de Custines[1], arriva le 15 août 1780, à Philadelphie. Les troupes de Rochambeau[2]

---

1. Custines (Adam-Philippe-Blackarth vicomte de), né à Metz en 1740, colonel de Rouergue en 1770, partit en 1780 à la tête de Saintonge, il se distingua dans la guerre de Sept ans et en Amérique. A son retour de cette campagne, il fut nommé maréchal de camp et gouverneur de Toulon. En 1789, il fut député aux États généraux par la noblesse de Lorraine, et figura constamment dans les rangs de l'opposition. En 1792, il fut mis à la tête de l'armée du Rhin et s'empara de Spire, Worms, Mayence et Francfort; mais il fut ensuite repoussé par les Prussiens et obligé d'abandonner les deux dernières places. Il fut alors envoyé à l'armée du Nord, mais il ne fit qu'y paraître. Accusé de n'avoir pas fait ce qu'il aurait pu pour défendre Mayence, il fut appelé à Paris, condamné par la Convention et conduit au supplice, le 28 août 1793.

2. Rochambeau (Donatien-Marie-Joseph de Vimeur, vicomte de), né en 1750, suivit le comte de Rochambeau son père en Amérique; il y fut nommé colonel de Saintonge en 1782, devint maréchal de camp en 1791, fut envoyé à Saint-Domingue en 1792, puis à la Martinique 1793, chassa de cette colonie les Anglais et y fit reconnaître le gouvernement républicain; mais bientôt assiégé dans Fort-Royal par des forces supérieures, il fut forcé de capituler (1794). Il accompagna le général Leclerc à Saint-Domingue, battit Toussaint-Louverture en 1802 et remplaça le général en chef après sa mort; mais ses troupes étant diminuées par la maladie, il se vit, en 1803, obligé de se rendre aux insurgés, qui le livrèrent aux Anglais; il ne recouvra la liberté qu'en 1811. Employé dès son retour à l'armée d'Allemagne, il fut tué à Leipzig.

s'arrêtèrent pour se mettre en grande tenue, et firent leur entrée dans la ville au milieu d'une affluence incroyable : les maisons étaient pavoisées des drapeaux des deux nations, et le Congrès les salua de ses acclamations. Après cette réception magnifique, les Français occupèrent tous les postes de Rhode-Island.

1781. Le régiment de Saintonge se trouva au siége de York-Town et à la capitulation du général Cornwallis. Il passa l'hiver aux États-Unis.

1782. Il fut transporté aux Antilles.

1783. Il rentra à Brest en juillet; le 31 août, il arriva à Sarrelouis.

Il fut envoyé à Saintes et à Pons, en novembre 1784; en avril 1788, à Verdun, puis au camp de Metz; en juillet 1789, aux environs de Paris.

Après la prise de la Bastille, on l'envoya à Metz; en janvier 1790, à Bitche et à Sarrelouis; en mai, à Strasbourg. On renvoyait alors de cette ville importante les régiments des princes allemands, pour les remplacer par des corps d'un patriotisme sûr. On confia à Saintonge la garde de la citadelle.

1791. En mars, le régiment se rendit à Belfort.

ÉTAT DES OFFICIERS (1790).

Colonel : Du Lau d'Allemans.

Lieutenants-colonels : Du Lau, de Villeneufve.

Quartier-maître : Dupont.

Adjudants-majors : de Séguier, de Bellegarde.

Capitaines : De Roche, Saint-Cyr, James, Recusson, Dolomieu, Marguerit, du Rosel, Léon du Rosel, Valles, Coulaine, Bellemare, de Villefranche, de Tascher, Montaulieu, de Quirit, de Reste, de Mestre, Duteil.

Lieutenants : Des Vignes, Lemonier, de Fauste, Desprez, de Taffin, de Biotiste, Dagné, Lecomte, de la Chaussée, de Beaugendre, Ducluseau, de Brugairoux, de la Bothelière, de Saulny, de Kinadiel, de Sceaulx, Duponceau, de Cabassols.

Sous-lieutenants : De la Valette, de la Villeneuve, de Maubeuge, de Crozofons, Fabre de la Valette, Duchesne, de Teyssières, de Belot, Mesnier, de Seguin, de Rabaine, d'Hugues, Richer, Doyen, de Laurencin, Dulau, Duperrier.

Nous avons reproduit, d'après le général Susane, l'histoire du régiment de Saintonge, auquel échut, en 1791, le n° 82, lorsque les dénominations furent remplacées par des numéros. Sous l'ancienne monarchie, ce n° 82 appartint à d'autres régiments dont l'historique n'intéresse en rien ce travail.

Saintonge eut, de 1684 à 1687, le rang de Cambrésis; de 1687 à 1720, celui de Foix; de 1720 à 1750, celui de Bresse; de 1750 à 1762, celui de Foix (*bis*); de 1762 à 1771, celui de Barrois; de 1771 à 1776, celui de Dorington; de 1776 à 1788, celui de Bourbonnais; de 1788 à 1790, celui d'Angoumois, et de 1790 à 1791, celui de Périgord.

Il porta les numéros suivants : le n° 76, en 1684; le n° 77, à la formation des grenadiers de France (1749); le n° 68, à la suppression du régiment de Guyenne (1762); le n° 67, à la suppression des grenadiers de France (1771); le n° 85, au dédoublement des régiments à 4 bataillons (1775); le n° 84, à la suppression du régiment royal-italien (1788); le n° 83, à la suppression du régiment du roi (1790); le n° 82, en 1791.

ÉTAT DES OFFICIERS (1791).

Colonel : N....
Lieutenants-colonels : De Wittinghoff, de Roche.
Quartier-maître : Dupont.
Adjudants-majors : N.... N....
Capitaines : James, Recusson, Marguerit, du Rosel, Léon du Rosel, Tascher, Reste, Mestre, Duteil, Jousselin, des Vignes, Lemonier, de Fauste, Labrotière.
Lieutenants : Lecomte, Ducluseau, Meynier, Duperrier.
Sous lieutenants : Richer, Dulau, Lolliot.

Saintonge devient 82ᵉ régiment d'infanterie.

1791. Par application du règlement du 1ᵉʳ janvier 1791, le régiment de Saintonge, qui se trouvait en garnison à Belfort, prit le n° 82.

ÉTAT DES OFFICIERS DU 82ᵉ.

Colonel : Desfrancs.
Lieutenant-colonel : D'Allois d'Herculais.
Quartier-maître trésorier : Dupont.
Capitaines : Recusson, Beskefeld, Durosel, Schérer, Desvignes, Jounot, Fauste, Duval, Jousselin, Meynier, Barbacane, Montfrau, Demestre.
Lieutenants : Santezau, Maupertuis, La Poterie, André, Gauthier, Poirson, Ballard, Ayat, Biabel.
Sous-lieutenants : Ballay, Même, Dubos, Chevassu, Pajol, Séris, Lanoix.

Campagne de 1792. — Prise de Spire.

1792. Le 1ᵉʳ bataillon à Landau; le 2ᵉ, à Lauterbourg.

Le 20 avril 1792, la guerre fut déclarée à l'Autriche.

Le 1ᵉʳ bataillon se forma sur le pied de guerre, à Landau, avec des officiers et des soldats pris dans le 2ᵉ.

Le 2ᵉ bataillon, constituant le dépôt, devait recevoir et instruire les hommes de nouvelle levée.

Au commencement de mai, le 1ᵉʳ bataillon du 82ᵉ de ligne, se trouvant prêt à marcher, fut envoyé à Neukirchen, près de Sarreguemines, sous les ordres de Kellermann; il y fit partie de la 2ᵉ brigade, et se trouvait, à la date du 15 mai 1792, cantonné à Bliesbrücken.

Le 20 juin, Kellermann quitta le camp de Neukirchen, où il laissa le 1ᵉʳ bataillon du 82ᵉ, qui fut chargé de veiller à l'enlèvement de tout le matériel de campement.

Le 26 juin, le 1ᵉʳ bataillon se rendit au camp de Plobsheim, près Strasbourg, sous les ordres de Biron. Ce bataillon était cité pour sa tenue, sa discipline et sa manière de servir.

A l'approche des Autrichiens qui menaçaient Landau, le général de Biron partit brusquement du camp de Plobsheim, avec 12000 hommes, parmi lesquels se trouvait le 1ᵉʳ bataillon du 82ᵉ, et vint occuper Weissembourg le 27 juillet.

Le 6 août, le 1ᵉʳ bataillon du 82ᵉ fut envoyé au camp de Lauterbourg; il comptait 685 hommes, et fit partie de l'armée des Vosges, sous les ordres du général Custine.

Le 28 septembre, il forma, avec le 32ᵉ de ligne, le 2ᵉ bataillon de la Haute-Saône et le 3ᵉ bataillon du Jura, la 2ᵉ brigade sous les ordres du général Neuwinger.

Le 29 septembre, l'armée de Custine se trouva réunie au delà de la Queich, à l'abbaye de Heimbach.

Le 30 septembre, la brigade Neuwinger, ayant le 82ᵉ de ligne en tête, se porta directement sur Spire, et arriva en vue de cette ville d'assez bonne heure. Elle se trouva en présence des 4000 hommes de la garnison, que le colonel Winckelmann, commandant de place, avait fait ranger en bataille en dehors des murs, dès qu'il avait connu la marche des Français. Sa troupe, composée en grande partie d'Autrichiens, masquait les portes de la ville, appuyait sa droite à un escarpement au-dessus de la porte de Worms, et prolongeait sa gauche vers des jardins entourés de haies épaisses, tandis que son front était couvert par des marais. A peine le général Neuwinger eut-il aperçu l'ennemi, qu'il fit mettre ses canons en batterie et ranger ses régiments en bataille, face à la ville, la droite en arrière du village de Berghausen. Ces dispositions prises, il fit ouvrir le feu. Les Allemands tinrent d'abord avec beaucoup de fermeté, et ripostèrent vivement. Ils ne pouvaient résister longtemps contre un adversaire supérieur en nombre; apercevant des bataillons qui se mettaient en mouvement pour les tourner, ils rentrèrent dans Spire, dont ils fermèrent les portes. Neuwinger, à la tête du 1ᵉʳ bataillon du 82ᵉ, se précipita à leur poursuite, fit enfoncer les portes par des charpentiers, et le lieutenant Pajol, à la tête des grenadiers du 82ᵉ, entra dans la ville, que les troupes françaises envahirent bientôt de toutes parts. Winckelmann, n'espérant plus se maintenir sur la rive gauche du Rhin, s'était empressé de conduire ses soldats vers le fleuve, où il pensait trouver des barques qu'il avait fait préparer à l'avance ; mais les bateliers, effrayés, s'étaient sauvés avec leurs bateaux, et toute retraite était coupée. Winckelmann revint alors sur ses pas, et un combat acharné s'engagea dans les rues. Bientôt la ville fut au pouvoir des Français, et la plus grande partie des troupes allemandes fut faite prisonnière ; 300 Autrichiens se noyèrent dans le Rhin en cherchant à le passer à la nage. La prise de Spire, dont l'honneur revient aux 32e et 82e de ligne, coûta à ces deux corps environ 200 hommes hors de combat. Le lieutenant Pajol[1] fut blessé de deux coups de baïonnette, au bas-ventre et à la main gauche.

Le 3 octobre, la brigade Neuwinger, renforcée des 2e et 7e chasseurs à cheval, entra dans Worms sans résistance.

Le 7 octobre, le 1er bataillon du 82e se trouvait à Mutterstadt, formant l'avant-garde de l'armée, dont le gros était à Spire.

Le 10 octobre, l'armée se reporta en arrière, sur Edesheim, avec son avant-garde à Altdorf.

1. Pajol (Pierre-Claude), né à Besançon le 3 février 1772, entra comme volontaire au régiment national de Besançon en 1789 ; il fut nommé sous-lieutenant au 82e (ex-Saintonge), le 12 janvier 1792 ; il y fut nommé successivement lieutenant en 1792 et capitaine le 12 mai 1794. Devenu aide de camp de Kléber, il fit avec ce général les campagnes de l'armée de Sambre-et-Meuse. Il fut nommé chef de bataillon à la 6e demi-brigade le 9 février 1796 et passa en qualité de chef d'escadron au 4e hussards, le 21 juillet 1799. Général de brigade le 1er mars 1807. Général de division le 7 août 1812. Général en chef en 1813, en 1814, en 1815. Il s'illustra aux armées d'Allemagne et d'Italie et à la grande armée. Ancien officier d'infanterie, il devint un des plus brillants officiers de cavalerie de cette grande époque. Admis à la retraite sur sa demande en 1815, il fut remis en activité en 1830 et fut gouverneur de Paris et commandant la 1re division militaire jusqu'en 1842. Il mourut le 20 mars 1844. Il était grand cordon de la Légion d'honneur, comte de l'empire et pair de France. Jusqu'à la fin d'une des plus belles existences militaires, il aimait à rappeler les souvenirs de Saintonge et à causer du vieux 82e.

Le 13 octobre, le 82ᵉ fournit une colonne d'avant-garde de 100 hommes, commandée par Pajol, et destinée à éclairer le flanc gauche de l'armée, dans sa marche sur Dürkheim.

Le 18, cette colonne arriva devant Mayence.

Le 19, de grand matin, l'armée se porta devant Mayence, qui capitula le 21 octobre.

Ce même jour, la brigade Neuwinger, forte de 1500 hommes, se rendit à Oppenheim, où elle passa le Rhin ; elle arriva, le 22 octobre à trois heures de l'après-midi, devant Francfort, du côté du faubourg de Saxenhausen. La ville, sommée de se rendre, ouvrit ses portes aux Français.

Le 25 octobre, dans la nuit, le 1ᵉʳ bataillon du 82ᵉ faisait partie d'une colonne de 1800 hommes commandée par Houchard et qui s'empara des salines de Nauheim, après un engagement assez vif avec quelques compagnies d'infanterie hessoise.

Le 9 novembre, le colonel Houchard, précédé du 82ᵉ, arrivait devant Limburg où les Prussiens, qui se croyaient à l'abri de toute attaque, se gardaient avec peu de précautions. A la vue des Français, ils se rassemblèrent à la hâte en avant de la ville et supportèrent bravement le feu de l'artillerie. Mais le désordre se mit bientôt dans leurs rangs et ils se retirèrent dans Limburg où ils furent vivement poursuivis par le 82ᵉ, qui entra le premier dans la place.

Le 17 novembre, le 1ᵉʳ bataillon du 82ᵉ, qui appartenait toujours au corps du colonel Houchard, vint à Weilburg, puis à Ober-Ussel.

Le 2ᵉ bataillon du 82ᵉ avait rejoint l'armée le 10 novembre à Mayence ; il fut envoyé pour tenir garnison à Francfort où il arriva le 14.

Le 2 décembre, à neuf heures du matin, à la faveur d'un brouillard épais, les Hessois disposés sur quatre colonnes s'avancèrent vers les portes de Francfort que défendaient 5 compagnies du 2ᵉ bataillon du 82ᵉ de ligne, dont les autres compagnies étaient réparties sur les remparts avec le reste des troupes.

Position du fusil de l'officier pour le Salut

Régiment de Saintonge Ord.ce de 1766

Attaquée sur plusieurs points à la fois, la garnison opposa la plus vigoureuse résistance. Elle dut céder au nombre des assaillants et à l'insurrection des habitants. La garnison, qui comptait 2200 hommes, perdit dans cette défense qui dura deux heures 300 hommes tués ou blessés ; 1100, parmi lesquels le 2ᵉ bataillon du 82ᵉ de ligne, furent faits prisonniers de guerre, et 800 parvinrent à s'échapper et rejoignirent l'armée. Celle-ci prit ses cantonnements sur la Nahe, dans les environs de Bingen. Le 1ᵉʳ bataillon du 82ᵉ de ligne rentra dans Mayence pour y faire partie de la garnison. 8ᵉ brigade de l'armée des Vosges ; 3ᵉ brigade de la division Neuwinger.

Défense de Mayence.

1793. Le 2 janvier, le 82ᵉ de ligne occupa le village de Hochein, mais attaqué vivement par les Prussiens, il ne parvint à rentrer à Cassel, où était son cantonnement, qu'après avoir éprouvé des pertes sensibles. La 6ᵉ compagnie du 1ᵉʳ bataillon du 82ᵉ, commandée par le capitaine Meynier[1], occupa Königstein et s'y défendit à plusieurs reprises contre les attaques des Prussiens qui cherchaient à s'emparer de cette position ; mais, après une vigoureuse résistance, elle dut capituler et sortir du fort le 9 mars, prisonnière de guerre. Jusqu'alors la France n'avait eu que trois ennemis déclarés, l'Autriche, la Prusse et le Piémont : les derniers événements amenèrent contre elle la *première coalition* de toute l'Europe. Le 27 mars, après le combat de

---

1. Meynier (Jean-Baptiste), né le 22 avril 1749, à Avignon (Vaucluse), entra au service en 1765, dans Saintonge, fit les guerres d'Amérique et revint en France en 1784. Sous-lieutenant le 1ᵉʳ août 1788, lieutenant au 82ᵉ le 15 septembre 1791, capitaine le 29 avril 1792, il fut fait prisonnier à la capitulation de Königstein. A son retour de captivité, il commanda la place de Landau et fut fait, le 20 mars 1793, général de brigade. Après l'affaire de Bergzabern, il devint général de division. Il fit la campagne d'Italie en 1795. Le 20 août 1803 il fut nommé commandant d'armes à Mayence où il mourut le 3 décembre 1813.

Bingen, Custine évacua le Palatinat, et Mayence demeura livrée à ses propres forces.

L'investissement de la place commença en avril, la garnison était de 20 000 hommes, parmi lesquels les troupes du général Schaal qui n'avait pu rejoindre Custine; l'artillerie de la place se composait de 130 pièces de canon en bronze et de 60 en fer : l'armée campait entre les deux enceintes de la place et occupait au loin des postes avancés. L'armée ennemie comptait 50 000 hommes, Hessois, Autrichiens et Prussiens, sous les ordres du général Kalkreuth.

Le 2 avril, le prince de Hohenlohe ayant demandé l'échange de son aide de camp contre le capitaine Meynier du 82ᵉ de ligne, la proposition fut acceptée à condition qu'on échangerait également 38 prisonniers prussiens contre un nombre égal de soldats français de la garnison de Königstein (6ᵉ compagnie du 1ᵉʳ bataillon du 82ᵉ de ligne). Ces échanges eurent lieu le 7.

Le 10 avril, le 82ᵉ de ligne fit partie d'une attaque dirigée sur Mosbach contre les 10 000 Hessois qui s'étaient trop étendus sur la rive droite; à minuit, les grenadiers en tête, le bataillon pénétra au pas de course et par la gorge dans la redoute, fit prisonniers les 150 Hessois qui la défendaient, et s'empara de trois pièces de canon ; mais un coup de feu, parti par mégarde dans les rangs de la colonne Dubayet, occasionna une panique générale ; il en résulta que le 82ᵉ, qui était resté dans la redoute de Mosbach, dut l'évacuer le matin, ce qu'il fit dans le meilleur ordre et en ramenant ses prisonniers ; mais il avait cruellement souffert : il laissait sur le terrain 45 morts et 209 prisonniers ou blessés. Le capitaine de la Poterie fut blessé et fait prisonnier. Le lieutenant Poirson mourut des suites d'une blessure. Le lieutenant Pajol eut le bras gauche cassé par un biscaïen.

Le 31 mai, le 57ᵉ et le 82ᵉ de ligne attaquèrent le retranchement de Marienborn avec la plus grande valeur et s'emparèrent du village ; mais l'ennemi, revenant en forces, les contraignit de se retirer. Les pertes furent de 45 blessés et de 33 tués ou prisonniers. Le 16 juin l'ennemi traça la première parallèle, et malgré tout l'héroïsme qu'elle avait déployé la garnison dut se rendre le 25 juillet après avoir subi un blocus étroit, enduré la faim, et vu bombarder la ville. Le roi de Prusse fut facile dans ses conditions, il accorda la sortie avec armes et bagages, et n'imposa qu'une obligation, c'est que la garnison ne servirait pas d'une année contre les coalisés [1].

Le 1er bataillon du 82e de ligne fit partie de la colonne qui fut dirigée sur Metz par Alzey et Leiningen le 25 juillet.

Le dépôt du 82e qui était à Dôle fut immédiatement dirigé sur Landau pour y réorganiser un 2e bataillon (bis) avec les débris échappés au désastre de Francfort, les prisonniers échangés et de nouvelles recrues. Beaucoup d'officiers de ce bataillon étant encore prisonniers de guerre en Allemagne, on dut, pour reconstituer les cadres, les remplacer par d'autres.

Le 1er bataillon du 82e de ligne était destiné, par le décret du 12 août 1793, à former le noyau de la 151e demi-brigade sous les ordres du chef de brigade Richer, mais il ne fut pas amalgamé.

Guerre de Vendée.

1793. Le 1er bataillon du 82e, dirigé sur la Vendée par les transports militaires, arriva à Saumur le 23 août. Les 6, 7 et

---

[1]. Ces admirables soldats, nommés depuis Mayençais, étaient tellement attachés à leur poste, qu'ils ne voulaient pas obéir à leurs généraux, lorsqu'il fallut sortir de la place : singulier exemple de l'esprit de corps qui s'établit sur un point, et de l'attachement qui se forme pour un lieu qu'on a défendu quelques mois ! Cependant la garnison céda : et tandis qu'elle défilait, le roi de Prusse, plein d'admiration pour sa valeur, appelait par leurs noms les officiers qui s'étaient distingués pendant le siége, et les complimentait avec une courtoisie chevaleresque. « Thiers, *Histoire de la Révolution française.* »

8 septembre, l'armée de Mayence[1] se réunit à Nantes à l'armée des côtes de Brest, mais elle garda son nom et forma un corps séparé commandé par le général Aubert-Dubayet[2] et subordonné au général Canclaux[3].

ÉTAT DES OFFICIERS DU 1er BATAILLON DU 82e QUI FUT DIRIGÉ SUR LA VENDÉE APRÈS LE SIÉGE DE MAYENCE.

Chef de bataillon : ***.
Capitaine adjudant-major : Monginot.
Capitaines : Balan, Perault, Ayat, Ferrier, Mitier, Taragon, Lemoine, Gauvart.
Lieutenants : Largille, Pierry, Vidal, Terrien, Dumaine, Simon, Boucherat, Bernard.
Sous-lieutenants : Delvert, Biron, Debray, Duverger, Herbert, Nouet, Mares.

1. Composition de la colonne de l'armée de Mayence qui rentra en France par Landau et Strasbourg :
Généraux de brigade, Aubert-Dubayet, Vimeux. — Adjudants-généraux : Kléber, Damas, Mignotte. — Légion des Francs; 16e bataillon de chasseurs à pied; 1er bataillon de chasseurs républicains ; 1er bataillon des amis de la République ; 4e et 6e bataillons du Calvados ; 5e bataillon de l'Eure ; 10e bataillon de la Meurthe ; 3e bataillon de la Nièvre ; 2e bataillon de Seine-et-Oise ; 8e bataillon des Vosges ; 2e bataillon républicain ; 32e régiment d'infanterie ; 82e régiment d'infanterie ; compagnies de grenadiers des 4e, 9e, 31e, 36e et 39e régiments d'infanterie.

2. Les généraux de la garnison de Mayence avaient été mis en arrestation pour avoir capitulé : sur le témoignage que rendit Merlin de leur dévouement et de leur bravoure, ils furent rendus à leurs soldats, qui voulaient les délivrer de force, et ils se rendirent en Vendée, où ils devaient par leur habileté réparer les désastres causés par les agents du Ministère. (Thiers, *Histoire de la Révolution française*.)

3. Il y avait à Nantes un bon général, Canclaux, la Convention lui envoya de bons lieutenants et de bonnes troupes, Aubert-Dubayet et Kléber, avec la garnison de Mayence. Celle-ci n'était pas toute composée de troupes de ligne ; mais les bataillons d'anciens volontaires qui s'y trouvaient avaient acquis, par l'exemple et le contact, la solidité des troupes de ligne. Dans cette division *l'amalgame* s'était fait de lui-même, et il avait fait de cette division un modèle pour l'armée française. Les Mayençais ne terminèrent pas la guerre de Vendée ; mais après les coups qu'ils portèrent à l'insurrection, les grands périls de la guerre de Vendée cessèrent.

(Camille Rousset, *les Volontaires de 1791-94*.)

Le 9, l'avant-garde des Mayençais, commandée par Kléber, quitta le camp des Naudières à midi. L'armée de Mayence était ainsi formée :

Aubert-Dubayet, commandant en chef la division ; Kléber, commandant l'avant-garde ; Vimeux, commandant la 1ʳᵉ brigade ; Beaupuy, commandant la 2ᵉ brigade ; Haxo, commandant la 3ᵉ brigade.

Les 1ʳᵉ et 2ᵉ brigades formaient le corps de bataille. La 3ᵉ brigade formait réserve.

Le 1ᵉʳ bataillon du 82ᵉ faisait partie de la 1ʳᵉ brigade sous Vimeux.

Le 16 septembre, le 82ᵉ se trouva à l'attaque de Montaigu, par la Roche-Servière. Viot, soldat, y fut tué.

Le 17 septembre, à Clisson.

Le 19 septembre, l'avant-garde de Kléber, composée de 2000 hommes, subit à Torfou un désavantage momentané que l'arrivée du corps de bataille rétablit. Voici comment Kléber, dans son *Mémoire sur la guerre de Vendée*, s'exprime sur la participation du 1ᵉʳ bataillon du 82ᵉ à ce combat : « Je ne dois pas moins d'éloges au 1ᵉʳ bataillon du 82ᵉ et au 4ᵉ du Haut-Rhin, faisant partie de la colonne de Vimeux ; ils déployèrent dans la poursuite qu'ils firent de l'ennemi toute l'intrépidité qu'on pouvait en attendre. » De son côté, le vingtième bulletin de la guerre, publié à Nantes, contient ces lignes relatives au 82ᵉ et qui prouvent avec quelle difficulté les noms de province portés par les régiments avant 1791 furent abandonnés[1] : « La brigade de Saintonge, par un feu terrible, jette le trouble parmi les rebelles. » Nouet, sous-lieutenant, Jamé, caporal, Masson, Nicolo, Joulans, soldats, furent tués dans cet engagement.

---

1. La suppression des vieux titres était une application rigoureuse et excessive de la loi votée dans la fameuse nuit du 4 août, abolissant les titres de noblesse. Elle ne pouvait pas avoir été bien accueillie. Il est certain que l'on continua, même en 1793, à se servir des anciens noms : Picardie, Champagne, Auvergne, sonnaient toujours mieux à l'oreille et à l'imagination que les nᵒˢ 2, 7 ou 17. (Général Susane, *Histoire de l'Infanterie*.)

A la suite de ce combat, l'armée de Mayence se replia sur Nantes ; le 24 septembre, le 82ᵉ était de retour au camp des Naudières.

Le 6 octobre, l'armée de Mayence, réduite par les maladies, quitta le camp des Naudières et se reporta en avant sur Tiffauges, mettant en déroute l'armée vendéenne[1]. Dans cette journée, Larue, soldat, fut tué.

Dans la soirée arriva le décret de la Convention qui destituait les généraux Canclaux, Aubert-Dubayet et Grouchy, nommait Léchelle général en chef et réunissait sous son commandement, en une seule armée dite de l'Ouest, les deux armées des côtes de La Rochelle et de Brest.

Kléber, nommé général en chef, en attendant l'arrivée de Léchelle, fut remplacé à l'avant-garde par Beaupuy.

Le 1ᵉʳ bataillon du 82ᵉ, resté sous les ordres de Vimeux, demeura entre Montaigu et Tiffauges jusqu'au 14. Le 14, les Mayençais reprirent leur marche sur Tiffauges.

Le 15, l'armée de Mayence, partagée en deux colonnes, s'avança sur Mortagne. Kléber, à gauche avec le corps de bataille dont faisait partie le 1ᵉʳ bataillon du 82ᵉ, repoussa l'ennemi à Saint-Christophe.

Le soir, les troupes républicaines bivouaquèrent dans les champs devant Cholet où les Vendéens s'étaient retirés.

Le 16, Kléber entra dans Cholet avec l'armée de Mayence, « défendant le pillage sous peine de mort, il y fit observer le plus grand ordre. Tous les historiens qui ont dit qu'on brûla Cholet et Mortagne ont commis une erreur ou avancé un mensonge[2]. »

Le 17, se livra la bataille de Cholet. Vimeux et le 1ᵉʳ bataillon du 82ᵉ occupaient les hauteurs à droite, si bien placés que tous les efforts de l'ennemi contre eux demeurèrent impuissants. Mares, sous-lieutenant, Hivert, Chinous, Thomas, soldats, furent tués.

---

1. Après un combat sanglant à Saint-Symphorien.
2. Thiers, *Histoire de la Révolution française*.

Le 18, l'armée se mit en marche sur Beaupréau. Vimeux et le 82ᵉ se dirigèrent sur Nantes pour couvrir la ville contre un coup de main des Vendéens, qui avaient passé sur la rive droite de la Loire à Varade.

Le 22, Kléber, qui avait passé la Loire à Nantes, quitta le camp de Saint-Georges, le 1ᵉʳ bataillon du 82ᵉ faisant partie de sa division.

Le 25, arrivée à Château-Gontier de l'avant-garde.

Le 26, la division Kléber arriva à Château-Gontier, fatiguée d'une longue route faite sans vivres, sans souliers et à travers les boues de l'automne.

Le 27, la division Kléber marcha sur Laval par la rive gauche de la Mayenne ; arrivée en face des Vendéens qui occupaient les hauteurs d'Entrames, elle fut déployée à droite et à gauche de la route. Abandonnés par les troupes de la division Chalbos, « les braves Mayençais, qui n'avaient jamais lâché pied, se débandent pour la première fois [1]. »

« Le 1ᵉʳ bataillon du 82ᵉ a infiniment souffert. Lorsque les blessés des corps de la division Kléber, dont ce bataillon faisait partie, rentrèrent dans Angers et qu'ils répondirent aux questions qu'on leur posait à ce sujet qu'ils étaient de l'armée de Mayence, les habitants leur prodiguèrent des soins d'autant plus fraternels que, parmi les nombreux fuyards qui avaient porté la consternation dans la ville, il n'y avait eu ni un soldat de Mayence ni un blessé [2]. »

Perault, Ayat, capitaines, furent tués ; Ferrier, capitaine, Debray, lieutenant, furent blessés.

Diette, Morel, sergents, Regondeaux, caporal, Menard, Fournier, Matinot, Bouret, Mathieu, Malblanc, Denoix, Bonhomme, Coley, Nadau, Fourneaud, Bontemps, Bazin, Delcros, Dubas, furent tués. En outre, 7 prisonniers sans compter les blessés qui furent très-nombreux.

Le 28 octobre, les hommes restés sous les drapeaux, qui

---

1. Thiers, *Histoire de la Révolution française.*
2. Kléber, *Mémoire sur la guerre de Vendée.*

étaient tous des Mayençais, traversèrent le Lion d'Angers.

Le 30, les troupes furent réunies à Angers.

Le général Chalbos fut nommé commandant en chef en remplacement de Léchelle.

Un arrêté du Comité de Salut public ordonna la dissolution de l'armée de Mayence et son amalgame avec les autres corps.

Les 1er, 2, 3, 4 novembre, l'armée se réorganisa à Angers au moyen de réquisitions de vêtements, de linge et de chaussures.

Le 5 novembre, chaque commandant de division passa la revue de sa division et annonça à chaque bataillon son nouveau rang de bataille.

Le 1er bataillon du 82e fit partie de la brigade Canuel, deuxième de la division Kléber, dont la brigade Marceau était la première.

Le 7 novembre, la 2e brigade quitta Angers.

Le 8 novembre, la division Kléber tout entière fut réunie à Sablé ; le 9 novembre, à Melay ; le 10 et le 11, à Laval ; le 12 et le 13, à Vitré ; le 14, à Noyal ; le 15 et le 16, à Rennes.

Le général Chalbos, malade, quitta l'armée. Rossignol reçut des représentants le commandement en chef.

Le 17, Saint-Aubin-du-Cormier ; le 18, Antrain.

Le 19 et le 20, la brigade Canuel et le 1er bataillon du 82e furent employés à fortifier la position d'Antrain.

Le 21, la 1re brigade Marceau marcha sur Dol ; elle fut suivie par la 2e brigade ; la division Kléber passa la nuit sur une position très-forte aux environs de Trans.

Le 22, la brigade Canuel, composée en grande partie de bataillons Mayençais parmi lesquels le 82e, résista pendant toute la journée et demeura seule sur le champ de bataille abandonnée du reste des troupes. Le soir, elle battit en retraite jusqu'à Antrain. Saignés, Ponsot, Dufié, Galey, soldats, furent tués.

Le 23, l'armée se retira à Rennes. Marceau fut nommé commandant en chef des troupes.

Le 3 décembre, l'armée, de retour à Angers, repoussa une attaque de Vendéens.

Le 5, la division Kléber poursuivit les Vendéens le long de la chaussée de Saumur et les rejeta en Bretagne. Dumaine, sous-lieutenant, Bruneau, soldat, furent tués.

Le 12, la division Kléber, arrivée au Mans à la pointe du jour, chargea à la baïonnette l'arrière-garde de l'armée vendéenne et la mit en déroute.

Le 22 décembre, l'armée arriva devant Savenay.

Le 23 décembre, avant le jour, le 1er bataillon du 82e avec la brigade Canuel se trouva à droite et concourut à la destruction de la colonne vendéenne. Biabel, capitaine, Raimond, Dupont, sous-lieutenants, furent tués.

Le 24 décembre, la division Kléber rentrait dans Nantes où elle fut reçue triomphalement.

1794. Les différents corps rejoignirent ensuite leurs armées.

Le 1er bataillon du 82e fut envoyé dans la Mayenne et fit partie de la 7e division de l'armée des côtes de Brest; cette division ne changeait point de position : elle était chargée de la poursuite et de la destruction des Chouans, et devait s'opposer à leur jonction avec les Vendéens qui étaient sur la rive gauche de la Loire; elle occupait douze arrondissements : Vitré, La Gravelle, Fougères, Ernée, Mortagne, Laforêt, Laval, Château-Gontier, Segré, Candé, Craon et Cossé, divisés en plus de 120 cantonnements. Les troupes se mettaient en mouvement dès que leur parvenait un renseignement sur les Chouans; de plus, elles faisaient tous les quatre jours une battue générale pendant quarante-huit heures; après quoi, elles rentraient dans leurs postes respectifs.

Jusqu'au 1er octobre, le 82e occupa Ernée, dans la Mayenne; il faisait partie de la 1re brigade, commandée par le général Humbert. Son effectif était de 303 hommes dont 30 officiers.

Le 16 septembre, il envoya un détachement de 93 hommes à Craon.

Le 30 septembre, son effectif fut augmenté. Il comptait, à cette date :

11 officiers présents, 19 absents, 2 vacances; 692 hommes, dont 110 absents.

Le 1er octobre, il se rendit à Château-Gontier, et envoya un détachement de 187 hommes à Candé (Maine-et-Loire). La division Vachot occupait alors une partie du département de Maine-et-Loire, sur la rive droite du fleuve, et se bornait à empêcher les Vendéens de communiquer avec les Chouans.

Le 17 octobre, le détachement de Candé passa à Segré, sous les ordres du général Josnet, commandant la 2e brigade; il se composait de 7 officiers et de 185 hommes.

Dans le courant de décembre, le 1er bataillon du 82e eut plusieurs affaires avec les Chouans.

Le 8 décembre, à Pontorson, où le sergent Moriand fut tué.

Le 14 décembre, à Château-Gontier. Dufresne, sergent; Duffraigne, caporal; Leclair, Astoul, Béquet, soldats, tués.

Le 23 décembre, à Guipry. Allemand et Lemair, soldats, tués.

Le 22 juillet (4 fructidor an II) de cette année, le 2e bataillon du 82e, resté à l'armée du Rhin, fut amalgamé avec

---

1. Lettre de Guillon, quartier-maître trésorier de la 152e demi-brigade, relative à l'embrigadement du 2e bataillon et à la tenue des matricules.

« Le 1er bataillon n'avait point correspondu avec le 2e pour cet objet depuis le 1er mars, époque de sa formation pour entrer en campagne; il a soutenu le siège de Mayence et a passé ensuite à l'armée de l'Ouest.

« Le 2e bataillon était à Francfort le 2 décembre 1792 où il a essuyé le massacre de cette journée et fut fait prisonnier de guerre en entier. Ce n'est même que par un heureux hasard que le registre a été retrouvé par un officier en passant à Francfort.

« La réorganisation a été faite au moyen de douze officiers et d'autant de sous-officiers et de la compagnie de grenadiers. »

Le quartier-maître trésorier de la 152e,

GUILLON.

le bataillon des volontaires de la Marne et le 6ᵉ bataillon des volontaires du Bas-Rhin, et forma la 152ᵉ demi-brigade.

ÉTAT DES OFFICIERS DU 2ᵉ BATAILLON DU 82ᵉ QUI ENTRÈRENT DANS LA COMPOSITION DE LA 152ᵉ DE BATAILLE.

Chef de bataillon : Barbacane.
Quartier-maître trésorier : Guillon.
Lieutenant adjudant-major : Dubos.

Capitaines : Lanoy, Seris, Villemin, Lapoterie, Cazaux, Montfranc, Gauthier.
Lieutenants : Artiguenave, Texier, Bidat, Voignier, Daussy, Lagache.
Sous-lieutenants : Braquet, Boyer, Marion, Rougeol, Rogeal, Guy.

Le 20 mai 1793 les compagnies d'élite avaient le cadre suivant :

1ᵉʳ *Grenadiers.* Lemonnier, *capitaine ;* Biabel, *lieutenant ;* Boucherat, *sous-lieutenant.*

2ᵉ *Grenadier.* Barbacane, *capitaine ;* Villemin, *lieutenant ;* Braquet, *sous-lieutenant.*

1795. Dans l'année 1795, l'armée des Côtes de Brest, formée en colonnes mobiles, fut distribuée dans tous le pays, pour y assurer la tranquillité et fondre avec rapidité sur tout rassemblement qui se formerait[1].

Le 1ᵉʳ bataillon du 82ᵉ fit partie de la 8ᵉ division, dite d'Ille-et-Vilaine, sous les ordres du général Krieg. Il vint occuper Rennes.

A la première nouvelle du débarquement des émigrés à Quiberon, le général Hoche se porta à Auray, laissant au général Krieg le commandement de l'intérieur, ainsi que la surveillance des Côtes-du-Nord et de la Normandie.

La 8ᵉ division, devenue 6ᵉ, se trouvait alors dans un grand état de désordre et de dénûment ; le 82ᵉ occupait Rennes avec 150 hommes ; il avait un poste de 30 hommes à Servon, à la date du 8 juillet ; il ne paraît pas avoir fait partie des troupes qui combattirent à Sainte-Barbe, et dut rester à

---

1. 7 mars à Mellay : Sevrin, soldat, tué. 26 mars à Vitré : Mauduit, caporal, tué. 3 juin à Saint-Jean : Chevalier, Marignier, soldats, tués. 30 mai à La Gravelle : Cantré, sergent, Dediane, Villefranche, Lavenand, Damourette, Beynier, Leroy, Strope, soldats, tués.

Rennes et aux environs, pour assurer les derrières de l'armée de Hoche.

Le 12 août, il occupait Pont-Réau.

Le 27 août, la 6ᵉ division devint 5ᵉ sous les ordres de Drut, général de brigade.

Le 21 octobre, dans un engagement avec les Chouans, à Gevezé, le 82ᵉ perdit le sergent Lefebvre et les soldats Bonnard, Pin, Bouelle, Taison, tués.

Jusqu'à la fin de l'année, il occupa Rennes, sous les ordres du général Dauxon, qui était venu prendre le commandement de la 5ᵉ division.

1796. La constitution de l'armée fut changée; elle devint « armée des Côtes de l'Océan », général en chef, Hoche. Le général Labarollière eut le commandement de la division de l'Ouest, qui se subdivisa elle-même.

Le 1ᵉʳ bataillon du 82ᵉ fit partie de la 5ᵉ division (général de brigade, Malbrancq), et continua d'occuper Rennes et Guichen.

Le 28 février, dans un engagement à Tremblay, le soldat Dumont fut tué.

Le 14 mai, le 82ᵉ se rendit à Dinan, et passa dans la 1ʳᵉ subdivision, dite des Côtes-du-Nord, commandée par le général de brigade Valletaux.

En mars, la Vendée était pacifiée.

Un décret du 18 nivôse an IV (1ᵉʳ février 1796) prescrivit le remaniement complet de tous les bataillons sur pied, et leur fusion dans 110 demi-brigades d'infanterie de ligne et 30 d'infanterie légère.

L'armée des Côtes de l'Océan dut être réorganisée en 16 demi-brigades de ligne et 6 demi-brigades légères; cette opération, qui n'eut lieu, pour le 1ᵉʳ bataillon du 82ᵉ, que le 21 novembre, eut pour effet de le faire amalgamer dans la 81ᵉ demi-brigade, qui se trouva composée : de la 12ᵉ demi-brigade de bataille, du 32ᵉ régiment (Bassigny), du 37ᵉ régiment (Turenne), du 82ᵉ régiment (Saintonge) et du 1ᵉʳ bataillon (Seine-Inférieure).

Ce régiment fit l'expédition d'Irlande, sous les ordres du général Humbert.

Il fut fait prisonnier de guerre par les Anglais.

ÉTAT DES OFFICIERS DU 1ᵉʳ BATAILLON DU 82ᵉ QUI ENTRÈRENT DANS LA FORMATION DE LA 81ᵉ, LE 21 NOVEMBRE 1796.

Chef de bataillon : Ferrier.
Capitaine adjudant-major : Courtois.
Capitaines : Govard, Monginot.
Lieutenants : Delvert, Biron, Debray.
Sous-lieutenants : Duverger, Herbet, Hyard, Lelièvre.

Les corps ou portions de corps, qui devaient entrer dans la composition de la 82ᵉ demi-brigade, se trouvant aux colonies, celle ci ne fut pas formée; ce ne fut qu'en l'an VI, seulement, que l'amalgame eut lieu. Du 21 novembre 1796 au 12 février 1700, il n'existe donc pas de demi-brigade portant ce numéro.

DEUXIÈME PARTIE

Régiment de Saintonge 1775

DEUXIÈME PARTIE

CHAPITRE I

INTÉRIEUR ET DÉPOT, 1799 A 1815.

Formation de la 82e demi-brigade (1799). — La 82e devient 82e régiment d'infanterie de ligne. 1803. — Le 82e se reforme aux Sables. 1804. — Les 1er et 2e bataillons se forment à la Martinique. 1805. — Camps volants. — Corps d'observation de la Gironde. — Les brûlots. — La Restauration. — Le 82e prend le numéro 71. — Les Cent-Jours. — Le 71e reprend le numéro 82. — Insurrection de la Vendée. — Licenciement de l'armée [1].

Formation de la 82e demi-brigade.

1799. La 82e demi-brigade fut formée à Rennes, le 24 pluviôse an VII (12 février 1799), du 2e bataillon de la 141e de bataille et de détachements du 58e de ligne, de la 28e demi-brigade légère et de la 31e division de gendarmerie à pied, de réquisitionnaires et de conscrits [2].

---

1. Documents consultés : Livrets d'emplacement des troupes. — Les situations des Divisions à l'intérieur. — État militaire de la République française, de l'an VIII à l'an XIII. — Situations des Divisions à l'intérieur en deçà et au delà des Alpes, depuis le 15 vendémiaire an XII jusqu'au mois de septembre 1813. — *La Correspondance de Napoléon Ier*.
2. La première loi sur la conscription avait été rendue le 19 fructidor

Le 2ᵉ bataillon de la 141ᵉ de bataille, qui devait former le fond de la 82ᵉ, débarqua à Lorient le 27 frimaire an VII (18 décembre 1798); il rentrait de Saint-Domingue, servant d'escorte au général Hédouville, et venait de passer quatre ans aux colonies.

Le 2ᵉ bataillon de la 141ᵉ constitua le 2ᵉ bataillon de la 82ᵉ[1].

Dès sa formation, la 82ᵉ fit partie des troupes qui constituaient la 2ᵉ division de l'armée d'Angleterre, sur le territoire de la 13ᵉ division militaire (général Michaud).

Elle eut son 1ᵉʳ bataillon à Belle-Isle, son 2ᵉ à Vitré, Fougères et Ploermel; son 3ᵉ à Auray, Quiberon, Port-Liberté et douze autres petites localités; son dépôt à Vitré.

Ces troupes, toujours en mouvement, veillaient à la sûreté du pays, poursuivant les Chouans et surveillant les côtes, constamment menacées par les Anglais.

L'armée d'Angleterre fut surtout occupée à la répression des brigandages qui se commettaient de nouveau dans l'Ouest: on assassinait les acquéreurs de biens nationaux, les fonctionnaires publics et les patriotes; on arrêtait les diligences et l'on pillait sur les grands chemins. Enfin, la nouvelle loi sur la conscription rencontrait de sérieuses résistances, et les réfractaires se joignaient aux anciens Vendéens et chouans, dont ils grossissaient les bandes.

an VI (5 septembre 1798). Par cette loi, chaque Français fut déclaré soldat de droit de vingt à vingt-cinq ans; les hommes étaient partagés en cinq classes, que le gouvernement pouvait appeler successivement; en temps de guerre, la durée du service était illimitée.

1. Loi du 23 fructidor an VII qui prescrit que quarante et une demi-brigades seront organisées à trois bataillons.

État-major: Un chef de brigade; trois chefs de bataillon dont un chargé de l'administration, police, discipline; un quartier-maître; trois adjudants-majors; deux officiers de santé; trois adjudants; un tambour-major; un caporal tambour; huit musiciens dont un chef.

Le bataillon à neuf compagnies dont une de grenadiers. La compagnie de grenadiers à 80 hommes, celle de fusiliers à 120 hommes: un capitaine de première classe; quatre capitaines de deuxième classe; quatre capitaines de troisième classe; cinq lieutenants de première classe; quatre lieutenants de seconde classe.

LA 82ᵉ DEMI-BRIGADE.

ÉTAT DES OFFICIERS DE LA 82ᵉ DEMI-BRIGADE.

Esneaux, *Chef de brigade.*
  *   Chef   du 1ᵉʳ bataillon.
Pinoteau,   —   2ᵉ —
Legrand,   —   3ᵉ —
Chanavat, *Adjudant-major* du 1ᵉʳ bataillon.
Bossert,   —   2ᵉ —
Caillot,   —   3ᵉ —
Morin, Denaud, *Quartiers-maîtres.*
Rousse, Mondet, *Chirurgiens-majors.*

1ᵉʳ bataillon.

	Capitaines.	Lieutenants.	Sous-lieutenants
Grenadiers ...	Paris.	Renaud.	Delpy.
1ʳᵉ	Bredelet.	Roger.	Chatain.
2ᵉ	Roullac.	Baron.	Florent.
3ᵉ	Michel.	Peupier.	Richard.
4ᵉ	Duffaut.	Dupin.	Roullot.
5ᵉ	Lafaurie.	Broussard.	Lebaron.
6ᵉ	Marchal.	*	Porquet.
7ᵉ	Wiltz.	Deffrère.	*
8ᵉ	*	Drogret.	Deiss.

2ᵉ bataillon.

	Capitaines.	Lieutenants.	Sous-lieutenants.
Grenadiers ...	Baraillée	Duprat.	Jumel.
1ʳᵉ	Boos.	Vachette.	*
2ᵉ	Chartraud.	Pinard.	*
3ᵉ	Boulinière.	Marie.	*
4ᵉ	Tinet.	*	Rousseau.
5ᵉ	Pequeux.	Poulet.	Levraud.
6ᵉ	Lelidec.	*	Langlois.
7ᵉ	Malidor.	Hoffman.	*
8ᵉ	Dauriol.	Casteran.	Azéla.

3ᵉ bataillon.

	Capitaines.	Lieutenants.	Sous-lieutenants.
Grenadiers ...	Beaugendre	Gourlin.	Vallier.
1ʳᵉ	Magentier.	Menuet.	Gerfaux.
2ᵉ	Rouault.	Mick.	*

3e............	Diey.	Maginel.	Lavoignat.
4e............	Guillaume.	Ponteau.	Delage.
5e............	Harlé.	*	Laroche.
6e............	Ébert.	Jamard.	Gindel.
7e............	Demont.	Mounot.	Maure.
8e............	Vandernoot.	Marignat.	Delval.

1800. Le 17 janvier, l'armée d'Angleterre prit la dénomination d'armée de l'Ouest, avec le général Brune pour général en chef[1]. La 82e fit partie de la 1re division active (général Labarollière) et de l'aile gauche (général Debelle); elle vint occuper Port-Brieuc, Dinan et Guingamp.

En avril, le général Bernadotte prit le commandement de l'armée, à la place du général Brune, appelé en Italie.

De nombreuses voiles ayant paru sur les côtes, le 3e bataillon, fort de 500 hommes, partit pour le camp de Saint-Renan, sous Brest[2]; il fut appelé à fournir plusieurs détachements sur les vaisseaux de la République, et prit part à des sorties contre les croiseurs anglais.

En octobre, la 82e vint occuper Port-Malo et Saint-Servan, avec des compagnies détachées à Antrain, Fougères et Montfort, et de petits détachements campés sur les côtes.

Les chouans et les Vendéens, dirigés par Georges Cadoudal, revenu secrètement d'Angleterre et caché dans le Morbihan, avaient entrepris une nouvelle chouannerie; il fallut pour réprimer ces désordres des colonnes mobiles nombreuses et des commissions militaires à leur suite.

« Ordre au général Bernadotte, commandant en chef de l'armée de l'Ouest, de réunir, le plus tôt possible, à

---

1. Cette armée fut renforcée d'une partie de celle qui venait, en Hollande, de battre les Austro-Russes, sous le général Brune, et d'une partie de la garnison de Paris; elle mit promptement fin à l'insurrection, et put, dès la fin de janvier, reprendre le chemin de la capitale, pour se rendre de là aux frontières.

2. Les ordres les plus pressants avaient été donnés pour mettre les flottes de Brest et de Rochefort en état de passer dans la Méditerranée, pour porter en Égypte 6000 hommes de troupes.

Tours, tous les grenadiers de l'armée de l'Ouest. Il ordonnera, à cet effet, que la 30ᵉ demi-brigade légère, que les 31ᵉ, 71ᵉ, 77ᵉ, 79ᵉ et 82ᵉ demi-brigades de ligne, ainsi que la Légion nantaise et les 3 bataillons de l'Ouest, complètent leurs compagnies de grenadiers à 100 hommes, officiers compris : cela formera 24 compagnies. Il est nécessaire que cette réserve soit à Tours avant le 20 frimaire (11 décembre 1800).

« Paris, 28 brumaire an IX.

« BONAPARTE. »

Cette colonne devait être en mesure de se porter partout où il serait nécessaire. Pinoteau[1], chef du 2ᵉ bataillon de la 82ᵉ, eut le commandement d'un de ces bataillons de grenadiers, et fut chargé, avec cette troupe d'élite dans la composition de laquelle entraient 300 grenadiers de la 82ᵉ, de poursuivre les Chouans sur le territoire de la 13ᵉ division militaire; il coopéra ainsi, pour une large part, à la pacification du Morbihan.

1801. En janvier, la 82ᵉ fut dirigée sur Brest, où elle fit partie de la 2ᵉ division active de l'armée. Elle avait des détachements à Lesneven et à Landerneau, et fournissait des colonnes mobiles à l'intérieur et le long des côtes.

En mars, elle eut un bataillon à Quimper et aux environs.

Le 18 avril, la 4ᵉ compagnie du 1ᵉʳ bataillon (capitaine Duffaut, lieutenant Dupin) s'embarqua, pour la Guadeloupe, sur les frégates la *Cornélie* et la *Cocarde*.

En août, la 82ᵉ alla tenir garnison à Tréguier.

---

1. Pinoteau (Pierre-Armand), né le 5 octobre 1769 à Ruffec, entra comme volontaire au 1ᵉʳ bataillon de la Charente en 1791 ; il y devint capitaine le 17 octobre de la même année, fit les campagnes de l'armée du Nord et se rendit à l'armée de l'Ouest comme aide de camp du général Beaupuy, chef de bataillon à la 82ᵉ demi-brigade en 1799, il devint chef titulaire de cette demi-brigade en 1801. Arrêté et destitué en 1802, il fut rappelé à l'activité en 1808 et fit la guerre en Espagne comme chef d'état-major de la division Heudelet. Il fut nommé général de brigade en 1811, et fit avec distinction toute la campagne de 1813. En 1814, il fut appelé avec sa division (Lewal) à prendre part à la campagne de France.

En mai, le 3ᵉ bataillon se réunit à Quelern, et fut remplacé dans ses postes par la 40ᵉ.

En juin, le 15, Pinoteau fut nommé chef de la 82ᵉ demi-brigade, et reçut du général Bernadotte un sabre portant cette inscription : « Le conseiller d'État, général en chef Bernadotte, au chef de brigade Pinoteau, en récompense de ses services à l'armée de l'Ouest. »

En juillet, le 3ᵉ bataillon cessa de faire partie de la division expéditionnaire qui devait se réunir à Brest, et se rendit à Morlaix.

En septembre, les 1ᵉʳ et 2ᵉ bataillons occupèrent Saint-Brieuc et les côtes, et firent partie de la 4ᵉ division.

En octobre, le commandant Clouard, du 3ᵉ bataillon, reçut l'ordre de se rendre à Brest pour s'y embarquer et faire partie de l'état-major de l'expédition de Saint-Domingue[1].

A la suite des préliminaires de la paix d'Amiens et à la date du 7 octobre, le premier Consul décida qu'il serait formé 2 demi-brigades légères et 5 demi-brigades de ligne, pour le service des îles d'Amérique[2].

La 82ᵉ demi-brigade, qui devait occuper l'île de la Martinique, devait se composer des détachements de la 82ᵉ et de ceux de la 37ᵉ, de la 84ᵉ, de la 90ᵉ et de la 107ᵉ, qui se trouvaient à Saint-Domingue, à la Guadeloupe et à la Martinique.

1. « Paris, 21 octobre 1801. Donnez l'ordre, citoyen ministre, de se rendre à Brest pour s'y embarquer et faire partie de l'état-major de l'armée de Saint-Domingue, au citoyen Clouard, chef de bataillon de la 82ᵉ demi-brigade.

« Je vous salue : Bonaparte. »

Cette lettre, reproduite dans le *Précis historique* du général Mathieu Dumas, a fait croire à certains historiographes militaires qu'un bataillon de la 82ᵉ avait fait partie de l'expédition de Saint-Domingue. Le 2ᵉ bataillon de la 141ᵉ demi-brigade devint 3ᵉ bataillon de la 82ᵉ, à son retour de Saint-Domingue. Le commandant Clouard s'était fait connaître à Paris, dans les bureaux du ministère de la marine où il fit de nombreuses démarches pour obtenir le payement de quatre années de solde de chef de bataillon qui lui étaient dues. C'est le motif pour lequel il fut signalé avantageusement au premier Consul. Il s'embarqua à Brest, le 14 décembre 1801.

2. Ces brigades devaient être les 5ᵉ et 11ᵉ légères; 7ᵉ, 86ᵉ, 89ᵉ, 82ᵉ et 66ᵉ de ligne.

En novembre, les trois bataillons de la 82ᵉ se trouvèrent réunis à Brest, et firent partie de la 5ᵉ division.

1802. Le 20 janvier, les 1ᵉʳ et 2ᵉ bataillons vinrent de Saint-Brieuc à Rennes, et le 3ᵉ bataillon alla de Tréguier à Brest; il dut être porté à 600 hommes et se tenir prêt à être embarqué. Sur les observations du général Delaborde[1], commandant la 13ᵉ division militaire, et les réclamations du chef de brigade Pinoteau[2], la 82ᵉ donna seulement un détachement de 200 hommes, qui fut embarqué sur *la Salamandre*, le 1ᵉʳ avril, pour la Guadeloupe.

Le 3ᵉ bataillon rejoignit les deux premiers à Brest.

Le 20 juillet, la 82ᵉ fournit 434 hommes qui partirent pour la Martinique avec l'amiral Villaret-Joyeuse.

Des ordres furent donnés pour transporter à la Martinique les détachements qui se trouvaient à la Guadeloupe.

Le 18 juillet, le chef de brigade Pinoteau fut arrêté par ordre du premier Consul et destitué.

Les 1ᵉʳ et 2ᵉ bataillons allèrent de Rennes à Guingamp; le 3ᵉ était en totalité embarqué ou à la Guadeloupe. En décembre, les 1ᵉʳ et 2ᵉ bataillons étaient à Limoges (21ᵉ divi-

---

1. Du 19 pluviôse au 20 floréal an X (10 janvier au 11 février 1802), un corps composé d'un bataillon de la 15ᵉ, deux bataillons de la 66ᵉ et un bataillon de la 82ᵉ, ce dernier à 30 officiers et 559 hommes, reçut l'ordre de se réunir à Brest; mais sur les observations adressées au ministre de la guerre par le général Delaborde, commandant à Rennes, et au premier Consul par le chef de la 82ᵉ, Pinoteau, le ministre de la guerre décida que la 82ᵉ ne fournirait qu'un détachement de 200 hommes qui formerait avec cinq compagnies de la 37ᵉ un seul bataillon sous les ordres du chef de bataillon de la 37ᵉ.

2. « Nivôse an X. Pinoteau, chef de la 82ᵉ demi-brigade, à Bonaparte, premier Consul :

« Appelé au mois de prairial dernier au commandement de la 82ᵉ, j'ai remis le corps qui était en désordre en bon état. La 82ᵉ ne se fait plus remarquer par sa mauvaise tenue et son insubordination; c'est à ce moment que je reçois l'ordre de former un bataillon de 600 hommes sur 800 combattants que j'ai. La 141ᵉ qui les compose en grande partie a passé quatre ans à Saint-Domingue, trois années de solde sont dues aux officiers et soldats dont ils n'ont pu encore obtenir le payement, quoique leurs pièces soient en règle; la 141ᵉ à son arrivée en France, qui a eu lieu le 27 frimaire an VII, a jeté une grande défaveur sur Saint-Domingue. »

sion militaire). Le chef de brigade Miquel vint prendre le commandement de la 82º demi-brigade.

ÉTAT DES OFFICIERS DE LA 82º DEMI-BRIGADE.

Chef de brigade : Miquel.
Chefs de bataillon : Coulomy, Autran.
Quartier-maître trésorier : Morin.
Adjudants-majors : Bossert, Delpy.
Chirurgiens-majors : Fristo, Germain.
Capitaines : Bredelet, Boos, Diey, Lafaurie, Baraillée, Michel, Malidor, Chanavat, Roullac, Chartraud, Maginel, Braun, Roger, Baron, Marie, Marignat.
Lieutenants : Menuet, Dinard, Poulet, Castéran, Drogret, Renaud, Gerfaux, Richard, Rousseau, Langlois, Dugot, Pasquier, Jumel, Porquet, Deiss, Graincourt.
Sous-lieutenants : Vallier, Laroche, Fouquier, Lanchy, Cuendet, Lassalle, Bertrand, Raberain, Delisle, Martin, Cheval, Touzé, Quin, Naucilhand, Rabazan.

La loi du 26 avril 1803 vint remplir la lacune de la loi du 19 fructidor an VI. Le contingent fut fixé à 60 000 hommes par an, levés à l'âge de vingt ans, et divisé en deux moitiés, dont l'une toujours levée en temps de paix, et l'autre formant réserve, appelée en temps de guerre à compléter les bataillons.

Par arrêté[1] du 22 floréal an XI (12 mai 1803), les 1er et 2e

---

1. Les renseignements sur la physionomie et le rôle de la 82º à l'armée de l'Ouest sont très-contradictoires. Les biographes du chef de brigade Pinoteau ont, d'une part, fait le plus grand éloge de l'énergie de cet officier et de son aptitude au commandement; d'après eux, il s'occupa avec zèle de la réorganisation de ce corps dont toutes les parties étaient en souffrance et parvint, après six mois, à en faire un des corps les plus beaux et les plus disciplinés de l'armée. De l'autre, voici ce qu'en dit un des écrivains les plus remarquables de cette époque : « La pénurie des subsistances força le soldat à se répandre dans les campagnes et à tourmenter les paysans; la désertion s'ensuivit et devint si considérable que dans l'espace de dix jours 150 hommes de la 82º abandonnèrent leurs drapeaux. » (Pattu-Deshautschamps.) C'est aussi dans ce sens que s'exprime le général Delaborde, commandant la 13e division : « Toutes les fois que la 82e reçut l'ordre de marcher sur Brest elle éprouva

bataillons de la 82ᵉ furent incorporés dans les 10ᵉ et 106ᵉ demi-brigades.

En échange de ces bataillons, la 82ᵉ demi-brigade devait être reconstituée à la Martinique par l'incorporation des bataillons de la 37ᵉ, de la 84ᵉ et de la 82ᵉ demi-brigades qui s'y trouvaient déjà.

Le 23 juin, le 3ᵉ bataillon de la 82ᵉ avait dû capituler à Sainte-Lucie (voir *les Antilles*).

En octobre, les débris de ce bataillon, venant d'Angleterre, reçurent l'ordre de se rassembler aux Sables pour y former un nouveau bataillon avec le bataillon de la 107ᵉ demi-brigade qui, primitivement destiné à Saint-Domingue, avait été maintenu à l'île d'Aix. En tout, 484 hommes présents et 177 aux hôpitaux.

Des conscrits de l'Yonne, de la Creuse et de la Côte-d'Or, vinrent renforcer son effectif.

La 82ᵉ demi-brigade devient 82ᵉ régiment d'infanterie de ligne.

Par un arrêté des consuls du 1ᵉʳ vendémiaire an XII (24 septembre 1803), les demi-brigades, conservant les numéros qu'elles avaient reçus en 1796, reprirent le vieux nom de régiments. La 82ᵉ devint 82ᵉ régiment d'infanterie de ligne.

---

une défection considérable »; et enfin Pinoteau lui-même : « La 82ᵉ ne se fait plus remarquer par sa mauvaise tenue et son insubordination. »

C'est sans doute à ces raisons que furent dus son changement de division et plus tard son licenciement, car on ne saurait appeler d'un autre nom le passage de son 1ᵉʳ et de son 2ᵉ bataillon à l'armée d'Italie, après que son 3ᵉ venait de partir pour les Antilles. Cependant, et pour rester d'une complète impartialité, nous nous faisons un devoir de reproduire la note suivante, relative à la 82ᵉ : « Elle est constamment restée à l'armée de l'Ouest, et sans avoir participé aux événements de la guerre, du théâtre de laquelle elle était éloignée, elle a eu l'occasion de donner des preuves de son dévouement en maintenant la tranquillité dans les départements dans lesquels elle était employée. Elle se fit remarquer par sa bravoure et sa discipline excellente, et contribua puissamment à éteindre la nouvelle insurrection royaliste qui s'était organisée dans les départements de l'Ouest. » (Manuscrit des Archives de la guerre.)

Le 24 novembre, le premier Consul prescrivit la formation de quatre colonnes mobiles sous les ordres du général Gouvion, inspecteur de la gendarmerie. Le 82ᵉ régiment à peine reformé fournit deux compagnies de 65 hommes chacune à la 4ᵉ colonne commandée par le chef de brigade Reynaud.

Ces colonnes, dirigées contre les hommes qui avaient fait partie d'un rassemblement ayant eu lieu à Yzernay, enveloppèrent la forêt de Vezins, les poursuivirent, en arrêtèrent une partie et durent se porter partout où le prétexte de la conscription ou toute autre raison avait fait naître des troubles.

Le 6 décembre, le 82ᵉ détacha encore deux compagnies à Noirmoutier.

1804. Par un ordre du 8 janvier, les colonnes d'éclaireurs ayant été réduites, tout le bataillon du 82ᵉ régiment se réunit aux Sables.

Dans cette même année, l'Empereur donna l'ordre de reconstituer le 82ᵉ à l'aide des débris qui rentreraient en France[1] ; le général Lacoste passa la revue du bataillon organisé aux Sables. Deux autres bataillons devaient être formés ultérieurement. Le 28 mai 1804, l'Empereur prescrivit de forcer le chiffre des conscrits de l'an XIII qui devaient être dirigés sur le 82ᵉ, ce régiment étant des plus faibles. Il prescrivit à la même date que les garnisons des vaisseaux seraient à l'avenir fournies par les régiments de ligne, dont les dépôts occupaient le littoral. « Il est convenable, disait-

---

1. 23 thermidor an XII (12 mars 1804). Au ministre de la guerre :

« Il avait été laissé cinq numéros pour incorporer tous les différents détachements d'infanterie légère et de ligne qui se trouvaient à Saint-Domingue. Deux numéros avaient été laissés pour les détachements des îles sous le vent, le 66ᵉ pour la Guadeloupe, le 82ᵉ pour la Martinique. Ces différents corps n'ont pas été réorganisés ; des débris arriveront en France, il faut pourvoir promptement à leur réorganisation.

« Donnez l'ordre à tous les détachements qui doivent composer les 82ᵉ et 66ᵉ de se réunir les premiers aux Sables, les seconds à La Rochelle.

« NAPOLÉON. »

il, d'avoir à bord de nos vaisseaux des soldats d'un courage éprouvé et disciplinés. »

En septembre, le 82ᵉ comptait 691 hommes présents sous les armes; il était aux Sables avec des détachements à Napoléon et à Noirmoutier.

ÉTAT DES OFFICIERS.

Chef de bataillon : Petavy.
Quartier-maître trésorier : Defroment.
Adjudant-major : Lebesgue.
Sous-aide major : Sembrès.
Capitaines : Beaurain, Viret, Vigniaux, Barthes, Chaix, Plauzoles, Hodé, Favier, Thibaut.
Lieutenants : Douet, Grilhé, Deffrère, Billion, Vérat, Combin, Laporte, Faure, Guidet.
Sous-lieutenants : Benêche, Brun, Gobert, Troadec, Garret, Fauchereau,   *   Hollier, Lambert.
A la suite : Leroy, Bauzil, Larrieu, *lieutenants ;* Ripouteau, Curia, Derode, Serres, Cornette, Steiger, *sous-lieutenants.*

La plupart de ces officiers venaient de la 107ᵉ demi-brigade.

Furent nommés dans l'année : Bruny, colonel provisoire; Nogues et Hurtault, chefs de bataillon; Boulinière, Proutières, Ninon, capitaines; Jorand, lieutenant; Guillaume, Degoix, sous-lieutenants.

1805. Le général Lauriston, parti avec la flotte de l'amiral Villeneuve, reçut des instructions de l'Empereur pour former le 82ᵉ à la Martinique à deux bataillons au complet de paix, le troisième bataillon se formant en France. En conséquence, le 14 mai, les 1ᵉʳ et 2ᵉ bataillons du 82ᵉ furent formés chacun à neuf compagnies, dont une de grenadiers, par la réunion des bataillons du 37ᵉ et du 84ᵉ qui se trouvaient déjà à la Martinique, et du 1ᵉʳ bataillon de la légion du Midi venu à bord de l'escadre, ainsi que d'un certain nombre d'hommes du 67ᵉ; le bataillon qui était aux Sables prit le n° 3. L'état-major se forma à la Martinique.

Formation des camps volants.

La guerre de la troisième coalition, en portant toutes les forces de la France en Allemagne, nécessita l'organisation d'une réserve. Elle fut réunie dans des camps volants, dont la lettre suivante donne l'organisation ainsi que le but:

Saint-Cloud, le 21 septembre 1805.

L'Empereur au major-général.

« Le deuxième camp volant, qui doit se réunir à Napoléon, s'assemblera à Poitiers. Le général sénateur, Gouvion, le commandera. Les départements de la Vendée, de la Loire-Inférieure, des Deux-Sèvres, de la Charente, et les côtes depuis la Gironde jusqu'à la Vilaine, seront sous son commandement. Ce camp volant sera composé du 5º régiment d'infanterie légère, des 7º, 66º, 82º et 86º d'infanterie de ligne. Ces cinq régiments forment déjà ensemble aujourd'hui plus de 5000 hommes. La conscription de l'an XIV les portera, avant le 22 décembre, à plus de 10 000.

« C'est là la véritable réserve qui doit garantir Bordeaux, Nantes, et marcher au secours de Brest, de Saint-Malo, de Cherbourg, et même de Boulogne. Mon intention est qu'elle soit tout entière à Poitiers.

« Les onze ou douze compagnies de grenadiers de ce corps, qu'on se contentera pour le moment de compléter à 60 hommes, tiendront garnison à Napoléon, aux Sables, et seront toujours disponibles et en mouvement pour maintenir la tranquillité et se montrer dans ce département où leur vue ne peut que produire un bon effet. Le reste du camp ne marchera qu'en cas d'événements importants.

« NAPOLÉON. »

Groisne, major, vint prendre le commandement du dépôt.

Le régiment reçut des conscrits des départements d'Ille-et-Vilaine et de Jemmapes.

Le camp volant de la Vendée s'organisa à Poitiers; il fut formé des 5ᵉ léger, 4 bataillons; 7ᵉ de ligne, 3 bataillons; 86ᵉ de ligne, 4 bataillons; 66ᵉ de ligne, 1 bataillon et dépôt; 82ᵉ de ligne, 1 bataillon et dépôt.

Le 82ᵉ avait 1376 hommes.

1806. En janvier, le 82ᵉ envoya un détachement au camp volant d'Évreux.

En mars, il comptait 54 officiers et 1287 hommes.

Le 9 avril, 700 hommes arrivèrent à Napoléon pour y tenir garnison.

Le 17 mai, le général Mouton, commandant l'île d'Aix, reçut l'ordre de réunir dans cette île des troupes suffisantes pour repousser 15 000 Anglais.

Ces troupes se composèrent des 26ᵉ et 66ᵉ régiments de ligne, de la légion du Midi, et du 3ᵉ bataillon du 82ᵉ (800 hommes).

Elles furent exercées deux fois par semaine au tir à la cible, et réunies pour faire des mouvements de ligne. Par des inspections fréquentes, le général Mouton s'assura que ce petit corps pouvait s'embarquer du soir au matin. Par ordre de l'Empereur, du 2 septembre, le 82ᵉ fut embarqué, le 13, sur les bâtiments dont les noms sont donnés (Antilles), et en plus sur les suivants : *le Lion*, 2 officiers, 97 hommes; *le Magnanime*, 2 officiers, 97 hommes; *le Palinure*, 7 hommes.

1807. En janvier, le bataillon de dépôt était à La Rochelle, 18 officiers, 511 hommes. Les détachements embarqués sur *la Gloire*, *l'Infatigable*, *la Minerve* et *l'Armide*, avaient été faits prisonniers; 6 officiers et 598 hommes.

Par un décret du 18 janvier, le 82ᵉ dut faire partie du camp volant de Napoléon avec la 1ʳᵉ légion du Midi, les 26ᵉ et 66ᵉ de ligne, et le 31ᵉ léger [1].

---

[1]. Ceux des régiments qui ne se trouvaient ni en Allemagne ni en Italie étaient formés en petits camps à Saint-Leu, Pontivy, Napoléonville, et destinés à se porter sur Cherbourg, Brest, La Rochelle ou Bordeaux.

Les détachements des régiments embarqués sur *le Lion* et *le Magnanime*, pour y tenir garnison, furent redemandés à la marine et débarquèrent le 26 mars à l'île d'Aix, où le 82ᵉ se trouva réuni au nombre de 42 officiers et 1105 hommes. La flotte anglaise, depuis huit mois, bloquait étroitement la rade de l'île d'Aix.

En avril, le 3ᵉ bataillon se rendit au camp volant de Napoléon.

Les troupes des camps volants étaient appelées à jouer le rôle important de réserve et à faire face à tous les événements qui pouvaient surgir sur un point quelconque du vaste périmètre sur lequel agissaient nos armes [1].

En août, le 82ᵉ reçut 472 conscrits de 1808, des départements de l'Escaut, de l'Eure, de la Seine et de la Somme.

Le 18 août, le camp de Napoléon fut dissous, et les troupes qui le composaient formèrent la 3ᵉ division du corps d'observation de la Gironde qui fut mise en route pour Bayonne, et qui était destinée à faire l'expédition du Portugal.

Le dépôt installé d'abord à Luçon vint en octobre à La Rochelle.

En novembre[2], un détachement de 4 officiers et 228 hom-

1. *Au général Lacuée, ministre de la guerre.*

Finkenstein, 21 avril 1807.

« Si les Anglais se décidaient à venir dans la Baltique, formez quatre divisions....

« La 4ᵉ division, tirée du camp de Napoléon, sera formée de 2 bataillons du 82ᵉ, 2 bataillons du 66ᵉ, 2 bataillons du 26ᵉ à 4 compagnies chacun, savoir : 1 de grenadiers, 1 de voltigeurs et 2 de fusiliers, chacune à 160 hommes.

« NAPOLÉON. »

2. *Au général Clarke, ministre de la guerre.*

Fontainebleau, 27 septembre 1807.

« Donnez ordre au dépôt du 82ᵉ de fournir : 1 capitaine, 1 lieutenant, 1 sous-lieutenant, 1 sergent-major, 2 sergents, 4 caporaux, 220 hommes et 2 tambours, pris parmi les conscrits, bien habillés, en prenant, s'il le faut, les conscrits de 1808. Ce détachement se rendra à Bordeaux, pour être embarqué sur les deux frégates qui sont dans ce port.

« NAPOLÉON. »

mes, pris parmi les conscrits de 1808, fut embarqué à Bordeaux pour la Martinique.

237 hommes partirent pour Bayonne avec le cadre du 4ᵉ bataillon.

En décembre, le dépôt du 82ᵉ, à La Rochelle, comptait 11 officiers et 289 hommes présents.

1808. Les 1ᵉʳ et 2ᵉ bataillons et l'état-major sont à la Martinique.

Les 3ᵉ et 4ᵉ bataillons sont à l'armée du Portugal.

Le dépôt est à La Rochelle.

Un décret du 18 février fixa la composition du régiment d'infanterie à 5 bataillons, le 5ᵉ de dépôt auquel le major devait toujours être attaché, les bataillons de guerre à 6 compagnies dont une de grenadiers et une de voltigeurs. En conséquence, le 5ᵉ bataillon fut formé à La Rochelle [1].

---

1. ANALYSE DU DÉCRET RELATIF A L'ORGANISATION DE L'INFANTERIE.

Palais des Tuileries, 18 février 1808.

Art. 1ᵉʳ. Les régiments d'infanterie de ligne et d'infanterie légère comprendront un état-major et cinq bataillons.

Les quatre premiers bataillons porteront la dénomination de bataillons de guerre;

Le cinquième celle de bataillon de dépôt.

Art. 2. Chaque bataillon de guerre, commandé par un chef de bataillon, ayant sous ses ordres 1 adjudant-major et 2 adjudants sous-officiers, sera composé de 6 compagnies, dont 1 de grenadiers, 1 de voltigeurs et 4 de fusiliers, qui seront toutes d'égale force.

Art. 3. Le bataillon de dépôt aura 4 compagnies; le major sera toujours attaché à ce bataillon. Un capitaine désigné par le ministre, sur la présentation de 3 candidats faite par le colonel, commandera le dépôt sous les ordres du major, il commandera en même temps une des 4 compagnies; il y aura en outre, au dépôt, 1 adjudant-major et 2 adjudants sous-officiers.

Art. 4. L'état-major du régiment comprendra : 1 colonel, — 1 major, — 4 chefs de bataillon, — 5 adjudants-majors, — 1 quartier-maître trésorier, — 1 officier payeur, — 1 porte-aigle, — 1 chirurgien-major, — 4 aides-chirurgiens, — 5 sous-aides-chirurgiens, — 10 adjudants, — les 2ᵉ et 3ᵉ porte-aigles, — 1 tambour-major, — 1 caporal tambour, — 8 musiciens dont 1 chef, — 4 maîtres-ouvriers.

La compagnie comprendra : 1 capitaine, — 1 lieutenant, — 1 sous-lieute-

Au mois d'avril, les cadres du 4ᵉ bataillon rentrèrent de l'armée du Portugal.

Le 4ᵉ bataillon et le dépôt avaient ensemble 24 officiers, 616 hommes; 3 officiers et 154 hommes étaient détachés à l'île d'Aix.

En juin, le 4ᵉ bataillon fournit 45 hommes de garnison sur *la Pallas* et *l'Elbe;* il envoya 140 hommes à Bordeaux pour faire partie d'un détachement envoyé en Portugal.

En juillet, le détachement de l'île d'Aix, complété à 600 hommes, devint 6ᵉ bataillon.

Le 82ᵉ reçut, comme recrutement, les conscrits de 1809 des départements de l'Escaut, de la Stura et de la Lys.

Le bataillon détaché en Portugal prit le n° 3.

Les grenadiers, les voltigeurs et une compagnie du 5ᵉ bataillon étaient à l'armée du Portugal; les trois autres compagnies et le 6ᵉ bataillon, 16 officiers, 604 hommes, étaient à l'île d'Aix.

Le bataillon de dépôt ou 7ᵉ bataillon, à La Rochelle; 8 officiers, 108 hommes.

Enfin, 1 officier et 137 hommes sur les gardes-côtes de Rochefort.

En novembre, les 3 compagnies du 5ᵉ bataillon, et le 6ᵉ, furent envoyés à Bayonne, sous les ordres du général Dufresse, pour y faire partie de l'armée d'Espagne, qui devait être formée en huit corps, dont l'Empereur se proposait de prendre le commandement.

Le 8ᵉ corps fut formé par Junot, avec les troupes ramenées par mer du Portugal, et qui furent réarmées et complétées dans les dépôts.

nant, — 1 sergent-major, — 4 sergents, — 1 caporal-fourrier, — 8 caporaux, — 2 tambours, — 121 grenadiers, voltigeurs ou fusiliers, en tout 140 hommes.

Art. 5. Il y aura 4 sapeurs par bataillon, pris dans la compagnie de grenadiers, ainsi que le caporal.

Art. 7. Quand les 6 compagnies seront présentes, on agira *toujours par division.*

Art. 17. L'aigle sera toujours là où il y aura le plus de bataillons réunis.

NAPOLÉON.

Fusilier 1778   Grenadier 1778   Sergent
Régiment de Saintonge 1772

2 officiers et 70 hommes, destinés à la Martinique furent embarqués sur *le Calcutta*, armé en flûte [1].

En décembre, il n'y avait plus à La Rochelle que des détachements des 4e et 5e bataillons, et le 7e bataillon de dépôt.

Les 4e, 5e et 6e bataillons faisaient partie de la 3e division du 8e corps, armée d'Espagne.

1809. Après avoir passé la revue de la division Heudelet à Valladolid, le 11 janvier, l'empereur fit verser les hommes du 5e bataillon dans le 4e, et renvoya le cadre à La Rochelle pour y recevoir des conscrits, et former avec un bataillon du 26e et un bataillon du 66e la première brigade de la division d'observation de La Rochelle qui se réunit à l'île d'Aix, le 15 mars, sous les ordres du général de brigade Brouard, afin de mettre cette île en état de défense si elle était attaquée [2].

En mars, les cadres du 6e bataillon rentrèrent d'Espagne.

En avril, par suite de différents changements, le bataillon qui était à l'armée d'Espagne prit le n° 6.

Les Anglais [3] avaient conçu le projet de détruire la flotte de

---

1. *Au contre-amiral Lhermitte, commandant l'escadre de Rochefort.*

24 octobre 1808.

« Vous mettrez à la voile le plus tôt possible, avec les.... et le *Calcutta* armé en flûte, de manière pourtant à porter sa première batterie et à tenir tête à une frégate.

« Vous irez tout droit à la Martinique, où vous débarquerez vos troupes et vos vivres, et vous reviendrez.

« NAPOLÉON. »

2. *Au général Clarke.*

Paris, 1er mars 1809.

« Il est indispensable d'avoir à l'île d'Aix assez de troupes pour la mettre à l'abri de toute attaque.

« Réunissez à l'île d'Aix, à Rochefort et à Oléron, tout ce qu'il y a de disponible des 66e, 82e et 26e. Mon intention est qu'il y ait 1800 hommes à l'île d'Aix, à La Rochelle autant, pouvant se diriger à l'île d'Aix, si elle était attaquée.

« NAPOLÉON. »

3. Dès le commencement de mars, la flotte anglaise de l'amiral Gambier vint bloquer l'escadre de Rochefort.

Rochefort par les plus terribles moyens qu'on pût imaginer.

L'amiral Gambier fut envoyé avec treize vaisseaux, et un grand nombre de bâtiments de toute espèce, devant l'île d'Aix. Il vint hardiment mouiller dans la rade des Basques, qui n'était pas alors défendue par le fort Boyard. Les Anglais transformèrent en brûlots trente de leurs bâtiments : cette opération leur prit une vingtaine de jours, que le vice-amiral Allemand mit à profit pour placer ses vaisseaux dans une direction qui leur permît d'éviter les corps flottants destinés à les incendier; il les couvrit en outre par une double estacade.

Le 11 avril, vers dix heures du soir, par une nuit très-obscure, et malgré la ligne d'estacades qui la protégeait, la flotte se vit abordée par 30 brûlots qui jetèrent le désordre parmi elle. Aucun vaisseau ne fut brûlé; mais le lendemain plusieurs d'entre eux qui s'étaient jetés à la côte, entre autres *le Calcutta*, capitaine Lafon, furent criblés de boulets. *Le Calcutta* fut abandonné, et les hommes du 82ᵉ qui étaient à son bord rentrèrent à La Rochelle.

Les 4ᵉ et 5ᵉ bataillons, portés à 840 hommes chacun, étaient à l'île d'Aix ; avec détachements à La Rochelle, à Fouras, et à l'île d'Oléron.

Le 7ᵉ bataillon était à La Rochelle et avait une colonne mobile sur les côtes de la Charente-Inférieure. Il reçut des conscrits du Lot, de la Dordogne et de la Charente.

En mai, un détachement de 70 hommes du 7ᵉ bataillon fut embarqué sur la 2ᵉ division des bâtiments garde-côtes.

Des détachements du 4ᵉ bataillon furent dirigés sur Nantes et les Sables, de façon que le 82ᵉ tint toute la côte depuis Nantes.

En juin et juillet, le 82ᵉ envoya à Orléans 1000 hommes, qui passèrent à l'armée d'Allemagne.

Le second régiment de marche d'Oudinot, qui devait faire partie de la 1ʳᵉ division de l'armée d'Anvers, devait être composé de détachements des 26ᵉ, 66ᵉ, 82ᵉ. Ces envois de troupes du littoral de l'ouest furent motivés par l'expédition de Walcheren et le débarquement de lord Chatam à Flessingue. Dès octobre, l'Empereur prescrivit de Schœnbrunn la formation d'une division destinée à l'Espagne, que devait commander le général Loison, et dans la composition de laquelle entraient les 4e et 5e bataillons du 82e. Ils partirent en novembre.

Le 7e bataillon, qui était parti le 26 août pour Étampes et avait été à Orléans, en était rentré. Il était destiné, comme tous les dépôts de l'ouest, à rejoindre l'armée de Bernadotte à Anvers. Les Anglais ayant évacué le territoire belge et renoncé à leurs projets sur Anvers, il fut rappelé. Il vint occuper La Rochelle et l'île d'Aix, et partit le 22 décembre pour l'armée d'Espagne.

Le major Groisne fut nommé colonel du 48e et remplacé par le major Morel.

1810. Le dépôt seul à La Rochelle, avec un détachement de 1 officier et 72 hommes à l'île d'Aix.

En mai, le détachement de l'île d'Aix fut renforcé par un envoi du dépôt qui le porta à 2 compagnies de 120 hommes chacune, qui, avec des compagnies des 26e, 66e de ligne et de la légion hanovrienne, constituèrent sous le titre de bataillon de l'île d'Aix, un bataillon provisoire, commandé par un colonel en second.

En août, les deux compagnies de l'île d'Aix partirent pour l'Espagne avec le 1er bataillon de marche de l'armée de Portugal.

Le dépôt était réduit à 8 officiers et 16 hommes; il avait 249 hommes dans les hôpitaux.

En octobre, les cadres du 7e bataillon rentrèrent d'Espagne.

Le dépôt fournit 66 hommes au 2e bataillon expéditionnaire de La Rochelle, destiné à la surveillance des côtes.

1811. Le 7e bataillon avait 2 compagnies à l'île d'Oléron, et 2 compagnies à La Rochelle.

En mars, l'empereur prescrivit la formation de deux colonnes sous les ordres de deux adjudants commandants, pour surveiller la côte, de la Loire à la Gironde, sur un parcours de cinquante lieues.

La première colonne eut pour chef-lieu Saint-Gilles avec sa droite au fort de Mindin, et sa gauche au village de Saint-Vincent; elle se composait d'un escadron et d'un bataillon auquel le 82ᵉ fournit une compagnie de 120 hommes. Ces colonnes étaient répandues le long des côtes; chaque jour les patrouilles de chaque poste se croisaient avec celles des postes voisins, et se transmettaient les rapports. La cavalerie et l'infanterie étaient en outre instruites à la manœuvre du canon afin de pouvoir servir les batteries de côte.

En juillet, le dépôt reçut des conscrits du Lot-et-Garonne.

En octobre, deux compagnies furent envoyées à l'armée de Portugal.

En novembre, 3 officiers et 137 hommes furent embarqués à Rochefort sur *le Foudroyant*.

A la fin de décembre, 30 hommes du 7ᵉ bataillon furent embarqués à bord de *l'Andromaque*, qui fit partie d'une croisière commandée par le capitaine de frégate Feretier, qui eut pour mission de faire le plus de mal possible aux Anglais, et de rentrer dans la Méditerranée pour chercher à enlever les prisonniers français jetés sur l'île Cabréra, près Majorque.

1812. Les cadres du 6ᵉ bataillon, venant de Portugal, rentrèrent à la Rochelle, et le dépôt se trouva entièrement réuni au commencement de l'année.

En avril, il envoya une compagnie dans le 3ᵉ gouvernement en Espagne.

En mai, les 6ᵉˢ bataillons des 26ᵉ, 66ᵉ, 82ᵉ et 121ᵉ de ligne, se réunirent à l'île d'Aix, sous les ordres du major en 2ᵉ du 82ᵉ, Janin, pour y former la 5ᵉ demi-brigade provisoire, destinée à la réserve de l'armée d'Espagne, à Bayonne.

Le dépôt reçut 304 conscrits de 1812 et 500 de 1813.

1813. En janvier, l'empereur ordonna la formation de 34 régiments provisoires à 2 bataillons. Le 6ᵉ bataillon du 82ᵉ et le 6⁰ bataillon du 26⁰ furent destinés à former le 16⁰ régiment provisoire, devant faire partie de la 3⁰ division du 2⁰ corps d'observation du Rhin, qui devait se réunir à Mayence sous les ordres du maréchal Marmont.

Le 82⁰ reçut des conscrits des Landes qui furent versés dans le 6⁰ bataillon, qui partit pour Mayence à la fin de février. En mai, les cadres du 5⁰ bataillon rentrèrent d'Espagne ; ce bataillon fut immédiatement porté à 19 officiers et 457 hommes, et destiné à la 24⁰ demi-brigade provisoire pour la réserve de Bayonne ; mais, en septembre, sa destination fut changée et il fut dirigé sur Mayence avec des conscrits de la marine qui y furent incorporés.

Le 7⁰ bataillon fournit deux compagnies à l'île d'Aix (4 officiers, 246 hommes) ; le dépôt et les deux autres compagnies (13 officiers et 176 hommes) étaient à La Rochelle. En décembre, le dépôt reçut des conscrits qui furent armés, équipés et habillés, et dirigés sur Mayence en deux détachements de 250 hommes chacun.

1814. En janvier, le bataillon de Bayonne prit le n° 1 ; ceux de Mayence prirent les n⁰ˢ 2 et 3, et l'on cessa de compter pour mémoire les trois premiers bataillons prisonniers de guerre. Il fut procédé à la formation d'un 4⁰ bataillon qui partit pour Chartres sous le commandement du capitaine Berthier.

On forma ensuite le 5⁰ bataillon qui demeura à la Rochelle et le 6⁰ qui partit pour Paris.

Restauration.

Une ordonnance royale du 12 mai réduisit à 90 le nombre des régiments de ligne ; les trente premiers conservèrent seuls leurs numéros ; le 82⁰ devint le 71⁰ de ligne et le 101⁰ devint le 82⁰ de ligne ; nous ne nous occuperons pas de ce dernier régiment.

Au mois de mai, voici quelle était la situation des bataillons du 82ᵉ :

1ᵉʳ bataillon : 20 officiers, 531 hommes, à Bayonne ; 2ᵉ et 3ᵉ bataillons, à Mayence ; 4ᵉ bataillon : 14 officiers, 65 hommes, à Cosne, 2ᵉ corps ; 6ᵉ bataillon : 11 officiers, 33 hommes, à Bolbec, 15ᵉ division ; 5ᵉ bataillon : 11 officiers, 334 hommes, à La Rochelle.

Dès la fin de mai, un grand nombre d'officiers, sous-officiers et soldats, rentrant des prisons de l'ennemi, rejoignirent le 82ᵉ à La Rochelle.

Les bataillons appartenant aux différentes armées rentrèrent.

1ᵉʳ bataillon, de Toulouse, 2 juin, à La Rochelle, 11 juillet ; 2ᵉ et 3ᵉ, de Mayence, à La Rochelle, 6 juillet ; 4ᵉ, de Cosne, 15 mai, à La Rochelle, 4 juin ; 6ᵉ, de Bolbec, 25 mai, à La Rochelle, 17 juin ; 5ᵉ, à La Rochelle ; 1ᵉʳ, 2ᵉ, 3ᵉ et 6ᵉ bataillons du 117ᵉ, de Perpignan, à La Rochelle, 10 juillet ; 3ᵉ bataillon du 9ᵉ tirailleurs, d'Orléans, 6 juin, à La Rochelle, 21 juin. En tout, 169 officiers et 1689 hommes.

En septembre, le régiment fut formé à 3 bataillons de 6 compagnies ; les officiers qui ne purent entrer dans cette organisation furent mis à la suite avec droit aux deux tiers des places vacantes.

En octobre, l'état-major du 71ᵉ était ainsi constitué :

Delenne, colonel ; Fabre, major ; Jandé, quartier-maître.

1ᵉʳ bataillon, commandant Eudes ; 2ᵉ bataillon, commandant Lamy ; 3ᵉ bataillon, commandant Dupré.

1815. Au 1ᵉʳ janvier, le 71ᵉ figure sur les états de situation des divisions à l'intérieur avec la composition suivante :

Matis, colonel ; 1ᵉʳ bataillon, commandant Eudes : 12 officiers, 357 hommes ; 2ᵉ bataillon, commandant Lamy : 13 officiers, 380 hommes ; 3ᵉ bataillon, N... commandant : 19 officiers, 366 hommes ; à la suite, 24 officiers, 50 hommes ; 4ᵉ bataillon supplémentaire, commandant Charlemont, île d'Aix : 8 officiers, 150 hommes pour le Sénégal ; 13 officiers, 253 hommes pour Cayenne.

Cent Jours

Le 22 mars, après le retour de l'Empereur, le 71ᵉ avait 60 officiers, 62 sous-officiers et caporaux, 214 soldats en état de marcher, et 10 officiers, 138 sous-officiers, caporaux et soldats pour le dépôt.

Le décret du 28 mars [1] appela les officiers, sous-officiers et soldats qui avaient quitté l'armée, par quelque raison que ce fût, à rejoindre leurs corps et à courir à la défense de la patrie ; les 1ᵉʳ et 2ᵉ bataillons durent être complétés par le 3ᵉ et mis en route immédiatement.

Le 1ᵉʳ bataillon, commandant Pinguet, fit aussitôt partie d'une colonne qui, sous les ordres du général Morand [2] commandant la 12ᵉ division militaire, s'approcha de Bordeaux

---

1. 28 mars 1815.
    DÉCRET :

« Art. 1ᵉʳ. L'Empereur appelle tous les sous-officiers et soldats qui ont quitté l'armée, par quelque raison que ce soit, à rejoindre leurs corps et à courir à la défense de la patrie.

« Art. 5. Dans chaque régiment d'infanterie, les deux premiers bataillons seront complétés par le troisième. Les troisièmes bataillons seront ensuite portés à leur complet par les hommes rappelés. L'excédant de ces hommes sera employé successivement à former un 4ᵉ bataillon dont le cadre en officiers, sous-officiers et soldats sera complété sans délai.

« Art. 6. Il sera créé un cadre en officiers, d'un 5ᵉ bataillon. Les 3ᵉ, 4ᵉ et 5ᵉ bataillons resteront jusqu'à nouvel ordre au dépôt. Les 1ᵉʳ et 2ᵉ seront seuls mis en activité de service.
« NAPOLÉON. »

2. 30 mars 1815.

« J'ai donné le commandement de la 12ᵉ division militaire au général Morand. Dites-lui de réunir le 40ᵉ, le 61ᵉ et le 71ᵉ (82ᵉ) qui est à la Rochelle, ainsi que la cavalerie qui se trouve dans la division et une batterie d'artillerie. Qu'il se mette à la tête de ces troupes et qu'il s'approche de Bordeaux, afin de faire la réunion des troupes et d'en chasser la duchesse d'Angoulême. Si le général Morand apprend en route que la duchesse est partie et que le général Clausel est maître de Bordeaux, il se dirigera du côté de Toulouse pour dissiper les rassemblements.....
« NAPOLÉON. »

pour obliger la duchesse d'Angoulême à en partir. Le général Clausel s'étant facilement rendu maître de la situation, la colonne du général Morand se dirigea sur Toulouse mais n'eut pas besoin d'y arriver, tout y étant rentré dans l'ordre. Le 1er bataillon était parti pour Valenciennes, le 2e bataillon, qui l'avait remplacé au corps du général Morand, fut dirigé sur Versailles, d'Agen où il se trouvait le 24 avril. Les ordres les plus pressants prescrivaient de supprimer les séjours, et quand les étapes seraient petites de les faire doubler.

Le 1er mai, le 4e bataillon supplémentaire passa 249 hommes aux bataillons du continent. 7 officiers et 181 hommes partirent pour le Sénégal.

Un décret du 20 avril avait rendu aux régiments leurs anciens numéros ; le 71e redevint 82e le 10 mai.

Le 15 mai, il y avait à La Rochelle : 3e bataillon, commandant Dupré : 19 officiers, 220 hommes ; 4e bataillon, commandant Eudes : 18 officiers, 18 hommes ; 5e bataillon, commandant N... : 8 officiers, 129 hommes ; 6e bataillon, commandant Clipet : 2 officiers, 20 hommes : à la suite, commandant Arvet et 17 officiers.

Insurrection de la Vendée.

Sur ces entrefaites, la Vendée, s'étant insurgée, nécessita l'emploi de forces qui étaient destinées à l'armée. Le général Lamarque reçut l'ordre de concentrer des troupes sur Angers, Nantes, Bourbon-Vendée et Niort. Le 3e bataillon du 82e, commandant Dupré, fut envoyé à Niort et fit partie de la 3e brigade de la 2e division (général Brayer). Ces troupes marchèrent concentriquement ; il y eut peu d'engagements. La Rochejacquelin fut tué ; le 30 juin, le 3e bataillon était à Parthenay ; le 5 juillet à Cholet, le 25 juillet à Civray.

Licenciement de l'armée.

Après être remonté sur le trône de France le roi Louis XVIII rendit une ordonnance, en vertu de laquelle l'armée dut être licenciée : elle porte la date du 3 août et fut appliquée aux différents bataillons du 82e. Le 4e bataillon supplémentaire avait été licencié le 30 juin. Les 1er et 2e bataillons le furent à Monthon, 22e division militaire, le 4 septembre. Les 1re et 2e compagnies du 4e bataillon supplémentaire venant du Sénégal, à Vannes, 13e division militaire, le 6 septembre. Les 4e, 5e bataillons et le dépôt, à La Rochelle, le 22 septembre. Le 3e bataillon à Niort.

Les débris du régiment furent dirigés sur Saintes et servirent, avec ceux du 92e, à former la 16e légion ou légion de la Charente-Inférieure, qui devint en 1820 le 8e régiment d'infanterie de ligne.

CHAPITRE II.

CAMPAGNES DES ANTILLES, 1801 A 1809.

La Guadeloupe (1801-1802). — Occupation de Sainte-Lucie (1802). — Capitulation de Sainte-Lucie (1803). — Formation des 1er et 2e bataillons du 82e à la Martinique (1805). — Prise du Diamant. — Formation du 82e à trois bataillons (1809). — Défense et capitulation du fort Desaix [1].

La Guadeloupe.

1801. Le 28 germinal an IX (18 avril 1801), le contre-amiral Lacrosse, nommé capitaine général de la Guadeloupe, partit de Lorient, emmenant sur les frégates *la Cornélie* et *la Cocarde* des détachements des 30e, 79e et 82e demi-brigades ; en tout, 188 hommes et 18 canonniers.

---

1. Ouvrages consultés : *Victoires et conquêtes des Français*, de 1792 à 1815. — *Histoire de la Guadeloupe*, par Lacour, 1858. — *Histoire de la Martinique*, par Sidney-Daney, 1846, t. VI. — *Les Antilles françaises, particulièrement la Guadeloupe*, par le colonel Boyer-Peyreleau — *Almanach de la Martinique*, an XIII. — *Almanach de la Martinique*, 1806. — *La Correspondance générale pour la Guadeloupe et la Martinique*, Archives historiques du ministère de la guerre. — Archives historiques du ministère de la marine, *La Correspondance générale pour la Guadeloupe*, capitaine général Lacrosse, an XI, an XII ; capitaine général Richepance, an XIII ; capitaine général Ernoub, an XIV. — *La Correspondance générale pour la Martinique et Sainte-Lucie*, capitaine-général Villaret-Joyeuse, ans XI, XII, XIII, XIV, 1806, 1807, 1808, 1809. — *Les Registres de correspondance des ministres de la Marine et de la Guerre* pour les ans XI, XII, XIII, XIV, 1806, 1807, 1808, 1809. — *Les Registres de correspondance des Préfets maritimes de Brest et Rochefort* pour les mêmes années. — *Les États d'embarquement.* — *Les Registres matricules des corps, officiers et troupes.* — *Les États de revues* pour les ans XI et XII.

La 82ᵉ envoyait la 4ᵉ compagnie du 1ᵉʳ bataillon, capitaine Duffaut, lieutenant Dupin (2 officiers et 85 hommes).

La division arriva à la Pointe-à-Pitre le 29 mai ; le débarquement fut un triomphe, malheureusement suivi de bien près de la révolte de la colonie, qui nécessita l'envoi de nouvelles troupes.

1802. La révolte des noirs à la Guadeloupe motiva la réunion à Brest d'un corps expéditionnaire, dont le général Richepance vint prendre le commandement, et qui eut la composition suivante : 3ᵉ bataillon de la 15ᵉ demi-brigade ; 2ᵉ et 3ᵉ bataillons de la 66ᵉ demi-brigade ; 5 compagnies de la 37ᵉ demi-brigade ; 2 compagnies de la 82ᵉ demi-brigade ; en tout, 3470 hommes.

L'amiral Bouvet embarqua ces troupes à bord des bâtiments de sa division, formée des vaisseaux *le Redoutable* et *le Fougueux*, des frégates *le Volontaire*, *la Consolante*, *la Didon*, *la Romaine*, de la flûte *la Salamandre*, à bord de laquelle les deux compagnies de la 82ᵉ, capitaine Monneraud, firent la traversée. Parties le 1ᵉʳ avril 1802, elles débarquèrent à la Pointe-à-Pitre le 6 mai.

De la Pointe-à-Pitre, le général Richepance fit avancer par terre une partie de ses troupes qui passa les Trois rivières ; avec l'autre partie, il prit terre à la rivière Duplessis, culbuta l'ennemi, tourna ses retranchements sur la rivière des Pères et investit le fort par la rivière des Galions. La colonne des Trois rivières, ne pouvant forcer de front le poste de Dolé, le tourna par les hauteurs, fit replier l'ennemi sur le Palmiste d'où elle le culbuta ; les rebelles avaient ainsi perdu toutes leurs positions entre la rivière des Pères et celle des Galions. Le morne Houel ayant été emporté, les nègres se trouvèrent relégués d'une part dans l'étroite enceinte des Matoubas, de l'autre dans le fort et sur les hauteurs de Houelmont. En même temps qu'on attaquait les hauteurs du Palmiste, on battit le fort en brèche ; le treizième jour de l'attaque, les nègres se débandèrent ; une partie pénétra dans la Grande-Terre où le passage de la rivière Salée fut opiniâtrément défendu par le bataillon des 37ᵉ et 82ᵉ réunies ; ils se réfugièrent alors dans la redoute de Baimbridge où ce même bataillon contribua à les tailler en pièces le 6 prairial (25 mai 1802).

A la suite de ce dernier combat, les troupes expéditionnaires eurent encore à poursuivre dans l'intérieur de l'île les nègres qui s'y étaient réfugiés ; les maladies pesèrent en outre fortement sur elles, à ce point que le 8 juillet le général Richepance écrivait au ministre de la marine pour l'informer qu'il avait été obligé de donner à son armée une organisation de 3 bataillons formés chacun de 11 compagnies, savoir : 2 de grenadiers, 8 du centre, 1 de chasseurs.

Le 18 juillet, le ministre de la marine l'informait que la garnison de la Guadeloupe devait être portée à 3350 hommes, parmi lesquels un bataillon de la 82ᵉ dont une partie était déjà auprès de lui et qui devait être complété par les détachements de ce corps qui partaient avec l'amiral Villaret-Joyeuse.

L'Angleterre s'était emparée par des moyens peu légitimes de la Martinique dont les colons, craignant un soulèvement des esclaves, s'étaient remis entre ses mains, comme un dépôt qu'elle devait restituer à la France, mais qu'elle s'appropria : elle s'était emparée de même de Sainte-Lucie et de Tabago.

La paix d'Amiens rendit ces colonies à la France. Napoléon donna aussitôt des ordres pour qu'elles fussent réoccupées par nos troupes.

Le 26 mai 1802, le général Delaborde, commandant à Rennes, reçut l'ordre de compléter les troisièmes bataillons des 37ᵉ et 82ᵉ demi-brigades à 600 hommes[1], y compris, pour

---

1. « Rennes, 24 nivôse, an X. Le général Delaborde, commandant la 13ᵉ Division, au Ministre de la guerre :

« Il deviendra difficile d'extraire 600 hommes de la 82ᵉ et de les organiser pour l'embarquement. Mes craintes sont fondées sur la répugnance prononcée de plusieurs officiers et soldats de la ci-devant 141ᵉ demi-brigade, incorporée dans la 82ᵉ, lesquels officiers et soldats sont restés près de quatre ans à Saint-

la 82ᵉ, les hommes des détachements précédents ; elle ne dut en conséquence fournir que 400 hommes. Le ministre décida que ces hommes seraient pourvus des effets réglementaires et habillés à neuf, de manière à ne pas subir de comparaisons désavantageuses avec les troupes anglaises qu'ils allaient remplacer ; la solde des officiers était établie d'après un tarif spécial [1].

Le 20 juillet 1802, l'amiral Villaret-Joyeuse, capitaine général de la Martinique, partit de Brest ; les hommes de la 82ᵉ étaient embarqués sur les frégates *l'Incorruptible*, 141 hommes ; *la Jemmapes*, 293 hommes ; en tout, 434 hommes.

Elles débarquèrent à Fort-de-France (Martinique) au commencement de septembre. Les troupes casernées au fort Desaix furent aussitôt victimes du climat et de la fièvre jaune qui sévit avec une violence extrême dans les trois colonies ; depuis la prise de possession en septembre jusqu'au 21 décembre seulement, l'état des morts, qui donnera une idée de la rigueur du fléau, est le suivant : Martinique, 526 ; Sainte-Lucie, 350 ; Tabago, 90.

ÉTAT DES OFFICIERS DE LA 82ᵉ DEMI-BRIGADE

Chef de bataillon : Legrand.
Adjudant-major : Caillot.
Médecin : Villeneuve.

Domingue. Cette répugnance s'est propagée depuis longtemps dans la 82ᵉ qui n'a pas laissé que d'éprouver une défection assez considérable toutes les fois qu'elle reçut l'ordre de marcher sur Brest, et peut-être n'arrivera-t-il dans cette ville que la moitié des hommes destinés à être embarqués. Quoi qu'il en soit, j'ai donné l'ordre au chef de la 82ᵉ demi-brigade de former un bataillon de 600 hommes. »

[1]. Tarif de la solde sur pied de guerre et des indemnités accordées aux troupes à la Guadeloupe et à la Martinique :

26 ventôse an VIII, avec moitié en sus.

Chef de bataillon 5400, logement 720 ; capitaine de première classe 3600, logement 324 ; capitaine de deuxième classe 3000, logement 324 ; capitaine de troisième classe 2700, logement 324 ; lieutenant de première classe 1875, logement 216 ; lieutenant de seconde classe 1650, logement 216 ; sous-lieutenant 1500, logement 216.

2ᵉ bataillon.

	Capitaines.	Lieutenants.	Sous-lieutenants.
Grenadiers ...	Tinet.	Hoffman.	Pelletier.
1ʳᵉ	*	Mick.	Pontouille.
2ᵉ	Ébert.	Chatain.	Mallet.
3ᵉ	*	*	Roullot.
4ᵉ	*	Gindel.	*
5ᵉ	Wiltz.	*	Monnais.
6ᵉ	Broussard.	*	*
7ᵉ	Rouault.	Lavoignat.	Leroy.
8ᵉ	Jamard.	Deffrère.	*

3ᵉ bataillon.

	Capitaines.	Lieutenants.	Sous-lieutenants.
Grenadiers ...	Monneraud.	*	Levraud.
1ʳᵉ	*	Nogues.	Rougemont.
2ᵉ	Pecqueux.	*	*
3ᵉ	*	Guidet.	*
4ᵉ	*	Labarthe.	Ripouteau.
5ᵉ	Duffaut.	Dupin.	Jore.
6ᵉ	*	Vachette.	*
7ᵉ	*	Daudet.	*
8ᵉ	*	Saint-Hilaire.	Lambert.

Occupation de Sainte-Lucie.

Dès son arrivée à la Martinique, le capitaine général détacha la 82ᵉ pour aller prendre possession de Sainte-Lucie. La remise en fut faite par le général anglais Vansittart au général Nogues, le 26 septembre 1802 ; la garnison anglaise, qui était de 800 hommes, fut relevée par le 3ᵉ bataillon de la 82ᵉ, fort de 350 hommes.

Le 30 décembre 1802, le capitaine général envoya à Sainte-Lucie 86 hommes de la 82ᵉ, qui étaient restés à Fort-de-France ; il nomma ensuite chef de bataillon, pour remplacer le commandant Legrand, qui était mort aux carènes Sainte-Lucie, le frère du général Nogues[1]. Le troisième frère de ce général était passé lieutenant en remplacement du lieutenant Roullot, décédé ; les décès étaient du reste nombreux, à ce point que, plus tard, l'amiral Villaret-Joyeuse demandant à l'Empereur le grade de capitaine pour le lieutenant Saint-Hilaire de la 82e, commandant de l'arrondissement du Prêcheur, s'exprimait ainsi : « L'affreuse mortalité qui a régné dans la garnison a rendu les avancements très-rapides à la Martinique, et ce qui paraîtra extraordinaire dans ce genre ailleurs ne peut l'être ici. »

ÉTAT DES OFFICIERS DU 3e BATAILLON DE LA 82e.

Chef de bataillon : Nogues.

	Capitaines.	Lieutenants.	Sous-lieutenants.
Grenadiers ...	Tinet.	Deffrère.	Pelletier.
1re	*	Nogues.	Pontouille.
2e	Hoffman.	Chatain.	Antoine.
3e	*	Rougemont.	Tricoche.
4e	*	Guidet.	*
5e	Wiltz.	*	*
6e	Broussard.	*	Fauchereau.
7e	Mick.	Daurie.	Lavoignat.
8e	Jamard.	Leroy.	de Saint-Hilaire

Le 2 mai 1803, les débris de la 82e, qui restaient des deux premiers détachements débarqués à la Guadeloupe avec les capitaines Duffaut et Monneraud, furent incorporés dans le 3e bataillon de la 15e demi-brigade qui formait la garnison de Tabago, l'amiral Lacrosse n'ayant pu exécuter l'ordre qu'il avait reçu le 22 septembre 1802 du capitaine général de la Martinique, de lui envoyer le bataillon de la 37e et de

---

1. « Fort-de-France, 9 nivôse an XI. Les officiers de la 82e demi-brigade ne m'offrant pas un sujet qui, par la nature de ses services, sa fermeté et son intelligence fût susceptible de la commander, je l'ai donnée au citoyen Nogues, frère du général de ce nom, dont le zèle et le dévouement sont en quelque sorte des vertus de famille. »

Régiment de Saintonge 1789

la 82º réunies, la mortalité dans cette île ayant été telle que de 412 hommes dont était composée la 37º à son arrivée, il ne restait qu'un officier et un soldat.

Capitulation de Sainte-Lucie.

Le 21 juin 1803, 5500 Anglais des 64º et 68º régiments, commandés par le général W. Grinfield, partis de la Barbade, débarquèrent inopinément à Sainte-Lucie et attaquèrent les retranchements de la ville de Castries, qui furent défendus par le général Nogues et le 3º bataillon de la 82º avec une grande bravoure.

La garnison de Sainte-Lucie se composait de 584 hommes dont 142 malades à l'hôpital. Informé du faible effectif des défenseurs de notre colonie, le général Grinfield proposa au général Nogues de capituler, vu la supériorité des troupes anglaises, tant de mer que de terre ; le général français refusa, déclarant qu'il résisterait tant que les ressources militaires dont il disposait lui permettraient de défendre le morne Fortuné. « Les Français, malgré la supériorité de leurs ennemis, tentèrent une résistance impossible ; ils se jetèrent plusieurs fois sur eux à la baïonnette, sortant des retranchements de la ville de Castries, mais ils succombèrent au nombre [1]. » Après trois assauts où l'ennemi perdit beaucoup de monde, le morne Fortuné fut escaladé et pris, et le général Nogues dut capituler. Le général anglais, plein d'admiration pour sa vigoureuse résistance, lui accorda la faculté pour les troupes qu'il commandait de repasser en France, en conservant aux officiers leurs armes et leurs effets, et à la troupe ses bagages.

Les Anglais accusèrent 21 officiers, sous-officiers ou soldats tués et 110 blessés.

1. Narration anglaise.

Nous perdîmes 9 tués et 25 blessés, parmi ceux-ci le commandant Nogues[1] et le capitaine Jamart.

Le 23 juin, à 5 heures du matin, la garnison s'embarqua sur le navire *la Gloire*, armé en parlementaire, qui fut quelque temps après rencontré par un corsaire qui s'en empara et le conduisit en Angleterre. Ce ne fut qu'après un jugement de l'Amirauté que le général Nogues et la brave garnison de Sainte-Lucie purent rentrer en France ; ce furent ses débris qui servirent à la reconstitution du 82° aux Sables.

Formation du 26 mai 1805.

Le 14 mai 1805, l'escadre de l'amiral Villeneuve arriva à la Martinique. La première division, composée des *Formidable, OEdipe, Scipion, Swiftsure, Atlas, Cornélie, Syrène* et *Thémis*, portait les troupes sous les ordres du général Reille, et le général de Lauriston, aide de camp de l'Empereur, qui avait pour mission de former le 82° régiment d'infanterie.

Cette formation eut lieu le 26 mai 1805 par l'incorporation du 3° bataillon du 37° et du 3° bataillon du 84°, qui tenaient déjà garnison à la Martinique, par celle du 1ᵉʳ bataillon de la légion du Midi, venu le 20 février 1805 avec l'amiral Missiessy et dont les officiers et sous-officiers demandèrent à rejoindre leur légion en France, ce qui leur fut accordé, et par celle de 36) fusiliers du 67°, venus avec l'amiral Villeneuve.

A peine formé, le 82° illustrait son numéro par un fait de guerre qui fut le seul succès de l'expédition de Villeneuve et qu'on peut placer au rang des plus beaux faits d'armes qui aient illustré la bravoure française.

---

1.   Paris, 30 fructidor an XII.

Le commandant Nogues réclame, dans les termes suivants, son arriéré de solde et la confirmation de son grade : satisfaction lui fut donnée:

« Je suis été fait prisonnier de guerre sous les ordres du capitaine général de la Martinique, le 3 messidor an XI, et je rentrai en France avec le général Nogues le 15 nivôse an XII. A mon arrivée à Sainte-Lucie, époque de ma no-

ÉTAT DES OFFICIERS DU 82ᵉ RÉGIMENT.

1ᵉʳ *bataillon.*

Chef de bataillon : Montfort.
Capitaine adjudant-major : Margarot.

	Capitaines.	Lieutenants.	Sous-lieutenants.
Grenadiers ...	Brunet.	Dutil.	Gratis.
1ʳᵉ	Pinède.	Blairon.	Laubière.
2ᵉ	Cornevin.	Goujon.	Mérand.
3ᵉ	Pontheney.	Gelinière.	Latour.
4ᵉ	Franc.	Déranger.	Agrisset.
5ᵉ	Raillard.	Desruelles.	Deshauteurs.
6ᵉ	Amant.	Léonard.	Hautrath.
7ᵉ	Claude.	Heurtematte.	Génin.
8ᵉ	Letrosne.	Dubois.	Vacret.

2ᵉ *bataillon.*

Chef de bataillon : Pinguet.
Capitaine adjudant-major : Delorme.

	Capitaines.	Lieutenants.	Sous-lieutenants.
Grenadiers ...	Lahier.	Wolfienger.	Giraudon.
1ʳᵉ	Balossier.	Nocus.	Julien.
2ᵉ	Poinsignon.	Soulas.	Magnan.
3ᵉ	Altaire.	Blimer.	Daubermesnil.
4ᵉ	Allory.	Petreret.	Chevalot.
5ᵉ	Jamart.	Nicolas.	Forstal.
6ᵉ	Féron.	Ginot.	Malcourant.
7ᵉ	Amouroux.	Cazabat.	d'Houdetot.
8ᵉ	Goujard.	Jomain.	Darmer.

Prise du Diamant.

A l'une des extrémités méridionales de la Martinique se trouve un rocher ayant à peu près 1400 mètres de circonférence et s'élevant à 200 mètres au-dessus du niveau de la

mination au grade de chef de bataillon, je fus choisis (*sic*) pour commander les troupes de la colonie : j'ai rempli ces fonctions jusqu'au 3 messidor dernier, que la colonie fut prise par les Anglais ; j'ai été blessé à la tête du bataillon que le capitaine-général m'avait confié. »

mer ; il est à 1100 mètres de la côte par le point le plus rapproché, et présente de loin une forme circulaire qui lui a valu le nom de Diamant, que lui ont donné les premiers habitants de l'île ; les Anglais s'en étaient emparés, l'avaient fortifié et en avaient fait un dépôt de malades pour Sainte-Lucie.

Une division composée des vaisseaux *le Pluton* et *le Berwick*, de la frégate *la Syrène* et des corvettes *la Fine* et *l'Argus*, sous le commandement du capitaine de vaisseau Cosmao, embarqua 200 hommes du 82º sous les ordres du chef d'escadron Boyer, aide de camp du capitaine général. L'expédition appareilla le 29 mai au soir de Fort-de-France.

Le 31 mai, à la pointe du jour, les troupes, embarquées dans quatre chaloupes et quatre canots, furent partagées en deux divisions : la première, sous le commandement de Boyer, avec les capitaines Pinède et Balossier, devait essayer de débarquer vers la petite savane, en face du rocher ; la deuxième, sous les ordres du capitaine Cortés, aide de camp du général d'Houdetot, avec les lieutenants Blairon et Nocus du 82º, devait aborder au débarcadère, dans la partie N. O. du rocher. Le débarquement fut effectué sous la protection des vaisseaux qui firent taire le feu des batteries ; l'ennemi, abandonnant la base du rocher, s'était élevé à moitié hauteur ; les soldats à peine débarqués s'étaient répandus à droite et à gauche et avaient tenté, mais en vain, de gravir le rocher : celui-ci paraissait partout inaccessible. Retranchés dans une infinité de grottes disposées naturellement à diverses hauteurs, les Anglais dirigeaient sur les assaillants une vive fusillade et faisaient en outre rouler sur eux, du haut en bas, boulets, pierres, quartiers de roche et tonneaux remplis de pierres. On n'aurait pu gravir qu'à l'aide d'échelles de 30 à 40 pieds, et les chaloupes, pressées par le feu terrible des Anglais, avaient été contraintes de gagner le large sans pouvoir débarquer un seul des objets qu'on avait emportés en prévision des difficultés de l'expédition. Pour surcroît de malheur, le courant entraîna les vaisseaux loin du rivage, et les soldats qui, dans les deux jours passés à bord, avaient été fort éprouvés par le mal de mer, se trouvèrent sans secours et sans provisions.

Le commandant Boyer prit alors le parti d'abriter ses hommes dans deux grottes ; il chargea ensuite le capitaine Cortés de la partie N. E., en lui donnant les troupes nécessaires pour s'y maintenir et en l'engageant à chercher un point d'escalade. Le capitaine Pinède eut la partie N. O., avec les mêmes instructions. Le capitaine Balossier fut chargé du bord de la mer et principalement de l'embarcadère. MM. Blairon, Nocus, Forstal, Daubermesnil, Laubière et Latour, officiers du 82e, poussèrent chacun de leur côté des reconnaissances partielles. Mais le feu de l'ennemi, qui ne perdait rien de son intensité, obligea à replier les postes sous les deux voûtes, ne laissant au dehors que les tirailleurs embusqués derrière les roches. « La situation de ces braves était des plus critiques ; excédés par la fatigue et le besoin de nourriture, ils n'avaient pour leurs blessés qu'une eau saumâtre et de stériles consolations[1]. » Vers cinq heures du soir, le sous-lieutenant Latour, accompagné de deux aspirants et d'une vingtaine d'hommes du 82e, parvint à s'élever très-haut à l'aide de cordes, mais, arrêté par un rocher à pic, il se vit entouré d'Anglais et ne put se dégager qu'en laissant deux morts et deux blessés. La nuit venue, le commandant Boyer envoya le capitaine Cortés prendre position à la grande maison et établit entre lui et sa position deux postes intermédiaires. Les autres officiers reprirent leurs premiers postes.

Vers minuit, deux chaloupes accostèrent sans bruit, apportant 60 grenadiers du 82e, avec le lieutenant Dutil, le sous-lieutenant Giraudon et des vivres ; elles remportèrent les blessés.

Le 1er juin, à la pointe du jour, les grenadiers relevèrent les postes au milieu d'une fusillade très-vive. La journée se passa à tirailler ; en outre, chaque fois qu'un des bâ-

---

1. Rapport.

timents pouvait canonner la hauteur, il forçait l'ennemi à se cacher et à suspendre son feu.

Dans la nuit du 1er au 2, un nouveau renfort de 15 grenadiers du 82e, avec leur capitaine Brunet et quelques provisions, put débarquer. Le 2, les reconnaissances ayant fait découvrir quelques points qui semblaient permettre d'arriver aux grottes, le commandant Boyer embusqua une cinquantaine de tirailleurs avec le capitaine Pinède; d'autres, avec Balossier et Blairon, firent une fausse attaque. L'ennemi, assailli de tous côtés, n'osa se montrer. A la faveur de ce feu, quelques tirailleurs étaient parvenus, comme par miracle, sur un plateau élevé de quarante pieds au-dessus du poste occupé par les Français; des bouts de corde, noués et fixés au rocher, furent jetés par eux à leurs camarades; mais ils étaient trop courts. Les soldats d'en bas dressèrent alors une pièce de bois contre les rochers; elle atteignit les cordages; le sous-lieutenant Giraudon s'élança et arriva sur le plateau, suivi par une troupe de braves; il franchit tous les obstacles : des cordes, des baïonnettes leur servaient à grimper. L'ennemi, redoublant son feu, lança une grande quantité de pierres; l'une atteignit l'intrépide Giraudon au bras; une autre lui enleva son chapeau : rien ne put l'arrêter. D'un autre côté, le capitaine Brunet et le lieutenant Dutil, à la tête des grenadiers, gravirent le rocher. Dutil fut successivement blessé au genou et au bras : il n'en continua pas moins à monter.

Les assaillants trouvèrent trois grottes, renfermant des effets, des vivres et des citernes; ils s'y rallièrent, et se disposaient à donner l'assaut à la dernière position occupée par les Anglais, quand tout à coup le feu cessa. Les Anglais avaient, depuis un moment déjà, arboré le pavillon parlementaire au sommet du rocher; mais le signal dut être répété par un bâtiment de la division, les assaillants ne pouvant le voir.

Le 3, la garnison défila au nombre de 195 hommes; elle avait subi des pertes considérables; de notre côté, nous avions 12 tués et 29 blessés.

Le commandant Boyer, dans son rapport, fait le plus grand éloge du 82ᵉ, ainsi que des officiers du détachement, « dont la jeunesse promettait bien sans doute l'intrépidité qu'ils ont montrée, mais peut-être pas autant de connaissances militaires qu'ils en ont développé. »

Les capitaines Pinède, Balossier et Brunet, les lieutenants Dutil et Giraudon, furent proposés pour la Légion d'honneur par le capitaine général Villaret-Joyeuse.

Le 4 juin, un bataillon du 82ᵉ fut embarqué sur la flotte.

Le 5, les bateaux qui avaient fait l'expédition du Diamant rentrèrent, ramenant à Fort-de-France les compagnies du 82ᵉ.

Le 6, la flotte mit à la voile.

Le 7, Villeneuve prit, à la Basse-Terre (Guadeloupe), un bataillon du 66ᵉ.

Les 8, 9 et 10, la flotte continua sa route vers Antigoa; mais l'amiral Villeneuve, changeant de projet, embarqua, sur les frégates *l'Hortense, l'Hermione, la Thémis* et *la Didon*, les 1300 hommes de troupes qu'il avait pris à la Guadeloupe et à la Martinique, et les renvoya le 11 juin. Le bataillon du 82ᵉ eut un retour des plus pénibles; il perdit une centaine d'hommes, et le capitaine Raillard, qui mourut en mer le 14 juin.

Le général Lauriston avait nommé, à titres provisoires, colonel du 82ᵉ, le commandant Montfort, et chef de bataillon, le capitaine Ocher : leurs titres furent confirmés plus tard.

Le 22 septembre, le capitaine Franc mourut à Sainte-Anne ; le 24 septembre, le capitaine Cornevin mourut à l'hôpital de Fort-de-France.

1806. La situation du 82ᵉ, à la Martinique, dans le courant de cette année et les années suivantes, ne saurait être mieux dépeinte que par les extraits suivants de la correspondance du capitaine avec le ministre de la marine :

« Les Anglais font des préparatifs d'attaque à la Barbade ; la garnison de l'île est insuffisante.

« S'il est à souhaiter, pour la tranquillité et la prospérité de cette belle colonie, que l'ennemi s'en écarte, j'ose déclarer à Votre Excellence que, dans l'éloignement où nos soldats se sont trouvés des plaines d'Austerlitz, s'ils ont un vœu à former, c'est celui de le voir paraître.

« Il est pénible pour moi de songer que Votre Excellence ait blâmé les adoucissements par lesquels j'avais cherché à dédommager nos troupes de leurs travaux, sous un ciel brûlant et dans un pays d'une cherté excessive, et qu'elle nous humilie en regardant nos services comme services de garnison. Les soldats ont éprouvé de grandes fatigues ; ils en éprouvent encore journellement; de plus grandes, peut-être, les attendent[1].

« A peine le mois de mai est-il commencé, que la dyssenterie et le tenesme précipitent les soldats vers les hôpitaux, et nous voyons, en frémissant, approcher l'époque où ils y seront entassés par la fièvre jaune, qui, au mois de juin, renouvellera son règne[2]. »

La conclusion de toutes ces lettres est la même : envoi nécessaire de renforts, pour combler les vides.

Le 3 septembre 1806, le ministre de la guerre informa le ministre de la marine que le général Dufresse, commandant les îles de la Charente, avait reçu l'ordre de faire embarquer, sur les bâtiments de l'escadre du capitaine de vaisseau Soleil, 2000 hommes, dont deux compagnies du 82°, fortes de 300 hommes chacune[3].

---

1. *Correspondance*, février et mars.
2. *Idem*, mai.
3.   *Au vice-amiral Decrès.*

      Saint-Cloud, 2 septembre 1802.

« J'ai donné l'ordre au ministre de la guerre de remettre à votre disposition 2000 hommes : 2 compagnies de 300 hommes chacune du 82° de ligne.... que je désire envoyer à la Martinique, que je crois devoir être attaquée prochainement.

« Écrivez au capitaine général de faire incorporer à leur arrivée les deux compagnies du 82° dans les deux bataillons de guerre de ce régiment qui sont à la Martinique. Mon intention est que le 15 septembre, au plus tard, les

Ces deux compagnies, embarquées le 15 septembre 1806, furent réparties de la manière suivante :

La Gloire.........	1 officiers	4 sous-offic.	110 soldats.
L'Infatigable......	2 —	5 —	138 —
La Thétis.........	» —	2 —	84 —
La Minerve.......	1 —	5 —	90 —
L'Armide.........	1 —	6 —	95 —
Le Lynx..........	» —	2 —	22 —
Le Sylphe.........	» —	2 —	12 —
	5	26	551

Le capitaine Soleil partit le 24 septembre au soir, et ne rencontra pas les Anglais sur son chemin, ceux-ci ayant adopté un nouveau système de blocus, qui consistait à se tenir loin des côtes, pour donner aux bâtiments bloqués la tentation de sortir; le lendemain 25, il les aperçut au large et les gagna de vitesse; mais le 26 il fut entouré par l'escadre de l'amiral Hoode, contre laquelle il soutint pendant plusieurs heures un combat héroïque.

De tous ses bâtiments, la *Thétis*, le *Lynx* et le *Sylphe* arrivèrent seuls à destination, le 30 octobre 1806; les autres furent pris ou détruits par les Anglais, et les troupes qui les montaient conduites en Angleterre comme prisonnières de guerre. Les cinq officiers du 82e dont voici les noms étaient dans ce cas, et ne furent rendus qu'en 1814 : Favier, Beaurain, capitaines; Billion, Vérat, lieutenants, et Creps, sous-lieutenant.

Delarüe, sous-aide à bord de *la Thétis*, passa au 82e.

Dans l'année 1806, MM. Montfort[1], colonel; Pinguet, chef

---

troupes soient embarquées et les frégates en rade, sans communication avec la terre, et n'attendant que le vent favorable pour partir.

« NAPOLÉON. »

1. Montfort (Jacques), né le 20 juillet 1770 à Sallanches (département du Mont-Blanc), entra au service comme volontaire dans le 4e bataillon du Rhin en 1792. Il y devint capitaine en 1793 et chef de bataillon en 1799. Passé en cette qualité en 1800 à la 84e demi-brigade, il partit pour la Martinique où son bataillon fut amalgamé dans le 82e de ligne en 1805. Il fut nommé

de bataillon; Margarot, capitaine adjudant-major, et Claudel, sous-lieutenant, furent promus chevaliers de la Légion d'honneur par décret du 8 octobre.

Les lieutenants Laubière et Darmer moururent le premier au Lamentin, le second à Fort-de-France; les capitaines Amouroux et Delorme rentrèrent en France par suite de convalescence, ainsi que le sous-lieutenant Latour.

1807. Le dépôt du 82e, en France, envoya à la Martinique un détachement de 228 hommes, sous la conduite de 4 officiers; ils s'embarquèrent à Bordeaux, le 15 novembre, sur la frégate *l'Hortense* (212 hommes) et sur *l'Hermione* (16 hommes), et arrivèrent à la Martinique le 19 décembre. Les officiers Briffault, capitaine, Humbert et Chevet, lieutenants, repassèrent en France sur la même frégate [1].

1808. Dans cette année, les capitaines Brunet et Nocus succombèrent à la maladie à Saint-Pierre; le lieutenant Jomain rentra en France.

Les divers détachements de conscrits réfractaires ou de bataillons coloniaux qui arrivèrent à la Martinique, furent, à partir de cette époque, incorporés dans le 82e; le capitaine Pinède mourut à Fort-de-France.

1809. Le 1er janvier, le 82e fut formé à 3 bataillons. Le bataillon était de 6 compagnies, dont une de grenadiers et

---

colonel du régiment le 10 juillet 1806, rentra en France en 1809, après la prise du fort Desaix, et se rendit immédiatement en Espagne où il prit le commandement des bataillons du 82e qui s'y trouvaient. Il resta attaché à l'armée de Portugal comme général de brigade (6 août 1811), jusqu'à la fin de 1813. En 1814, il fit la campagne de France avec la division Lewal. En 1815, il fut chef d'état-major du corps d'observation du Jura. Mis en non-activité en 1816; il fut adjoint à l'inspection générale de l'infanterie de 1816 à 1818, et nommé commandant de l'École royale de La Flèche en 1819. Il mourut le 1er janvier 1824.

1.   *Au vice-amiral Decrès.*

Saint-Cloud, le 6 septembre 1807.

« Je vois par l'état de situation des troupes de la Martinique que le 82e est réduit à 1300 hommes; je pense qu'il faut envoyer à ce régiment 300 hommes, qui pourraient partir de Bordeaux.

« NAPOLÉON. »

FORMATION A TROIS BATAILLONS.

une de voltigeurs. Les compagnies de grenadiers ne purent recevoir leur complet en hommes, par suite des difficultés du recrutement.

ÉTAT DES OFFICIERS DU 82e. — FORMATION DU 1er JANVIER 1809.

Colonel ; Montfort.
Sous-lieutenant quartier-maître : Campenet.
Lieutenant porte-aigle ; Wolfienger.
Chirurgien-major ; Bidou.
Chirurgien sous-aide major : Bourdon.

1er bataillon.

Chef de bataillon : Pinguet.
Lieutenant adjudant-major : Giraudon.

	Capitaines.	Lieutenants.	Sous-lieutenants.
Grenadiers ...	Lahier.	Gratis.	Lesprit.
1re	Goujard.	Daurio.	Degoix.
2e	Allaire.	Genin.	Lépine.
3e	Desruelles.	Agrisset.	Delalay.
4e	Claudel.	Bourdier.	Crème.
Voltigeurs....	Poinsignon.	Deshauteurs.	Monnerat.

2e bataillon.

Chef de bataillon : Ocher.
Lieutenant adjudant-major : Ginot.

	Capitaines.	Lieutenants.	Sous-lieutenants.
Grenadiers ...	Dutil.	d'Houdetot.	Dalché.
1re	Gelinière.	Chevallot.	Dayet.
2e	Margarot.	Magnan.	Blaise.
3e	Heurtematte.	Vacret.	Martin.
4e	Féron.	Pelteret.	Noëllat.
Voltigeurs....	Allory.	Daubermesnil.	Zickel.

3e bataillon.

Chef de bataillon : N.
Lieutenant adjudant-major : Haurath.

	Capitaines.	Lieutenants.	Sous-lieutenants.
Grenadiers ...	Nicolas.	Julien.	Bastien.
1re	Blimer.	Léonard.	Héricourt.
2e	Jamart.	Dubois.	Treney.

3e............	Déranger.	Merrand.	Drouet.
4e............	Letrosne.	Claudel.	Pagelet.
Voltigeurs....	Goujon.	Malcourant.	Perrin.

Défense et capitulation du fort Desaix.

Le 30 janvier, à la pointe du jour, les vigies signalèrent une escadre anglaise.

Vers sept heures du matin, l'ennemi effectua deux débarquements considérables du côté du Lamentin[1]; voyant ensuite filer l'escadre sur Case-Navire, le capitaine général, présumant qu'un troisième débarquement allait s'opérer sur ce point, donna l'ordre au 1er bataillon du 82e, qui était au fort Desaix, de se tenir prêt à marcher; il partit à quatre heures, avec 2 compagnies d'élite du 26e, pour Case-Navire, où l'ennemi ne se présentait pas encore.

Le 31 janvier, à trois heures du matin, les 3 bataillons du 82e se trouvaient réunis au camp Lacoste.

Le 1er février, l'ennemi attaqua le plateau de Surirey, en avant du fort Desaix; le 82e arriva de Case-Navire, à midi et demi, pour renforcer les troupes qui avaient été obligées de céder devant les forces anglaises. Quoique peu nombreux encore, on attaqua : une partie du 82e fut employée à garnir les deux redoutes qui battaient la grand'route; le reste, le colonel Montfort en tête, fut envoyé sur la gauche de l'habitation Landaïs, où l'on voyait des troupes qui cherchaient à se porter entre les nôtres et le fort; elles furent attaquées et repoussées jusqu'à l'habitation Preclerc.

On attaqua en même temps les hauteurs dont l'ennemi s'était emparé; mais, quoique parvenu sur l'une d'elles, il fut impossible de s'y maintenir, à cause de la vivacité des feux de mousqueterie exécutés par quatre régiments anglais

---

[1]. Les Anglais, sous les ordres du général Beckwick, avaient les 7e, 8e, 13e, 14e, 15e, 23e, 25e, 60e, 46e, 63e, 90e régiments, et les 1er, 3e, 4e, 8e régiments des Indes, en tout, avec l'artillerie et les différents services, 12 000 hommes.

qui s'étaient établis en arrière. En vain le brave commandant Pinguet, venu de Fort-de-France, à trois heures et demie, à la tête de 246 hommes du 82ᵉ, et monté à Surirey sans s'arrêter, en vain le commandant Boyer, à la tête d'un bataillon du 82ᵉ, multiplièrent-ils leurs efforts, on revint quatre fois à la charge, et toujours sans succès ; on avait déjà perdu 300 hommes ; on ne voulut pas s'opiniâtrer à enlever une position que l'ennemi défendait avec tant d'acharnement : on se retira sur le camp retranché, et l'on vint camper à l'habitation Landais, que le colonel Montfort avait défendue avec une vigueur extrême. Les deux ouvrages du centre furent occupés, et l'on plaça une avant-garde à l'habitation Lacalle.

Dans cette journée, dont le 82ᵉ soutint le poids avec un bataillon du 26ᵉ, les officiers qui se distinguèrent le plus, et qui sont cités dans le rapport du capitaine général, furent : le colonel Montfort, qui, ne pouvant marcher, à cause d'une incision de huit pouces qu'on lui avait faite à la cuisse, six mois avant, pour le guérir d'une carie à l'os, se fit porter dans un hamac à la tête de sa colonne, où il se tint jusqu'à la fin de l'action ; le chef de bataillon, Pinguet ; le capitaine Lahier, des grenadiers du 1ᵉʳ bataillon, qui chargea les Anglais à la tête de 46 grenadiers, en perdit 22, tant tués que blessés, et fut tué lui-même ; le capitaine Déranger, de la 3ᵉ du 3ᵉ, tué ; le capitaine Blimer, de la 1ʳᵉ du 3ᵉ, qui fut blessé au bras droit et perdit les trois quarts de sa compagnie ; le capitaine Jamart, dont les vêtements furent criblés, mais sans qu'il fût touché ; le sous-lieutenant Monnerat, blessé.

Le même jour, l'îlot aux Ramiers, défendu par le capitaine Petit, du génie, et 132 hommes du 82ᵉ, fut attaqué et bombardé.

Fort-de-France demeura occupé par un détachement du 82ᵉ, commandé par le capitaine Féron.

Le 2 février, au matin, l'ennemi se porta, en forces, sur le poste Landais. Le colonel Montfort avait placé, sous les ordres du commandant Ocher, du 82ᵉ, 150 hommes dans chacune des redoutes Ma Gloire et Mac-Henry; il avait, en outre, porté sur les ailes 200 hommes de son régiment, et placé le commandant Pinguet en réserve à la batterie Colard, avec le reste du 82°. L'ennemi s'avança intrépidement jusqu'au pied des redoutes, et n'y trouva que la mort; nos troupes, sans se laisser déconcerter par le nombre des assaillants, soutinrent le choc avec la plus grande fermeté. Le commandant Ocher dirigea avec succès le feu de la redoute Ma Gloire. Le colonel Montfort, oubliant ses souffrances, se portait partout où le danger paraissait le plus grand. Il y avait deux heures que le combat durait et que le feu se soutenait avec la même violence, quand le commandant Pinguet fut dirigé avec la réserve, en deux colonnes, sur la grande route. A ce moment, l'ennemi s'ébranla, et nos troupes, s'élançant hors des redoutes, le poursuivirent vivement; mais elles furent arrêtées par le bon ordre dans lequel il effectuait sa retraite.

Dans cette journée, le capitaine Allory, des voltigeurs du 2° bataillon, fut blessé.

Le 3 février, les troupes évacuèrent les camps retranchés, et se retirèrent dans le fort Desaix et dans la grande redoute.

Le capitaine Jamart fut nommé chef de bataillon.

Le 4 février, l'îlot aux Ramiers dut se rendre : il avait reçu 500 bombes, et avait eu 4 tués et 12 blessés du 82°.

Le 5 février, le 82°, qui au 31 janvier comptait 1589 hommes d'effectif, n'en avait plus que 1182.

Le 11 février, ouverture du feu.

« Il y a un grand nombre de désertions dans les troupes, principalement dans le 82°. Les corps sont malheureusement composés, en grande partie, de Piémontais, de conscrits réfractaires et de mauvais sujets provenant des dépôts coloniaux[1]. »

Le 12 février, 100 hommes du 82° firent une sortie, sous les ordres du capitaine Dutil.

---

1. *Journal du siège.*

Le 19 février, attaque générale des Anglais, et feu d'enfer sur toute la ligne.

Le 21 février, un obus, tombé devant la casemate occupée par le 3⁰ bataillon du 82⁰, tua 5 hommes et en blessa 5.

Le 24 février, la capitulation fut signée[1]. Les troupes devaient être conduites à Quiberon, comme cela s'était pratiqué en Europe quelques mois avant pour un autre bataillon du 82⁰, par suite de la convention de Cintra ; mais le Gouvernement anglais se refusa à l'exécution de cet engagement, et elles furent conduites en Angleterre, où elles restèrent jusqu'à la fin de mai 1814.

Le chirurgien-major Bidou resta à la Martinique pour soigner les blessés du 82⁰.

Le colonel Montfort, renvoyé en France sur parole, vu le mauvais état de sa santé, débarqua à Quiberon le 1ᵉʳ mars 1809. Il fut fait officier de la Légion d'honneur le 28 juin 1809, et reprit aussitôt du service à la tête des bataillons de son régiment, qui étaient en Espagne.

La plupart des officiers rentrèrent en 1814. Le lieutenant Chevallot et le sous-lieutenant Degoix moururent pendant leur captivité. A leur retour, tous ceux qui avaient été nommés, à titre provisoire, par l'amiral Villaret-Joyeuse, furent classés, pour prendre rang dans leurs grades, à la date de leur nomination, en vertu d'un ordre du roi Louis XVIII.

---

1. Rapport de Villaret-Joyeuse. État des troupes le jour du débarquement des Anglais :

26⁰ régiment.....	791	hommes.	Pertes...............	886
82⁰. —	1589	—	Hôpitaux...........	401
Artillerie........	210	—	Prisonniers........	142
Ouvriers........	60	—	Iles aux Ramiers..	142
Chasseurs à cheval.	49	—		157
	2699		Reste, au jour de la capitulation,	
Marins de *l'Amphitrite*.	305		1433 hommes.	
	3004			

Officier   Sergent de Grenadiers   Chasseur
Régiment de Saintonge   1er Avril 1791

CHAPITRE III

CAMPAGNES DE PORTUGAL ET D'ESPAGNE, 1807 A 1814.

Première expédition de Portugal. — Junot. — 3ᵉ et 4ᵉ bataillons. 1807-1808. Bataille de Vimeiro. — Convention de Cintra. — Deuxième expédition de Portugal. — Soult. — 4ᵉ et 5ᵉ bataillons. 1808-1809. — Troisième campagne de Portugal. — Masséna. — 4ᵉ, 5ᵉ, 6ᵉ, 7ᵉ bataillons. 1810-1811. — Siége et prise de Ciudad-Rodrigo. — Bataille de Busaco. — Lignes de Torres-Vedras. — Bataille de Fuentes de Oñoro. — Évacuation d'Alméida. — Campagne d'Espagne. — Marmont. — 4ᵉ, 5ᵉ, 6ᵉ bataillons. 1811-1812. — Bataille de Salamanque ou des Arapiles. — Clausel. — Reille. Campagne d'Espagne. — 1813. — Réorganisation de l'armée d'Espagne. — Soult. — Combats sur la frontière des Pyrénées. — 4ᵉ bataillon. — Garnison de Bayonne. — Campagne de 1814. — Blocus de Bayonne. — Sortie du 14 avril. — Le général anglais Hope est fait prisonnier par un sergent et un soldat du 82ᵉ [1].

Première expédition de Portugal.

1807. Le 1ᵉʳ corps d'observation de la Gironde, composé de troupes prises dans les camps de Bretagne et de Vendée,

---

1. Ouvrages et documents consultés : *Relation de l'expédition de Portugal*, faite en 1807 et 1808, par le 1ᵉʳ corps d'observation de la Gironde, par le baron Thiébault. — *Guerres de la Péninsule*, général Foy. — *Opérations du 2ᵉ corps (Soult)*, par l'intendant Lenoble. — *Mémoires de Masséna* — *Mémoires de Marmont*. — *Victoires et conquêtes*. — *Histoire du Consulat et de l'Empire*, par Thiers. — Belmas, *Siéges de la Péninsule*. — *Campagne de 1814*, général de Vaudoncourt. — *Histoire de la guerre d'Espagne et de Portugal*, Jones. — *Guerres de la Péninsule*, Napier. — *Registres d'ordres et de correspondances*, général Reille ; maréchal Soult ; général Thouvenot. — *Situations, Livrets, Correspondances, Matricules*. — *Correspondance de Napoléon 1ᵉʳ*.

13

et formé de 3⁰ˢ bataillons et de quelques régiments complets, fut cantonné dans les environs de Bayonne dès les premiers jours de septembre 1807.

Les 3ᵉ et 4ᵉ bataillons du 82ᵉ, sous les ordres du commandant Pétavy, venant du camp volant de Napoléon, qui avait été dissous, arrivèrent dans la deuxième quinzaine; ils avaient un effectif de 1000 hommes environ, et furent placés dans la division Travot, 3ᵉ du corps d'observation de la Gironde, 2ᵉ brigade, général Graindorge.

Les troupes qui formèrent cette division, furent : 1ʳᵉ *brigade :* les 3ᵉˢ bataillons des 31ᵉ et 32ᵉ légers; le 2ᵉ du 26ᵉ de ligne, et les 1ᵉʳ et 2ᵉ de la légion du Midi.

2ᵉ *brigade :* les 3ᵒˢ et 4ᵉˢ bataillons des 66ᵉ et 82ᵉ de ligne, et la légion hanovrienne.

Le général Junot, gouverneur de Paris, prit le commandement en chef.

Le 17 octobre, l'armée se mit en marche.

Le 82ᵉ, formant avec l'artillerie de la 3ᵉ division la douzième colonne, partit le 27 octobre, et arriva le 20 novembre à Salamanque.

Itinéraire : Saint-Jean-de-Luz, Irun, Stigaranga, Tolosa, Zumaraga, Mont-Dragon, Vittoria (séjour ; il y laissa ses malades et ses éclopés), Miranda, Pancorbo, Briviesca, Monasterio, Burgos (séjour), Celada, Villadrigo, Torquemada, Dueñas, Valladolid, Tordesillas, la Nava del Re, Toresillas, Bavilla-Fuente.

Le 21 novembre, l'armée, marchant par brigade, quitta Salamanque, et se dirigea sur Alcantara, où elle arriva après une marche de cinq jours, effectuée dans les conditions les plus difficiles, par un temps affreux et une neige abondante, ayant eu à lutter contre les éléments et contre la faim.

Le 29 novembre, le 82ᵉ arriva à Abrantès.

Junot, en apprenant que la famille royale de Bragance venait de s'embarquer, quitta résolûment Saccavem avec une colonne de 1500 grenadiers et quelques cavaliers, et entra dans Lisbonne le 30, à huit heures du matin ; il s'empara des forts et des positions dominantes de la ville et répartit ses troupes de la manière la plus convenable pour leur bien-être et leur sûreté au milieu d'une population hostile : les premiers détachements arrivèrent le soir, et, peu à peu, les soldats demeurés en arrière, rallièrent leurs drapeaux. Ils avaient eu à se défendre contre les paysans et avaient vécu comme ils avaient pu de ce qu'ils trouvaient.

Le 4 décembre, le 82ᵉ entra dans Lisbonne, où il passa quelques jours à se refaire et à attendre les traînards dont il avait semé la route entre Salamanque et Abrantès.

Peu de jours après, la 2ᵉ brigade de la 3ᵉ division fut envoyée à Setubal, pour y remplacer les troupes espagnoles, sur la rive gauche du Tage. Puis elle passa sur la rive droite, et remplaça, à Cascaës et à Saint-Julien, les troupes de la 1ʳᵉ division qui rentraient dans Lisbonne.

1808. Au mois de janvier, le général Junot reçut l'ordre de former les 3ᵉ et 4ᵉ bataillons du 82ᵉ en un seul de 6 compagnies, avec 18 officiers, et de renvoyer les cadres en excédant au dépôt, pour y recevoir des conscrits.

Pendant les mois de janvier et février, le 82ᵉ demeura à Belem, sous les ordres du général de brigade Graindorge.

Au mois de mars, il reçut un détachement de 219 hommes venant de Bayonne, et, quelques jours après, une compagnie de marche de 3 officiers et 234 hommes venant de Bordeaux, ce qui porta son effectif à 1019 hommes.

La situation de la première quinzaine de mars 1808 porte l'effectif suivant :

3ᵉ division, 2ᵉ brigade. 82ᵉ de ligne, 3ᵉ bataillon, Pétavy, chef de bataillon ; 4ᵉ bataillon, Hurtault, chef de bataillon : 29 officiers, 1019 hommes.

Le 8 mars, le 82ᵉ passa sous le commandement du général Kellermann, commandant la rive gauche ; il occupa le camp de Morfacem, Torré-Veilha, le Lazaret, Bugio, Lafontaine et Cezimbre, par divers détachements.

A la fin de mars, les officiers et sous-officiers formant le cadre du 4ᵉ bataillon se mirent en route pour rejoindre le dépôt

Du mois d'avril à la fin de mai, le 82ᵉ figure sur les situations comme 3ᵉ bataillon, avec 29 officiers et 1016 hommes, dont 127 hommes absents.

Le commandant Hurtault, du 82ᵉ, commanda le fort Bugio, à l'embouchure du Tage, avec le lieutenant Grilhé, du 82ᵉ, pour adjudant.

Le 2 juillet, le 3ᵉ bataillon du 82ᵉ fit partie d'une colonne de trois bataillons, six pièces de canon et deux escadrons qui partit de Lisbonne sous les ordres du général baron Margaron, et défit, le 5 juillet, à Leiria, un rassemblement de 20 000 Portugais; ceux-ci laissèrent 8 à 900 morts sur le champ de bataille, ainsi que leurs armes et leurs drapeaux.

De Leiria, la colonne se dirigea sur Thomar; puis sous les ordres du général Kellermann, elle dispersa, le 10 juillet, un rassemblement à Alcobaça.

Le 82ᵉ rentra ensuite dans Lisbonne pour y tenir garnison. Ses compagnies de grenadiers et de voltigeurs formèrent les 5ᵉ et 6ᵉ compagnies du 4ᵉ bataillon du 2ᵉ régiment d'élite, sous les ordres du major Saint-Clair; elles étaient à l'effectif de 3 officiers et 119 hommes chacune, au 26 juillet.

Les événements d'Espagne (capitulation de Baylen) avaient eu leur contre-coup en Portugal. Une armée anglaise de 30 000 hommes, commandée par sir Arthur Wellesley, venait de débarquer à l'embouchure du Mondego, dans la baie de Figuiera. Junot résolut de marcher au devant d'elle et de la jeter dans la mer.

Le 17 août, le 82ᵉ, formant avec le 1ᵉʳ régiment de grenadiers, le 3ᵉ régiment provisoire de dragons et 10 pièces de canon, la réserve de l'armée, quitta Lisbonne et vint prendre position à Villa-Franca avec le duc d'Abrantès.

A 2 heures du soir, la réserve partit pour Otta sous les ordres du général Thiébault, elle y arriva fort tard. Le trésor, les équipages et une partie de l'artillerie étaient restés en arrière avec deux compagnies du 82ᵉ pour leur garde.

Le 18, la réserve partit d'Otta avant le jour, et prit position le soir à Permuñes.

Le 19, elle attendit son artillerie qui n'arriva que le soir; elle se mit en marche à l'entrée de la nuit et atteignit Torres-Vedras le 20 au matin. Les équipages et le trésor rejoignirent dans la journée; ils avaient fait une marche très-pénible et couru de grands dangers par suite des mauvaises dispositions des habitants, et des mouvements de quelques détachements anglais; mais la solide contenance des deux compagnies du 82ᵉ en avait imposé aux uns comme aux autres.

Le 82ᵉ fit partie de la 2ᵉ division sous les ordres du général Loison, 2ᵉ brigade, général Charlot, avec les 12ᵉ et 15ᵉ régiments d'infanterie légère et les 32ᵉ et 58ᵉ de ligne.

Ses deux compagnies d'élite étaient à la réserve au 4ᵉ bataillon de grenadiers, sous les ordres du général Kellermann.

Dans la nuit du 20 au 21, l'armée passa le défilé de Torres-Vedras.

Bataille de Vimeiro.

Le 21 août, à 6 heures du matin, elle prit position au delà du défilé, en face de l'armée anglaise, rangée sur les hauteurs de Vimeiro.

Le 82ᵉ fut porté en avant pour soutenir l'attaque du centre, avec les 32ᵉ et 58ᵉ de ligne (brigade Charlot). Il fut engagé contre le 97ᵉ régiment anglais qui, bientôt, fut secouru par les 43ᵉ et 52ᵉ. Son arrivée sur le théâtre du combat fut le signal d'un nouvel acharnement; mais dans cette lutte de deux faibles brigades contre toute une armée retranchée, les pertes très-fortes que l'on éprouva ne furent compensées par aucun résultat avantageux. Vers midi, la gauche ploya, et malgré la charge à la baïonnette des deux régiments de grenadiers, dont les compagnies de grenadiers et de voltigeurs du 82ᵉ faisaient partie, malgré les efforts les plus héroïques, les deux divisions furent contraintes de battre en retraite sur Torres-Vedras.

Le 82ᵉ avait fait des pertes sensibles. Son chef de bataillon, Pétavy, avait été tué (il tomba, percé de coups); le lieutenant Fauchereau, tué; le capitaine Thibaut, et les sous-lieutenants Thévenard et Serres, blessés; ainsi que le lieutenant Lambert qui mourut en mer des suites de ses blessures. Il avait en outre perdu 100 hommes tués, et 197 prisonniers, blessés pour la plupart. Les sergents Dumas, Doulière et Goulier, qui furent plus tard officiers au 82ᵉ, furent blessés.

Nous avons recherché soigneusement les noms des braves qui honorèrent le drapeau du 82ᵉ à la bataille de Vimeiro : nous ne les avons pas retrouvés tous, mais voici du moins ceux qui subsistent sur les matricules, avec la mention : « Tué à Vimeiro ».

Montalan, adjudant; Mabilliotte, sergent; Iris, caporal; Rocton, Mars, Letoc, Dufert, Dupierreux, Marcelle, soldats.

Sauton, Teissier, Tabasso, Favro, Joseph, soldats embarqués à bord du transport anglais *la Minerve*, moururent en mer des suites de leurs blessures.

Royancz, sergent; Sallaz, Josnier, Perret, caporaux; Paris, Seguette, Beauvais, Barret, Lussot, Gilli, Broc, Favro, Bonnetto, Ossola, Quenon, Pinoteau, Rouet, Heeck, Gervais, Pinsard, Audibert, Guileme, Beaudoin, Rousseau, Senac, Morin, Coyette, Guy, Tourrel, Picard, Gasse, Mallet, Bounet, Benoît, Alexandre, Joly, blessés, furent ramassés par les Anglais sur le champ de bataille, et ne rentrèrent en France qu'en 1814, après un long séjour sur les pontons.

Convention de Cintra.

Quelques jours après, la convention de Cintra était conclue, et le 82ᵉ rentrait dans Lisbonne.

Le commandant Hurtault en prit le commandement; le 8

septembre, les situations de l'armée portent le 3ᵉ bataillon du 82ᵉ avec l'effectif suivant : 19 officiers, 628 hommes, dont 5 officiers et 107 hommes à l'hôpital, 5 officiers et 195 hommes prisonniers de guerre

Par suite de la convention de Cintra (30 août), en vertu de laquelle les troupes françaises devaient être embarquées sur des vaisseaux ou transports anglais, pour être transportées en France avec armes et bagages, sans être considérées comme prisonnières de guerre et avec la faculté de servir immédiatement, le 82ᵉ fut embarqué, le 25 septembre, en deux détachements, sur les bâtiments anglais *E. Y.* et *E. P.* Il arriva à Auray, vers le 30 octobre, après une longue et cruelle traversée, dans laquelle l'armée perdit près de 2000 hommes et où il fut aussi éprouvé ; à son débarquement, il comptait 10 officiers et 280 hommes.

Deuxième expédition de Portugal.

A peine remis des fatigues de toutes sortes qu'ils venaient d'endurer, les officiers, sous-officiers et soldats du 82ᵉ reçurent l'ordre de partir pour Bayonne. Le détachement, sous le commandement du chef de bataillon Hurtault, comptait 7 officiers et 228 hommes; il devait faire partie de la 3ᵉ division du 8ᵉ corps d'armée.

Par suite de la formation des deux bataillons de la Martinique en trois bataillons, décidée pour avoir lieu le 1ᵉʳ janvier 1809, le bataillon rentrant de Portugal prit le n° 4. Un 5ᵉ bataillon fut envoyé pour le renforcer. En renvoyant ces troupes, toutes fatiguées qu'elles étaient, en Portugal, l'Empereur avait pensé que, connaissant déjà le pays, elles seraient plus propres à y faire la guerre. Il ne doutait pas que ce corps ne brûlât de venger la journée de Vimeiro, et n'en fût capable. La 3ᵉ division, généraux : Heudelet, Graindorge et Maransin ; 15ᵉ d'infanterie légère, voltigeurs de la garde de Paris; 32e légère, légion hanovrienne; 36e de ligne, légion du midi ; 66e de ligne, 82e de ligne, comptait en tout 3200 hommes.

Le 1er décembre 1808, le 82e comptait à l'effectif : 4e bataillon, 7 officiers, 228 hommes; 5e bataillon, 19 officiers, 627 hommes. Le major du 82e avait reçu l'ordre de lui envoyer un détachement de 268 hommes.

Le 5 décembre, le 8e corps fut dissous, et sa troisième division devint 5e division du 2e corps d'armée.

Le 4e bataillon, chef de bataillon Hurtault, comprenait à cette date 20 officiers et 715 hommes. Le cadre du 5e bataillon avait été renvoyé en France.

1809. La division Heudelet, arrivée à Burgos, se dirigea par Benavente sur la Galice et rejoignit le 2e corps vers la fin de janvier.

Le 28 janvier, les soldats Deschuyteneer et Delucis furent tués.

Le 30 janvier, la division Heudelet devint 4e du 2e corps; elle était à Santiago de Compostella.

Le 82e comptait 22 officiers et 465 hommes présents; en outre, 107 hommes à Benavente, et 121 en arrière; il était sous les ordres du colonel en second, Estève.

Le 11 février, la 4e division fut dirigée sur le Vigo, où elle arriva le 12.

Le corps du maréchal Soult, à peine remis des fatigues qu'il avait endurées dans sa marche sur la Corogne, repartit du Vigo, et, n'ayant pu forcer le passage du Minho à Tuy, le 16 février, remonta la rivière.

Le 17 février, la 4e division marcha le long du Minho, sur Franqueyra, où elle s'arrêta pour se reposer, la marche ayant été des plus pénibles; elle bivouaqua à Cande, hameau.

Le 18 février, la 2e brigade Maransin, soutint l'attaque de la 1re sur Ribadavia.

Le 19 février, la 2e brigade (82e) dispersa un rassemblement sur la route d'Orense, et poussa jusqu'à Barbantès.

Le 20 février, elle arriva au pont du Minho, vers Orense, à temps pour empêcher de le brûler.

Le 21 février, Orense. Le général Heudelet eut partout des positions formidables à emporter et de terribles exécutions à faire.

Le 4 mars, le deuxième corps prit la dénomination d'armée du Portugal.

Le 6 mars, à Werin, la 4ᵉ division attaqua l'arrière-garde de l'armée portugaise-espagnole, qui laissa 1200 hommes sur le terrain et 400 prisonniers et 3 drapeaux entre nos mains.

Le 7 mars, à Ocoño.

Le 10 mars, la 4ᵉ division marcha sur la rive gauche de la Tamega; elle eut des tirailleurs engagés toute la journée. Elle arriva à Chaves le soir.

Le 16 mars, départ de Chaves, arrivée à Altura.

Le 19 mars, sur le Lanhozo.

Le 20 mars, prise de Braga, la 2ᵉ brigade en réserve. La division Heudelet y fut laissée pour occuper la ville, garder les blessés et secourir le dépôt laissé à Tuy.

Le 29, le corps de Soult entra dans Oporto.

Le 5 avril, la division Heudelet reçut l'ordre d'aller secourir la garnison qui défendait Tuy; elle alla à Barcelos.

Le 9 avril, à la prise de Ponte de Lima, la 2ᵉ brigade se distingua particulièrement. Le 82ᵉ y eut un capitaine tué, Brice. Le 10, à midi, la 4ᵉ division arriva à Valença; la ville ouvrit aussitôt ses portes.

Le 11, la garnison de Tuy fut débloquée par le maréchal Ney venant du Nord.

Jusqu'à la fin d'avril, la division Heudelet fournit des colonnes sur le haut et le bas Minho, qui soumirent la Pella, Monçao, Villa-Nova, Caminha, le fort d'Insoa et Viana, où elle fit séjour[1]; elle revint ensuite vers Oporto et se trouvait, le 29 avril, à Guimarens.

[1]. La position du maréchal Soult était des plus critiques, il avait à se défendre derrière la ligne du Douro, d'une part contre une armée régulière placée au delà et recevant sans cesse de nouveaux renforts d'Angleterre, et de

Le 5 mai, elle se dirigea sur Amaranthe pour y rejoindre le général Loison à Basto ; le 82ᵉ eut un engagement dans lequel il perdit un homme, le caporal Ronaërt, tué.

Le 8 mai, aux environs d'Amaranthe, le 82ᵉ eut deux hommes tués, Baudaux et Bellard, soldats.

Le 10 mai, le 82ᵉ perdit encore, dans un nouvel engagement, les nommés Feys, Léchappé et Vancoppenoble, soldats. Le 12 mai, le maréchal Soult évacua Oporto, où il s'était laissé surprendre par les Anglais.

L'armée française, vivement pressée par les Anglais, dans un pays entièrement soulevé contre elle où les paysans coupaient les ponts, obstruaient les défilés, assassinaient les malades et les blessés, arriva le 19 mai à Orense dans un état déplorable [1].

D'Orense le maréchal Soult se rendit à Lugo pour dégager le Maréchal Ney.

Le 30 mai, le soldat Delvaux fut tué aux environs de Lugo.

Le 1ᵉʳ juin, le 4ᵉ bataillon du 82ᵉ commandant Briffault, était au camp de Santa-Fez, près Lugo.

La division Heudelet se porta en avant de Montforte di Lemos, où elle resta jusqu'au 13.

Le 13 juin, elle campa à Montefuraldo. Le nombre des hommes du 82ᵉ, aux hôpitaux, était de 307 ; celui des prisonniers de guerre, de 106.

Le 10 juillet, la division Heudelet se rendit à Salamanque en deux jours ; elle y reçut le 31ᵉ léger et le 47ᵉ de ligne, et devint 3ᵉ division du 2ᵉ corps.

Le 15 juillet, le 82ᵉ était à Salamanque ; il avait 20 officiers et 341 hommes présents. Le 30 juillet, la 3ᵉ division

---

l'autre contre des insurgés fanatiques placés en deçà, dont les bandes augmentaient chaque jour, enlevant les courriers, assassinant les isolés, pillant les convois, et ayant réussi à interrompre les communications aussi bien avec le Nord qu'avec le reste de l'Espagne.

1. L'état moral des troupes répondait à leur état matériel. Les soldats, bien que leurs sacs fussent pleins, étaient mécontents de leurs chefs et d'eux-mêmes, et tout en persistant dans leur indiscipline, sévères pour ceux qui les y avaient laissé tomber. (THIERS, *Histoire du Consulat et de l'Empire.*)

du 2ᵉ corps se porta sur Plasencia par le col de Baños, en passant par San-Pedro de Rozados, Val de la Casa, Aldea-Nueva; elle arriva à Plasencia, le 3 août, et s'y établit.

Le 5 août, elle arriva à Toril et à Casa-Tejado; le 6 août, à El-Gordo.

Le 7 août, elle se réunit au 5ᵉ corps d'armée à Puente del Arzobispo[1].

A l'affaire de Puente del Arzobispo où les Français se rendirent maîtres des ponts du Tage, la 3ᵉ division resta en réserve. Les Anglais se retirèrent en Portugal sans être poursuivis.

Le 15 août, le 82ᵉ revint à Plasencia; le bataillon prit le nº 6. Le 2ᵉ corps fut établi pour observer les débouchés du Portugal.

Le 1ᵉʳ septembre, le 6ᵉ bataillon s'établit à Coria.

En octobre, il fut reporté en arrière près de Plasencia.

Vers le commencement de novembre, une division de réserve se réunit à Bayonne, sous les ordres du général Loison; le 82ᵉ y envoya deux bataillons, les 4ᵉ et 5ᵉ, qui s'étaient formés, dès le mois de juillet, à l'île d'Aix et à l'île d'Oléron; ils firent partie de la 1ʳᵉ brigade, général Simon.

4ᵉ bataillon commandant Guérin, 21 officiers, 819 hommes; 5ᵉ bataillon commandant Hurtault, 18 officiers, 822 hommes composés des cadres du 5ᵉ bataillon (ancien), rentré en France en janvier, et de conscrits du Lot, de la Dordogne et de la Charente.

La division Loison partit de Bayonne, le 29 novembre, pour se rendre à Vitoria.

Le 15 janvier 1810, le 82ᵉ était à Logroño.

Du 25 décembre au 8 janvier 1810, une 2ᵉ division de réserve, sous les ordres du général Reynier, se réunit à Bordeaux. Le 7ᵉ bataillon du 82ᵉ, fort de 6 officiers et de 834 hommes, fit partie de la 1ʳᵉ brigade, général Montmarie, et fut dirigé sur Valladolid.

---

1. Le 28 juillet avait été livrée la bataille de Talavera, à la suite de laquelle sir Arthur Wellesley apprenant l'arrivée du corps de Soult battit en retraite

Du 31 janvier au 15 février[1], les différents bataillons du 82ᵉ qui se trouvaient en Espagne se concentrèrent à Valladolid. Le 6ᵉ bataillon cessa de faire partie du 2ᵉ corps.

Les hôpitaux étaient encombrés de malades ; les 4ᵉ et 5ᵉ bataillons en avaient pour leur part 494. Le 7ᵉ bataillon, parti plus tard, en comptait 415 à lui seul.

En mars, la division de réserve du général Loison devint 3ᵉ division du 6ᵉ corps, sous les ordres du maréchal Ney.

Au mois d'avril, la 3ᵉ division du 6ᵉ corps se trouva réunie à Ledesma. 186 hommes formant la 6ᵉ compagnie du 1ᵉʳ régiment de marche sous les ordres du général Brenier rejoignirent à la fin du mois et vinrent renforcer les effectifs des bataillons du 82ᵉ.

Au 15 avril, les situations donnent la composition suivante du 82ᵉ :

Montfort, colonel ; Estève[2], colonel en second ; 4ᵉ bataillon,

---

1.   *L'Empereur au prince de Neufchatel.*

Paris, 12 janvier 1810.

« Le général Loison se rendra à Valladolid où il réunira sa division composée de deux bataillons du 66ᵉ, de deux bataillons du 26ᵉ, de deux bataillons du 82ᵉ, du bataillon hanovrien, du bataillon de la légion du midi qui fait partie de la brigade Simon :

« Du bataillon du 26ᵉ, du bataillon du 66ᵉ, du bataillon du 82ᵉ, du bataillon hanovrien, du bataillon du 66ᵉ, du bataillon de la légion du midi qui faisaient partie du 2ᵉ corps et qui sont actuellement entre Valladolid et Benavente.

« Du bataillon du 26ᵉ, du bataillon du 66ᵉ, du bataillon du 82ᵉ qui font partie de la brigade Montmarie, division Reynier ; ces trois derniers continueront leur route sur Valladolid.

« Le général Loison formera cette division en deux brigades.

« Les quatre bataillons du 82ᵉ avec le 66ᵉ et le 32ᵉ léger 2ᵉ brigade. — Général Montmarie.   « NAPOLÉON. »

2. Estève (Étienne-Baptiste), né le 11 octobre 1771 à Castelnaudary (Aude), entra comme volontaire au 4ᵉ bataillon de l'Aude en 1793, passa comme quartier-maître trésorier dans la 4ᵉ demi-brigade en 1798, fut nommé capitaine dans la 2ᵉ en 1800, y fut promu chef de bataillon en 1807, major en 1808 et passa dans la même année au 82ᵉ en qualité de colonel en second. En 1810, il fut nommé colonel du 14ᵉ et devint général de brigade en 1813. Il avait fait les campagnes des Pyrénées-Orientales, d'Italie, de l'Ouest, de Hollande, de Prusse, de Pologne et d'Espagne. En 1815, il commanda une

Hodé : 20 officiers, 652 hommes ; 5ᵉ bataillon, Hurtault : 17 officiers, 508 hommes ; 6ᵉ bataillon, Rocheron : 18 officiers, 451 hommes ; 7ᵉ bataillon, Chérier : 9 officiers, 276 hommes.

Le chiffre des malades était de 426 pour les 4ᵉ et 5ᵉ bataillons, de 321 pour le 7ᵉ. Le 6ᵉ, plus acclimaté et composé d'anciens soldats ayant pour la plupart fait la première expédition du Portugal, n'en avait que 77.

Troisième campagne de Portugal.

En avril 1810, le maréchal Masséna prit le commandement de l'armée de Portugal, composée des 2ᵉ, 6ᵉ et 8ᵉ corps. Le 10 mai, le 82ᵉ était campé devant Ciudad-Rodrigo, à droite de la route de San-Felices.

Le 15 mai, le quartier-général du 6ᵉ corps était à Ledesma et le 82ᵉ occupait les positions suivantes.

Les 4ᵉ et 6ᵉ bataillons étaient devant Ciudad-Rodrigo, le 5ᵉ à Jécla, le 7ᵉ à Zamora. Les 4ᵉ, 5ᵉ et 6ᵉ avaient en outre des détachements à Valladolid et à Salamanque.

3ᵉ Division, général Loison ; 2ᵉ brigade, général Ferrey. 82ᵉ régiment

Colonel : Estève.

			offic.	sold.	hôpit.	prisonn
4ᵉ bataillon.	Hurtault, chef de bataillon.		18	844	177	
5ᵉ —	Laurent.	—	18	781	249	
6ᵉ —	Rocheron.	—	17	660	77	120
7ᵉ —	*	—	9	622	321	

Siége et Prise de Ciudad-Rodrigo.

Le 1ᵉʳ juin, le quartier-général fut porté à San-Felices ; les 4ᵉ et 5ᵉ bataillons au camp devant Ciudad-Rodrigo, le 6ᵉ, commandant Janin, à San-Felices.

_{brigade à l'armée du Rhin. Il commanda ensuite la Corse, puis l'Ariége. Retraité en 1825, il fut rappelé à l'activité en 1830 ; retraité une deuxième fois en 1833 il mourut en 1837.}

La 3ᵉ division formait la droite du blocus ; la 2ᵉ brigade Ferrey était à la droite de la première, appuyant sa droite à l'Agueda.

3ᵉ Division : Général Loison.

1ʳᵉ brigade.	15ᵉ léger.	2 bataillons	1008 hommes	
	légion du midi.	1	—	594 —
	légion du Hanovre.	2	—	1508 —
	26ᵉ de ligne.	4	—	1711 —
2ᵉ brigade.	32ᵉ léger.	1	—	428 —
	66ᵉ de ligne.	4	—	2133 —
	82ᵉ —	4	—	1795 —

Le 26 juin, un bataillon du 82ᵉ contribua à la prise du couvent de Santa-Cruz.

Le 10 juillet, la ville se rendit : le général Loison, à la tête de la brigade Ferrey, pénétra dans la ville par la brèche ; le 82ᵉ occupa seul la ville, dans laquelle il n'y eut ni désordre ni pillage à la grande surprise des habitants qui ne s'attendaient pas à être traités aussi favorablement. Pendant la durée du siége, le 82ᵉ avait eu 10 tués et 56 blessés.

Le 14 juillet, le 82ᵉ, quittant la ville, alla prendre position à Palacios ; la gauche de la 3ᵉ division était établie entre Fuentes de Oñoro et Espeja.

Du 15 au 16 juillet, la division Loison occupa les camps de Marialva, Palacios et Carpio, formant une chaîne d'avant-postes et occupant Espeja de manière à fermer à l'ennemi toute communication avec la Sierra de Gata. Elle avait pour but d'observer les mouvements des Anglais et de les arrêter en arrière de l'Azuva.

Le 20 juillet, la brigade Ferrey se porta sur les hauteurs entre Gallegos et Alameda. Le 21 juillet, elle était en arrière de Castillejo.

Le 24 juillet, le général Ferrey, avec les tirailleurs de siége et les compagnies d'élite des 66ᵉ et 82ᵉ, attaqua par trois fois le pont de la Coa, défendu par le général anglais Crawfurd ; mais celui-ci ayant garni de tirailleurs les jardins clos de murs qui s'élèvent en amphithéâtre sur la croupe du Cabrero Negro, repoussa jusqu'à quatre heures ces attaques ; il demanda ensuite une trêve pour enlever ses blessés et opéra sa retraite.

Voici, sur la participation du 82ᵉ au siége de Ciudad-Rodrigo et au passage de la Coa, un document qui mérite d'être reproduit en entier :

« Le 82ᵉ régiment désirant reproduire par mon organe les principaux faits d'armes qui lui ont été particuliers dans le cours de cette campagne, j'atteste avec autant de plaisir que de vérité qu'il arriva le 25 avril dernier devant Ciudad-Rodrigo et que, depuis ce moment jusqu'à la reddition de la place, il donna des preuves de zèle et de bravoure en occupant des postes difficiles et en contribuant à repousser, toujours avec avantage, les nombreuses sorties de l'ennemi. Un de ses bataillons fut employé dans l'attaque du couvent de Sainte-Croix et s'y distingua ; enfin, pendant tout le temps du siége qui fut pour le 82ᵉ de deux mois et demi, sa conduite mérita des éloges.

« Le 24 juillet dernier, au combat d'Alméida, ce régiment manœuvra avec sang-froid et intelligence ; pendant une heure, il resta exposé au feu de l'ennemi, tandis que ses compagnies de voltigeurs, réunies à celles du 66ᵉ et au 32ᵉ d'infanterie légère, abordaient les premières la ligne anglaise. Dans ce même combat, la compagnie de grenadiers commandée par le brave capitaine Ninon rivalisa avec celles du 66ᵉ pour le passage du pont de la Coa, action qui exigeait une grande audace et dans laquelle cette compagnie eut son capitaine hors de combat, un officier et 20 grenadiers tués ou blessés ; en même temps que cela se passait, deux compagnies du même régiment, sous les ordres du capitaine Goyer, avaient été dirigées sur la gauche du pont et inquiétaient l'ennemi par un feu très-vif.

« *Le général*, baron DE FERREY. »

Valverde, 10 septembre 1810.

Dans ce même engagement, le lieutenant Thévenard, qui s'était déjà fait remarquer par son intrépidité dans toutes les affaires qui eurent lieu pendant le siége de Ciudad-Rodrigo, commandait la compagnie de voltigeurs qui se conduisit d'une manière brillante sur les bords de la Coa et fut proposé pour la Légion d'honneur.

Le capitaine Ninon et le lieutenant Thomas (Marius) furent blessés, et le lieutenant Cattue tué.

A cette époque, le général Ferrey, sur l'habileté et le zèle duquel il n'y avait qu'une voix dans le 6e corps, prit le commandement d'une avant-garde formée des 32e léger et 66e de ligne, et le 82e, réuni aux troupes de la 1re brigade (Simon), fut employé au siége d'Alméida. Le 27 août, à onze heures, la place capitula. Le 28, les troupes du 6e corps y entrèrent.

Le 31, le quartier-général du 6e corps était à Juncia et le 82e, campé devant Alméida, comptait à l'effectif :

4e bataillon, Rocheron : 17 officiers, 580 hommes ; 5e bataillon, Lefizelier : 17 officiers, 559 hommes ; 6e bataillon, Janin : 17 officiers, 559 hommes.

Le général Brenier fut nommé gouverneur d'Alméida, et le 5e bataillon du 82e, au commandement duquel le commandant Rocheron était passé, fut désigné pour former la garnison de cette ville avec des détachements de différents corps. Les cadres du 7e bataillon étaient rentrés en France.

La division Loison, reconstituée, fut désignée pour former l'avant-garde.

Le 16 septembre, elle arriva à Fornos.

Le 18, la brigade Ferrey atteignit les bords du Daô.

Le 22, les ponts du Daô ayant été trouvés rompus, la brigade Ferrey s'établit devant San Comba Daô, d'où elle chassa deux bataillons et un régiment de cavalerie.

Le 23, au combat d'avant-garde livré par la division Loison, la brigade Ferrey occupa comme soutien les hauteurs de Barril et de Mortagoa.

Le 25, la 3e division du 6e corps se réunit en avant de Mortagoa et s'avança rapidement sur les hauteurs de Moira

Infanterie de Ligne 1793

que l'ennemi paraissait décidé à disputer; la fusillade s'engagea, mais l'ennemi se retira aussitôt.

La division Loison prit position à 5 kilomètres en avant de Moira.

Bataille de Busaco.

Le 27, à sept heures du matin, l'attaque des positions occupées par les Anglais commença[1]; la brigade Ferrey se mit en mouvement entre huit et neuf heures; elle suivit un étroit sentier qui la conduisit à un ravin escarpé qu'elle gravit, et elle engagea avec la brigade Colman une lutte inégale qui dura une heure et au bout de laquelle elle fut obligée de battre en retraite; elle vint se reformer avec les autres troupes de la 3ᵉ division à mi-côte de Moira.

Dans la soirée, l'artillerie de Crawfurd chercha à déloger par une vive canonnade l'infanterie de Loison de la position qu'elle occupait aux Maisons-Blanches, mais elle s'y maintint malgré la grêle de boulets dont elle fut accablée pendant plus d'une demi-heure.

---

1. Le 27, les corps de Reynier et de Ney partirent l'un de San-Antonio, l'autre de Moira. Le 8ᵉ corps, malgré la bravoure de ses soldats, vit ses efforts couronnés d'insuccès; le 6ᵉ s'avança, la division Loison en tête; et, après un combat de tirailleurs assez vif, celle-ci chercha à escalader le flanc de la Sierra, sur lequel se trouve bâti le village de Sul, le long d'une rampe à mi-côte : le général Simon, à la tête de la 1ʳᵉ brigade, s'y précipita tête baissée et en chassa les Portugais; pendant ce temps, la brigade Ferrey, composée des 32ᵉ léger, 66ᵉ et 82ᵉ de ligne, gravit péniblement la hauteur, sans l'obstacle, mais aussi sans l'appui du village de Sul. Les deux brigades, à force de constance et d'opiniâtreté, s'attachant à chaque rocher, à chaque arbre, parviennent cependant sous le feu meurtrier des Portugais jusqu'au sommet, lorsque tout à coup l'artillerie du général Crawfurd les couvre de mitraille presque à bout portant. Au même instant, le général Crawfurd fait croiser la baïonnette à la division légère et à la brigade portugaise de Colman, et culbute nos régiments avant qu'ils aient pu se former et opposer de la résistance. La brigade Simon s'arrête au village de Sul, après avoir perdu son général, resté blessé dans les mains de l'ennemi. La brigade Ferrey, ne trouvant à se cramponner nulle part, est ramenée au pied de la montagne. (THIERS, *Histoire du Consulat et de l'Empire*.)

Les pertes du 82ᵉ étaient proportionnées à la part vigoureuse qu'il avait prise à cette journée.

Le capitaine Humbert, les lieutenants Thomas (Sébastien) et Coursan avaient été tués. Les capitaines Sénart, Daupein et Garret, et le sous-lieutenant Doulière, étaient blessés ; ce qui, avec les sous-officiers, caporaux et soldats, porta le chiffre des pertes des deux bataillons du régiment, présents à l'affaire, à 21 tués, 149 blessés, 170 prisonniers.

Le 28, la 3ᵉ division passa la Sierra de Caramulla vers minuit à Boïalva et vint s'établir un peu en arrière de Mealhada. Renonçant à attaquer les positions des Anglais de front, Masséna trouva le moyen de les tourner par un chemin qui fut découvert dans la montagne. Les Anglais se retirèrent alors, en transformant le pays en désert.

Le 1ᵉʳ octobre, jour de son entrée à Coïmbre, le 82ᵉ avait 850 hommes présents.

Le 2 octobre, la division Loison ayant repris sa place dans le corps d'armée campa sur les hauteurs de Santa-Clara.

Le 7, elle s'établit à Leiria, en amont de la ville ; le 9, à Rio-Mayor ; le 10, à Alcoentre ; le 11, à Villa-Nova. L'armée arriva devant les lignes de Torres-Vedras, dont elle ignorait l'existence; de tous côtés on ne voyait que hauteurs couronnées de redoutes. Lord Wellington, craignant d'être acculé à la mer, s'était assuré à l'extrémité de la Péninsule une position inexpugnable, formée d'une triple ligne d'ouvrages et de barricades défendus par une nombreuse artillerie, et présentant un ensemble de 152 redoutes et de 700 bouches à feu, couvrant le port de Lisbonne où la flotte anglaise était constamment prête à recevoir l'armée. Le 12, en avant de Sobral, sur le plateau au-dessous de Moinho de Cubo, Masséna ayant reconnu l'impossibilité d'attaquer les Anglais dans leurs retranchements, se résolut à les bloquer jusqu'à l'arrivée de renforts.

Le 13, le 82ᵉ prit position à Alenquer.

4ᵉ bataillon, Lefizelier : 18 officiers, 413 hommes ; 6ᵉ bataillon, Janin : 12 officiers, 413 hommes.

Le 14 novembre, l'armée opéra un mouvement rétrograde ; la brigade Ferrey, placée en réserve sur les hauteurs d'Alenquer, couvrit la retraite du 8ᵉ corps, et prit poste, tout le temps qu'il fut engagé dans le défilé d'Alenquer, en face de la vallée entre Refuges et le couvent de Carlata.

Dès que le 8ᵉ corps eut dépassé Alenquer, Ferrey ordonna au 82ᵉ de tourner les hauteurs, pour se joindre à lui à la sortie de la ville.

Le 15 novembre au soir, la brigade Ferrey était en seconde ligne et couvrait les hauteurs d'Aveiras.

Le 19 novembre, le 82ᵉ était à Punhète, occupé à se garder ; il fournissait les corvées nécessaires pour les ouvrages sur le Zézère et autres. Dans cet hiver de 1810-1811 que l'armée de Portugal passa sur les bords du Tage, le maréchal Masséna dut faire des efforts inouïs pour la nourrir : le blé manquant complétement, il avait fallu s'habituer à vivre de maïs et de légumes secs ; quant à la viande fraîche et au vin, il fallait, pour se les procurer, organiser de véritables expéditions à plusieurs journées de marche des camps, parfois même livrer des combats aux paysans retranchés dans leurs fermes. Malgré cette misère, l'état sanitaire de l'armée était satisfaisant et il n'y avait que peu de désertions ; sous le rapport des vêtements, la détresse était plus grande : les chaussures manquant, les soldats s'étaient fait des sandales de la peau des animaux qui servaient à leur nourriture ; quant à leurs habits, ils étaient rapiécés en drap de toutes les nuances et la plupart portaient des culottes de bure.

1811. Jusqu'au 7 mars, le 82ᵉ occupa Punhète. La famine se faisant sentir de plus en plus cruelle, Masséna prit le parti d'abandonner le blocus des lignes anglaises et de commencer son mouvement rétrograde sur le Mondego.

Le 5, l'armée battit en retraite, et la 3ᵉ division demeura à Punhète, pour tromper les Anglais sur les intentions du commandant en chef. En voyant l'armée commencer son mouvement de retraite, lord Wellington résolut de la suivre pas à pas.

Le 7, au matin, la 3ᵉ division, brûlant l'équipage de ponts, battit en retraite par la route de Thomar, et vint prendre position à Chao de Maçans; le 8, à Arneiro; le 9, à Anciaõ; le 10, à Junqueira; le 11 et le 12, à Fuente-Cubierta; le 13, à Casal-Novo.

Le 14, la brigade Ferrey, d'arrière-garde, prit place à gauche, sur les hauteurs en avant de Casal-Novo; vers cinq heures et demie du matin, elle fut attaquée par le 52ᵉ régiment anglais; bientôt toute la division Erskine l'assaillit. Elle tint pendant deux heures, maîtrisant tous les efforts de l'ennemi; les soldats, postés et comme retranchés dans de petits enclos séparés par des murs à hauteur d'appui, tiraient à coup sûr sur les Anglais, découverts, qui durent se retirer hors de portée.

La brigade Ferrey battit alors en retraite, et tout le 6ᵉ corps se trouva réuni autour de Miranda de Corvo, n'ayant perdu que 60 hommes et ayant défendu le terrain pied à pied. Les soldats nommèrent cette bataille *la journée des positions*.

Le 15, la brigade Ferrey soutint encore, à Foz d'Arunce, un combat d'arrière-garde.

Le 16, séjour entre la Ceyra et l'Alva.

Le 17, passage de l'Alva. La brigade Ferrey défendit les ponts et les gués voisins.

Le 18, à Ponte-Murcelha.

Le 19, la brigade Ferrey vint prendre position à Chamusca.

Le 21, le 6ᵉ corps fut suivi jusqu'à Villa-Cortès par quelques escadrons anglais, qui firent le coup de pistolet avec l'extrême arrière-garde (brigade Ferrey).

Le 22 mars, rentrée en Espagne du maréchal Ney.

Le général Loison prit le commandement du 6ᵉ corps; il fut remplacé, dans celui de la 3ᵉ division, par le général Ferrey.

Le 24, la 3ᵉ division arriva à Pezo de Mero.

Le 30 mars, elle était près de Ravina, gardant, par ses postes, les hauteurs en arrière de Rapuella de Coa.

Le 1ᵉʳ avril, le 82ᵉ, sous les ordres du major Morel, comptait 35 officiers, 655 hommes, en tout 690 combattants.

La division Ferrey rentra à Salamanque pour se remettre de ses fatigues. Le 24 avril, elle partit pour Ciudad Rodrigo. Le 26, elle s'établit devant la tête de pont de cette ville.

Le 2 mai, la 3ᵉ division du 6ᵉ corps se mit en marche, formant l'avant-garde; elle atteignit Espeja, d'où elle chassa 3 bataillons et 2 escadrons, et prit position à cheval sur la route de Nave de Avel et de Fuentes de Oñoro.

Bataille de Fuentes de Oñoro.

Le 3 mai, vers une heure de l'après-midi, le brave général Ferrey forma sa 1ʳᵉ brigade, composée du 32ᵉ, de la légion du Midi et du 82ᵉ, en trois colonnes d'attaque, il garda sa seconde brigade en réserve. Le 82ᵉ dut marcher sur la gauche de Fuentes de Oñoro; les parties basses du village furent enlevées en un instant, et Ferrey, pénétrant jusqu'au centre de Fuentes, culbuta à la baïonnette tout ce qui opposait résistance; mais, attaqué à son tour par des forces supérieures, il dut céder et abandonner le village, après avoir résisté longtemps. Vers cinq heures, il revint à la charge; le 32ᵉ léger, la légion du Midi et le 82ᵉ se formèrent comme le matin: mais ils furent appuyés par la légion hanovrienne et la 2ᵉ brigade. Les quatre colonnes, s'ébranlant au même signal, pénétrèrent dans Fuentes de Oñoro au milieu d'une grêle de plomb. Rien ne résista; les tirailleurs anglais abandonnèrent les jardins, les clôtures et les maisons où ils s'étaient embusqués, et furent poussés de poste en poste sur leurs réserves, qui cédèrent le terrain; au bout de quelques minutes, le village était à nous. Mais, emportés par leur ardeur, les 32ᵉ, 82ᵉ et la légion du Midi, au lieu de s'y établir solidement, se laissèrent entraîner à la poursuite des fuyards; les Anglais, se ralliant au nombre de 5 à 6000, les refoulèrent à leur tour avec des pertes sensibles, 300 hommes environ. On coucha dans ce village inondé de sang, couvert de ruines, les Anglais restant maîtres de la partie haute et les Français de la partie basse.

Le 4 mai, la division Ferrey demeura dans les parties basses de Fuentes de Oñoro.

Le 5 mai, vers onze heures, la division Ferrey emporta les retranchements que les Anglais avaient élevés pendant la nuit, et obligea ceux-ci à évacuer le village.

Trois fois le village fut pris et repris; mais le général anglais, pouvant relever sans cesse ses troupes fatiguées par des troupes fraîches, finit par l'emporter, sans pouvoir évincer nos soldats de la partie basse, où l'on continua à tirailler.

Dans ces deux journées, le 82ᵉ avait eu de nombreux tués et blessés : le capitaine Goyer, les lieutenants Pestel et Fau, tués; Lavoisière, alors sergent, et plus tard officier au 82ᵉ, le capitaine Daudirac, blessés. Masséna se décida alors à battre en retraite en faisant sauter la place d'Alméida au lieu de la ravitailler. Il en envoya l'ordre au général Brenier et attendit dans ses positions qu'il lui fût parvenu et qu'il l'eût rejoint lui-même avec sa garnison.

Du 6 au 10, la 3ᵉ division resta en face des Anglais.

Le 10, elle se mit en marche; à minuit, une formidable explosion apprit à l'armée qu'Alméida n'existait plus, du moins comme place forte.

Évacuation d'Alméida.

Le 5ᵉ bataillon, commandé par le chef de bataillon Rocheron, et comptant à l'effectif 17 officiers et 559 hommes, avait formé la garnison d'Alméida en 1810.

Le 10 mai 1811, le général Brenier, gouverneur de la ville, après avoir mis son artillerie hors de service et chargé les fourneaux pour faire sauter la place, informa les officiers de la garnison que, d'après les ordres du général en chef, il allait rejoindre l'armée. La garnison sortit de la place à dix heures du soir, en deux colonnes ; le général Brenier, avec celle de gauche, en tête de laquelle marchaient les compagnies d'élite du 82° pour balayer le passage, parvint aux environs de Barba del Puerco, dans la matinée. Le lieutenant Mottier était parti en avant-garde avec 40 hommes, pour s'assurer de l'arrivée d'une colonne française au-devant du détachement ; il fut assailli par une masse d'infanterie espagnole et par plus de 300 cavaliers. Il fit bonne contenance pendant près d'une lieue, et arriva aux portes de Mayola après avoir perdu une partie de sa troupe ; là, il trouva les Anglais, et parvint néanmoins à gagner les hauteurs occupées par l'armée française.

La division Heudelet, du 2ᵉ corps, avait été portée au pont de Barba del Puerco pour recueillir ce brave détachement ; mais les Anglais atteignirent les derniers d'entre eux avant que le général Heudelet, qui les avait aperçus et qui volait à leur rencontre à la tête de plusieurs compagnies de voltigeurs, pût les secourir. Poursuivis par le général Cotton, nos soldats gravirent les versants escarpés de la gorge dans laquelle ils étaient engagés, et une partie vint s'engloutir dans un précipice béant, au pied d'un énorme rocher, où la tête de colonne portugaise qui les avait pris en flanc roula avec eux.

Les Anglais s'emparèrent du pont ; mais ils furent repoussés par un renfort qui arriva en temps opportun, et les voltigeurs purent dégager du fond du précipice ceux des nôtres et les Portugais qui y étaient tombés. Les pertes se montaient, de notre côté, à 100 Français morts dans le précipice, 50 tués les armes à la main, et 200 hommes pris par l'ennemi. « Ainsi, sauf 200 hommes, cette héroïque garnison se sauva en trompant les calculs des Anglais et en leur livrant une place détruite. On dit que lord Wellington, en apprenant ce fait extraordinaire, s'écria que l'acte du général Brenier valait une victoire. » (THIERS, *Consulat et Empire*.)

Dans ces pertes, le 82ᵉ entrait pour une large part. Le commandant Rocheron et le lieutenant Grilhé avaient été pris à l'arrière-garde. Les capitaines Berthier et Clipet, le lieutenant Gilbert, les sous-lieutenants Robert et Vernaet avaient été blessés, ainsi que les sous-officiers Laffont, Zandrino, Cluip, Cheutin, Pizzal et Galpy, qui furent plus tard officiers au 82ᵉ [1].

Cette affaire, qui fait le plus grand honneur au 82ᵉ et au brave et énergique gouverneur d'Alméida, général Brenier, entraîna la disgrâce du général Campbell, et diminua de beaucoup la gloire que lord Wellington prétendait tirer de la bataille de Fuentes de Oñoro.

Campagne d'Espagne 1811-1812.

1811. Le 11 mai, l'armée française rentra dans ses cantonnements, aux environs de Salamanque, pour se refaire de ses fatigues.

Le maréchal Marmont remplaça le maréchal Masséna dans le commandement de l'armée. Il organisa son infanterie à 6 divisions, en supprimant la division en corps d'armée.

La 3ᵉ division du 6ᵉ corps fut dissoute le 15 mai, et le 82ᵉ

---

[1]. Je dois les plus grands éloges à MM. les capitaines Foucault, commandant la compagnie de grenadiers du 82ᵉ, et Berthier, commandant la compagnie de voltigeurs du même régiment. Ces deux compagnies m'ont été dans tous les temps de la plus grande utilité; toutes les fois qu'il y avait une expédition à faire, longue ou dangereuse, elles en étaient chargées et en sont toujours sorties avec honneur. M. le capitaine Foucault a commandé le bataillon du 82ᵉ depuis le moment de notre sortie d'Alméïda et il était digne d'un pareil commandement, je demande pour lui la décoration de la Légion d'honneur, ainsi que pour M. le capitaine Berthier. Je dois citer aussi M. Gilbert, lieutenant de voltigeurs, qui a été blessé; M. Thomas, sous-lieutenant de grenadiers, M. le capitaine Combin, M. Charbonnier, adjudant-major du 82ᵉ, et M. Mottier; ces deux derniers ont toujours rempli les fonctions d'adjudants de place depuis le commencement et ils ont fait preuve, dans toutes les occasions, d'intelligence, d'activité et de courage. (Rapport du général Brenier.)

forma, avec les 15°, 66° et 86° de ligne, la 5° division, général baron Maucune ; 2° brigade, Montfort, colonel du 82°.

Du 15 mai au 5 juin, le 82° fut cantonné à Vez de Marban.

Morel, *major*.

4° bataillon,	Lefizelier.	17 offic.	338 homm.	101 prisonn.	196 hôpit.
5°	—	Janin.	12 —	353	—	382	—	292 —
6°	—		15 —	331	—	144	—	221 —

Le 3 juin, le maréchal Marmont fit un mouvement sur Ciudad-Rodrigo, afin de tromper l'ennemi sur ses véritables intentions, qui étaient de se porter au secours de Badajoz.

Le 5 juin, la 5° division franchit le col de Baños et vint passer le Tage à Almaraz. Dès le 10, lord Wellington, apprenant la marche de l'armée française sur le Tage, se décida à lever le siége de Badajoz. Le 15 juin, Trujillo ; le 16, en avant et en arrière de Santa Cruz.

Le 17 juin, la 5° division avait reçu l'ordre de se rendre à la Venta de la Guia ; mais un incendie, qui se manifesta dans les herbes des deux côtés de la route, la força de rétrograder jusqu'au pont de Burdalo.

Ce même jour, les armées de Soult et de Marmont firent leur jonction à Mérida.

Le 18, la 5° division bivouaqua en avant et en arrière de San Pedro ; le 19, à Mirandilla.

On apprit que les Anglais avaient levé le siége de Badajoz.

Du 20 juin au 13 juillet, le 82° eut ses trois bataillons sur la Guadiana, à la Garovilla.

Le 14 juillet, après avoir approvisionné Badajoz, le maréchal Marmont reporta son armée sur le Tage ; la 3° division s'y rendit par Carmonita, Torremocha, Trujillo, Aldea del Obispo, Jaraicejo, Lujar-Nuevo ; elle passa le Tage le 20, et prit ses cantonnements, du 21 au 24, à Jaraiz, Garganta-la-Olla, Piornal et Passaron, où fut dirigé le 82°.

25 août. La 5° division quitta ses cantonnements et se porta à une lieue en avant de Passaron, sur Garganta de Garguera ; le 26, à Plasencia ; le 27, à El Vilar.

28 août. Le 82e s'établit aux environs de Granadilla; le 3e bataillon, à Granadilla même, à la garde du quartier général.

1er septembre. Le colonel Montfort, promu général de brigade, conserva le commandement de la 2e brigade de la 5e division.

Lefizelier, chef de bataillon, commandant : 4e bataillon, 14 officiers, 318 hommes; 5e bataillon, Foucault, capitaine, 13 officiers, 324 hommes; 6e bataillon, Janin, chef de bataillon, 15 officiers, 290 hommes.

Jusqu'au 17 septembre, le 82e fut cantonné à Guyo de Granadilla.

Le maréchal Marmont se rapprocha de Salamanque, pour venir au secours de Ciudad-Rodrigo, que lord Wellington affamait et qui, faute de vivres, allait être contrainte de se rendre.

Le 18 septembre, la 5e division se réunit à Aldea-Nueva del Camino.

Le 19 et le 20 septembre, elle passa le col de Baños; le 21, elle atteignit Linarès et San Domingo.

22 septembre. L'armée de Marmont se joignit à celle du général Dorsenne, à Tamames. Le 23, on introduisit dans Ciudad-Rodrigo un fort convoi de vivres.

23, 24, 25. La 5e division séjourna à Moras-Verdes.

26 septembre, Bodon.

27 septembre. Wellington évacua le camp retranché de Fuente-Guinaldo, en avant duquel la 5e division campa.

28 septembre. Le but, qui était le ravitaillement de Ciudad-Rodrigo, étant atteint, l'armée se reporta en arrière à Bodon.

29 septembre, Ciudad-Rodrigo. 30 septembre, Ténébron.

1er octobre, Tamames.

La 5e division alla reprendre ses positions dans la vallée du Tage; le 82e s'y rendit par Linarès, Val de Casa, Baños, Jarilla, El Vilar, Plasencia, et fut répartie le 8 octobre sur Passaron, Torremenga et Arroyo-Molinos. Le commandant Ninon prit le commandement du 4e bataillon.

Du 1er au 15 novembre, le 82e, manquant de vivres dans ses cantonnements, vint occuper Bonilla, Villa-Toro, Piedrahita et Villafranca.

Le 15 décembre, la 5e division se mit en route pour remplacer les troupes de la 2e division dans leurs cantonnements.

Le 82e reçut 8 officiers et 305 hommes venant de Burgos.

A la fin de l'année, la 2e brigade occupait la partie sud de a province d'Avila, le quartier général étant à Avila.

1812. Dès le commencement de l'année, lord Wellington vint mettre le siége devant Ciudad-Rodrigo ; la 2e brigade de la 5e division fut rassemblée à Arevalo, à l'exception des 5e et 6e bataillons du 82e qui furent laissés à Menga-Muñoz et Mombeltran, sur les communications d'Avila et de Talavera.

Le 15 janvier, les 4e, 5e et 6e bataillons du 82e étaient réunis à Arevalo, l'armée se disposait à se porter au secours de Ciudad-Rodrigo.

Le 19 janvier, la 5e division occupait Madrigal, Laronan, Bricial; ses gros bagages avaient été dirigés sur Valladolid.

Le 20 janvier, elle occupait Cantalapiedra, Cantalpino, Rassueros, Palacios-Rubios. Le 22 janvier, Puente el Sanco.

Le 23 janvier, le maréchal Marmont apprenait la chute de Ciudad-Rodrigo ; la 2e brigade, se reportant dans la direction de Valladolid, vint occuper Medina del Campo.

Le 1er février, le 6e bataillon du 82e fut fondu dans les 4e et 5e bataillons; le 8, ses cadres, au nombre de 20 officiers et 96 hommes, partirent pour la France.

Le 12 février, un détachement de cent hommes du 82e ayant servi d'escorte à des chevaux écloppés de la cavalerie légère allant à Valdestillas, fut attaqué à son retour par 500 cavaliers des bandes de Saornil; le capitaine Gallois, qui commandait ce détachement, se conduisit avec beaucoup d'énergie et repoussa vaillamment plusieurs charges, aux cris répétés de : « Vive l'Empereur ! » Il reçut un coup de feu à la jambe droite et trois fortes contusions ; ses officiers et ses sous-officiers furent blessés, et il eut 36 hommes tués dans diverses embuscades. Malgré une aussi grande perte, il sut contenir sa troupe et la ramena en bon ordre.

Les nommés Catherine, sergent; Allésio, caporal; Laigre, Mathe, Pollarolo, Rocco, Gardamagna, Poggio, Courtois, Henry, soldats, moururent à Medina del Campo des suites de leurs blessures.

Par suite du départ du 6e bataillon, le 82e se trouva constitué à deux bataillons.

Lefizelier, chef de bataillon, commandant: 4e bataillon, Jorand, capitaine, 21 officiers, 543 hommes; 5e bataillon, Foucault, capitaine, 19 officiers, 531 hommes.

Il y avait, au 1er mars, 91 hommes aux hôpitaux.

Le 4e bataillon était à Tordesillas.

Le 1er avril, le maréchal Marmont, apprenant que Badajoz était réduit à la dernière extrémité, quitta Salamanque et porta l'armée dans la direction de Ciudad-Rodrigo.

La 5e division bivouaqua à Ténébron.

Le 7 avril, Ciudad-Rodrigo fut investi de l'Agueda aux Poudrières.

Le 8 avril, on passa la rivière au pont de la Caridad.

Le 9 avril, l'armée entra en Portugal et occupa Sabugal et le col de San-Stevan, sur la route de Peñamacor.

Le 14 avril, la 2e brigade de la 5e division était à Tondar, éclairant la vallée du Zezère.

Le 15 avril, à San Stevan, le colonel Van Geen, venant de France, prit le commandement du 82e. Le régiment reçut, ce même jour, une compagnie de 96 hommes du 5e bataillon venant du 3e *gouvernement*, et un détachement de 213 hommes venant du 6e *gouvernement*.

Le 19 avril, à la nouvelle que Badajoz était tombé, et que lord Wellington revenait sur le Tage, le maréchal Marmont rentra en Espagne.

Le 26 avril, la 5e division était à Salamanque.

Le 29 avril, quatre bataillons de la 5e division, dont un du 82e, sous les ordres du général Montfort, partirent pour

Piedrahita, pour relier l'armée aux troupes de la division Foy, qui se trouvaient sur le Tage à Talavera.

L'armée de Portugal, qui conservait encore ce titre quoique son rôle fût entièrement changé, eut, à partir de cette époque, pour mission de s'opposer à la marche des Anglais vers le nord, s'ils entreprenaient de se placer sur nos communications.

Jusqu'au 23 mai, la 5ᵉ division eut cinq bataillons à Salamanque, et quatre à Piedrahita et Bejar.

Van Geen, colonel. 4ᵉ bataillon, Lefizelier, chef de bataillon; 5ᵉ bataillon, Ninon, chef de bataillon : 41 officiers, 1251 hommes.

Le 23 mai, la 5ᵉ division partit pour Fontiveros. Le 31, elle était à Babilafuente; le 1ᵉʳ juin à Salamanque. Le maréchal Marmont avait disposé en citadelles trois couvents qui dominaient la ville et commandaient le passage de la Tormes : il y plaça une garnison d'un millier d'hommes, de façon à pouvoir s'éloigner sans crainte de voir l'ennemi s'y établir.

Le 12 juin, lord Wellington, traversant l'Agueda, se porta sur Salamanque : à l'approche des Anglais, la 5ᵉ division quitta Salamanque pendant la nuit (17 juin), et vint prendre position à Arcediano.

Lord Wellington étant venu camper avec son armée sur les hauteurs de San Cristobal, fit aussitôt le siége du fort Saint-Vincent, qui, par sa belle défense, arrêta l'ennemi pendant 10 jours et lui fit perdre 600 hommes[1]. Dans la journée du 27 juin, un violent incendie embrasa les bâtiments du fort, et obligea le gouverneur à se rendre. Une compa-

---

1. Le couvent de Saint-Vincent, plus vaste, plus considérable que ceux de la Merced et de San-Gaetano, gros bâtiment carré ressemblant à un fort, avait été crénelé, percé d'embrasures et entouré de décombres disposés en glacis; il dominait d'une part la Tormes et de l'autre Salamanque. Lord Wellington ouvrit la tranchée contre cette forteresse par le dehors de la ville, mais après avoir perdu quelques centaines d'hommes, il prit le parti d'attendre le gros matériel qu'il avait demandé à Ciudad-Rodrigo, et qui arriva le 26 juin.

gnie du 82e s'y trouvait. Les trois officiers, Ripouteau, capitaine; Frain, lieutenant, et Messin, sous-lieutenant, ainsi que la compagnie, furent faits prisonniers.

La 5e division occupa Fuentes-Sauco, le 18. Le 20, elle s'empara des villages de Castillianos et Morisco, au pied des hauteurs de San Cristobal.

Du 23 au 27 juin, la 5e division prit position à San Morales. Le 28 juin, elle était sur la Guareña, occupant les hauteurs d'Olmo.

Le 29 et le 30 juin, à Nava del Rey; le 1er juillet, à Rueda; le 2, à Tordesillas; le 3, à Puente del Duero; le 4, à Villamuriel. Lord Wellington suivit l'armée française dans son mouvement.

L'armée, retirée derrière le Douro, attendait des renforts.

Le 15 juillet, la 5e division fut portée sur Torrecilla de la Abbadez, l'armée étant disposée de façon à faire croire qu'elle allait se porter sur Toro.

Le 16 juillet, elle était au gué de Pollos.

Le 17 juillet, elle passa le Douro et prit position à Nava del Rey. Poursuivis jusqu'à la Guareña, les Anglais repassèrent la Tormes, le 20.

Le 21, l'armée passa la Tormes à Huerta (à une lieue et demie au-dessus de Salamanque), et vint à la nuit occuper les hauteurs de Calvarossa de Ariba, au débouché de bois considérables.

Bataille de Salamanque.

Le 22, au matin, lord Wellington, quittant San Cristobal, repassa sur la rive droite de la Tormes, et vint occuper un des deux mamelons qui donnent leur nom au village des Arapiles, pendant que la division Bonnet, le devançant, occupait l'autre.

La 3e division engagea le combat à notre gauche, et chassa le détachement anglais qui occupait les hauteurs des Arapiles, acculant l'ennemi au village de ce nom; mais criblée par les redoutables feux des Anglais, elle fut obligée de se replier. Le soir, après avoir combattu toute la journée en première ligne, elle coucha à une demi-lieue du champ de bataille[1].

Le capitaine Mottier défendit, contre un peloton de cavalerie anglaise, l'aigle dont la garde lui avait été confiée, et parvint à rapporter la hampe brisée par les balles et les coups de sabre de l'ennemi.

Le commandant Ninon, blessé, mourut des suites de ses blessures; le capitaine Comte eut un cheval tué sous lui. Les capitaines Berthier, Robert, le lieutenant Cerisola, le sous-lieutenant Duverger, furent blessés. Les soldats Pernaudet, Toussaint, Jesfen, furent tués; ce sont les seuls dont nous ayons pu retrouver les noms.

Le général Clausel prit le commandement de l'armée de Portugal, en remplacement du maréchal Marmont, grièvement blessé.

Après la perte de la bataille des Arapiles, l'armée de Portugal, vivement poursuivie, battit en retraite sur Valladolid que l'ennemi occupa le 30 juillet. Elle se retira alors sur Burgos. Le 31 juillet, la 5e division était à Cevico-Navarro; le 2 août, à Valdecañas; le 3, à Palenzuela.

Le 6 août, le général Clausel, ayant rallié une partie de l'armée, reprit l'offensive et se porta dans la direction de Valladolid.

Le 6 août, il était à Quintana del Puente; le 7, à Torquemada; le 12, à Dueñas; le 14, à Cisternija, en avant de Valladolid.

Le 15 août, la division Maucune fut envoyée en reconnaissance sur Tudela, d'où elle chassa les Anglais.

Le 26 août, elle rentra à Valladolid.

Dans la première quinzaine de septembre, le 82e, qui avait

---

1. Le maréchal Marmont dans ses *Mémoires* accuse le général Maucune de la perte de la bataille pour s'être laissé entraîner par son ardeur à engager l'action au moment où les Anglais se retiraient.

beaucoup souffert de ces marches et contre-marches, et qui ne comptait pas moins de 520 hommes aux hôpitaux, reçut le 6⁰ bataillon venant de France, sous le commandement du capitaine Dupré.

Le 7 septembre, l'armée, menacée par le retour de lord Wellington qui arrivait de Madrid en forces, battit en retraite sur Burgos.

Le 15 septembre, la 5ᵉ division était à Celada. Elle couvrit la retraite de la colonne qui suivit la rive droite de l'Arlanzon, quitta la grande route pour gagner les hauteurs sur lesquelles elle bivouaqua au-dessus de Villalorgue, à une lieue en avant de Burgos.

Le 18 septembre, la 5ᵉ division, placée sur les hauteurs en avant du château de Burgos, couvrit l'évacuation de la ville et se retira par la droite en tournant le fort. Elle se réunit à l'armée, en avant de Gamonal, et prit position le soir à Quintanapolla, où elle se cantonna.

Le général Souham remplaça le général Clausel dans le commandement de l'armée qui, renforcée par des recrues venues de France, se porta en avant au secours de la garnison de Burgos assiégée.

Le général Maucune eut le commandement de l'avant-garde, formée des 5ᵉ et 8ᵉ divisions, et d'une certaine quantité de cavalerie.

Le 18 octobre, à Quintanavides ; le 19, à Monasterio ; les 20 et 21, sur les hauteurs entre Monasterio et Quintanapolla.

Le 22 octobre, à Cimames et Villalorgue : ce même jour, lord Wellington leva le siége de Burgos et battit en retraite sur Salamanque.

L'armée le suivit dans son mouvement de retraite ; le 23 octobre, la 5ᵉ division arriva à Villadrigo ; le 24, à Magaz ; du 25 au 28, à Cabezon.

29 octobre, à San Miguel del Pino : ce même jour l'armée française entra à Valladolid.

30 octobre. L'avant-garde força le passage du Douro à Tordesillas et à Torrecilla de la Abbades.

Grenadier　Infanterie Légère 1797.　Chasseur

Dans cette marche en avant, l'avant-garde remporta plusieurs succès brillants; elle fit éprouver à l'ennemi de fortes pertes; le 82ᵉ eut parmi ses blessés les lieutenants Vernaët, Galpy et Zandrino. Les soldats Damont, Gavanie et Dupuy, furent tués. Les cadres du 6ᵉ bataillon du 82ᵉ rentrèrent en France vers cette époque.

Le 7 novembre, le mouvement en avant reprit; la 5ᵉ division fut portée à Medina del Campo.

Le 8 novembre, elle atteignit Cantalapiedra; le 9, Babilafuente; le 14, elle était en avant de Valdemergue.

Le 15 novembre, on arriva à Salamanque : le 82ᵉ y reçut 123 hommes provenant d'un bataillon de marche.

Le général Reille vint prendre le commandement de l'armée de Portugal. Du 1ᵉʳ au 15 décembre, la 5ᵉ division prit ses cantonnements à Salamanque.

Du 15 décembre à la fin de l'année, le 82ᵉ vint prendre ses cantonnements à Alba de Tormes. La situation de cette armée était des plus tristes; voici comment la dépeint le général Reille dans une lettre au ministre de la guerre, datée de Valladolid, 27 décembre :

« Les soldats se trouvent réduits, pour vivre, à leurs deux rations; et les masses étant épuisées, les corps ne peuvent leur fournir les effets de linge et chaussure dont ils ont besoin, ni pourvoir aux réparations de l'habillement. Les officiers sont dans un état plus malheureux encore; ils ne peuvent se procurer les effets de première nécessité, tels qu'habillements et chaussures. Obligés souvent de vivre de ce que prend le soldat, la discipline se relâche, et il est presque impossible que le bon ordre s'accorde avec un tel état de besoin. »

Campagne d'Espagne de 1813.

Pendant tout l'hiver, les deux partis restèrent en présence sans rien entreprendre; le 82° à Alba de Tormes ne compta plus, à la fin de mars, qu'un seul bataillon de 21 officiers et 629 hommes dans lequel furent versés les hommes du 5° bataillon, dont le cadre fut renvoyé en France; il fit partie de la 2° brigade, général Pinoteau[1], de la 5° division, général baron Maucune.

Le 13 avril, la 5° division se porta sur le Douro par Cañizal et Fuente la Peña.

Le 18 avril, elle occupait Rio-Seco, Villaramiel, Cisneros Paredes.

Le 30 avril, le chef de bataillon Vivien prit le commandement du 4° bataillon du 82°.

Le 5 mai, la 5° division eut son quartier général à Palencia, occupant Dueñas et Torquemada : elle avait sa 2° brigade entre Torquemada et Burgos, chargée de protéger la marche des convois et courriers et de faire rentrer, autant que faire se pouvait, les contributions en argent et denrées à Burgos.

Le 25 mars, les Anglais et l'armée de Galice firent un mouvement pour tourner l'armée française sur le Douro, par suite duquel la brigade Pinoteau fut rappelée sur Astudillo et Fromista, le reste de la division occupant toujours Torquemada et Dueñas.

Le 30 mai, la division Maucune, laissant le 66° à Torquemada, se porta à Rio-Seco au-devant de l'ennemi qui se disposait à passer l'Esla.

Le 5 juin, la 5° division était réunie à Palencia. Le 10 juin, à Estepar, sur la route de Burgos.

Le 12 juin, la brigade Pinoteau était sur la rive gauche du Rio Hormaza; l'ennemi, après s'être massé à Hornillos, se dirigea sur le plateau en traversant la vallée; la 5° division

---

1. Ancien chef de la 82° demi-brigade.

se porta aussitôt au-devant de lui et l'obligea à déployer ses forces, après quoi elle battit en retraite en échelons et par carrés, avec le plus grand ordre, ne perdant qu'une dizaine d'hommes par le boulet, et repassant le Rio Hormaza et l'Arlanzon dans un ordre parfait.

Le 13 juin, l'armée évacua Burgos en faisant sauter le château.

Le 16 juin, la 5ᵉ division quitta au matin los Barrios et Salduengo et se dirigea sur Frias en deux colonnes, l'une par Oña et l'autre par un chemin de la montagne très-mauvais ; elle reçut quelques coups de fusil.

Le 17 juin, on apprit que l'ennemi arrivé en forces à Medina se dirigeait sur Bilbao.

La 5ᵉ division reçut l'ordre de rejoindre l'armée à Osma.

Le 18 juin, elle arriva à Espejo venant de Frias, par Villafria et San-Milan. Dans cette marche elle fut assaillie par des forces supérieures. Ses troupes firent bonne contenance, mais les brigades ayant été coupées furent accablées par le nombre et il fallut, pour se tirer de ce mauvais pas, forcer le passage et gagner les hautes montagnes ; les pertes furent de 400 hommes environ.

Le 19 juin, l'ennemi déboucha à Subijana de Morella, la division Maucune combattit toute la journée, fit beaucoup de mal à l'ennemi et perdit peu de monde. Austry, soldat du 82ᵉ, fut tué ce jour-là.

Le 20 juin, la division Maucune se trouva réunie à l'armée en avant de Vitoria.

Le 22 juin, elle tint tête aux Anglais dans le Guipuzcoa et les rejeta assez loin. Serva, soldat du 82ᵉ, tué.

Le 23 juin, elle se rabattit vers Tolosa.

Le 24 juin, elle livra un combat à Villafranca. Les soldats Chouan, Monticone, Pouget, Cocq, Gouy, Leroux, Roger du 82ᵉ furent tués. Le lieutenant Bona fut blessé.

Le 26 juin, les divisions Maucune et Foy arrivèrent à Ernani.

Le 27 juin, le général Foy, laissant un rideau de troupes à

Ernani, se plaça en arrière à Oyarzun avec la 5ᵉ division éclairant sa gauche vers les montagnes.

Le 29 juin, la division évacuant Oyarzun, vint camper à Biriatou sur la Bidassoa.

Le 9 juillet, la 5ᵉ division avait sa première ligne sur les hauteurs de Biriatou, sa deuxième sur le revers de la montagne du Calvaire; elle occupait par des postes la montagne du Rocher et se liait par là avec la 6ᵉ division qui occupait le col de Vera.

Réorganisation de l'armée d'Espagne.

Le 12 juillet, le maréchal Soult, arrivé à Bayonne, vint prendre le commandement de toute l'armée. Celle-ci fut réorganisée en trois corps de trois divisions chacun et une division de réserve.

Le 4ᵉ bataillon du 82ᵉ continua à faire partie de la division Maucune qui prit le nº 7 et appartint à l'aile droite sous les ordres du général Reille; les colonels ainsi que les musiques et les aigles des régiments de ce corps réduits à un bataillon, furent envoyés aux dépôts de leur corps ou à la grande armée.

La 7ᵉ division fut ainsi composée :

Général de division, baron Maucune; généraux de brigade : Pinoteau, Montfort. 17ᵉ régiment d'infanterie légère, 15ᵉ, 66ᵉ, 82ᵉ, 86ᵉ régiments d'infanterie de ligne, 34ᵉ régiment d'infanterie légère.

Le 20 juillet, le corps du général Reille quitta ses positions sur la Bidassoa. Il fut relevé par la réserve et se mit en marche par Saint-Jean-de-Luz et Cambo, sur Saint-Jean-Pied-de-Port. Un temps affreux et de mauvais chemins retardèrent ce mouvement et les troupes n'arrivèrent que le 22 très-tard, dans les cantonnements qui leur avaient été assignés en arrière de Saint-Jean-Pied-de-Port.

Le 24 juillet, les troupes se mirent en mouvement.

ÉVACUATION DE L'ESPAGNE.　133

Le 25 juillet, vers cinq heures du soir, les 1re et 7e divisions étaient réunies face au plateau de Linduz, occupé en force par l'ennemi ; les reconnaissances ayant rapporté que l'ennemi l'avait abandonné, elles l'occupèrent immédiatement et des troupes furent envoyées sur Burguette et Roncevaux qui furent trouvés évacués.

Le 26 juillet, le corps Reille se porta sur Espinal, le soir les trois divisions de l'aile droite bivouaquèrent entre Uiscarret et Linzuin.

Le 27 juillet, elles marchèrent sur Pampelune, opérant leur mouvement par la rive droite de la rivière Engui. La 7e division s'établit sur la hauteur en arrière de Zabaldica.

Le 28 juillet, les généraux Maucune et Lamartinière, chacun avec une brigade de leur division, attaquèrent l'ennemi qui occupait les hauteurs entre Oricain et Huarte.

Le 29 juillet, dans la nuit, la 7e division se porta sur Sorauren et y arriva une heure après le jour ; à peine arrivée, elle fut attaquée par les Anglais qui s'emparèrent des hauteurs à droite du village. La 2e brigade reçut l'ordre de se porter en arrière du défilé, mais bientôt la première fut contrainte par le feu de l'artillerie d'abandonner le village et de gagner les hauteurs.

L'ennemi étant descendu sur le contrefort de la rive droite qui forme le défilé en arrière de Sorauren, les troupes reçurent l'ordre de rétrograder. La 7e division ne pouvant se retirer par la vallée rencontra de grands obstacles que les hommes n'eurent pas la force de vaincre ; beaucoup tombèrent au pouvoir de l'ennemi, les autres ne pouvant conserver aucun ordre dans les bois qu'ils étaient obligés de traverser en se retirant sur les autres divisions qui manœuvraient de position en position, le ralliement eut lieu à Berrueta. Le capitaine Comte fut blessé de plusieurs coups de feu ainsi que le lieutenant Barré.

Le 30 juillet, l'armée prit position à San-Estevan. La brigade Montfort, dont le 82e faisait partie, avait beaucoup souffert.

Le 2 août, l'armée rentra dans ses anciennes positions par le col d'Echalar. En arrivant à Echalar, la 7ᵉ division n'avait plus que mille hommes ; beaucoup rentrèrent depuis.

Le 17 août, la 7ᵉ division occupait les hauteurs qui dominent Véra, la gauche à la montagne de la Rhune et la droite vers Biriatou, en longeant la Bidassoa.

Le 30 août, la 7ᵉ division reçut l'ordre de se masser pendant la nuit derrière la maison du maire de Biriatou, sur le revers du coteau ; ses avant-postes devaient rester sur les bords de la Bidassoa, jusqu'à leur remplacement par des troupes de la réserve.

Le 31 août, le général Reille passa la Bidassoa aux gués au-dessous de Biriatou et s'empara d'une position isolée au bas de la montagne de Saint-Martial ; il forma ses 7ᵉ et 9ᵉ divisions en colonnes pour attaquer l'ennemi. La 9ᵉ division à droite, la brigade Pinoteau de la 7ᵉ à gauche et la brigade Montfort en réserve.

La première ligne fut ramenée en désordre et la brigade Montfort n'arriva pas à temps ; le soir, les troupes reprirent leurs positions sur la rive droite de la Bidassoa. Dans cette affaire, les pertes en officiers furent très-fortes : on remarqua que les Anglais avaient des pelotons d'excellents tireurs spécialement chargés de tirer sur les officiers.

Les pertes du 82ᵉ s'élevaient à 21 hommes tués, 38 blessés et 26 prisonniers.

Le 1ᵉʳ septembre, le 4ᵉ bataillon du 82ᵉ, colonel Van Geen, comptait 21 officiers et 353 hommes ; il avait 3 officiers et 157 hommes aux hôpitaux ; à cette date, il cessa d'appartenir à la 7ᵉ division et fit partie des troupes de garnison de la place et de la citadelle de Bayonne, qui demeurèrent provisoirement détachées à l'aile droite.

34ᵉ régiment d'infanterie légère.		1ᵉʳ, 2ᵉ, 3ᵉ bataillon.	
66ᵉ	—	— de ligne.	4ᵉ —
82ᵉ	—	—	4ᵉ —
86ᵉ	—	—	1ᵉʳ —

Jusqu'au 7 octobre, les armées restèrent en présence : à cette date lord Wellington, ayant reçu des renforts, reprit l'offensive sur toute la ligne et s'empara presque sans résistance des positions en dedans de la Bidassoa.

Le 1er novembre, le 82e occupait le camp de Sainte-Croix ; il y reçut 5 officiers et 262 conscrits du dépôt ; le maréchal Soult pressait les travaux de défense le long de la rive gauche de la Nivelle.

Le 10 novembre, lord Wellington reprit l'offensive sur Sare ; les 66e et 82e qui occupaient Sainte-Croix et Haula-Berita furent chargés, sous les ordres du général Saint-Paul, d'enlever les munitions.

Le 11 novembre, ils abandonnèrent leurs positions et se formèrent sur les hauteurs en arrière des Chevalets.

Le 12 novembre, l'armée se retira sur Bayonne.

Le 13 novembre, le colonel du 66e prit le commandement des 26e, 66e et 82e et garda le camp retranché de Mousserolles de la Nive à l'Adour.

Le 16 novembre, le 82e avait 24 officiers et 586 hommes sous les armes.

Le 4 décembre, les 26e, 66e et 82e furent relevés dans la nuit par les troupes du général Drouet d'Erlon.

Le 9 décembre, l'ennemi passa la Nive au-dessus de Combo et vint jusqu'à Ustaritz.

Le 10 décembre, le maréchal Soult attaqua l'ennemi dans ses camps de Bidart, d'Arcangues et d'Arauns. Le 82e eut pour mission de garder la digue et les ponts de l'Adour ainsi que la redoute des Fusiliers.

Le 31 décembre, le général Delosme reçut, pour faire partie provisoirement de sa brigade, le 1er bataillon du 66e, le 1er bataillon du 70e, le 1er bataillon du 82e[1], les 2e et 3e bataillons du 119e.

---

1. Les bataillons de la Martinique ayant cessé de compter pour mémoire, le 4e bataillon prit le no 1.

Campagne de 1814.

Le 1er janvier 1814, les bataillons des 1er, 70e, 82e, destinés à la défense du plateau de Biarritz, furent logés dans la maison blanche à gauche, dans celles des ouvrages avancés et dans les deux châteaux de l'ouvrage à corne.

Ces bataillons fournissaient une ligne d'avant-postes qui, partant du Mamelon de l'autre côté du Petit-Marais, traversait la grand'route de Saint-Jean-de-Luz et passait en arrière de Plaisance pour s'appuyer au Petit-Étang ; ils avaient des gardes à la coupure de la grand'route et aux deux redoutes avancées, et envoyaient soir et matin des travailleurs à Biarritz.

Le 16 janvier, les 1er, 70e et 82e de ligne, sous les ordres du général Delosme, relevèrent la brigade Pinoteau à Saint-Pierre d'Irube.

Le 14 février, lord Wellington ayant pris l'offensive par sa droite, obligea le maréchal Soult à se porter à Sauveterre.

Blocus de Bayonne.

Le 17 février, la place de Bayonne fut abandonnée à elle-même ; le 18 février, l'ordre de la place n° 8 fixa la composition des troupes de la citadelle, sous les ordres du général Maucomble, de la manière suivante :

5e léger.	1er bataillon.	620 hommes.	
34e —	4e —	790	—
82e de ligne.	1er —	557	—
95e —	4e —	793	—

Le 24 février, les Anglais ayant effectué le passage de l'Adour vers son embouchure, la place se trouva entièrement bloquée.

Du 1er au 31 mars, il n'y eut pas d'événements remarquables : le 82e perdit 18 hommes tués dans quelques escarmouches.

Le 13 avril, le général Thouvenot prescrivit une sortie contre l'ennemi pour le lendemain entre deux et trois heures du matin, en avant de la citadelle.

Sortie du 14 avril.

Le 14 avril, l'ennemi, attaqué à trois heures du matin sur tous les points de sa ligne de blocus, fut battu et repoussé partout.

L'objet de cette sortie était de l'obliger à montrer ses forces dans toutes ses positions, de reconnaître ses ouvrages, de détruire les plus rapprochés du camp retranché de la citadelle, de porter les avant-postes au carrefour des routes de Toulouse et de Bordeaux, de lui faire enfin tout le mal possible.

Le général baron Maucomble, chargé de conduire la principale attaque sur le front de son commandement, donna à ses troupes un élan auquel l'ennemi ne put résister ; ses positions furent enlevées au pas de charge et à la baïonnette avec un ensemble et une bravoure qui firent beaucoup d'honneur aux officiers et aux soldats composant les trois colonnes d'attaque.

L'ennemi, prévenu par le bruit qu'il avait fallu faire pour se frayer un passage à travers les abatis et par un déserteur, était partout sous les armes et ses retranchements garnis de troupes. Son premier feu, dirigé trop haut, fit peu de mal et ne servit qu'à augmenter l'ardeur de nos soldats.

La colonne de gauche, commandée par le commandant Vivien du 82e, était composée de trois bataillons des 26e, 70e et 82e de ligne; elle déboucha par la redoute de Bastarrèche, franchit à la course le ravin qui la séparait de l'ennemi et s'empara de la maison Bastarrèche et de la crête qui la réunissait à la maison de Montaigut; crête couronnée par une ligne non interrompue de retranchements ; cette ligne fut enlevée au pas de charge et à la baïonnette ; on se battit dans les retranchements corps à corps avec l'ennemi, qui fut obligé de les abandonner, comblés de ses morts et de ses blessés.

La colonne se maintint ensuite sur la position pendant que le génie incendiait les maisons et bouleversait les travaux de l'ennemi.

Dans cette affaire, passée inaperçue à côté des grands événements qui venaient d'avoir lieu, les pertes des Français furent de : officiers tués, 7, blessés, 49 ; soldats tués, 103, blessés, 741. Celles de l'ennemi furent trois fois plus grandes.

La colonne de gauche eut la gloire de faire prisonniers le général Hope, commandant en chef des troupes assiégeantes, et deux officiers de son état-major, tous trois blessés. Ils furent pris par l'adjudant Pigeon du 70e, le sergent Bergeot et le voltigeur Bonencia du 82e.

Le capitaine Fayard et les sous-lieutenants Bona et Méry du 82e furent blessés ; ce dernier mourut des suites de ses blessures.

Les soldats Champés, Foison, Manoury, Montfront et Courtois furent tués.

Malfilla, adjudant, Quillot, caporal-fourrier, Feys, Duvallet, Illiano, Delouche, Quicray, Devillers, Vasseur, Barbier, Daubos, Ghilbert, Marceleaux, Seince, Cazenave, Monteil, Picoiseau, soldats, moururent des suites de leurs blessures.

Parmi les braves de la garnison qui se distinguérent particulièrement, le rapport cite :

Vivien, chef de bataillon ; Loix, capitaine ; Nicaise, lieutenant ; Culpin, sous-lieutenant ; Catherine, Beniste, Bergeot, sergents ; Chabar, grenadier ; Blondet, Bonencia, voltigeurs.

Le 28 avril, une suspension d'armes de cinq jours fut décidée.

Le 5 mai, on reçut seulement le texte de la convention en vertu de laquelle le blocus des places fortes de France devait être levé sur le champ par les armées alliées.

Le 15 mai, le 82º comptait à l'effectif : 18 officiers, 407 hommes ; il avait perdu 38 hommes morts.

Le 2 juin, il était à Toulouse, et le 11 juillet il rejoignit le dépôt à La Rochelle.

CHAPITRE IV

CAMPAGNES DE SAXE, DE FRANCE ET DE BELGIQUE, 1813 A 1815.

Campagne de 1813 en Allemagne. — Marmont. — 6ᵉ bataillon. — Bataille de Lutzen. — Bataille de Leipzig. — Blocus de Mayence. — 5ᵉ et 6ᵉ bataillons. — Campagne de France, 1814. — Armée de réserve de Paris. — Bataille de Montereau. — Campagne de 1815. — Bataille de Ligny [1].

Campagne de 1813 en Allemagne.

Le 6 janvier 1813, l'Empereur ordonna la formation de 34 régiments provisoires à 2 bataillons ; le 6ᵉ bataillon du 82ᵉ et le 6ᵉ bataillon du 26ᵉ formèrent le 16ᵉ régiment provisoire [2].

1. Documents consultés : *Situations du 6ᵉ corps et du 4ᵉ corps.* — *Situations de la 12ᵉ division militaire.* — *Correspondance générale.* — *Matricules des officiers, sous-officiers et soldats.* — *Correspondance de Napoléon Iᵉʳ.* — *Mémoires du maréchal Marmont.* — *La Grande Armée de 1813*, Camille Rousset. — Thiers, *Histoire du Consulat et de l'Empire.* — Général Vaudoncourt, *Campagne de 1813.*

2. Avec les cadres successivement tirés d'Espagne et qui avaient versé leurs soldats dans les bataillons qui devaient continuer à servir au delà des Pyrénées, on forma des bataillons que l'on recruta de conscrits de 1813, à moitié instruits et dont l'éducation militaire devait s'achever sur les routes. De ces bataillons réunis par deux ou trois, on forma des régiments qui, malheureusement, ne furent pas toujours composés de bataillons du même corps; dès qu'il y en avait dans ce cas, ils prenaient le numéro du régiment, avec le colonel et le drapeau ; quant aux bataillons isolés, on les réunit par deux ou par trois, sous la forme peu consistante de régiments provisoires ; ils furent commandés par des majors, tirés des dépôts et désignés par le ministre de la guerre.

Le 13 février, le 16ᵉ provisoire fut désigné pour faire partie de la 3ᵉ division du 2ᵉ corps d'observation du Rhin qui devait se réunir à Mayence.

Le 17 février, le maréchal Marmont, duc de Raguse, fut désigné comme commandant en chef du 2ᵉ corps, qui prit le 12 mars la dénomination de 6ᵉ corps de la Grande Armée.

Le 6ᵉ bataillon du 82ᵉ avait reçu 458 conscrits au commencement de mars ; il se mit en route pour Mayence où il arriva dans les premiers jours d'avril ; il avait encore 242 conscrits de 1814 à recevoir. Il fit partie de la 22ᵉ division de la Grande Armée, 3ᵉ du 6ᵉ corps.

Général de division : Friederichs.

1ʳᵉ BRIGADE.

Général N.

11ᵉ provisoire.	1ᵉʳ de ligne.	1	bataillon.
—	62ᵉ —	1	—
13ᵉ provisoire.	14ᵉ —	1	—
—	16ᵉ —	1	—
23ᵉ léger.	—	2	—
15ᵉ de ligne.	—	1	—

2ᵉ BRIGADE.

Général Bachelet.

16ᵉ provisoire.	26ᵉ de ligne.	1	bataillon.
Colonel Grandidier.	82ᵉ —	1	—
121ᵉ de ligne.		2	
70ᵉ —		2	—

Le 6ᵉ bataillon, commandant Lefizelier, était le 15 avril à Ingesheim ; il avait 15 officiers et 517 hommes.

La composition de la Grande Armée de 1813, comme cadres et comme soldats, est trop connue pour qu'il soit nécessaire de retracer ici la physionomie du bataillon du 82ᵉ, qui, pour la première fois, portait le numéro du régiment à la Grande Armée ; les situations et rapports de la 12ᵉ division militaire le représentent cependant comme plus avancé

BATAILLE DE BAUTZEN.

que les autres [1] ; cela tenait sans doute à la valeur de son cadre qui était rentré d'Espagne au mois de février 1812.

Le 18 avril, le 3e division du 6e corps fut portée à Fulde le 19, à Eisenach ; le 26, à Gotha ; le 27, à Erfurt ; le 29, à Schwabsdorf ; le 30, à Naumbourg ; le 1er mai, à Beckeim. Après avoir passé la Saale, le 6e corps prit position au défilé de Ripach.

Le 2 mai, fut livrée contre les Prussiens et les Russes la bataille de Lutzen ; la 3e division occupa d'abord le village de Starfield, puis elle fut portée en réserve en arrière ; enfin, au moment où la charge fut battue, la division Friederichs se porta à gauche de la division Compans et marcha en avant avec beaucoup d'entrain. Dans cette journée, le 16e provisoire fut faiblement engagé.

Le 3 mai, le 6e corps occupa Löbnitz ; le 4, Kolditz ; le 8, Steimbach ; le 9, il entra dans Dresde.

Le 14, il se porta à Badeberg ; le 16, à Bautzen ; le 19, il prit position en avant de Saltzforgen.

Le 20, le 6e corps passa la Sprée à une demi-lieue au-dessous de Bautzen et refoula l'ennemi.

Le 21, le 6e corps fut déployé devant les retranchements ennemis qu'il enleva : l'ennemi les ayant évacués assez tôt pour éviter un engagement d'infanterie, les trois divisions du 6e corps continuèrent à le poursuivre sans relâche jusqu'à Würtzen. Dans cette journée, le 6e bataillon du 82e fut très-éprouvé : son chef de bataillon, commandant de Créquy, fut blessé, ainsi que les capitaines Garret et Daudirac, le

---

1. *Au maréchal Marmont.*

Mayence, 17 avril 1813.

De toutes les manœuvres, je dois vous recommander la plus importante : c'est le ploiement en carré par bataillon. Il faut que les chefs de bataillon et les capitaines sachent faire ce mouvement avec la plus grande rapidité : c'est le seul moyen de se mettre à l'abri des charges de cavalerie et de sauver tout un régiment. Comme je suppose que ces officiers sont *peu manœuvriers*, faites-leur en faire la théorie.

NAPOLÉON.

lieutenant Lecomte et les sous-lieutenants Barillier, Goulier, Doullière et Montagné.

Parmi les tués dont nous avons pu retrouver les noms : Bournisien, Icher, sergents ; Mulle, Guillot, caporaux ; Peyron, Peyron Pierre, Sabat, Sanguinetta, Guerlat, Brazil, Carabi, Dumas, Bigouret, Lespiaut, Lasserre, Mondon, Schiffer, Bernard, Wolf, Thumin, Modersheim, soldats. En tout, 36.

Le 22 mai, le 6ᵉ corps, continuant la poursuite de l'ennemi, arriva à Reichenbach ; le 23, en avant de Görlitz ; le 24, à Loubau sur la Queïss ; le 25, à Greidsberg ; le 26, au soir, sur la Katzbach dont l'ennemi occupait en force la rive droite. Le 27, le 6ᵉ corps passa la Katzbach et chassa l'ennemi qui occupait et gardait les défilés en arrière de la rivière. Le soldat Lévy fut tué.

Le 29, après un combat assez vif en avant de Jauer, le 6ᵉ corps culbuta 15 000 ennemis.

Le 30, il était à Eissendorf.

Les Russes firent proposer un armistice qui devait durer jusqu'au 20 juillet. Il fut signé à Pleiswitz, le 4 juin.

Le 15 juin, le 16ᵉ provisoire était cantonné à Eichberg. Les troupes se construisirent des baraques. Les corps organisés à la hâte avaient beaucoup souffert des combats et des marches ; il y avait fatigue et lassitude ; d'immenses renforts étaient en marche de toutes parts pour rejoindre l'armée ; le 82ᵉ attendait près de 300 conscrits de 1814, qui lui étaient nécessaires, car au 1ᵉʳ juin il ne lui restait que 15 officiers et 186 hommes présents ; il avait 6 officiers et 297 hommes aux hôpitaux. Enfin, les jeunes soldats devaient profiter dans les camps des soins qu'on donnerait à leur instruction.

Il avait, en outre, été prescrit d'entretenir la gaieté des troupes par des tirs à la cible avec prix. Voici les résumés de quinzaine qui se trouvent à la gauche des situations :

« L'instruction des troupes est poussée avec vigueur ; elles ont été exercées au tir à la cible pendant trois jours et elles s'occupent maintenant des évolutions de ligne par brigade

Grenadier   Voltigeur   Fusilier

Infanterie de Ligne 1805

une fois par jour, et par division deux fois par semaine. La discipline est bonne.

« 28 juin. *Le chef d'état-major, général* Richemont. »

« L'instruction des troupes s'étant beaucoup perfectionnée, les exercices n'ont lieu deux fois par jour que pour les recrues. Le tir à la cible a été ordonné une seconde fois, conformément aux intentions de l'Empereur, avec des prix d'encouragement. La discipline continue à s'améliorer et les conseils de guerre ont peu de délits à réprimer ; la désertion est rare.

« Août. *Le chef d'état-major, général* Richemont. »

Par décret impérial du 4 juin, la croix de la Légion d'honneur fut accordée (aigles d'argent) aux capitaines Garret, Daudirac, Foubert-Delaise et Muth ; aux lieutenants Lépin, Lerch, Bouire, Lüquer, Michelet ; au sous-lieutenant Montagné.

Le 2 août, le maréchal Marmont, duc de Raguse, passa en revue les troupes du 6ᵉ corps.

Le 16, reprise des hostilités ; le 6ᵉ corps à Kleingölnitz ; le 17, à Bunzlau ; le 20, à Ottendorf.

Le 21, le 6ᵉ corps passa le Bober et s'établit à Siergwitz, après un léger engagement [1].

Le 23, il repassa le Bober et campa en arrière de Lauban.

Le 24, à deux lieues en avant de Görlitz ; le 25, autour de Bautzen ; le 26, à deux lieues en arrière de Dresde.

Le 27, le 6ᵉ corps traversa Dresde et assista à la bataille qui eut lieu sous ses murs sans y prendre part ; le soir, il bivouaqua en avant de la ville, près du faubourg de Freyberg.

Le 28, attaque générale. Le 6ᵉ corps poursuivit l'ennemi dans la direction de Dippodiswald ; la 3ᵉ division s'établit à Windiskarsdorf.

Le 29, la poursuite continua. Au débouché de la forêt de

---

1. L'Empereur apprit ce jour-là l'apparition de la Grande Armée de Bohême, composée de 250,000 Prussiens, Autrichiens et Russes, sur les derrières de Dresde ; le corps de Marmont, ayant été le moins engagé, était aussi le moins fatigué ; il reçut l'ordre de rebrousser chemin pour être à Dresde le 26.

Frauendorf, on rencontra l'ennemi, que la division Lagrange, soutenue par la division Friederichs, attaqua vigoureusement et culbuta. Le 6ᵉ corps bivouaqua à Falkenhayn.

Le 30, la poursuite continua dans la direction d'Altenbourg. Il y eut un défilé très-pénible à passer, tant par la difficulté du terrain que par la résistance de l'ennemi qui s'opiniâtra à le défendre. Les positions furent emportées à la baïonnette et l'ennemi forcé d'abandonner 250 voitures et caissons chargés de cartouches et d'autres munitions.

Le 6ᵉ corps bivouaqua à Zinwald, une brigade en avant sur Tœplitz.

Le 31, l'ennemi attaqua l'avant-garde, mais il fut repoussé.

Le soir, le 6ᵉ corps reçut de l'Empereur l'ordre de s'établir en arrière, à Altenberg.

Le 1ᵉʳ septembre, le 6ᵉ bataillon du 82ᵉ avait 20 officiers et 256 hommes présents sous les armes, 3 officiers et 252 hommes aux hôpitaux.

Le 2, à Falkenhayn ; le 3, à une lieue en arrière de Dresde ; le 4, l'armée traversa Dresde, se dirigeant sur Bautzen ; le 6ᵉ corps bivouaqua à Bischoffverda ; le 5, il campa en avant de Bautzen[1] ; le 6, à Camenz ; le 7, le 6ᵉ corps s'étant mis en route sur Dresde revint par ordre à Camenz ; le 8, à Hoyers-Werda ; le 9, à Ottendorf ; le 10, à Dresde, où le 6ᵉ corps occupa la ville et le camp retranché. « Il avait marché pendant vingt-deux jours sans un seul séjour, livré un grand nombre de combats et fait souvent des marches de douze lieues ; mais il était bien organisé. L'esprit en était admirable. A l'exception des blessés, un très-petit nombre d'hommes seulement se trouvaient en arrière. Il ne manquait pas une pièce de canon ni une voiture d'artillerie ou d'équipages. » (Marmont, *Mémoires*.)

Le 6ᵉ corps, cantonné à Grossenhayn, devait assurer les

---

[1]. L'Empereur venait d'être informé que le maréchal Macdonald, vivement pressé par Blücher, était à Bautzen dans un véritable danger.

arrivages par l'Elbe, en protégeant la navigation de Hambourg à Dresde.

Du 13 au 25, à Grossenhayn. Le général de brigade Choisy prit, le 16, le commandement de la 2ᵉ brigade de la 3ᵉ division.

L'armée de Bohême apparaissant aux divers débouchés qui aboutissent en Saxe, le maréchal Marmont fut ramené vers Meissen pour être à portée de secourir les corps de Ney et de Murat.

Le 26, le 6ᵉ corps prit position sur les hauteurs de Wauterwitz, sur la route de Meissen. Le 27, au soir, l'arrière-garde du 6ᵉ corps repassa l'Elbe.

Le 28, en marche sur Leipzig.

Le 29, à Leipzig et environs.

Le 4 octobre, à Düben.

Le 6, campé sur les hauteurs d'Eulenbourg ; le 7, le 6ᵉ corps se porta sur Loipzig, par Taucha, et y fit entrer un convoi ; le 9, retour à Eulenbourg ; le 10, à Dolitzsch ; le 13, au soir, à Stœtteritz, de l'autre côté de Leipzig ; le 14, à Lindenthal, au nord de Leipzig ; le 6ᵉ corps occupa le bois.

Le 13, l'Empereur écrivait au commandant du 6ᵉ corps : « Vos trois divisions peuvent être très-espacées avec les bonnes troupes qui les composent. Mon intention est que vous placiez vos troupes sur deux rangs au lieu de trois ; le troisième rang ne sert à rien au feu, il sert encore moins à la baïonnette. Quand on sera en colonne serrée, trois divisions formeront six rangs et trois rangs de serre-files ; vous verrez l'avantage que cela aura : votre feu sera meilleur, vos forces seront tiercées ; l'ennemi, accoutumé à nous savoir sur trois rangs, jugera nos bataillons plus forts d'un tiers. Donnez les ordres les plus précis pour l'exécution de la présente disposition. »

Bataille de Leipzig.

Le 16, au matin, le 6ᵉ corps reçut l'ordre de se replier sur Leipzig, de traverser la ville et de former la réserve de l'armée. Grâce à leur bonne organisation, à leur instruction et à leur discipline, une heure après l'ordre reçu, les 3 divisions du 6ᵉ corps, formant six colonnes parallèles, étaient en marche pour se rendre à Leipzig; mais à peine le mouvement était-il commencé, que l'ennemi déboucha sur elles. C'était Blücher. La 3ᵉ division formait l'arrière-garde; elle fut obligée de se replier; mais elle le fit avec lenteur et en bon ordre. Après un combat qui dura toute la journée, les 1ʳᵉ et 2ᵉ divisions se retirèrent, à la nuit, sur la 3ᵉ division, qui avait peu combattu, et dont les échelons les recueillirent et arrêtèrent la poursuite de l'ennemi.

« Le duc de Raguse, livré à ses propres forces, défendit Leipzig, et soutint sa position pendant toute la journée; mais il éprouva des pertes qui n'ont pas été compensées par celles qu'il a fait éprouver à l'ennemi, quelque grandes qu'elles fussent[1]. »

Le 17, les troupes du 6ᵉ corps repassèrent la Partha et prirent position sur la rive gauche de cette rivière.

Le 18, au matin, le 6ᵉ corps était concentré aux environs de Schœnfeld. La défection des Saxons[2] ayant découvert sa droite, le maréchal Marmont fit battre la générale, et les

---

1. Bulletin de la Grande Armée.
2. A peine les Saxons eurent-ils aperçu les enseignes de Bernadotte, avec l'état-major duquel plusieurs d'entre eux étaient en communication secrète, que, par un hommage qui n'était pas celui de la fidélité à la fidélité, ils marchèrent soudainement à lui. La cavalerie déserta la première, l'infanterie suivit. Le maréchal Marmont, qui était à leur gauche, crut qu'ils se laissaient emporter à trop d'ardeur, et courut après eux; mais il fut bientôt détrompé, et, trahison indigne! à peine à quelques pas de notre ligne, ils tournèrent leurs pièces contre nous, en tirant contre la division Durutte, avec laquelle ils servaient depuis deux années! (THIERS, *Histoire du Consulat et de l'Empire*.)

troupes se trouvèrent instantanément réunies. Dans cette journée mémorable, les troupes de la 3º division, qui occupaient la ligne en plaine, furent exposées au feu de mitraille le plus épouvantable, sans vouloir, pendant neuf heures, faire un pas rétrograde ; formées en carré, elles résistèrent à tous les assauts de la cavalerie prussienne et russe. A la fin de la journée, notre artillerie démontée et nos munitions épuisées permirent à l'ennemi d'approcher tellement son immense artillerie, que la position n'était plus tenable, ce qui força à prendre position un peu en arrière.

« Je ne connais pas d'éloges dont ne soient dignes des troupes aussi braves, aussi dévouées, et qui, malgré les pertes qu'elles avaient éprouvées, n'en combattaient pas avec moins de courage[1]. »

La 3º division avait été vivement éprouvée. Son général de division, Friederichs, était blessé mortellement, ainsi que le général Cœhorn, commandant la 1re brigade; le général Choisy, commandant la 2º brigade, était aussi blessé, mais moins grièvement. Les pertes du 82º étaient sérieuses; voici les noms des tués qui ont pu être retrouvés : Mansuir, sergent; Lentz, caporal; Péca, Theuler, Aguerrebord, Brunet, soldats.

Le 19, le 6º corps prit position de grand matin dans le faubourg de Halle. Après une défense acharnée des faubourgs de Leipzig, il passa sur la rive gauche de l'Elster; dans cette retraite, le 82º eut un certain nombre d'hommes pris par l'ennemi, sur la rive droite. Son effectif se trouva considérablement réduit. « Ce qui sortit le 19, au moment où l'ennemi entrait à Leipzig, n'avait plus ni consistance, ni organisation[2]. »

Le 20, à Weissenfels; le 22, à Bütelstadt; les 23 et 24, à

1. Marmont, *Mémoires*.
2. *Idem, ibid.*

Erfurt; le 25, à Arsbach; le 26, à Wartas; le 27, à Buttler; le 28, à Fulde; le 29, à Saalmunster.

Le 30, au matin, le 6ᵉ corps prit part au combat devant Hanau, et força l'ennemi à repasser la Kinzig. Lauret, caporal, tué.

Le 31, à Francfort.

Le 2 novembre, le 6ᵉ corps arriva à Mayence et s'y établit, ainsi que dans les environs. Le 6ᵉ bataillon du 82ᵉ était réduit à 15 officiers et 109 hommes[1].

Le 5 novembre, le maréchal Marmont proposa, vu la faiblesse de son effectif, de former, des débris du 82ᵉ, une compagnie, et de renvoyer le cadre du 6ᵉ bataillon au dépôt.

Cette proposition ne fut pas acceptée, le 6ᵉ bataillon reçut l'ordre de quitter le 6ᵉ corps, et de se rendre au 4ᵉ corps pour se réunir à un nouveau bataillon du 82ᵉ, le 5ᵉ, en avant de Cassel.

Le 1ᵉʳ septembre 1813, le 5ᵉ bataillon du 82ᵉ, commandant Dupuy (17 officiers, 97 sous-officiers, caporaux et tambours présents), quitta La Rochelle pour Mayence, où il devait recevoir 417 conscrits de la marine, du 41ᵉ équipage de haut-bord, et faire partie de la 41ᵉ demi-brigade provisoire, destinée à la 53ᵉ division du corps d'observation de Bavière (maréchal Augereau), laquelle ne fut pas réunie.

Il arriva le 13 octobre à Mayence; il incorpora de suite les marins qui lui étaient destinés, et fut envoyé à Fulde, le 18, avec le 5ᵉ bataillon du 26ᵉ de ligne.

Le 15 novembre, il était à Bresenheim.

Par un décret du 17 novembre, les 5ᵉ et 6ᵉ bataillons du 82ᵉ entrèrent dans la composition de la 13ᵉ division (4ᵉ corps), général Guilleminot, destinée à rester à Mayence. Par suite

---

1. Officiers : un chef de bataillon, six capitaines, trois lieutenants, cinq sous-lieutenants ; sous-officiers, caporaux et soldats : deux adjudants, deux sergents-majors, seize sergents, quatre fourriers, vingt-deux caporaux, cinq tambours, cinquante-huit fusiliers.

de ce changement, qui avait pour but de réunir dans le même corps deux bataillons du même régiment qui se seraient trouvés séparés, le 6° bataillon passa au 4° corps à la date du 21 novembre.

4° corps, général Bertrand ; 13° division, général Guilleminot, se composant du 1ᵉʳ régiment d'infanterie légère, du 52° régiment d'infanterie de ligne, du 67° de ligne (2 bataillons), du 82° de ligne (2 bataillons), du 101° de ligne (2 bataillons) et du 156° de ligne (2 bataillons).

Le 82° avait 37 officiers et 670 hommes.

Quant à la composition des cadres, voici ce qu'elle était, d'après les rapports, au 23 novembre :

« Il y a peu d'avancements à proposer. Le 5ᵉ bataillon est arrivé récemment ; le 6ᵉ bataillon n'est guère qu'un cadre ; les choix paraissent généralement bons ; dans le nombre, on trouve cependant trois officiers de marine qui servent depuis 1809 et 1810, et ont plutôt des services de mer que de terre ; ils sont passables ; on n'a pas, au reste, de meilleurs choix à proposer. »

A cette date, le 4° corps se trouva bloqué dans Mayence ; la 13° division, devenue 2° division du 4° corps, fut modifiée comme composition, et comprit le 10° régiment d'infanterie légère, et les 104°, 156° et 82° régiments d'infanterie de ligne.

Le 1ᵉʳ décembre, les situations portent 515 hommes du 82° rayés ; ces radiations provenaient tant des prisonniers faits à Leipzig que des déserteurs et des nombreuses victimes que le terrible *typhus de Mayence* avait déjà faites.

Le 4° corps, porté à 30,000 hommes, avait perdu en un mois la moitié de son effectif. Le typhus avait gagné les habitants et avait pris, sous l'influence de la misère, les formes les plus navrantes ; l'épouvante était devenue générale et les mesures les plus énergiques, telles que l'évacuation vers l'intérieur et l'occupation de tous les bâtiments susceptibles d'être convertis en hôpitaux, n'avaient pu conjurer le fléau.

Le 6 décembre, le 82°, 2° et 3° bataillons, avait 36 officiers et 500 hommes à l'effectif[1].

Le 16 décembre, situation : 2° bataillon, commandant Dupré, 17 officiers, 234 hommes; 3° bataillon, commandant de Créquy, 20 officiers, 206 hommes, plus 232 hommes aux hôpitaux, 37 hommes détachés à Monbach, et 29 hommes à Wolstein.

Le 26 décembre, ces chiffres étaient considérablement réduits, et peuvent donner une idée de la puissance du mal qui ravageait la malheureuse garnison de Mayence.

82°, 2° et 3° bataillons, 32 officiers, 371 hommes.

Au 1er janvier 1814, les situations portent la mention suivante :

« Le 4° corps (général Morand), enfermé dans Mayence depuis le commencement de la campagne, n'a pu se recruter ; ses seuls mouvements sont les entrées aux hôpitaux et les désertions. »

Mayence fut bloquée, après le 1er janvier, par une partie du corps de Langeron. Le 16 février, les Russes furent relevés par une partie du 5° corps allemand, général Hunerbein. Le blocus dura jusqu'à la remise de la place, à la suite des préliminaires de la paix, et ne cessa que par suite de la convention du 23 avril ; le 4° corps, considérablement affaibli, fut alors licencié, et les bataillons qui le composaient rejoignirent leurs dépôts ; les hommes du 82° furent incorporés dans le 13° de ligne à Mayence même ; les cadres des 2° et 3° bataillons rentrèrent à La Rochelle, où ils arrivèrent le 6 juillet.

Campagne de 1814.

Dès le commencement de l'année, le 82° dut faire les plus grands efforts pour envoyer des renforts à l'armée de

---

1. Dans ces chiffres sont compris les malades traités à la chambre faute de place dans les hôpitaux.

Mayence, et former un 4ᵉ bataillon destiné à l'armée de réserve de Paris [1].

250 hommes, arrivés à Troyes le 29 décembre; 250 à Orléans le 4 janvier, et 50 partis de La Rochelle le 1ᵉʳ janvier et destinés aux 2ᵉ et 3ᵉ bataillons, furent incorporés dans le 113ᵉ, à Orléans, et les cadres retournèrent à La Rochelle.

Le 26 janvier, le 4ᵉ bataillon du 82ᵉ arriva à Troyes, venant de Chartres. Il avait pour chef le capitaine Berthier, qui fut promu, peu de jours après, au grade de chef de bataillon, et comptait à l'effectif 17 officiers et 523 hommes. Il fit partie de la 2ᵉ division de réserve de Paris, général La Hamelinaye [2], comprenant les 26ᵉ, 82ᵉ et 86ᵉ régiments d'infanterie.

La division La Hamelinaye [3], au 3 février, époque à laquelle Napoléon, venant de la Rothière, arriva à Troyes, ne comp-

---

1. Documents consultés : Situations de la réserve de l'armée de Paris, du 2ᵉ corps. (Très-incomplet.) — Correspondance. — Matricules. — *Correspondance de Napoléon Iᵉʳ*. — Thiers, *Histoire du Consulat et de l'Empire*. — Guillaume de Vaudoncourt, *Campagne de 1814 et 1815*. — Général Koch, *Campagne de 1814*. — Archives du Ministère de la Guerre. — Fiches concernant les généraux Hamelinaye, Gérard et duc de Padoue, pour la campagne de 1814.

2. Le général Jan de la Hamelinaye, nommé général de division le 15 janvier 1814, partit immédiatement pour Troyes, où devait se réunir la 2ᵉ division de réserve de Paris dont le commandement lui était confié. Il n'y trouva d'abord qu'un seul bataillon et quelques dépôts de cavalerie. Les avant-postes autrichiens étaient déjà à Bar-sur-Seine; secondé par le général Bourmont et le colonel Talhouët, il tira parti du peu de ressources qu'il avait pour donner des inquiétudes à l'ennemi et rassurer les habitants de Troyes. Il porta des reconnaissances jusqu'à Saint-Parre et réussit si bien à tromper les Autrichiens sur ses forces, que ces derniers, ne se croyant pas en sûreté à Bar-sur-Seine, se retirèrent à Châtillon, ce qui sauva la position importante de Troyes et donna le temps d'y faire arriver les forces nécessaires pour la défendre. Après la perte de la bataille de Brienne, l'armée française se rallia sur Troyes. Pendant la retraite sur Nogent, le général La Hamelinaye fit l'arrière-garde du corps Gérard. Après la bataille de Montereau, il demanda l'autorisation de se retirer pour se faire opérer d'une fistule. (*Dictionnaire historique des généraux français*.)

3. Brienne, 31 janvier au soir.

« Le général La Hamelinaye a 4000 hommes à Troyes et 12 pièces de canons, il est important qu'il ait 300 000 cartouches; il est également important que cette division soit complétée, elle formera pour le général Gérard avec ses troupes 12 000 hommes.
 « NAPOLÉON. »

tait que 4000 hommes. Elle était en avant de Saint-Parre, occupant le pont de la Guillotière[1].

Du 4 au 7, elle fut recrutée de quelques détachements sortis de Paris, et dut former, avec la division Dufour, un ensemble de 12 000 hommes, chiffre auquel elle ne parvint jamais.

Le 5, le général Colloredo tenta une attaque du pont de la Guillotière, dans laquelle les deux divisions de la réserve de Paris soutinrent un combat très-vif et obligèrent l'ennemi à se replier.

Le 9, Napoléon se dirigea sur la Marne, en laissant sur la Seine le maréchal Victor avec le 2e corps[2], et les divisions Dufour et Hamelinaye, qui prirent position entre la Chapelle et Saint-Aubin, le 10 à Mériot, le 12 à Sordun, le 13 à Dannemarie; ce jour-là, les corps de Wittgenstein et de Wrède passèrent la Seine à Bray, le maréchal Victor se retira sur Nangis[3] et vint prendre position derrière la petite rivière d'Yères.

Le 16, les avant-gardes ennemies étaient sur les bords de l'Yères, aux prises avec les nôtres.

Le 17, l'Empereur, dirigeant lui-même l'armée, mettait les troupes en mouvement pour reprendre le cours de la Seine.

---

1. Troyes, 4 février, quatre heures du matin.

« Le général La Hamelinaye défendra les portes de la ville et la tête des faubourgs. »

2. Nogent, 8 février. »

« Le duc de Bellune a sous ses ordres les deux divisions de Gérard, etc.

« NAPOLÉON. »

Nogent, 9 février.

« Le général Gérard portera son quartier-général à Pont-sur-Seine et prendra la position en la concentrant et la prenant le plus militairement possible. En cas qu'il soit attaqué par des forces supérieures, il se repliera sur Nogent.

« NAPOLÉON. »

3. Château-Thierry, 14 février.

« Le duc de Bellune me mande, en date du 13 à midi, qu'il a pris position à Provins, qu'il a fait sauter le pont de Nogent, qu'il a été conduit à cette opération parce qu'il a appris que l'ennemi se renforçait sur Montereau e menaçait Paris du côté de Fontainebleau.

« NAPOLÉON. »

Le maréchal Victor formait l'avant-garde, ayant au centre les divisions Dufour et La Hamelinaye, du corps Gérard, et les deux divisions de son corps aux ailes; on se dirigea rapidement sur Montereau, par Mormant et Nangis.

Les troupes de la division La Hamelinaye se conduisirent admirablement dans cette marche, où, dans une même journée, elles assistèrent à deux combats[1]. Le 82e eut, parmi les tués, le sous-lieutenant Cluiv, et les soldats Duloube, Destruchant, Destribois, Cosseron. La division coucha à Salins, à une lieue du pont de Montereau.

Bataille de Montereau.

Le 18 février, la division La Hamelinaye donna vigoureusement à l'attaque des hauteurs de Surville; le 82e eut, parmi les tués, les soldats Seimmes, Guichet et Trupaud. A la nuit, la réserve de Paris prit position sous Montereau, entre Varennes et le Fossard.

Le 19, l'armée passa sur la rive gauche de la Seine, à Montereau.

Ce même jour, un ordre fixa la composition du 2e corps: commandant en chef, général Gérard; 1re division, général Duhesme; 2e division, général La Hamelinaye[2].

La 3e division, général Dufour, se mit en marche, partie sur Melun, et partie sur Essonne.

Le 21, le corps Gérard fut dirigé sur Pont-sur-Yonne, où il fut arrêté par la nécessité de reconstruire les ponts; le soir, à Sens.

---

1. 1° Affaire avec Pahlen; 2° vers 3 heures après midi, deuxième affaire à Valjouan.
2. Château de Surville, 19 février 1814.

« Le général Gérard prendra le commandement du 2e corps, qui sera composé des divisions Duhesme, Hamelinaye et Dufour.

« NAPOLÉON. »

Le 22, il se porta à Villemaur, et battit Platow à Villeneuve-l'Archevêque.

Le 23, il arriva devant Troyes.

Le 24, il entra dans Troyes évacué, et prit position au pont de la Guillotière; le 25, à Vandœuvres.

Le 26, vers quatre heures de l'après-midi, il déboucha sur Doulancourt et emporta le pont; la division La Hamelinaye campa, le soir, en avant de Bar-sur-Aube, sur la gauche.

Le 27, au matin, le corps de Wittgenstein reprit l'offensive pour tenter le passage de l'Aube; la division La Hamelinaye (2400 hommes) fut déployée en travers de la vallée, la brigade Jarry vers Bar, la brigade Belair sur le coteau de Malepin; le combat fut engagé vers dix heures; à quatre heures, la retraite commença, couverte par la brigade Belair, qui fut obligée d'abandonner le coteau Malepin, et de prendre position sur celui des Filles-Dieu où elle arrêta l'ennemi pendant quelques instants; mais, accablée par la mitraille, elle fut obligée de battre en retraite en tirailleurs jusqu'au pied du coteau, où elle rejoignit la brigade Jarry.

Le 28, à Vandœuvres.

Le 2 mars, au pont de la Guillotière.

Le 3, la division La Hamelinaye, devenue division Jarry, se replia en arrière, et vint prendre position à Saint-Parre-aux-Tertres.

Le 4, le prince de Wurtemberg ouvrit l'attaque sur Saint-Parre; le 2ᵉ corps soutint le combat de huit heures du matin à onze heures du soir, et donna à l'armée le temps d'évacuer Troyes; il se replia ensuite derrière la Seine et dans le faubourg Saint-Jacques, en continuant le combat.

Le 2ᵉ corps continua à former l'arrière-garde jusqu'à Provins, où il arriva le 8.

Le 14, le 2ᵉ corps, posté à Port-sur-Seine, poussa la division Jarry sur les hauteurs de Saint-Nicolas; la brigade Belair reprit le village, et obligea l'ennemi à se replier sur Saint-Ferréol.

Le 16, au matin, la division Jarry, qui avait une brigade à

Mériot et l'autre à Nogent, fut attaquée et obligée de se replier en arrière de Sordun.

Le 19, le 2ᵉ corps se dirigea sur Arcis par Villenauxe.

Le 20 mars, pendant que Napoléon livrait la bataille d'Arcis-sur-Aube, le 2ᵉ corps arrivait à Conflans; le 21, vers 9 heures du soir, à Viapre; le 22, sur les hauteurs de Dosnon.

Le 23, à Sommepuis, il attaqua les Russes et les obligea à se retirer sur Humbeauville; vers 5 heures du soir, il passa la Marne à Frignicourt, et releva le maréchal Ney devant Vitry.

Le 24, à Perthes.

Le 25, il passa la Marne à Saint-Dizier et fut attaqué par le général Tettenborn dont le feu inattendu causa un instant de désordre dans la colonne qui défilait le long de la rivière, sur le chemin de Vassy. Le général Gérard fit avancer deux batteries et jeta une centaine de tirailleurs au delà de la Marne, qui obligèrent l'ennemi à se retirer.

Le 26 mars, il repassa la Marne et mit en déroute le corps de Wintzingerode. Le soir, il prit position à Perthe devant Saint-Dizier.

Il prit ensuite la direction de Paris à la nouvelle de l'arrivée des alliés sous ses murs; le 30, il était à Troyes.

Le 31, il se portait entre Sens et Montereau; les deux divisions comptaient 3500 hommes.

Le 2 avril, il était sur les hauteurs de Surville.

Le 3, en avant de Fontainebleau.

Le 6ᵉ bataillon du 82ᵉ, tiré du dépôt du régiment à La Rochelle dans les premiers jours de mars[1], était venu à Paris[2] et s'était organisé, sous la direction du général Fri-

---

1. Guignes, 17 février.

« Ordre de l'Empereur d'organiser promptement la 2ᵉ division de réserve de Paris en ramassant tous les bataillons qu'on a disséminés mal à propos. »

2. Bezu-Saint-Germain, 4 mars 1814.

« Donnez au général Souham le commandement de la 2ᵉ division de réserve qu'on forme à Paris et qui doit être complétée actuellement.

« NAPOLÉON. »

rion¹, avec les 142ᵉ et 88ᵉ qui formaient une division nouvelle de l'armée de réserve de Paris.

Ce bataillon, qui n'avait pas rejoint la Grande Armée à laquelle cette division était destinée, prit part à la bataille de Paris ; il ne nous a pas été possible de retrouver à quel corps il appartenait, ni quelle fut sa participation à cet événement : il dut, après la bataille, suivre le sort du 6ᵉ corps et prendre position à Essonne².

Après l'abdication de l'Empereur, on se hâta de répartir le mieux possible l'armée qu'il avait concentrée autour de Fontainebleau.

Le 2ᵉ corps fut envoyé à Nevers et Cosne.

Le 6ᵉ corps fut placé à Rouen et dans les environs, le 6ᵉ bataillon du 82ᵉ à Bolbec.

Le 4ᵉ bataillon, 14 officiers, 65 hommes, rentra à La Rochelle, le 4 juin.

Le 6ᵉ bataillon, 11 officiers, 33 hommes, arriva le 17 juin.

Campagne de 1815.

Dès son retour de l'île d'Elbe, Napoléon organisa l'armée³ : le 82ᵉ, auquel le décret du 20 avril rendit son numéro³, fit partie du 2ᵉ corps sous les ordres du lieutenant-général

---

1. Situation du 14 mars 1814.

La 2ᵉ brigade de la 2ᵉ division de réserve formée des 142ᵉ, 88ᵉ et 6ᵉ bataillon du 82ᵉ est à Paris où elle se complète par le soin du général Fririon.

2. Le corps de Marmont fut renforcé de la division Souham qui lui fut envoyée de Fontainebleau à Essonne (Vaudoncourt).

Le général Souham reçut l'ordre de prendre le commandement de la 2ᵉ division de réserve de Paris.

Ce serait donc à la division Souham que le 6ᵉ bataillon appartint.

3. Paris, 12 mai 1815.

« Envoyez-moi la situation des corps d'armée en donnant aux régiments les numéros qu'ils avaient en 1813 et qui viennent de leur être rendus. Les régiments sont désignés ici sous leur numéro royal, là sous leur numéro impérial, il en résulte de la confusion.

« Napoléon. »

CAMPAGNE DE 1815.   159

Reille, 9ᵉ division, général Foy. Son 1ᵉʳ bataillon, avec le colonel Matis et le commandant Pinguet, rejoignit d'abord seul; le 15 mai, il était à Valenciennes. Le 2ᵉ bataillon, qui faisait partie de la colonne du général Morand, était parti d'Agen[1], le 24 avril, pour rejoindre le premier à Valenciennes[2].

1. 82ᵉ régiment d'infanterie de ligne. Situation des 1ᵉʳ et 2ᵉ bataillons au 20 avril 1815: 1 colonel, 2 chefs de bataillons, 2 adjudants-majors, 1 porte-aigle, 1 officier payeur, 1 chirurgien-major, 1 chirurgien sous-aide.

	Capitaines.	Lieutenants.	Sous-lieutenants.	Sergents-major.	Sergents.	Fourriers.	Caporaux.	Tambours.	Soldats.	Totaux.
1ᵉʳ bataillon, *Grenadiers*......	1	1	1	1	4	1	8	2	55	74
— *Voltigeurs*......	1	1	1	1	4	1	8	2	66	85
2ᵉ bataillon. *Grenadiers*......	1	1	1	1	4	1	8	2	55	74
— *Voltigeurs*......	1	1	1	1	4	1	6	2	65	82
1ᵉʳ bataillon. 1ʳᵉ............	1	1	1	1	4	1	8	2	46	65
— 2ᵉ............	1	1	1	1	4	1	8	2	35	54
— 3ᵉ............	1	1	1	1	4	1	8	2	28	47
— 4ᵉ............	1	1	1	1	4	1	7	2	33	51
2ᵉ bataillon. 1ʳᵉ............	1	1	1	1	4	1	8	2	41	60
— 2ᵉ............	1	1	1	1	4	1	7	2	34	52
— 3ᵉ............	1	1	1	1	4	1	8	2	35	54
— 4ᵉ............	1	1	1	1	4	1	8	2	38	57

Petit état-major : 2 adjudants, 1 tambour-major, 1 caporal-tambour, 8 musiciens dont 1 chef, 1 deuxième porte-aigle.

2. Paris, 24 avril.

« Réitérez l'ordre de faire partir le 71ᵉ (82ᵉ)....., supprimez les séjours et, quand les étapes seront petites et qu'ils pourront les doubler, autorisez-les à le faire.

« NAPOLÉON. »

Le 28 mai[3], le 82e passa à la 7e division, général Lamarque. — 1re brigade, général Devilliers, 11e léger et 82e de ligne ; 2e brigade, général Piat, 12e léger et 4e de ligne.

Le 1er bataillon, 26 officiers, 549 hommes.

Le 2e bataillon, 22 officiers et 414 hommes, était en route pour rejoindre et devait arriver sous peu de jours.

Le 10 juin, la 7e division (2e corps) passa définitivement aux ordres du général Girard[2].

Le 13 juin, la 7e division vint se placer à Réquignies, Rocques et Marpent où fut le quartier général.

Le 14 juin, l'armée prit position sur les frontières, sur la rive droite de la Sambre ; le 2e corps à Leers-Fosteau sur quatre lignes.

Le 15 juin[3], à 3 heures du matin, l'armée se mit en mouvement ; le 2e corps, à gauche, se porta sur Marchiennes, dont il surprit le pont, franchit la Sambre vers onze heures et s'avança jusqu'à Gosselies.

La 7e division fut poussée à la suite de la division prus-

---

1. 28 mai 1815.

Le général Devilliers, commandant provisoirement la 7e division, adresse au commandant du 2e corps un rapport sur la situation malheureuse dans laquelle se trouve le 1er bataillon du 82e, sous le rapport de son habillement et de sa chaussure ; le dépôt de ce corps est si éloigné que, quand même il y aurait à en espérer quelques effets, ils n'arriveraient que très-tard, ce n'est donc qu'en lui faisant fournir extraordinairement les capotes, les habits, les gilets, pantalons et autres objets qu'il réclame, et en faisant mettre quelque argent à la disposition du colonel, avancé sur la masse de linge et chaussure, que ce corps pourra être mis en état de faire campagne.

Il paraît que le 2e bataillon qui doit arriver dans quelques jours sera en aussi mauvais état, s'il n'a pas obtenu quelque chose à son passage à Paris. (Registre de correspondances et d'ordres du général Reille.)

2. 3 juin 1815.

« Donnez l'ordre au général baron Girard de prendre le commandement de la 7e division sous les ordres du général Reille.

« NAPOLÉON. »

3. 15 juin 1815.

La 7e division a reçu une heure avant la nuit l'ordre de S. M. de prendre la route de Jumey à Fleurus et de pousser des tirailleurs jusqu'à ce village. (Registre de correspondances du général Reille.)

Infanterie Légère 1805

sienne de Steinmetz, et s'avança jusqu'à Vagnée, où elle arriva à 6 heures du soir[1].

Bataille de Ligny.

Le 16 juin, la division Girard se porta en avant de Vagnée, vers Saint-Fiacre, et forma la gauche du 3ᵉ corps.

Le combat fut engagé vers 3 heures 1/2 par le 3ᵉ corps. La division Lefol, après un combat très-vif, enleva Saint-Amand et s'y maintint.

La 7ᵉ division n'entra dans la lutte qu'un peu plus tard et fut dirigée sur la droite des Prussiens ; elle s'avança sur le village de la Haye, ayant à droite la 1ʳᵉ brigade, général Devilliers (11ᵉ léger et 82ᵉ de ligne), et à gauche la 2ᵉ, général Piat (12ᵉ léger et 4ᵉ de ligne). Malgré un feu intense, le général Girard enleva la Haye et s'y maintint. Mais Blücher, réunissant des forces nombreuses et marchant lui-même à la tête de ses soldats, se précipita sur les trois Saint-Amand[2]. Repoussé de la Haye par l'impétuosité du choc des Prussiens, le général Girard y rentra de nouveau avec les 12ᵉ léger et 4ᵉ de ligne (brigade Piat), et réussit à s'y maintenir. Avec les 11ᵉ léger et 82ᵉ de ligne, il repoussa Blücher qui, à la tête de ses bataillons ralliés, tentait une seconde attaque de ce village couvert de morts. Le général Girard fut tué, les généraux de brigade Devilliers et Piat furent blessés. La 1ʳᵉ brigade, commandée par le colonel Tiburce Sébastiani, du 11ᵉ léger, déploya une valeur admirable, et parvint en multipliant ses efforts à se maintenir dans

---

1. Charleroi, 16 juin 1815.
Au maréchal Grouchy, commandant l'aile droite.
« La division Girard est à portée de Fleurus : n'en disposez point à moins de nécessité absolue, parce qu'elle doit marcher toute la nuit.
« NAPOLÉON. »
2. Saint-Amand-le-Grand, Saint-Amand-la-Haye, Saint-Amand-le-Hameau.

Saint-Amand-la-Haye; outre les trois généraux, plus d'un tiers de cette division était déjà hors de combat.

La division Habert, envoyée au secours de la division Girard, sur sa gauche, à Saint-Amand-le-hameau, arriva heureusement à temps pour la préserver d'une nouvelle attaque. Cependant, ces deux divisions, et notamment la division Girard, attaquées une cinquième fois par une grande masse d'infanterie prussienne, allaient céder, quand la jeune garde, conduite par le général Duhesme, refoula les Prussiens

Enfin, entre 8 et 9 heures du soir, les débris de la division Girard, débouchant de la Haye, chargèrent une dernière fois les Prussiens dont la défaite était consommée.

Le 17 juin, la 7ᵉ division, qui avait perdu tous ses généraux et ne comptait plus que 2500 hommes, fut laissée en arrière pour se remettre, s'occuper des blessés et garder Charleroy[1].

Le 18 juin fut livrée la bataille de Waterloo. Napoléon, après avoir fait une tentative infructueuse pour rallier une partie de l'armée à Genappe, envoya des officiers dans toutes les directions pour guider les troupes débandées dans leur retraite : l'intelligence naturelle aux soldats français ramenait chacun d'eux sur la Sambre, aux points où il l'avait passée A Charleroi, l'encombrement fut immense, mais la division Girard, commandée par le colonel Matis du 82ᵉ et laissée en arrière, protégea le passage.

Le 23 juin, l'armée se rallia à Laon.

Le 26, le maréchal Grouchy prit le commandement de l'armée, qui se retira derrière l'Aisne, à Soissons; le 27, le 2ᵉ corps vint prendre position à Vaucienne, en avant de Villers-Cotterets.

---

1. Laon, 20 juin 1815.

BULLETIN.

La 3ᵉ division du 2ᵉ corps, général Girard, marcha en réserve derrière le corps du général Vandamme, tourna Saint-Amand par sa droite et s'y battit avec sa valeur accoutumée.

Le 28 juin, le 2ᵉ corps battit en retraite sur Nanteuil ; il arriva le soir au Bourget après un petit engagement d'arrière-garde.

Le 29 juin, le 2ᵉ corps rentra dans les lignes devant Paris, entre la Villette et Saint-Denis.

Le 1ᵉʳ juillet, le général Simmer commandait la 7ᵉ division ; celle-ci bordait le canal de Saint-Denis. Le 82ᵉ avait 32 officiers et 528 hommes présents.

Le 3 juillet, une convention fut conclue en vertu de laquelle l'armée devait se retirer derrière la Loire.

Le 5 juillet, le 2ᵉ corps quitta Paris pour se rendre à Blois où il prit ses cantonnements, la droite à la route d'Orléans, sur la Ferté-Senecterre et Romorantin, et la gauche à la grande route de Blois à Coutres et à Saint-Aignan.

Le 23 juillet, le 82ᵉ était sur les bords du Cher, à Monthon.

Le 4 septembre, les 1ᵉʳ et 2ᵉ bataillons du 82ᵉ, stationnés à Monthon (22ᵉ division militaire), furent licenciés par le général La Hamelinaye.

CHAPITRE V

LÉGION DE LA VENDÉE (82ᵉ).

Les débris de l'armée licenciés, l'on ne conserva des anciens corps que les conseils d'administration et quelques vieux soldats qui n'avaient pas d'autre famille que le régiment. La Restauration voulut alors reconstituer l'armée sur des bases toutes nouvelles et qui détruisissent l'ancien esprit de corps.

L'infanterie fut formée en 86 légions départementales numérotées suivant l'ordre alphabétique. Les dépôts des régiments d'infanterie de ligne licenciés, numérotés de 1 à 108, et ceux des 15 régiments d'infanterie légère, furent envoyés dans les chefs-lieux des départements pour concourir à la formation des légions et leur servir de noyau.

Le depôt du 82ᵉ concourut avec celui du 92ᵉ à la formation de la 16ᵉ légion (Charente-Inférieure).

Le dépôt du 26ᵉ concourut à la formation de la 82ᵉ légion (Vendée).

Chacune de ces légions devait avoir 3 bataillons, dont 2 de ligne et 1 de chasseurs à pied, et 3 cadres de compagnies formant dépôt. Il devait y avoir aussi, par légion, une compagnie d'éclaireurs à cheval et une compagnie d'artillerie. Mais l'occupation d'une grande partie du territoire par les armées étrangères, le besoin d'économies et la défiance qu'inspiraient au gouvernement les militaires de l'ancienne armée, firent prendre le parti de ne former d'abord qu'un bataillon de ligne dit de garnison, et un dépôt qui resta au chef-lieu du département de la légion.

Lorsqu'en 1818, le départ des alliés fit songer à augmenter l'effectif de l'armée, et qu'on appela les classes de 1816 et 1817, on voulut former toutes les légions sur le même pied, en mêlant les contingents départementaux ; mais des habitudes guerrières et la misère ayant porté un grand nombre d'hommes à devancer l'appel et à profiter du bénéfice de l'ordonnance pour prendre du service dans la légion de leur département, l'égalité fut rompue, et le ministre se décida à diviser les départements en quatre classes, suivant leur population. La légion de la Vendée fut organisée à 2 bataillons.

Elle occupa, 1815 et 1816, Bourbon-Vendée ; janvier 1817, Paris ; octobre 1817, Évreux ; janvier 1818, Dieppe ; juillet 1818, Tours ; le 2ᵉ bataillon, à Bourbon-Vendée ; avril 1820, Tours.

L'uniforme était blanc, et les passepoils et revers lie de vin.

En 1819, elle prit les passepoils et revers garance.

L'ordonnance du 23 octobre réorganisa l'infanterie en 80 régiments, dont 20 légers. La légion de la Vendée et celle du Cantal réunies formèrent le 8ᵉ de ligne.

TROISIÈME PARTIE

TROISIÈME PARTIE

CHAPITRE Ier

CHASSEURS D'AUVERGNE ET 7e DEMI-BRIGADE LEGÈRE (Ire FORMATION), 1788 A 1796.

Historique du 7e bataillon d'infanterie légère, ci-devant chasseurs d'Auvergne, et de la 7e demi-brigade d'infanterie légère 1re formation.

7e Bataillon de chasseurs, ci-devant chasseurs d'Auvergne.

Le 17 mars 1788 ce bataillon fut constitué, à Brioude, avec les compagnies d'infanterie attachées aux chasseurs à cheval des Pyrénées; il passa, l'année même de sa formation, à Clermont-Ferrand, et, en septembre 1791, il quitta le Puy et Saint-Flour pour se rendre à Strasbourg et au fort Louis du Rhin.

Par règlement du 1er avril 1791, les bataillons d'infanterie légère, conservés sous le nom de bataillons de chasseurs, avaient quitté les noms qu'ils portaient et pris des numéros. L'état-major de chaque bataillon fut fixé à 2 lieutenants-colonels. La composition de la compagnie, à 1 capitaine, 1 lieutenant, 1 sous-lieutenant, 1 sergent-major, 1 caporal-fourrier, 2 sergents, 4 caporaux, 4 appointés, 40 chasseurs et 1 tambour.

ÉTAT DES OFFICIERS

Lieutenant-colonel : Desforest.
Quartier-maître trésorier : Bureau.
Adjudant-major : N.
Capitaines : Destournelle (*rang de major*), de Becdelièvre, de Miribel, Duclos, de Rostaing, Dulac.
Lieutenants : Borot, Tyrant, de la Morlière, de Saint-Clément, d'Anrosey, de Saint-Aubin, de Saint-Martin.
Sous-lieutenants : Boisselier, Denas, de Saudoncq, Balet, de la Bordère, d'Angerville, de Piépape, Titon de Saint-Lamain.

Il fit partie, en 1792, de l'armée du Rhin sous les ordres de Custine, et montra une grande bravoure au combat livré, le 9 novembre, au-dessus de Limbourg. La composition de son corps d'officiers avait subi à cette époque de nombreuses modifications :

ÉTAT DES OFFICIERS

Lieutenants-colonels : Desforest, 25 octobre 1788 ; Destournelles, 25 juillet 1791.
Quartier-maître trésorier : Bureau.
Adjudant-major : Boisselier.
Capitaines : Miribel, Duclos, Rostaing, Dulac, Borot, Tyrant, d'Anrosey.
Lieutenants : de la Morlière, de Martel, de Saint-Martin, Denas, de Saudoncq, Balet, de la Bordère.
Sous-lieutenants : Piépape, Titon, Laborie, Lapotterie, Maupertuis, Brepson, Trinqualier.

De Trentinian (Jean-Jacques) fut nommé lieutenant-colonel du 7° bataillon de chasseurs, le 5 février 1792 ; de Becdelièvre (Gabriel-François-Louis), le fut le 9 septembre 1792.

Le 20 mars 1793, deux compagnies se distinguèrent à l'engagement d'avant-garde de Stromberg, où fut défait le général prussien Zékuly.

Le 30 mars, à l'affaire d'Oberflerschein, le 7ᵉ bataillon soutint les efforts du régiment de Bourbonnais, et fut mis à l'ordre de l'armée.

Le 14 septembre, à la pointe du jour, le 1ᵉʳ bataillon de la Haute-Saône, le 1ᵉʳ bataillon des Vosges et le 7ᵉ bataillon de chasseurs sortirent de Bodenthal et attaquèrent l'ennemi par la gauche dans le camp retranché : six autres bataillons étaient sur la droite. La résistance fut vigoureuse, et le succès était indécis, lorsque deux bataillons gravirent les hauteurs pour attaquer le centre. L'action était très-chaude, quand le 7ᵉ bataillon, sautant audacieusement dans les redoutes, en chassa l'ennemi à coups de baïonnette et de crosse, et le mit en un instant dans une déroute complète. Ce fut le lieutenant Bureau qui entra le premier dans les redoutes.

7ᵉ demi-brigade d'infanterie légère (première formation).

Elle fut formée, le 25 décembre 1793, des 7ᵉ bataillon d'infanterie légère (Auvergne), 1ᵉʳ bataillon de volontaires de la Corrèze, 2ᵉ bataillon de volontaires de la Dordogne. Elle eut pour chef de brigade Cassagne.

Aussitôt son organisation terminée, elle fit partie de l'armée du Rhin, commandée provisoirement par le général Michaud, 1ʳᵉ division, général Desaix, et occupa Closter-Hambach, Nider et Ober-Lustatt en avant de la Queich.

Le 2 juillet, elle prit part aux attaques dirigées sur le village de Schweigenheim, attaques dont le succès fut paralysé par une terreur panique qu'éprouvèrent les troupes à cheval des 1ʳᵉ et 3ᵉ divisions : dans cette journée, l'infanterie montra un courage et une fermeté au-dessus de tout éloge, elle exécuta plusieurs charges à la baïonnette et resta inébranlable sous le feu de l'ennemi.

Le 14 juillet, les opérations sur la gauche de l'armée eurent des résultats plus heureux, les Autrichiens abandonnèrent Schweigenheim, et la division les poursuivit sur Spire, leur tuant beaucoup de monde.

Le 15 juillet, ils se retirèrent sur Mannheim. La 7e légère occupa Walsheim et Nusdorff.

Le 1er septembre, la 7e légère passa à la division Vachot (3e) et resta cantonnée dans les environs de Spire. Son 3e bataillon fut détaché à la 4e division, établie à Lachen.

Le 29 septembre, la 7e légère tout entière se réunit à Hochstett, où elle remplaça à la 6e division un des corps qui avaient le plus souffert dans les combats livrés par cette division, les 18, 19 et 20 septembre.

Les Prussiens n'ayant point donné suite à leur mouvement offensif, le général Michaud fit quelques changements dans l'organisation de l'armée, et s'occupa des moyens d'opérer sa jonction avec l'armée de la Moselle, à Lautrecht, pour les diriger ensuite toutes deux sur Mayence.

Le 14 octobre, les 5e et 6e divisions furent réunies en un seul corps sous les ordres de Saint-Cyr. Les trois bataillons de la 7e légère, qui en fit partie, étaient à Hochspeyer, d'où Saint-Cyr partit le 15 pour occuper Gelheim.

Le 17 octobre, il se porta sur Kircheim; le 24, à Alzey; le 25, à Olm.

Le 1er novembre, il prit position sous Mayence, appuyant sa droite à Hechsheim, son centre à Marienborn, et sa gauche vers Drais, où se trouvait la droite des trois divisions de l'armée de la Moselle.

L'attaque de droite ne comprit qu'une seule division, aux ordres du général Desaix, composée de 4 brigades.

2e brigade, général Tugnot : 2e bataillon du 2e de ligne, 2e bataillon du Lot, 6e bataillon de Rhône-et-Loire, 1er bataillon de chasseurs de la Meuse, 7e demi-brigade d'infanterie légère.

Le mois de décembre fut excessivement dur, le bois était très-rare, les distributions très-maigres, les sentinelles mouraient de froid.

1795. Jusque vers le 26 janvier, il ne se produisit aucun

fait extraordinaire, le froid ne commença à diminuer qu'à cette époque : le général Girardot remplaça le général Tugnot. Vers le mois de février, le dégel commença et avec lui la mortalité.

A la fin de l'année, nos armées avaient essuyé des revers sur le Rhin, elles étaient revenues en arrière après avoir perdu les lignes de Mayence et une partie du territoire au pied des Vosges.

Le 13 février, Kléber remit le commandement à Schaal.

La 7ᵉ légère prit part aux opérations de l'armée de Rhin-et-Moselle jusqu'au 5 mai 1796, époque à laquelle elle entra dans la composition de la 3ᵉ demi-brigade légère de 2ᵉ formation.

CHAPITRE II

7ᵉ DEMI-BRIGADE D'INFANTERIE LÉGÈRE ET 7ᵉ LÉGER, 1796 A 1815.

Historique de la 7ᵉ demi-brigade d'infanterie légère de deuxième formation. — Campagnes d'Italie. — Bataille de la Trebbia. — Défense du Var. — La 7ᵉ légère devient 7ᵉ régiment d'infanterie légère, 1803. — Campagnes d'Allemagne. — Augereau. — 7ᵉ corps de la Grande-Armée. — 1805-1807. Bataille d'Iéna. — Bataille d'Eylau. — Davout. — 3ᵉ corps de la Grande-Armée. — 1807-1811. Bataille d'Essling. — Bataille de Wagram. — Campagne de Russie. Davout. 1ᵉʳ corps de la Grande-Armée. 1812. — Combat de Valoutina. — Bataille de la Moskowa. — Combat de Malo-Jaroslawetz, — La Bérésina. — Campagne d'Allemagne. — Vandamme. — 1ᵉʳ corps de la Grande-Armée, 1813. — Combat de Kulm. — Capitulation de Dresde. — Campagne de 1814. — Huningue. — Anvers. — La Restauration. — Le 7ᵉ léger devient régiment du colonel-général pour l'infanterie légère. — Les Cent jours. — Campagne de 1815. — Rapp. — Armée du Rhin. — Révolte de la garnison de Strasbourg. — Seconde défense d'Huningue [1].

7ᵉ demi-brigade d'infanterie légère
(deuxième formation).

La 7ᵉ demi-brigade d'infanterie légère de 2ᵉ formation fut formée le 22 décembre 1796 (1ᵉʳ nivose an IV) de l'ancienne 20ᵉ légère (laquelle provenait du 20ᵉ bataillon de chasseurs

---

[1]. Ouvrages et documents consultés : Matricules des officiers. — Thiers. *le Consulat et l'Empire.* — Ségur, *Histoire de Napoléon.* — Chambray, *Campagne de Russie.* — Vaudoncourt, *Campagne de 1813.* — Camille Rousset, *la Grande Armée de 1813.* — Vaudoncourt, *Campagne de 1814-1815.* — *Correspondance de Napoléon Iᵉʳ.* — Pajol, *Pajol, général en chef.* — Emplacement des troupes. — Matricule des officiers.

dans lequel avait été incorporé le 3ᵉ bataillon des volontaires de Paris pour la Vendée), des 9ᵉ et 10ᵉ bataillons de volontaires de la Gironde, de l'ancienne demi-brigade des Aurois (celle-ci provenait du 3ᵉ bataillon des chasseurs de la Neste, des chasseurs des Aurois et des piquiers de la Réole), du 1ᵉʳ bataillon de la demi-brigade du Jura et de l'Hérault (provenant des 2ᵉ et 9ᵉ bataillons de volontaires du Jura), du 3ᵉ bataillon de volontaires de l'Hérault, de l'ancienne demi-brigade de la Sarthe (laquelle provenait du 4ᵉ bataillon des volontaires des Basses-Pyrénées, du 4ᵉ bataillon des volontaires des Hautes-Pyrénées et du 2ᵉ bataillon des volontaires de la Sarthe), du 2ᵉ bataillon des volontaires du Panthéon, du 1ᵉʳ bataillon des volontaires de Saint-Amand (Nord) et du bataillon de Jemmapes.

Campagne d'Italie.

Dès qu'elle fut formée, la 7ᵉ légère vint, au début de 1797, tenir garnison dans quelques places du Piémont ; en mars, elle était sous les ordres du général Kilmaine ; elle y passa toute cette année et son 3ᵉ bataillon fut embarqué à Toulon pour Malte. Le 17 octobre fut signé le traité de Campo-Formio, à la suite duquel Bonaparte quitta l'Italie, en laissant le commandement de l'armée au général Berthier.

Après son départ, l'agitation qui se manifestait dans toute l'Italie, et l'assassinat du général Duphot, à Rome, par les troupes papales, en février 1798, firent donner l'ordre au général de marcher sur Rome avec une portion de l'armée qui prit le nom d'armée de Rome et passa successivement sous les ordres de Masséna, de Saint-Cyr et de Championnet. En octobre, ce dernier, averti que Mack s'avançait contre lui, à la tête de 40 000 hommes, évacua Rome et se retira en arrière du Tibre, entre Civita-Castellana et Civita-Ducale. Dix-sept jours après, il rentrait de nouveau dans Rome, ayant battu le général Mack et le

Fusilier Voltigeur Infanterie de Ligne 1806

suivait dans sa retraite. La 7ᵉ légère participa au siége de Gaëte et à sa prise, qui eut lieu en janvier 1799 ; l'armée qui arriva à Naples prit le nom d'armée de Naples.

Le général Macdonald remplaça Championnet, traduit devant une commission militaire.

Peu de temps après, une colonne composée de 2 bataillons de la 7ᵉ légère et d'un bataillon de la 73ᵉ fut envoyée à Nola, près Gaëte, pour dissiper un rassemblement d'insurgés ; le général Olivier, commandant la division, fit renforcer ces troupes par la 64ᵉ et un bataillon de la 8ᵉ légère ; l'ennemi, vigoureusement attaqué, fut promptement dissipé.

Le 2 avril, le général Broussier, avec la 64ᵉ et les intrépides chasseurs de la 7ᵉ légère, faisant partie des détachements des Abruzzes, attaqua Trani, sur le littoral de l'Adriatique. Les chasseurs de la 7ᵉ légère se jetèrent dans la mer, ayant de l'eau jusqu'aux aisselles, et s'emparèrent d'un fortin abandonné dont ils tournèrent les pièces contre les rebelles.

Les événements qui avaient eu lieu dans la haute Italie ayant déterminé Moreau à rappeler l'armée de Naples vers lui, Macdonald, après avoir rallié les divisions éparses de son corps, déboucha vers le 15 juin sur le Pô ; dans la journée du 19, dite bataille de la Trebbia, la division Olivier, à laquelle appartenait la 7ᵉ légère, franchit la Trebbia à San-Nicolo et repoussa les Autrichiens ; mais, accablée à son tour par les réserves autrichiennes, elle dut repasser la rivière. Macdonald se retira sur la Nura avec des pertes très-sensibles.

Le 15 août, à la bataille de Novi, la 7ᵉ légère enleva une redoute, mais, repoussée à son tour, elle prit la route de l'Apennin.

Le 10 septembre, à Fostano, la 7ᵉ légère, comptant 2000 hommes, soutint valeureusement le choc d'une division de 15 000 hommes.

Le 13 octobre, elle se battit à Beynette ; le 4 novembre, à Genola.

Défense du Var.

1800. Au commencement de l'année, l'armée de Masséna prit le titre d'armée de Ligurie. La 7ᵉ légère fit partie du corps de Suchet, qui occupa le col de Tende, Nice et la ligne du Var.

Le 5 avril, M. de Mélas commença les hostilités et chercha à séparer Suchet de Soult. Le général Clausel, s'avançant vers Sette-Pani, enleva la tour et la redoute de Melogno. Le chef de bataillon Vidal, chargé spécialement de cette attaque, se conduisit avec une grande distinction : à la tête des grenadiers de la 7ᵉ légère, il s'était précipité sur la redoute principale, avait tué tout ce qui voulut résister et fait 300 prisonniers. La 7ᵉ légère fournit un piquet de 50 grenadiers pour l'attaque de Melogno. Le sergent Grugez qui en faisait partie contribua pour sa part à faire prisonnière la compagnie ennemie qui s'y trouvait.

Au combat de Sette-Pani, 14 avril, le sous-lieutenant Roques de la 7ᵉ légère monta des premiers à l'assaut ; il fut blessé à l'épaule droite. L'exemple de cet officier entraîna la colonne qui le suivit et fit éprouver des pertes considérables à l'ennemi. La redoute était occupée par 1100 Autrichiens ; le sergent Grugez y entra un des premiers et tua plusieurs ennemis ; la colonne d'assaut était sous les ordres du général Solignac. La séparation eut lieu néanmoins, et Suchet fut rejeté sur Nice.

Le 19 avril, il se remit en mouvement pour rejoindre Masséna ; à une heure du matin, la 34ᵉ de ligne et la 7ᵉ légère, qui avaient pris position dès la veille au « Rocher », attaquèrent Monte San-Giacomo par la droite, mais ne purent l'enlever, et Suchet dut se retirer avec de fortes pertes ; il rallia ses troupes derrière le Var, au pont de Saint-Laurent qu'il couvrit par une tête de pont, présentant un défilé de 500 mètres environ à traverser.

Pendant que Bonaparte passait les Alpes, Mélas continuait le siége de Gênes et le général Elsnitz cherchait à forcer le passage du Var. Les tentatives qui eurent lieu sur ce point le 22 et le 27 mai furent vaillamment repoussées et le général Elsnitz se mit en mesure de repasser les monts. La 7e légère ayant reçu l'ordre de traverser un fossé qui la séparait de l'ennemi, le sergent Grugez le franchit aussitôt et fit plusieurs fois le coup de fusil à demi-portée avant que la demi-brigade eût exécuté l'ordre qu'elle avait reçu. Le général Suchet, chassant le général Gorupp de Ronciglione, marcha vivement par sa gauche sur la droite ébranlée des Autrichiens, enleva le col de Rauss, prit le camp de Mille-Fourches et, maître du col de Tende, se trouva le 1er juin sur la ligne de retraite d'Elsnitz.

Le 5, il passa la Piève et retrouva son général en chef Masséna aux environs de Savone où il venait d'arriver, venant de quitter Gênes en vertu d'une convention qui le laissait libre ainsi que ses troupes. Suchet en prit le commandement et, traversant l'Apennin, alla se placer à Acqui.

Après la victoire de Marengo Gênes nous fut rendue; le général Suchet y entra le 24 juin avec ses troupes et celles de Masséna qui en étaient sorties le 5 du même mois.

La 7e légère demeura à Gênes jusqu'au mois de décembre, époque à laquelle elle revint à Nice pour tenir garnison dans le département des Alpes-Maritimes.

De 1796 à 1798, le chef de la 7e légère avait été Lucotte; son successeur fut Boyer.

ÉTAT DES OFFICIERS.

Chef de brigade : Boyer.
Chef du 1er bataillon : Demonget; 2e *bataillon,* Barrère; 3e *bataillon,* Reynes.
Chef de bataillon : Landy.
Quartier-maître trésorier : Roux.
Adjudants-majors : Gelis, Lombard, Mounet.

1er bataillon.

	Capitaines.	Lieutenants.	Sous-lieutenants.
Carabiniers ..	Fontaine.	Combessies.	Dasques.
1re	Dandalle.	Villard.	Tallandier.
2e	Godard.	Degand.	Rousseau.
3e	Morin.	Dandalle.	Melac.
4e	Doise.	Sauvajol.	Bruneau.
5e	Deoux.	Legay.	Prudhomme.
6e	Lafitte.	Presvot.	Ragon.
7e	Capiaumont.	*	Fougère.
8e	Depierre.	Michel.	Fovel.

2e bataillon.

	Capitaines.	Lieutenants.	Sous-lieutenants.
Carabiniers ..	Ferrandon.	Castex.	Lucq.
1re	Liepin.	Pomet.	Pessies.
2e	Anfray.	Cosson.	Bereaud.
3e	Larrieu.	Navarre.	Mazereil.
4e	Revert.	Garnier.	Desnost.
5e	Coupez.	Loinard.	Roques.
6e	Mauberdière.	Marot.	Chambellan.
7e	Guillot.	Hainault.	Denot.
8e	Chabert.	Durut.	Julian.

3e bataillon.

	Capitaines.	Lieutenants.	Sous-lieutenants.
Carabiniers ..	Demongot.	Reverchon.	Poulet.
1re	Olivier.	Blaignan.	Ferriol.
2e	Giroux.	Vautrain.	Morain.
3e	Guichard.	Dupré.	Mouneins.
4e	Dom Gras.	Demossan.	Salins.
5e	Pepin.	Salin.	Fattat.
6e	Garry.	Ecoiffier.	Caquet.
7e	Girod.	Noireau.	Ligneux.
8e	Mareschal.	Présat.	Lollier.

Un arrêté du 20 décembre 1800 prescrivit la formation d'un corps d'éclaireurs dans le département du Var. Les trois compagnies de carabiniers et trois compagnies d'éclaireurs de la 7e légère, à 60 hommes chacune, en firent partie. Ces compagnies devaient poursuivre les brigands, sans avoir égard au département ni aux endroits où ils se réfugiaient ; elles étaient constamment en mouvement.

1801. La 7ᵉ légère occupa la 8ᵉ division militaire.

Au mois d'octobre, le 1ᵉʳ bataillon était à Draguignan ; le 2ᵉ à Brignolles ; le 3ᵉ à Saint-Maximin.

1802. En janvier, les trois bataillons étaient réunis à Nice.

A la fin de mai, le 3ᵉ bataillon, complété à 600 hommes, se rendit à Toulon pour y être à la disposition du ministre de la marine et faire partie de l'expédition de Saint-Domingue[1].

1803. En janvier, les 1ᵉʳ et 2ᵉ bataillons vinrent à Toulon.

La 7ᵉ demi-brigade d'infanterie légère devient 7ᵉ régiment d'infanterie légère.

En mars, la 7ᵉ légère prit la dénomination de 7ᵉ régiment d'infanterie légère et passa dans le département du Gard, 7ᵉ division militaire, à Romans et à Valence.

A la suite de la rupture de la paix d'Amiens, l'Espagne chercha à violer les clauses du traité qui l'unissait à la France ; le Premier consul, prévoyant cette trahison, plaça à Bayonne un des six camps destinés à opérer contre l'Angleterre.

En juin, le 7ᵉ léger y fut appelé ; il y fut constitué à 4 bataillons, par sa fusion avec la 20ᵉ demi-brigade légère. Le camp de Bayonne s'organisa sous le commandement du général Augereau.

La fin du différend avec l'Espagne le fit dissoudre ; une partie des troupes qui s'y trouvaient réunies fut destinée à être embarquée sur la grande escadre de Brest pour opérer une descente en Irlande.

---

[1]. Au commencement de mai, l'ordre était rétabli dans la colonie, mais les troupes européennes avaient beaucoup souffert ; il fallut envoyer de nouvelles divisions de France : c'est de l'une d'elles que fit partie le détachement du 7ᵉ léger.

Le général Augereau eut le commandement du camp de Brest, pour lequel le 7º léger partit. En octobre, les 1ᵉʳ et 2ᵉ bataillons (1600 hommes) étaient au camp de Brest. Les 3ᵉ et 4ᵉ étaient à Saint-Malo.

Le bataillon parti pour Saint-Domingue avait cessé d'appartenir au 7ᵉ léger, ayant été, dès son arrivée, incorporé dans le 5ᵉ régiment d'infanterie légère.

1804. En mars, les 3º et 4º bataillons vinrent à Rennes. En septembre, le 3ᵉ bataillon rejoignit les deux premiers au camp de Brest et le 4ᵉ alla à Saint-Servan.

ÉTAT DES OFFICIERS.

Colonel : Boyer.
Major : Ducouret.
Chefs de bataillon : Faury, Landy, Vagnaier, Cartier.
Adjudants-majors : Monnet, Beaugey, Braunne, Ochlert.
Quartier-maître trésorier : Guellard.
Chirurgien-major : Billequin.
Chirurgiens aide-majors : Lierneur, Lagarde, Campet.
Chirurgiens sous-aide-majors : Patouillot, Souillère, Vuillier, Margaillan.
Capitaines : Olivier, Dandalle, Laprotte, Godard, Giroux, Doise, Guichard, Gras, Pépin, Hémon, Mercier, Rouanet, Hugoin, Granjean, Lafitte, Colard, Allais, Defer, Pélier, Depierre, Baillif, Duplessy, Léonhardt, Wargnier, Gaignot, Dumoulin, Charly, Decoute, Baltzer, Prévot, Hollenveyer, Combessies, Argus.
Lieutenants : Fages, Garnier, Ecoiffier, Dandalle, Astre, Bourg, Ferriol, Darnille, Ayasse, Schmitt, Billy, Trouillot, Dasques, Halloy, Mereau, Deriquehem, Hamont, Morain, Guérin, Barthélemi, Maisonnave, Sentis, Triadou, Sabe, Folschsweiller, Adam, Guesnon, Bleurville, Mondet, Minet, Degand, Prudhomme, Lefèvre, Mélac, Gallois. Manneville.
Sous-lieutenants : Caquet, Joineaux, Amerdheil, Brocq, Rousseau, Bouquet, Rabut, Rolland, Coulomb, Ducorbier, Courtillon, Coste, Roth, Pfliger, Sinn, Contenot, Payoz, Dalquier-Fonfrède, Villedieu, Berthe, Waroquier, Decrion, Dupont, Lombard, Colomb, Chevalier, Duvilla, Merceron, Chanteloup, Sénat, Billa, Pintiaux, Berthomé, Robin.

1805. En mars, 2000 hommes du 7ᵉ léger avec les 24ᵉ et 16ᵉ de ligne, formant le fond de la division Lauriston, furent mis à la disposition du vice-amiral Gantheaume pour être embarqués sur l'escadre de Brest[1]; ils se composèrent des deux premiers bataillons avec l'état-major. Le 3ᵉ bataillon se rendit à Rennes. Le 7ᵉ léger fut embarqué sur onze vaisseaux ; l'escadre sortit de Brest deux fois ; à la deuxième sortie, les vaisseaux *l'Impétueux*, *l'Alexandre* et *le Foudroyant* eurent une petite affaire[2].

Le 29 août, l'empereur ayant renoncé à ses projets de descente en Angleterre, ordonna, du camp de Boulogne, que le 7ᵉ léger et le 24ᵉ de ligne seraient débarqués des vaisseaux et gagneraient par la route la plus courte, avec deux bataillons du 63ᵉ qui étaient à Brest, Alençon, où ils formeraient une division sous les ordres du général de division Maurice Mathieu, avec les généraux de brigade Sarrut et Sarrazin. Le débarquement eut lieu dans les premiers jours de septembre ; les 1ᵉʳ, 2ᵉ et 3ᵉ bataillons se rendirent à Langres et firent partie du 7ᵉ corps, maréchal Augereau ; 2ᵉ division, Maurice Mathieu ; 1ʳᵉ brigade, Sarrut.

De Langres, le 7ᵉ léger alla à Belfort et ensuite à Huningue, où son 4ᵉ bataillon vint à la fin de l'année. Huningue demeura jusqu'en 1815 le lieu de garnison de son dépôt.

1.   « *Au vice-amiral Gantheaume.*
« Paris, 3 mars 1805.
« Les colonels, adjudants-majors et tous les officiers des deux premiers bataillons du 7ᵉ léger s'embarqueront sur l'escadre, afin que ces troupes, au moment de leur débarquement, se trouvent commandées et munies de tout ce qui leur est nécessaire pour faire la guerre.
« NAPOLÉON. »

2. La flotte de Brest, destinée à coopérer aux projets de descente en Angleterre, s'était trouvée bloquée par le beau temps ; les mois de mars, avril et mai s'écoulèrent sans qu'un coup de vent forçât la flotte anglaise de s'éloigner des parages de Brest.

Campagnes d'Allemagne.

En octobre, le corps Augereau, formant la réserve de la Grande-Armée[1], était à Fribourg en Brisgaw. La 2ᵉ division se composait des 7ᵉ léger, 63ᵉ et 24ᵉ de ligne, elle prit part à l'expédition du Voralberg et livra le combat de Feldhirch où elle battit le général Jellachich, que Ney, qui venait de pénétrer du Tyrol dans le Voralberg par un des accès les plus difficiles, venait de rejeter sur Augereau arrivant de Fribourg par le lac de Constance.

1806. En janvier, la 2ᵉ division était à Ulm ; le 7ᵉ léger à trois bataillons avait 92 officiers et 2300 hommes.

En mars, elle fut cantonnée dans la Vétaravie.

Après le traité de Presbourg, le corps d'Augereau, renforcé de la division Dupont et de la division Dumonceau, fut cantonné autour de Francfort, prêt à marcher sur la Prusse.

En juin, le général Heudelet remplaça le général Maurice Mathieu, et le général Sarrazin prit le commandement de la 1ʳᵉ brigade.

Colonel, Lamaire ; 1ᵉʳ bataillon, Cartier, à Weilbourg ; 2ᵉ bataillon, Landy, à Oberhadamar ; 3ᵉ bataillon, Vagnaier, à Rünckel.

En septembre, le corps Augereau se réunit au corps Lannes dans les environs de Cobourg, pour former la gauche de l'armée; il se dirigea ensuite sur Königshoffen et Hildburghausen, sur le Wera.

La Saxe ayant été envahie par les Prussiens, Napoléon considéra la guerre comme déclarée. Le 8 octobre, la division Heudelet franchit la frontière de Saxe et se dirigea sur Grafenthal.

---

1. La troisième coalition comptant 250 000 Autrichiens, 200 000 Russes, 50 000 Anglais, Suédois et Napolitains, fut l'origine de la constitution de la plus grande partie de l'armée française en Allemagne, sous le nom de Grande-Armée, qu'elle conserva jusqu'à la fin des guerres de l'Empire.

Après le combat de Saalfeld, le corps d'Augereau passa la Saale.

Bataille d'Iéna.

Partie du bivouac le 14 octobre à deux heures du matin, la division Heudelet entendit le canon au point du jour ; elle traversa Iéna à huit heures, s'engagea dans le fond du Mühlthal, et, vers deux heures, le 7ᵉ léger en tête, attaqua en colonne les Saxons qui défendaient la Schnecke, sur la grande route d'Iéna à Weimar. Forcés dans leurs positions par les tirailleurs, les Saxons opérèrent leur retraite en bon ordre. Le capitaine Massy et le sous-lieutenant Pondvin furent blessés.

Après s'être refait à Weimar, le 7ᵉ corps franchit la Saale à Halle et l'Elbe à Dessau, et marcha, par Treuenbitzen et Potsdam, sur Berlin où il entra, le 27, avec l'Empereur.

22ᵉ BULLETIN DE LA GRANDE ARMÉE.

Berlin, 29 octobre 1805.

« Aujourd'hui, à midi, l'Empereur a passé la revue du 7ᵉ corps que commande le maréchal Augereau. Ce corps a très-peu souffert. La moitié de ses soldats n'a pas eu l'occasion de tirer un coup de fusil ; mais tous avaient la même volonté, la même intrépidité. La vue de ce corps était magnifique.

« Votre corps, a dit l'Empereur, est plus fort que tout ce
« qui reste au roi de Prusse, et vous ne composez pas le
« dixième de mon armée. »

Après avoir entièrement défait l'armée prussienne et avoir donné à son armée un repos suffisant, Napoléon se porta sur la Vistule, au-devant des Russes. Le 7ᵉ corps fut dirigé, par Custrin et Landsberg, sur la Netze ; de là, par Driesen et Schneidmühl, sur Bromberg où il se remit des fatigues qu'il avait subies à travers un pays pauvre et peu peuplé, où les difficultés pour se procurer des vivres étaient grandes.

Le 16 novembre, il se rendit, par Inowraklaw, Bresezc et Kowal, à Kutno. Le sous-lieutenant Depommery fut blessé, le 26 novembre.

Au commencement de décembre, il était à Utrata, en face de Modlin ; dans ce pays dénué de tout, le 7ᵉ corps eut beaucoup à souffrir ; il passa la Vistule, à Modlin sur douze barques oubliées par les Russes, et travaillla à établir un vaste pont, avec ouvrages sur les deux rives ; il s'avança ensuite jusqu'à Plonsk, en face de la Wkra, dans une contrée plus fertile.

Le 24, il se mit en marche pour forcer le passage de la Wkra ; les ponts étaient rompus ; l'infanterie russe, avantageusement placée sur la rive gauche et soutenue par une nombreuse artillerie, défendit la rivière avec obstination. La division Heudelet fut employée à l'attaque du pont de Sochoczym, qu'elle entreprit de rétablir sous le feu de l'ennemi. Le chef de bataillon Martin, chargé de tenter le premier passage à la tête d'une compagnie de carabiniers du 7ᵉ léger, s'avança avec sa troupe pour couvrir et aider les travailleurs ; mais au même instant, ce brave officier, le capitaine du génie Laforcade, le capitaine et 20 des carabiniers furent tués sur le pont. Malgré cette perte, les carabiniers redoublèrent d'ardeur. Le général Heudelet s'obstinait à faire réparer le pont, lorsqu'il apprit que deux compagnies du 7ᵉ léger venaient de passer sur l'autre rive. Il abandonna alors le pont de Sochoczym pour passer sur celui de Kolozomb. Le sous-lieutenant Brandon fut tué ; les lieutenants Lefèvre et Serry, le sous-lieutenant Garré furent blessés.

Le 25, le dégel changea le sol en une boue dans laquelle il était impossible de marcher, des hommes même furent trouvés à moitié ensevelis dans ce sol subitement changé en marécage.

Le 26, le maréchal Augereau attaqua Golomyn, à gauche par la route de Lapaczim; il franchit les marécages, s'empara du village de Ruskovo et entra dans Golomyn.

Dans cette journée, sur un parcours de vingt-cinq lieues, depuis Pultusk jusqu'à Soldau, on se battit avec acharnement. Les Russes ne se sauvèrent qu'en abandonnant leur artillerie et leurs bagages.

L'état des routes obligea l'Empereur à s'arrêter au milieu de ses succès et à prendre ses quartiers d'hiver sur la Vistule.

L'hiver fut très-pénible; on manqua de tout. Le 7º léger fut cantonné à Plonsk.

1807. Vers la fin de janvier, le 7º corps se porta, par Nidenbourg et Hohenstein, sur Allenstein, où les Russes se disposaient à franchir la Passarge.

Le 7 février, la division Heudelet était au bivouac d'Eylau, affaiblie, comme les autres divisions, d'une quantité de traînards et de maraudeurs qui s'étaient dispersés pour vivre.

Bataille d'Eylau.

Le 8 février, les divisions Desjardins et Heudelet furent rangées sur deux lignes, dans l'intervalle qui sépare le village de Rothenen de la ville d'Eylau. A dix heures, elles furent portées en avant et débouchèrent, entre Rothenen et le cimetière, en colonnes serrées. Ce défilé franchi, elles se formèrent en bataille, la première brigade de chaque division déployée, la seconde en carré. Tandis qu'elles s'avançaient, une rafale de vent et de neige vint aveugler les soldats et les tromper dans leur direction; les deux divisions, donnant à gauche, laissèrent à leur droite un large espace. Les Russes démasquèrent aussitôt une batterie de 72 pièces, qui vomirent une quantité de mitraille telle, qu'en moins d'un quart d'heure ce malheureux corps était abattu. Le général Heudelet fut grièvement blessé; le commandant Vagnaier, du 7e léger, qui formait la première ligne de droite, fut tué, et un grand nombre d'hommes du régiment mis hors de combat.

Furent tués : Dalquier-Fonfrède, lieutenant; Plantier, Labastie, sous-lieutenants.

Furent blessés : Mercier, Vautrain, Ochlert, Guesnon, Melac, Baugez, capitaines; Adrien, Dupuy, Sède, Fouillade Garralon, Villedieu, Dupont, Seguineau, Bréard, Romans, Dewareux, Fouquet, Berthomé, lieutenants; Marchand, Garré, Lussac, sous-lieutenants.

Pendant que ces divisions se reformaient en marchant, la cavalerie russe fondit sur elles; après un instant de courageuse résistance, elles rétrogradèrent vers le cimetière d'Eylau, cédant le terrain sans s'être disloquées. Sur 7000 combattants que comptait le 7e corps au début de la bataille, 4000 blessés ou tués jonchaient la terre.

A la suite de cet événement, le 7e corps fut dissous, et le 7e léger passa à la 3e division (Gudin) du 3e corps (Davout), qui, à la fin de mars, s'établit entre Allenstein et Hohenstein. Le 3e bataillon versa ses hommes dans les deux premiers; ses cadres rentrèrent en France.

A la fin de mars, l'Empereur accorda neuf aigles de la Légion d'honneur aux officiers, et autant aux sous-officiers et soldats du 7e léger qui s'étaient fait remarquer par leur courage et leur bonne conduite depuis le commencement de la guerre de la quatrième coalition (décret du 7 avril).

En mai, les corps, sortant des villages où ils étaient cantonnés, vinrent camper dans des lieux bien choisis, derrière des ouvrages qu'ils construisirent.

Le 5 juin, les Russes reprirent les hostilités; le 6, le 3e corps arriva à Alt-Ramten; le 7, à Guttstadt; le 10, à Grossendorf; le 11, à Landsberg.

Le 12, il se dirigea sur Königsberg; pendant cette marche, la bataille de Friedland fut livrée; le 7e léger n'y assista pas.

Le 15, à la nouvelle de la bataille livrée la veille, le

3ᵉ corps franchit la Prégel, pour couper les Russes dans leur fuite.

Le 19, il se dirigea vers Labiau, sur la Baltique.

A la suite de l'armistice qui eut lieu, le traité de Tilsitt fut conclu le 8 juillet.

L'armée fut partagée en quatre commandements. Le maréchal Davout avec le 3ᵉ corps, les Saxons, les Polonais et plusieurs divisions de cavalerie, forma le premier commandement, et eut pour mission d'occuper la Pologne jusqu'à sa réorganisation.

La division Gudin fut établie à Thorn. Le 7ᵉ léger envoya des détachements à Stettin et Custrin.

En décembre, les 1ᵉʳ et 2ᵉ bataillons du 7ᵉ léger étaient à Custrin sur l'Oder; ses compagnies d'élite étaient avec la division Oudinot à Dantzig.

1808. Au mois de février[1], le 7ᵉ léger forma, à l'armée, un bataillon qui prit le nᵒ 4; le maréchal Davout occupait, avec son corps d'armée, le duché de Posen, de la Vistule à l'Oder.

1ᵉʳ bataillon, Cartier commandant, à Schweibus; 2ᵉ bataillon, Baillif commandant, à Zuleichau; 4ᵉ bataillon, Faury commandant, à Sternberg.

En septembre, le 3ᵉ corps vint remplacer, sur l'Oder et dans la Silésie, les 6ᵉ et 5ᵉ corps, partis pour l'Espagne.

Le corps Oudinot quitta Dantzig, et les carabiniers et vol-

---

1. « *Au général Clarke, ministre de la guerre.*

« Paris, 22 février 1808.

« Si le 7ᵉ léger, qui est porté comme ayant un effectif de 2700 hommes, n'a que deux bataillons au corps d'armée, c'est-à-dire dix-huit compagnies, il sera formé à trois bataillons et tout restera à l'armée, mais si ces 2700 hommes comprennent l'effectif de trois bataillons, c'est-à-dire vingt-sept compagnies, on formera les 1ᵉʳ, 2ᵉ, 3ᵉ, 4ᵉ bataillons et le bataillon de dépôt, en prenant tous les hommes disponibles pour compléter les trois premiers bataillons, dont le complet doit être de 2520 hommes, et l'on renverra les cadres du 4ᵉ bataillon et trois compagnies de dépôt, ou le cadre actuel du 3ᵉ bataillon à son dépôt, pour s'y reformer.

« NAPOLÉON. »

tigeurs du 7ᵉ léger reçurent l'ordre de rentrer, pour concourir à former un nouveau bataillon.

En octobre, le 7ᵉ léger était à Schweidnitz.

Après l'entrevue d'Erfurt, la Grande Armée prit le nom d'armée du Rhin, sous le commandement de Davout[1]. La division Gudin resta 3ᵉ division.

Le 12 décembre, le 7ᵉ léger était à Halberstadt. Jusqu'à cette époque, les 4ᵉˢ bataillons avaient appartenu à l'armée de réserve.

Le 4ᵉ bataillon du 7ᵉ léger continua à rester à Huningue, avec 6 compagnies et 1 de dépôt.

Campagne de 1809.

Au commencement de janvier, le 7ᵉ léger était à Halberstadt. Lamaire, colonel; Pierson, major; Cartier, chef du 1ᵉʳ bataillon; Baillif, chef du 2ᵉ; Faury, chef du 3ᵉ; Massy, chef du 4ᵉ. — Huningue.

Le 30, la division Gudin était répartie dans le Hanovre et le premier département de la Saale, jusqu'à Cochstadt.

La cinquième coalition s'étant formée contre la France, Davout reçut l'ordre de se concentrer à Bamberg.

Le 7ᵉ léger envoya, de son dépôt, les 1ʳᵉ et 2ᵉ compagnies du 4ᵉ bataillon, pour former, avec les grenadiers et les voltigeurs de ce bataillon, un 4ᵉ bataillon à quatre compagnies[2].

---

1. 1ʳᵉ division, Morand; 2ᵉ division, Friant; 3ᵉ division, Gudin; 4ᵉ division, Saint-Hilaire.

2. « *Au major général.*

« La Malmaison, 21 mars 1800.

« La formation des quatrièmes bataillons n'est pas terminée; il sera bon de les avoir sous la main et aux dépôts pour être réunis. Il y a un avantage à cette mesure, c'est qu'un régiment qui a trois bataillons en ligne et un bataillon à la division de réserve, qui peut ne pas se trouver compromis le même jour, peut trouver dans ce bataillon des ressources pour réparer ses pertes.

« Faire partir le 4ᵉ bataillon du 7ᵉ léger.

« Napoléon. »

Le 26 mars, la division Gudin occupa Kraftshof, Erlangen, Forchheim, Hirschaid et Bamberg ; le 7 avril, Nuremberg et les environs.

Le 10 avril, les Autrichiens déclarèrent la guerre et se portèrent en avant.

Le 11 avril, la division Gudin se trouvait entre Neumarkt et Amberg ; elle formait la 3e division du 3e corps : 1re brigade, général Petit (7e léger) ; 2e brigade, général de Lorencez (12e et 21e de ligne) ; 3e brigade, général Gilly (25e et 85e de ligne). Le 4e bataillon du 7e léger était à la 3e brigade de la 4e division de réserve, général Demont.

Le 18 avril, à Ratisbonne, la division Gudin passa, dans la journée, de la rive gauche sur la rive droite du Danube.

Le 19, Davout mit son corps d'armée en mouvement de grand matin, afin de pouvoir être le soir aux environs d'Abensberg ; la division Gudin forma la troisième colonne ; elle sortit de Burgweinting, et prit par Weilohe, Saalhaupt, Ober-Feking ; elle avait détaché deux bataillons du 7e léger, à Egglosheim, à la colonne de cavalerie légère du général Montbrun, qui devait former l'extrême gauche de l'armée en marche et empêcher l'ennemi de déboucher sur ses derrières.

Le général Montbrun rencontra l'ennemi, entre Luckenpoint et Dinzling, vers onze heures du matin. Les voltigeurs du 7e léger et plusieurs bataillons déployés en éclaireurs engagèrent un feu très-vif avec les Autrichiens, qui couvraient un déploiement assez considérable d'infanterie et de cavalerie, à l'ouest de la route, entre Luckenpoint et Dinzling. Montbrun, voulant éviter d'être coupé de la division Friant, envoya sur les hauteurs, à droite, deux compagnies du 7e léger, qui barrèrent le chemin à un régiment entier ; malgré le feu de 6 pièces ennemies, le 7e léger tout entier se porta au secours de ces deux compagnies, et parvint à s'établir assez solidement pour résister aux attaques de la cavalerie ennemie. Furieux de ne pouvoir enfoncer cette poignée d'hommes, le général autrichien Rosenberg fit avancer de nouveaux régiments; le 7e léger s'élança sur le premier qui se présenta, et lui fit 700 prisonniers. Ce combat, engagé à quatre heures du matin, durait encore à quatre heures du soir, quand le général Montbrun ordonna la retraite, qui eut lieu par échelons, à travers bois, sur Peissing; pendant ce temps, les divisions Morand et Gudin filaient et gagnaient Ober et Unter-Feking. Nos pertes ne dépassèrent pas 200 hommes; le capitaine Waroquier fut tué. Les Autrichiens eurent plus de 500 hommes tués ou blessés, et 1000 prisonniers.

« Les tirailleurs du 7e léger, après s'être vaillamment battus, cédèrent Schneidart aux Autrichiens, qui crurent l'avoir conquis[1]. »

Le 20 avril au matin, Napoléon réunit les divisions Gudin et Morand à peine arrivées, à Arnhofen, et, avec les Wurtembergeois et les Bavarois, se porta sur Rohr, dont il s'empara. Le 1er bataillon du 7e léger, capitaine Rimon, était à Abbach, et avait reçu l'ordre de se porter sur Ratisbonne pour renforcer la garnison; il fut attaqué, à trois quarts de lieue d'Abbach, par des forces supérieures, et obligé de se replier sur Peissing.

Le 21, la division Gudin rejeta le corps du général Hiller au delà de Landshut.

Le général Montbrun était resté à Peissing avec les deux bataillons du 7e léger et la brigade Pajol, observant l'ennemi qui occupait Dinzling et qui paraissait se renforcer dans les bois en avant d'Abbach; le commandant du 7e léger annonçait qu'il avait devant lui quatre régiments d'infanterie et beaucoup de cavalerie. Le général Montbrun, laissant à Peissing et à Abbach quatre compagnies du 7e léger et un escadron de cavalerie pour garder les défilés d'Abbach, fila du côté de Dinzling qu'il trouva évacué et où il prit position.

Le 22 avril dans la matinée, les Autrichiens attaquèrent

1. Général Stutterheim, *Campagne de 1809*.

1808 à 1812 Espagne & Portugal

les quatre compagnies du 7ᵉ léger postées à Abbach, qui firent bonne contenance quoiqu'elles eussent devant elles des forces supérieures.

Ce jour-là, les 3ᵉ et 4ᵉ bataillons prirent part à la bataille d'Eckmühl avec leurs divisions (Gudin et Demont).

Le 23 au matin, Pajol quitta ses bivouacs d'Abbach de très-bonne heure, et s'avança vers Ratisbonne ayant en tête de colonne trois compagnies du 7ᵉ léger et le 7ᵉ hussards. A une lieue de Ratisbonne, il rencontra l'ennemi ; il déploya aussitôt deux compagnies du 7ᵉ léger en tirailleurs dans les bois à droite et à gauche de la route, et attaqua les avant-postes de l'ennemi, sur lequel le général Montbrun lança un bataillon du 7ᵉ léger, qui força sa droite à reculer après lui avoir fait 200 prisonniers et avoir reçu, sans broncher, une charge de uhlans.

Le soir, les deux bataillons du 7ᵉ léger campèrent au pied des remparts de Ratisbonne.

Le 25, le 7ᵉ léger se trouva réuni à sa place de bataille, dans le corps Davout; celui-ci débouchant sur la rive gauche du Danube, attaqua l'ennemi à Nittenau, vers quatre heures de l'après-midi, et l'obligea à se retirer sur Cham.

Le 26 avril, Nittenau ; le 27, Kirn ; le 30, Straubing ; le 3 mai, Passau ; le 6, Linz ; le 7, Enns ; le 9, Mölk ; le 10, Saint Pölten.

Le 7ᵉ léger reprit son service à la division de cavalerie légère, où il remplaça le 13ᵉ léger.

Le 13 mai, ses avant-postes s'étendaient d'Arnsdorf à Mautern.

Le 16 mai, le 15ᵉ léger fut envoyé à Gotweig pour renforcer le 7ᵉ léger. Dans la matinée, une forte patrouille ennemie, débarquée à Arnsdorf, surprit la compagnie du 7ᵉ léger qui s'y trouvait de grand'garde; son capitaine, Roth, fut fait prisonnier. La compagnie elle-même, trop disséminée pour pouvoir résister, aurait été enlevée sans l'arrivée de quatre compagnies du 61ᵉ de ligne de la division Morand, qui entrèrent dans Arnsdorf au pas de course, et obligèrent l'ennemi à se rembarquer.

Le 21 mai, le 7ᵉ léger partit pour Klosterneuburg.

Le 22 au soir, il était à Nüssdorf. Ce jour-là fut livrée la bataille d'Essling. Le capitaine Fages y fut tué; Sailly, lieutenant, Patenôtre, sous-lieutenant, furent blessés.

Le 23 mai, le 7° léger rejoignit sa division à Ebersdorf [1].

Le 3 juin, la division Gudin était à Hamburg : le 4 juin, le lieutenant Brocq fut blessé.

Du 1ᵉʳ au 2 juillet, toute l'armée se réunit dans l'île de Lobau.

Le 4 juillet, vers 4 heures du soir, le corps de Davout prit position en face de la Maison-Blanche.

Le 5 juillet, à 4 heures du matin, il était entièrement réuni sur la rive gauche du Danube.

Le lendemain, 6, fut livrée la bataille de Wagram : à 5 heures du matin, le corps de Davout avait sa droite dans Wittau. A midi et demi, l'armée se porta en avant; Davout, vers Glinzendorf. La droite du général Gudin (7ᵉ léger) fut chargée de la défense de ce village, tandis que la division Puthod [2] disputait à l'ennemi Grosshofen, derrière lequel elle avait bivouaqué : nos soldats, placés derrière les levées de terre qui s'étendent entre ces villages, firent, par leur feu, un très-grand mal aux Autrichiens; à 7 heures, la division Gudin, se dirigeant sur la tour de Markgrafneusiedl par la rive droite de la Russbach, refoula l'ennemi, enleva ce village et marcha sur Wagram où elle s'établit. Le corps Davout eut dans cette journée le principal rôle. Lamaire, colonel; Maisonnave, Barbier, capitaines; Cosson, lieutenant; Rivoiza, Gavois, Madier, Dietz, Floucaud, sous-lieutenants, furent blessés.

Le 7 juillet, il poursuivit les Autrichiens dans la direction de Brünn; le 11, il était à Znaïm, quand eut lieu l'armistice

---

1. Le corps du maréchal Davout resta à Ebersdorf après la retraite de l'armée dans l'île Lobau, prêt à se jeter sur l'archiduc Charles, de quelque côté qu'il se montrât.

2. Le général Puthod avait remplacé le général Demont dans le commandement de sa division.

de Pleiswitz. La division Puthod fut dissoute, et ses soldats versés dans les trois premiers bataillons du corps Davout. Les cadres furent expédiés sur Strasbourg pour y chercher des conscrits et revenir ensuite prendre rang dans l'armée. Du 14 juillet au 6 août, il demeura cantonné à Pohrlitz. Le 8 août, il fut à Nessowitz.

Le 16 septembre, les divisions Gudin et Friant furent passées en revue par l'Empereur sur le champ de bataille d'Austerlitz.

En octobre, la 1re brigade fut commandée par le général Desailly.

7e léger, Luchaire, colonel, à Gundrünn, Ralschitz et Hora-Kowo.

La paix de Vienne signée, l'armée évacua l'Autriche, et le corps Davout forma l'arrière-garde. Au mois de décembre, le 3e corps se trouva réuni à Enns. Le 7e léger était à Saltzburg.

1810. Après la paix, le corps du maréchal Davout, le plus beau, le plus solide, le plus fortement organisé, dut fournir les troupes d'occupation pour le nord de l'Allemagne. Napoléon avait eu plusieurs raisons pour se déterminer à ce choix. Il voulait, en faisant toujours vivre ce corps dans les contrées septentrionales, lui conserver son tempérament vigoureux, ses mœurs guerrières, et lui inspirer presque l'oubli du sol natal. Le général Gudin dut garder le Hanovre. Le maréchal Davout résida à Hambourg. Son corps seul fut maintenu sur le pied de guerre [1].

Le 3e corps prit le nom d'armée d'Allemagne. 7e léger : Luchaire, colonel; Falcon, major; chefs de bataillons : Holtz, 1er; Baillif, 2e; Faury, 3e; Baugez, 4e.

Janvier, en arrière de l'Enns.

Mars, Magdebourg.

Octobre, sur le Rhin, entre Bremen et Ries.

Décembre, Hittefelde, Stolenbourg et Bremen.

---

1. Thiers, *Histoire du Consulat et de l'Empire.*

Le corps Davout fournit des garnisons aux places de Thorn, Stettin, Custrin et Glogau. De nombreux travaux furent exécutés dans ces places pour les mettre en état de défense. Au mois d'octobre, le 7ᵉ léger fut porté à quatre bataillons.

1811. Le corps du maréchal Davout fut chargé de la défense de la frontière de l'Elbe, depuis Hambourg jusqu'à la frontière de Prusse.

Le 7ᵉ léger, comme tous les régiments de ce corps, forma un 6ᵉ bataillon, le 5ᵉ bataillon restant au dépôt. « Le maréchal Davout s'était tellement appliqué, depuis qu'il résidait dans le Nord, à donner à ses troupes une instruction théorique égale à leur instruction pratique, qu'il était facile de trouver parmi elles les cadres d'un sixième, même d'un septième bataillon par régiment, en sous-officiers sachant lire et écrire, et s'étant battus dans l'Europe entière[1]. »

Février, à Bremen.

Mars, à Hanovre.

Avril, Sorstedt, Hanovre, Wumstorf.

Au 1ᵉʳ avril, la division Gudin était 3ᵉ division de l'armée d'Allemagne.

Au mois de mai, le corps Davout prit le titre de corps d'observation de l'Elbe.

La division Gudin fut composée des 7ᵉ léger, 12ᵉ et 21ᵉ de ligne, tous trois à cinq bataillons.

1812. Dans les premiers jours de janvier 1812, elle reçut le 127ᵉ de ligne à 2 bataillons.

Les 1ᵉʳ, 2ᵉ et 3ᵉ bataillons du 7ᵉ léger étaient à Hanovre.

En février, le 7ᵉ léger fit partie de la 1ʳᵉ brigade de la 3ᵉ division du 1ᵉʳ corps de la grande armée.

1ᵉʳ CORPS D'ARMÉE.

Commandant en chef, *maréchal* : Davout.
3ᵉ division, *général de division* : Gudin.
1ʳᵉ brigade, *général de brigade* : Leclerc.

---

1. Thiers, *Histoire du Consulat et de l'Empire*.

Colonel du 7ᵉ léger : Rome.
Chef du 1ᵉʳ bataillon : Seriès; *du* 2ᵉ Denon; *du* 3ᵉ Reyniac; *du* 4ᵉ Baugez; *du* 5ᵉ Marguerie.

Le 7ᵉ léger eut en outre une compagnie d'artillerie.

Sa formation eut lieu à Magdebourg; il comptait alors 105 officiers et 3724 hommes présents.

En mai, il était à Preun-Holland.

Le 15 juin, il comptait 4163 hommes à l'effectif.

Campagne de Russie.

La 3ᵉ division (général Gudin) du 1ᵉʳ corps, maréchal Davout, de la Grande Armée, composée des 7ᵉ léger et des 12ᵉ, 21ᵉ et 127ᵉ de ligne, à 5 bataillons chacun, passa la Vistule à Kowno, le 23 juin. De Wilna, où elle entra le 28, elle se dirigea plus au sud sur Ozmiana. Dans ces premières marches, qui furent pénibles, l'ordre et la discipline se maintinrent dans les divisions du corps de Davout, qui souffrirent moins de la disette que les autres.

Le 23 juillet, à Mohilew, le 1ᵉʳ corps combattit contre le maréchal Bagration, qu'il repoussa. La division Gudin n'assista pas à ce combat, elle était restée avec l'Empereur.

Le 27 juillet, à Orcha, Dubrowna, Luïbowiczi.

Le 10 août, l'armée se mit en marche. « Le corps Davout s'y distinguait par l'ordre et l'ensemble qui régnaient dans ses divisions. L'exacte tenue des soldats, le soin avec lequel ils étaient approvisionnés[1], celui qu'on mettait à leur

---

[1]. Chaque soldat du corps Davout portait dans son sac : 2 chemises, 2 paires de souliers avec clous et semelles de rechange, 1 pantalon de toile, 1 paire de demi-guêtres en toile, 1 sac à brosses, 1 bande à pansement et de la charpie, 60 cartouches. Des deux côtés, 4 biscuits de 16 onces chacun; dans le fond, 10 livres de farine dans un sac en toile long. Le sac ainsi composé, avec ses bretelles et la capote roulée, pesait 33 livres 12 onces. — Chaque homme portait, en outre, en bandoulière, une besace en toile avec 2 pains de 3 livres chacun. Ainsi, avec son sabre, sa giberne garnie de 3 pierres à

faire ménager et conserver leurs vivres, que le soldat imprévoyant se plaît à gaspiller, enfin la force de ces divisions, heureux résultat de cette sévère discipline, tout les faisait reconnaître et citer au milieu de toute l'armée[1]. » La division Gudin manquait, un ordre mal écrit l'avait fait errer pendant 24 heures dans des bois marécageux ; elle arriva cependant, mais affaiblie de 300 combattants.

Le 13 août, le 1er corps, réuni à Rassasna, protégea l'établissement des ponts sur le Dnieper.

Le 16 août, il arriva devant Smolensk : le capitaine Cosson, chargé de reconnaître les dehors de la place à la tête d'une compagnie de voltigeurs du 7e léger, s'enfonça dans un taillis épais, et se trouva tout à coup en face d'un bataillon russe, placé en embuscade : ce brave officier, sans s'inquiéter du nombre de ses adversaires, fit sonner la charge, les mit en déroute, et s'empara d'une redoute où il se maintint malgré le feu de l'ennemi.

Le lendemain, 17 août, vers 2 heures de l'après-midi, l'attaque commença ; le 1er corps s'empara des faubourgs, après un combat acharné, et bivouaqua autour de la place. Les Russes évacuèrent la ville pendant la nuit. Les capitaines Robin et Loubet, le lieutenant Richard et le sous-lieutenant Traseaze, furent blessés. Le 18, le 1er corps entra dans la ville en flammes.

Le 19 août, le 1er corps passa le Dnieper. La division Gudin, suivant la route de Moscou, atteignit la Kolodnia, vers 5 heures du soir. Aussitôt formée en colonne et lancée sur les Russes, elle dut passer sur le pont de Valoutina, battu par un feu d'artillerie terrible. Ce passage, qui s'exécuta avec le 7e léger en tête, fut remarquable d'intrépidité. Le capitaine Cosson, à la tête de sa compagnie de voltigeurs,

---

feu, son fusil, il était chargé de 58 livres et avait pour 4 jours de pain, 4 jours de biscuit, 7 jours de farine, en tout 15 jours, et 60 coups à tirer. — (De Ségur.)

1. Ségur.

s'empara de 2 pièces de canon. Le général Gudin fut frappé à mort par un boulet au moment où il animait ses troupes par son exemple. En tombant, il désigna le général Gérard pour le remplacer. « Le combat fut remarquable par l'impétuosité de l'attaque et l'opiniâtreté de la défense; ce fut dans les environs de la route qu'il fut le plus acharné, on s'y joignit plusieurs fois à l'arme blanche[1]. »

Le commandant Brocq, le lieutenant Romans, furent blessés.

Le lendemain Napoléon arriva au point du jour pour passer en revue les troupes qui avaient combattu la veille : les soldats de la division Gudin, veuve de son général, y étaient rangés sur les cadavres de leurs compagnons et sur ceux des Russes, au milieu d'arbres à demi brisés, sur une terre battue par les pieds des combattants, sillonnée de boulets, jonchée de débris d'armes, de vêtements déchirés, d'ustensiles militaires, de chariots renversés.

« Les bataillons de Gudin ne paraissaient plus que des pelotons; ils se montraient d'autant plus fiers qu'ils étaient plus réduits; près d'eux on respirait encore l'odeur de la poudre dont cette terre, dont leurs vêtements étaient imprégnés, et leurs visages encore tout noircis. L'Empereur fut magnifique dans ses récompenses ; les 7e léger, 12e, 21e et 127e de ligne reçurent 87 décorations et des grades. Le 7e léger, pour sa part, eut 32 décorations[2]. »

Arrivé au 7e d'infanterie légère, l'Empereur fit former le cercle par tous les capitaines et leur dit : « Désignez-moi le meilleur officier du régiment. — Sire, ils sont tous bons ... — Allons, ce n'est pas répondre; dites au moins comme Thémistocle : le premier, c'est moi; le second, c'est mon voisin. » Alors on nomma le capitaine Moncey, blessé et dans ce moment absent. « Quoi, dit l'Empereur, Moncey qui a été mon page ! le fils du maréchal ! Voyons un autre ! —

1. Marquis de Chambray.
2. Ségur.

Sire, c'est le meilleur! — Eh bien! je lui donne la décoration[1]. »

14ᵉ bulletin de la grande armée :

« La division Gudin a attaqué avec une telle intrépidité, que l'ennemi s'était persuadé que c'était la garde impériale. C'est, d'un mot, faire le plus bel éloge du 7ᵉ léger et des 12ᵉ 21ᵉ et 127ᵉ de ligne. »

Le 1ᵉʳ corps fit partie de l'avant-garde avec la cavalerie de Murat : le 2 septembre, il était à Gjatsk.

Le 6, au matin, la division Gérard, détachée du 1ᵉʳ corps, était sur la rive gauche de la Kalotcha avec le corps du prince Eugène.

Bataille de la Moskowa.

Le 7 septembre, dès le matin, le prince Eugène occupa Borodino et passa sur la rive droite de la Kalotcha. La division Morand, arrivée sur le plateau, s'y maintenait difficilement, quand la division Gérard fut envoyée sur sa droite ; réunies, elles joignirent l'ennemi et pénétrèrent dans la redoute de Borodino par les épaulements : tout ce qui s'y défendit fut passé au fil de l'épée ; 21 canons tombèrent en notre pouvoir. Telle fut la participation de la division Gérard à la bataille de Borodino. Le commandant Butard, le capitaine Cosson, les lieutenants Masson et Ouvrard furent blessés.

Le 9 septembre, le 1ᵉʳ corps était à Mojaisk ; le 14, il arriva à Moscou, et s'établit en arrière du faubourg Dorogomilow.

Pendant l'incendie de Moscou, qui dura du 16 au 20, le 1ᵉʳ corps fut cantonné dans la partie de la ville qui avoisine la route de Smolensk et dans plusieurs des villages environnants. Le 13 octobre, il fut réuni dans la ville.

Le 18 octobre, l'armée quitta Moscou et bivouaqua sur la route de Kalouga.

1. Gourgaud.

Le 19 octobre, au point du jour, l'armée se mit en mouvement dans la direction de Kalouga; l'infanterie, belle, remplie du sentiment de sa supériorité, était rétablie de ses fatigues, et presque entièrement composée de soldats éprouvés.

Le 21 octobre, à Ploskow; le 22, à Fominskoë.

Le 24, à Malo-Jaroslawetz, la division Gérard, passant la Luja, se porta à droite de la ville et prit part au combat, qui ne finit qu'à 11 heures du soir. Le capitaine Floucaud fut blessé. Jusqu'au 26 novembre, à Losnitza, le 1er corps forma l'arrière-garde; le 7e léger se fit particulièrement remarquer dans cette longue et cruelle retraite.

Le 27 novembre, ce que le 1er corps avait conservé de combattants traversa la Bérésina pendant la nuit. Le capitaine Loubet fut blessé.

Le 10 décembre, à l'arrivée à Wilna, les corps d'armée n'étaient plus représentés que par quelques hommes escortant les aigles.

Le 19 décembre, à Kowno, le général Gérard avec les soldats survivants de sa division seconda vaillamment le maréchal Ney dans la défense de la ville.

Les débris du 1er corps furent réunis à Thorn; ils se composaient de 996 officiers et de 2362 sous-officiers et soldats, sur lesquels 729 officiers et 1807 sous-officiers et soldats en état de servir. « Tel était l'état numérique du corps le mieux commandé, le mieux surveillé, le mieux gouverné de tous, sous un chef dont la sévérité intelligente s'entendait le mieux à conserver les hommes par la discipline, mais aussi c'était celui qui, dans les premières épreuves de la retraite, avait le plus souffert pour le salut commun [1]. »

En octobre, le dépôt avait envoyé d'Huningue trois compagnies à la 1re demi-brigade de marche. A la nouvelle de nos désastres, ces compagnies revinrent en poste et formèrent le noyau du dépôt.

---

1. Camille Rousset. *La Grande Armée de* 1813.

Campagne de 1813.

Dès le commencement de l'année, le 1er corps reçut un certain nombre d'équipages de vaisseaux ; c'étaient des compagnies tirées des dépôts et que l'armée de terre avait autrefois prêtées à la marine pour garder les vaisseaux de haut bord retenus dans les grands ports militaires de l'Empire ; il se renforça en même temps de conscrits des années 1809 à 1814, qui furent envoyés à Erfurt, où des cadres de bataillon les reçurent et les instruisirent.

Au commencement de janvier, il y avait à Huningue 5 officiers et 1149 hommes, sans compter les cadres des compagnies qui rentraient en poste.

En mars, le 1er corps commençait à se former et, ne pouvant faire de quelque temps la guerre, il fut laissé pour observer le bas Elbe [1] ; le 7e léger reçut 700 conscrits.

ÉTAT DES OFFICIERS.

Colonel : Rome.
Major en premier : Falcon.
Major en second : Baugez.
Chef du 1er *bataillon :* Brocq ; *du* 2e Marguerie ; *du* 3e Reyniac ; *du* 4e Butard ; *du* 5e Ferriol.

Au mois de mai, deux divisions de ce corps passèrent sous les ordres du général Vandamme, qui reprit Hambourg à leur tête.

Le 29 mai, il était à Wittemberg.

Du mois de mars à la fin de juillet, époque à laquelle il fut complétement réorganisé, le 7e léger vit disséminer ses bataillons dans toutes les divisions du 1er corps.

Le 2e, commandant Ferriol, à la 1re division, 22 officiers,

---

1. 10 février : 1er bataillon, 6 officiers, 169 hommes, à Stettin ; 2e bataillon, cadre, 18 officiers, 81 hommmes, à Erfurt.

552 hommes ; le 4ᵉ, commandant Butard, à la 2ᵉ division ; le 1ᵉʳ, commandant Reyniac, à la 3ᵉ division, 4 compagnies, 12 officiers, 494 hommes, à Huningue ; le 5ᵉ, 15 officiers, 361 hommes, moitié à Stettin, le reste à Huningue ; le 3ᵉ, commandant Marguerie, 10 officiers, 634 hommes, à Huningue.

Les 1ᵉʳ, 2ᵉ et 4ᵉ bataillons devaient former, avec d'autres bataillons de la Grande Armée, trois régiments provisoires portant les nᵒˢ 29, 29 *bis*, 29 *ter* ; le 3ᵉ bataillon devait former à Utrecht la 1ʳᵉ demi-brigade provisoire.

Le 24 juillet, ces quatre bataillons se réunirent à Magdebourg.

Le 5ᵉ bataillon forma dépôt et eut deux compagnies à Stettin. Ces deux dernières compagnies furent faites prisonnières de guerre après avoir soutenu le blocus.

A la fin de juillet, le 1ᵉʳ corps, complétement réorganisé et fort beau, ayant de vieux cadres et de jeunes soldats, passa sous le commandement de Vandamme. Il fut amené de Hambourg à Dresde et placé à la hauteur du corps de Saint-Cyr, mais au delà de l'Elbe, pour garder sur la droite du fleuve les défilés des montagnes de Bohême aboutissant en Lusace.

1ʳᵉ division, général Philipon ; 1ʳᵉ brigade, général Pouchelon ; 7ᵉ léger, colonel Autran : 4 bataillons ; 12ᵉ de ligne : 4 bataillons ; 2ᵉ brigade, général de Fesenzac : 17ᵉ et 36ᵉ de ligne.

Le 1ᵉʳ août, à Bleesern.

Le 15 août, à Rumburg, gardant les défilés de la Bohême.

Le 25, à l'approche de la grande armée de la coalition, il se replia sur Königstein.

Le 26, franchissant l'Elbe, il attaqua le plateau de Pirna et s'établit dans le camp, d'où il domina la route de Peterwalde.

Le 28, le prince de Wurtemberg assaillit le Kohlberg, Vandamme le reprit et, bientôt averti de la victoire de Dresde, poursuivit les Russes, leur livra un violent combat à Gieshübel et les poussa jusqu'à Peterwalde.

Le lieutenant Bréard, avec 10 hommes et un sergent, passa le premier le chemin creux près du village de Stroffin, pour combattre une colonne ennemie, en mit le chef hors de combat, et le força à la retraite. On prit dans le village 1 commandant, 2 capitaines, 150 sous-officiers et soldats.

Le 29, Vandamme, continuant sa marche, culbuta de nouveau l'arrière-garde des Russes entre Hollendorf et Peterwalde, franchit les montagnes sur leurs traces et atteignit Kulm vers midi. Il attaqua aussitôt la position et en chassa l'ennemi, puis il se porta sur Priesten ; mais les Russes s'y trouvaient en forces, quand, vers deux heures, arriva la division Philipon, qui attaqua avec le 12ᵉ de ligne à droite et le 7ᵉ léger au centre. Ces régiments, accueillis par un feu épouvantable, ne purent emporter la position ; la brigade de Fesenzac fut engagée sans plus de succès. Le 7ᵉ léger fut criblé de mitraille ; chargé par la cavalerie russe, il fut recueilli par la brigade de Fesenzac sous le feu même de l'ennemi. Le général Vandamme prit alors le parti de se retirer sur la hauteur de Kulm. Les commandants Butard et Marguerie furent blessés.

Le 30, à Kulm, avec la division Mouton-Duvernet à sa droite, et en arrière, tirant un peu vers le centre, la division Philipon, le 1ᵉʳ corps fut attaqué, vers dix heures du matin, par les Prussiens qui descendaient des hauteurs de Peterwalde. Il dut battre en retraite. Il le faisait en bon ordre, quand la cavalerie, ramenée sur sa droite, jeta le désordre dans l'infanterie ; la brigade Pouchelon (7ᵉ léger et 12ᵉ de ligne), rompant ses rangs, se précipita dans les bois. Une partie des soldats de cette brigade furent tués ou pris, les autres se sauvèrent dans la montagne.

A la suite de cet événement, le 1ᵉʳ corps fut reconstitué et passa sous le commandement du général de Lobau.

31 août. Autran, colonel, prisonnier ; Duportail, major, tué ; 1ᵉʳ bataillon, Reyniac, présent ; 2ᵉ bataillon, Ferriol, absent ; 3ᵉ bataillon, Marguerie, absent ; 4ᵉ bataillon, Butard.

48 officiers, 790 hommes, avec lesquels on forma deux bataillons.

Le 6 septembre, il était à Zehiest.

Le 9, il s'avança de Zehiest sur Gieshübel et de Gieshübel sur Peterwalde, poussant les Autrichiens de front.

Le 10, à Hollendorf.

Le 13, il se replia sur Gieshübel.

Les 15 et 16, il repoussa les Autrichiens jusqu'à Kulm.

Le 17, il rentra dans Gieshübel et de là dans Dresde, où il fit partie de la capitulation signée le 11 novembre par le général Gouvion Saint-Cyr, en vertu de laquelle les troupes de la garnison devaient rentrer en France. Cette capitulation ne fut pas ratifiée et les 4 bataillons du 7e léger furent retenus comme prisonniers de guerre.

Campagne de 1814. Défense d'Huningue.

Le 21 décembre 1813, à dix heures du matin, le corps austro-bavarois, général de Wrède, formant la 6e colonne des alliés, passa le Rhin à Bâle et assura le pivot de leurs opérations par le blocus de Huningue.

La garnison, forte de 3600 hommes, comprenait les débris des 3e, 4e et 5e bataillons du 7e léger rentrés à leur dépôt à Huningue, soit environ 1000 hommes, sous les ordres du colonel Chancel, commandant d'armes. Aspelli, major du 7e léger; Butard, Morelli, Vinsson, chefs de bataillon.

Dans la nuit du 22 décembre, le commandant Butard, avec 400 hommes du 7e léger, fit une sortie le long du canal pour attaquer le village neuf.

Dans la nuit du 23, à la suite d'une attaque de l'ennemi, le fort Machicoulis fut abandonné.

Le 24 décembre, le capitaine Sautemont des carabiniers du 7e léger reprit Machicoulis; il fut blessé ainsi que l'adjudant Baumgartner du 7e léger et plusieurs hommes du régiment. Ce même jour, l'ennemi ouvrit la tranchée sur la rive droite du Rhin.

Le 29 au soir, à onze heures, les batteries ennemies commencèrent le feu sur Huningue.

1814. Le 1ᵉʳ janvier, le général de Wrède, ne laissant devant Huningue que la brigade Zollern de la division Beckers, se mit en marche sur Colmar.

Le 4, le général Zollern somma la place de se rendre ; sur le refus énergique par lequel il lui fut répondu, il reprit le bombardement.

Le mois de janvier s'écoula au milieu de privations qui se faisaient cruellement sentir, du feu de l'artillerie ennemie et de quelques escarmouches. Le 7ᵉ léger perdit 29 hommes tués ou morts de maladie.

Le 8 février, nouvelle sommation du général Zollern. Le 9, on y répondit en bombardant Bâle.

Jusqu'au 8 mars, il n'y eut rien de particulier. Dans le courant de février, le 7ᵉ léger perdit 73 hommes.

Dans la nuit du 8 au 9 mars, le bombardement fut terrible : le lendemain la ville n'était qu'un monceau de ruines. La désertion se mit à partir de ce moment dans la garnison, qui était réduite à trois onces de viande fraîche par semaine et par homme.

Dans le courant de mars, les maladies sévirent bien plus cruellement sur la garnison que le bombardement de l'ennemi. Le 7ᵉ léger perdit 161 hommes.

Le 3 avril, le fort Machicoulis eut plusieurs attaques à soutenir ; les tirailleurs de la place furent continuellement et de très-près aux prises avec ceux de l'ennemi ; celui-ci poussa activement ses tranchées et, le 5 avril, attaqua le fort Machicoulis dans de telles conditions que le détachement du 7ᵉ léger qui le défendait fut forcé de l'abandonner en le faisant sauter. La place fit pendant toute la journée un feu d'enfer sur les assiégeants, qui perdirent 400 hommes.

Le 6, la nouvelle de la capitulation de Paris parvint dans la place.

Le 9, l'ennemi tira 101 coups de canon pour célébrer la chute de Paris.

Le 11, après un échange de pourparlers de la place avec l'ennemi, le bombardement reprit et dura toute la nuit.

Le 13, la garnison n'était plus que de 900 hommes. Le colonel Lentz et le commandant Butard du 7ᵉ léger se rendirent au quartier général ennemi.

Le 15, les parlementaires rapportèrent le texte de la convention en vertu de laquelle les coalisés devaient occuper la place et la forteresse d'Huningue de moitié avec la garnison.

Dans cette quinzaine, le 7ᵉ léger avait perdu 57 hommes ; soit 340 dans tout le siége, sur 587 perdus par toute la garnison.

Défense d'Anvers.

346 hommes des 1ᵉʳ et 2ᵉ bataillons échappés à la capitulation de Dresde se trouvèrent dès le commencement de décembre réunis à Anvers. Ils devaient servir de noyau à la reconstitution d'un 7ᵉ léger qui entra dans la composition d'un 1ᵉʳ corps organisé à Bruxelles.

Le 21, le général Maison prit le commandement du 1ᵉʳ corps en avant d'Anvers, à Hoogstraeten ; les 1ᵉʳ et 2ᵉ bataillons du 7ᵉ léger firent partie de la division Roguet.

Le 11 janvier, celle-ci évacua le camp de Hoogstraeten et rentra dans Anvers.

Le 13, le général Bülow, après avoir attaqué la division Roguet et jeté quelques obus dans la place, se replia sur Breda.

Le 1ᵉʳ février, les Anglais et les Prussiens tentèrent une nouvelle attaque sur Anvers. La division Roguet leur infligea plusieurs échecs, à la suite desquels ils se retirèrent. Le 6 février, Carnot commandait la place d'Anvers, dont le blocus fut formé par la division anglaise Graham et la division de Gablentz. Jusqu'au 27 mars, les efforts du général Roguet pour rejoindre le général Maison avec sa division demeurèrent infructueux ; enfin, à cette date, il put forcer le blocus et faire sa jonction. Le 31, il livrait un brillant combat à Sweveghem. Le 7 avril, le général Maison conclut un armistice indéfini avec le duc de Weimar.

La Restauration.

En avril, le 7ᵉ régiment d'infanterie légère se reforma des débris des 7ᵉ, 20ᵉ, 26ᵉ d'infanterie légère, et 21ᵉ d'infanterie légère (5ᵉ et 6ᵉ bataillons), à trois bataillons, sous les ordres du colonel Groizard, et continua à tenir garnison à Huningue. Il prit en même temps le titre de Colonel-Général[1]. Le duc de Bourbon fut nommé colonel-général de l'infanterie légère.

Campagne de 1815.

1815. Au retour de Napoléon, en mars, l'état-major du 7ᵉ léger se composait de :

Groizard, colonel ; Vanduele, major ; Bernard, chef du 1ᵉʳ bataillon ; Brocq, chef du 2ᵉ bataillon ; Bellefond, chef du 3ᵉ bataillon ; Bernarday, quartier-maître trésorier.

En avril, il fit partie de l'armée du Rhin, 3ᵉ corps, Rapp ; 17ᵉ division d'infanterie, Grandjean ; 2ᵉ brigade, Estève ; 7ᵉ léger. — 104ᵉ de ligne.

Le dépôt à Huningue comptait 12 officiers, 345 hommes.

Le 10 mai, les bataillons occupaient :

---

1. Ordonnance du roi sur le rétablissement des enseignes ou cornettes blanches dans les régiments Colonels-Généraux.

16 juillet 1814.

Art. 1ᵉʳ. Le 7ᵉ régiment d'infanterie légère prendra la dénomination de régiment de Colonel-Général pour cette arme.

Art. 2. La 1ʳᵉ compagnie de fusiliers du 1ᵉʳ bataillon sera chargée de la garde de l'enseigne du Colonel-Général.

Art. 3. L'enseigne de l'infanterie sera blanche, parsemée de fleurs de lys, et portera la devise suivante : « *Præteriti exemplum fidesque futuri.* »

LOUIS XVIII.

Grenadier Inf.ie de Ligne   1809   Voltigeur Inf.ie Légère

1ᵉʳ bataillon, commandant Faraguet, Bourg-Libre; 2ᵉ bataillon, commandant Bernard, Haguenheim; 3ᵉ bataillon, commandant Brocq, Huningue.

Le 15 mai, il était en marche sur Wœrth.

Le 20 mai, il avait sa droite à Klembach et sa gauche à Bitche.

Le 21 mai, 1ᵉʳ bataillon, Makenthall; 2ᵉ bataillon, Salzbach; 3ᵉ bataillon, Frœschviller.

Le 1ᵉʳ juin, 1ᵉʳ bataillon, Nieder-Reischoffen; 2ᵉ bataillon, Nieder-Kuntzenhausen; 3ᵉ bataillon, Selz.

Le 18 juin, le 5ᵉ corps occupa les lignes de la Lauter, entre Lauterbourg et Wissembourg.

Les coalisés se présentaient sur la Sarre, sur la Queich et à Bâle; le général Rapp n'ayant que ses trois divisions pour faire face à cette triple invasion, et voulant avant tout protéger Strasbourg, se décida à la retraite.

25 juin. Il quitta la Lauter et prit position en avant de la forêt de Haguenau, la division Grandjean à gauche, couvrant la route de Bitche.

26 juin. Combat de Selz et Surebourg; la 17ᵉ division ne fut pas engagée.

27 juin. On apprit l'abdication de l'Empereur. Le soir, le 5ᵉ corps était derrière la Souffel, à une lieue de Strasbourg.

28 juin. La division Grandjean, sur la route de Molsheim, observait les mouvements de l'ennemi vers Bâle. Dans cette journée, elle contint l'ennemi du côté d'Oberhausbergen pendant que les 15ᵉ et 16ᵉ divisions le battaient et le rejetaient au delà de la Souffel.

L'armée rentra dans Strasbourg; le 7ᵉ léger eut ses 1ᵉʳ et 2ᵉ bataillons au camp de la Ruprechtsaul, et son 3ᵉ bataillon à la porte Blanche.

Le 4 juillet, le corps de Hohenzollern investit Strasbourg avec la division wurtembergeoise Vacquant.

Le 30 juillet, le pavillon blanc fut arboré sur la cathédrale et les principaux édifices de Strasbourg; le 31, les troupes prirent la cocarde blanche, et on tira une salve de 101 coups de canon.

Le 1er août, le 7e léger occupa Illkirch et Graffenstadt.

Le 20 août, il rentra à Strasbourg.

Le 1er septembre, il avait 72 officiers et 1257 hommes présents, quand l'ordre vint de licencier l'armée, et de renvoyer chaque homme isolément sans argent et sans armes.

Le 2 septembre, une insurrection militaire éclata parmi les troupes de la garnison, qui ne voulaient pas partir sans être payées de ce qui leur était dû. Le sergent Dalouzi, du 7e léger, en fut le chef et remplaça un instant le général Rapp dans le commandement de l'armée du Rhin et de la 5e division militaire. Connu sous le nom de général Garnison dont ses ordres du jour étaient signés, il sut maintenir l'ordre le plus parfait parmi les troupes rebelles. Sa conduite sage et modérée au milieu de l'effervescence générale lui concilia l'estime des habitants. C'est à cette considération qu'il dut d'être gracié de la peine capitale qu'il avait encourue. Plus tard il fit partie de la légion du Cher, qui devint, en 1820, le 9e de ligne.

Les troupes payées par les soins de Dalouzi, qui sut trouver de l'argent dans Strasbourg même, furent licenciées.

Seconde défense d'Huningue.

Dès le 26 juin, Huningue, où il n'y avait que 100 canonniers, 5 gendarmes et le dépôt du 7e léger réduit à 30 hommes, fut bloquée pour la seconde fois. Les troupes de l'archiduc Ferdinand, et du général Hohenzollern formaient avec 5000 Suisses un corps de 24 000 hommes qui en attaquaient 135. Le général Barbanègre, commandant la place, fit partager à la garnison et aux habitants toute son énergie.

Jusqu'au 14 août, les troupes d'investissement se bornèrent à quelques escarmouches : de son côté, la place bombarda Bâle dont les habitants pillaient le territoire français.

Le 14 août, la tranchée fut ouverte et le bombardement commença ; la garnison se multipliait pour se trouver aux endroits menacés.

Le 23 août, l'archiduc Jean somma la place de se rendre. Le général Barbanègre répondit qu'étant soumis au roi de France, il attendait de l'équité des alliés la cessation du feu. Pour toute réponse, le bombardement reprit. Enfin, le 26, il y eut armistice, et le 27, la garnison, réduite à 50 hommes, défila avec les honneurs de la guerre devant une armée.

QUATRIÈME PARTIE

QUATRIÈME PARTIE

CHAPITRE I

LÉGION DU JURA ET 7ᵉ LÉGER, 1816 A 1854

Formation de la légion du Jura. 1816. Elle devient 7ᵉ régiment d'infanterie légère, 1820. — Campagne d'Espagne, 1823 — Affaire de Puerto de Mirabete. — Rentrée en France. — Troubles à Lyon et à Châlon-sur-Saône. 1834. — Révolution de 1848. — Première campagne d'Afrique. 1851-1854. — Expédition du Kiss. — Campagne d'Orient, 1854. — Bataille de l'Alma. Bataille d'Inkermann.

Formation de la légion du Jura.

1815-1816. Les soldats du Jura, liés au service, se rendirent, après le licenciement de l'armée, à Figeac (Lot), où se formait, avec le fonds du 46ᵉ de ligne, le dépôt qui devait concourir à la constitution de la légion du Jura[1].

De Figeac, le dépôt se rendit à Lons-le-Saulnier, où la légion fut organisée définitivement, le 1ᵉʳ juin 1816 : elle prit le n° 37 et fut composée d'un état-major, d'un bataillon

---

1. Le 46ᵉ provenait de la 46ᵉ demi-brigade de nouvelle formation, laquelle datait du 1ᵉʳ brumaire an V (22 octobre 1796), et avait été formée de la 2ᵉ légion des Francs, provenant elle-même de 20 hommes pris dans chacun des corps employés dans les divisions de l'Ouest.

à 8 compagnies et du cadre d'un 2ᵉ bataillon. Colonel : Boscal de Réal, comte de Mornac.

Le 1ᵉʳ juin 1818, la compagnie départementale du Jura fut dissoute et versée dans la légion dont elle forma le dépôt.

Le 1ᵉʳ juillet 1819, le 2ᵉ bataillon reçut son complet réglementaire en hommes, et la légion du Jura, devenue légion d'infanterie légère par ordonnance du roi du 17 février 1819, prit l'uniforme suivant : « Habit de chasse vert boutonné sur la poitrine, collet et parements rose foncé, boutons blancs, épaulettes de laine verte, pantalon vert. »

La légion était en garnison à Wissembourg.

7ᵉ régiment d'infanterie légère.

1820. En vertu de l'ordonnance du roi du 23 octobre, la légion du Jura, transformée en régiment d'infanterie légère, prit le nᵒ 7 de ces régiments.

Cette nouvelle organisation eut lieu à Cambrai, le 28 décembre 1820, en présence de M. le lieutenant général Barrois, qui remit au 7ᵉ léger le drapeau qui lui était destiné. Le régiment conserva la même organisation et le même corps d'officiers que la légion.

ÉTAT DES OFFICIERS.

Colonel : Lambot.
Lieutenant-colonel : Groumault.
Chefs de bataillons : Gallet, de Lescure.
Major : Bourdon.
Capitaines adjudants-majors : Damonet, Furet de Prebaron.
Capitaine trésorier : Bertholet.
Capitaine d'habillement : Gindre.
Officier payeur : Besancenot.
Porte-drapeau : Grand.
Aumônier : abbé Dompmartin.
Chirurgien-major : Vila.
Capitaines : Bichin de Cendrecourt, Boissel, Thirel, Chanson, Hazon de Saint-Firmin, Borne, Petit, Barberet, de Smidt, Portalés,

Tailleur de Mathis, Lefebvre, Gilliard, Vuillaume, Cantrelle, Naturel, Cauliez, de Salin-Saillan.

Lieutenants : Meunier, Randon de Grolier, D'Jenner, Bouleau, Allard, Browers, Mortier, Courmes, Villard, Castelan, Souverant, Portanier de la Rochette, Ryard, Aubreton, d'Habray de Castella, Formis, Gilliard, Dejoux.

Sous-lieutenants : Hébert, Gilbert, Bontemps, Boussard, Labordère, Mathrot de Moissey, Tondu, Titon, Chaumont, de Salin-Saillan, Morand, Bourgeois de Saint-Paul, Buffart, Perrotte, Lançon, Paquette, Jourdain, Cotolendy de Beauregard.

En 1822, le commandant d'Autane fut nommé chef de bataillon au 7º léger, en remplacement du commandant de Lescure.

Le lieutenant Browers fut nommé capitaine adjudant-major en remplacement du capitaine Damonet.

Le 7º léger vint tenir garnison à Paris vers la fin de janvier 1823; il fut désigné pour faire partie du corps d'armée qui devait entrer en Espagne.

Il quitta Paris le 29 et le 30 janvier, forma son dépôt à son passage à Poitiers et l'y laissa, et fut dirigé sur Bayonne.

En 1823, M. de Blérancourt fut nommé chef de bataillon au 7º léger, en remplacement du commandant d'Autane.

De Laplaigne de Berry fut nommé capitaine.

Campagne d'Espagne.

Le 7º léger, venant de Paris, arriva à Bayonne les 2 et 3 mars; il fut cantonné, le 6, à Sarre et Asquin, et prit son rang dans la 1ʳᵉ brigade de la division Bourk (2ᵉ division du 1ᵉʳ corps).

La division se rassembla le 6 avril, et bivouaqua sur les hauteurs qui dominent Hendaye, à la droite de la route d'Irun; elle passa la Bidassoa le lendemain. Le 7º léger logea à Irun; il rejoignit la division devant Saint-Sébastien le 9, quelques moments après l'investissement de cette place.

Il fut employé au blocus jusqu'au 26 mai, dans la nuit où il fut remplacé dans ses positions par le 25ᵉ de ligne et dirigé sur Burgos. Il y arriva le 6 juin et fut réuni à la brigade Hubert, qui s'ébranla les 6 et 7 juin, en deux colonnes, et s'avança sur San Salvador, province de Palencia, où elle arriva le 10, après des marches forcées. L'ennemi s'était montré à Aguilar del Campo quelques jours auparavant, mais incertain sur sa marche, et craignant d'avoir été trop loin, le général Hubert rétrograda, le 11, sur Reynosa, en passant du bassin de la Pisuerga dans celui de l'Èbre : le 7ᵉ léger occupa Reynosa pendant cinq jours.

Le général Hubert se porta ensuite sur Cabesson, dans les Asturies ; les constitutionnels l'avaient évacué et se retranchaient à Colombrès, sur la rive gauche de la Deba.

Le 18, le chef royaliste Longa, à la tête de 400 hommes, rejoignit la brigade.

Le 19, le 1ᵉʳ bataillon du 7ᵉ léger occupait les positions de Vielha, le 2ᵉ arrivait à Cabanson, à deux lieues à gauche et en avant; le 21ᵉ de ligne, avec Longa, se plaçait entre eux deux. La cavalerie et quatre compagnies d'infanterie avaient pris la route de Torre-la-Veja, Santillana et San Vincent.

Le 21, une reconnaissance ayant rejeté l'ennemi derrière la Deba, le général Campillo déguerpit pendant la nuit. Dans cette reconnaissance, à Pisuès, une compagnie du 7ᵉ léger poursuivit l'ennemi pendant près de 2 lieues. Les capitaines Hazon de Saint-Firmin et Laplaigne de Berry, les sergents Gallet et Loichet, le fourrier Cassal et le chasseur Gauthier furent cités comme s'étant particulièrement distingués. Le 7ᵉ léger qui, le 21, était sur Mérobio, et le 22 à Allebia, sur la droite des constitutionnels, apprenant leur retraite, se dirigea par des chemins affreux sur Riba de Sella, qu'il atteignit le 24 à 8 heures du matin.

Le 27 juin, à Oviédo, il détacha sur Gijon deux compagnies commandées par le capitaine de Berry.

Le 2 juillet, à Grado, le 7ᵉ léger quitta la brigade Hubert et se dirigea, avec 50 cavaliers du 17ᵉ chasseurs sur Castroverde; le 9, il y apprit la soumission de Morillo, et rejoignit, le 10, la brigade la Rochejacquelein, à Lugo.

Le 13 juillet, la division Bourk se porta en avant et passa le ruisseau de Burgo.

Vers 9 heures du matin, la brigade prit position à une lieue de la ville, les deux compagnies de voltigeurs du 7ᵉ léger partirent en reconnaissance. Vers midi, on entendit les premiers coups de fusil : le 1ᵉʳ bataillon avec le colonel Lambot à sa tête enleva la hauteur des moulins après une résistance courte, mais vive, et poursuivit l'ennemi jusque sur les glacis de la porte de Vigo.

A sa droite, le 2ᵉ bataillon se porta en même temps, en tirailleurs, contre une redoute qui défendait le faubourg Sainte-Lucie. Les troupes ennemies, repoussées rapidement, étaient, au bout d'une heure de combat, renfermées dans la place. Deux officiers furent blessés grièvement; l'un d'eux, M. Bouleau, lieutenant, s'étant trop approché des glacis, fut pris dans une sortie que tenta l'ennemi, mais qui n'eut aucune suite.

Le 7ᵉ léger resta maître du faubourg Sainte-Lucie et des maisons voisines de la porte du Vigo; il s'y retrancha, en crénela les murs et s'y maintint, sans grand danger, jusqu'au 27 juillet, où le 22ᵉ de ligne le releva.

Le 28 juillet, la Rochejacquelein rejoignit Morillo à San Iago; il avait 1500 hommes. Les Espagnols, réunis aux Français, marchèrent sur El Padron et Caldas. Le 1ᵉʳ août, la brigade laissant devant l'ennemi un rideau de cavalerie, le tourna par sa droite vers Porto San Payo; le soir, à 6 heures, il était en retraite.

Le 3 août, à huit heures du matin, on arriva à Redondella, où l'on apprit l'évacuation du Vigo; la brigade y entra le soir, et les troupes s'y reposèrent jusqu'au 16.

Le 17, la brigade, longeant la frontière nord du Portugal, explora le pays pour le purger des insurgés. Le 23, elle rencontra à Gudina la brigade Marguerie. Le 27, à Gallegos, cette brigade reçut les constitutionnels à composition. Le 7ᵉ léger logea, le 28, à Villa de Cierbor. De là, le 1ᵉʳ bataillon, sous les ordres du colonel, manœuvra sur Astorga, et rétrograda sur Benavente où il trouva, le 4 septembre, le 2ᵉ bataillon qui y était depuis le 1ᵉʳ de ce mois.

La brigade en partit le 11, et, traversant la province de Salamanque par San Pedro, Baños, El Villar, elle atteignit Plasencia le 20. Elle se porta sur Naval-Moral et Peralda, et séjourna dans ces cantonnements jusqu'au 29 au soir, ayant beaucoup de malades, par suite des chaleurs et de fruits malsains.

Affaire de Puerto de Mirabète.

Le 30, la brigade se concentra à Almaraz et se dirigea vers le Tage, où l'ennemi avait repoussé le 1ᵉʳ hussards et se montrait en force; quelques coups de canon lui firent regagner le col de Mirabète. La cavalerie passa le fleuve à gué, l'infanterie sur un bac, et on se mit à la poursuite. Le capitaine Cantrelle escalada la montagne avec deux compagnies soutenues par trois autres; mais parvenu à la crête, il fut arrêté par un précipice, tandis que le reste de la colonne, suivant la route, arrivait presque sans résistance au sommet du col, d'où elle aperçut l'ennemi. Au débouché, le 7ᵉ léger fut salué par un feu d'artillerie très-vif; le colonel Lambot reçut l'ordre de s'emparer d'une hauteur à droite de l'ennemi; il entreprit de gravir la colline avec huit compagnies. Une fusillade, partie de derrière les rochers, lui apprit qu'elle était occupée; enlevant alors ses tirailleurs, il poursuivit l'ennemi de rochers en rochers, atteignit le sommet, et en chassa deux bataillons ennemis.

Dans la plaine, deux compagnies du 7ᵉ léger qui longeaient, avec le 1ᵉʳ hussards, le pied de la hauteur attaquée par le colonel, arrivèrent en tirailleurs jusqu'en face du 8e régiment constitutionnel, qui les repoussa. Les charges du 1er hussards et du 7e chasseurs vinrent à bout de cette résistance et culbutèrent la ligne ennemie. Les troupes étaient exténuées de fatigue et de soif. Tout à coup le cri de *halte!* se fit entendre. Un aide de camp venait d'apporter la nouvelle de la paix.

Le bulletin officiel qui rendit compte de cette affaire signala, comme s'y étant distingués : le colonel Lambot, le chef de bataillon de Blérancourt, le capitaine adjudant-major Furet de Prébaron, les capitaines Cantrelle et de Salin-Saillan, les lieutenants Dejoux et Formis, les sergents Gousselet et Thiébaut, les caporaux Etchène et Geoffroy.

Le lieutenant Formis, à la tête d'une vingtaine de carabiniers, avait attaqué et mis en déroute un fort détachement ennemi; il fut proposé pour l'avancement.

La brigade revint sur Naval-Moral et sur Tolède où elle séjourna jusqu'au 24 octobre. Le 26, elle fut dissoute à Guetaffé[1].

Le 1er bataillon du 7e léger fut détaché pour escorter de l'artillerie; il suivit la route de Valladolid.

Rentrée en France.

Le 2e bataillon forma l'arrière-garde du duc d'Angoulême; il partit de Madrid le 5 novembre, et arriva le 26 à Bayonne, par Miranda.

1824. Le régiment se trouva réuni à Toulon le 8 janvier.

---

1. 7e léger. — Présents sous les armes le jour de l'entrée en Espagne. *Officiers*, 48. *Troupe*, 977.
Renforts reçus à l'armée : *Officier*, 1. *Troupe*, 178.
Hommes morts :
Sur le champ de bataille 6 ; par suite de blessures 6; par suite de maladies 7 et 1 *officier*.

Le lieutenant-colonel Bonnet remplaça le lieutenant-colonel Groumault.

MM. de Pons, Pierre, Formis furent nommés capitaines, en remplacement de MM. Chanson, Barberet et de Mathis.

MM. Hébert, Gilbert, Bontemps, Boussard, Lançon, Grognard furent promus lieutenants, en remplacement de MM. de Grolier, de Castella, Trobriant et Grand.

1825. M. Chasseraux vint au 7ᵉ léger comme chef de bataillon.

Le colonel Lalande fut, par ordonnance du 23 mai 1825, nommé colonel du 7ᵉ léger en remplacement du colonel Lambot[1], promu maréchal de camp.

1826, Bourges; 1827, Nantes; 1828, île de Ré; 1829, Bayonne.

1830. Par suite de l'ordonnance royale du 6 septembre, le régiment forma son 3ᵉ bataillon le 16 décembre.

1831. Le 26 juin, la compagnie hors rang fut organisée conformément à l'ordonnance du 7 mai, et le régiment quitta Bayonne pour occuper les garnisons de Foix, Pamiers et Limoux.

1832. En mars, il se rendit à Gap (Hautes-Alpes), et occupa, par des détachements, Mont-Dauphin, Embrun, Briançon et le fort Queyras.

En juillet et août, il se réunit en entier à Grenoble.

1833. Grenoble.

1834. Le 20 janvier, il partit de Grenoble à cinq heures

---

1. Lambot (Paul-Grégoire-Joseph, baron), né le 12 octobre 1775, à Carcés, (Var), entra au service comme volontaire royal (rang de sous-lieutenant) au corps royal de cavalerie, à Toulon, le 1ᵉʳ août 1793. Officier à l'armée de Condé, il fut successivement au service des rois d'Angleterre et de Suède comme lieutenant-colonel, et rentra dans l'armée française comme lieutenant-colonel du 9ᵉ de ligne (Bourbon-Français) à la Restauration, le 23 septembre 1814. Le 15 novembre 1815, il fut nommé lieutenant-colonel de la légion des Bouches-du-Rhône, et devint colonel de la légion de l'Isère le 7 août 1816. Le 20 décembre 1820 il passa au commandement du 7ᵉ d'infanterie légère, et fut promu maréchal de camp le 22 mai 1825.

Commandeur de la Légion d'honneur et chevalier de Saint-Louis.

du soir, pour occuper la frontière de la Savoie : état-major et 1er bataillon, aux Échelles, Saint-Christophe et le pont Beauvoisin; le 2e bataillon, aux Abrets et à la Tour-du-Pin; le 3e bataillon, à Bourgoin.

Le 15 février, il rentra à Lyon.

Au mois de mars, le 2e bataillon fut détaché à Châlon-sur-Saône et à Mâcon.

Le 9 avril, le 7e léger fut appelé à réprimer les émeutes qui, vers cette époque, se produisaient journellement à Lyon. Assailli à coups de pierres par les émeutiers placés devant l'église Saint-Jean, le colonel Lalande fit ouvrir le feu sur eux, et ne leur donna pas le temps d'élever des barricades; grâce à la vigueur du 7e léger, les environs de la place Saint-Jean furent promptement débarrassés. Le sous-lieutenant Perrard et plusieurs carabiniers de sa compagnie avaient été frappés mortellement; les fourriers Darroyat et Perret furent blessés grièvement.

Au même moment, un détachement du 7e léger, à Perrache, repoussait les insurgés, après une perte de quelques hommes au pont d'Ainay. Le voltigeur Lacombe défendit la porte de l'Arsenal avec énergie, et repoussa trois insurgés qui le serraient de près.

Au fort Saint-Irénée, deux compagnies, sous les ordres du capitaine Devaux, ne purent tenir contre le nombre des insurgés, et se replièrent aux Minimes, sur le reste du bataillon, qui fut lancé en avant et dissipa le rassemblement; le sous-lieutenant Bourgeois désarma un grand nombre d'insurgés.

Du 9 au 14 avril, le régiment bivouaqua sur les mêmes emplacements.

A Châlon-sur-Saône, à la même époque, le 2e bataillon ressentait le contre-coup des événements de Lyon; le pont fut barricadé, afin d'isoler les troupes de la ville, et le poste de la place de Beaune, commandé par le lieutenant Delavelle, fut attaqué.

Le commandant Susini, se mettant à la tête de son

bataillon venu de la caserne Saint-Laurent, sous les ordres du capitaine d'Aubignose, fit enlever les barricades du pont; puis, franchissant tous les obstacles, il parvint à la place d'Armes, qu'il fit promptement évacuer.

Le 15 avril, le 2e bataillon rentra à Lyon.

Le lieutenant Delavelle fut mis à l'ordre, pour l'énergie qu'il avait déployée.

Le 1er mai, le colonel Lalande [1] reçut sa nomination de maréchal de camp; il fut remplacé par le colonel Diettmann, lieutenant-colonel du 27e.

Le sous-lieutenant Bourgeois, le sergent-major Catheriney, le fourrier Perret, le sergent Perrard (frère du sous-lieutenant Perrard, tué le 9 avril), le grenadier Championnet et le voltigeur Lacombe, furent nommés chevaliers de la Légion d'honneur.

1836. Avril. De Lyon à Metz.

Septembre. Paris : 2e division, général Schramm; 1re brigade, duc de Nemours. Le 3e bataillon au dépôt, à Versailles.

1837. Camp de Compiègne. 1838. De Paris à Nancy (juin).

1839. Les 1er et 2e bataillons, organisés en bataillons de guerre, partirent pour Longwy le 25 janvier, et rentrèrent à Nancy le 14 juin [2].

---

1. Lalande (Louis-Michel-Arsène), né le 12 juillet 1785 au Mans (Sarthe), entra au service comme élève à l'École militaire de Fontainebleau, le 12 janvier 1805. Sous-lieutenant au 101e de ligne le 17 avril 1806. Lieutenant le 27 mars 1809. Capitaine au 50e de ligne le 25 avril 1811. Chef de bataillon le 10 juillet 1812. En demi-solde le 24 septembre 1814. Chef de bataillon dans la légion de la Sarthe le 9 décembre 1815. Passé au 4e régiment de la garde royale le 25 novembre 1819. Lieutenant-colonel au 2e régiment d'infanterie légère le 12 juin 1823. Colonel du 7e régiment d'infanterie légère le 23 mai 1825. Maréchal de camp le 29 avril 1834.

Commandeur de la Légion d'honneur et chevalier de Saint-Louis.

Campagnes de 1806 à 1810 en Italie et en Tyrol; de 1811 à 1813 en Portugal et en Espagne; de 1814 aux Pyrénées; de 1823 en Espagne. 2 blessures.

2. Borelli (Charles-Hyacinthe-Jules, vicomte de), né le 8 juillet 1797, à Nîmes (Gard), entra au service aux gardes du corps du roi comme garde surnuméraire. Sous-lieutenant le 16 juin 1814, il passa en cette qualité au 1er ré-

Grenadier Inf.ⁱᵉ de Ligne.   1812   Carabinier Inf.ⁱᵉ Légère

Le 18 juin, le 3ᵉ bataillon se rendit à Toul et Marsal.

1840 (21 octobre). La 6ᵉ compagnie du 1ᵉʳ bataillon, capitaine Du Hamel, et la 4ᵉ compagnie du 2ᵉ bataillon, capitaine Charlier, furent désignées, par la voie du tirage au sort, pour concourir à la formation du 22ᵉ régiment d'infanterie légère. (Ordonnance du 29 septembre.)

Colonel, Diettmann ; major, Macron; lieutenant-colonel, Nebel; chefs de bataillon, Rousseau et Froidefond.

1841. 17 juin. De Nancy à Givet.

1ᵉʳ juillet. Le 1ᵉʳ bataillon partit pour le camp de Châlons où il fit, pendant quatre mois, partie de la brigade de manœuvres du général du Rocheret.

1842. En vertu de l'ordonnance royale du 8 septembre 1841, les régiments d'infanterie de ligne et d'infanterie légère, à partir du 1ᵉʳ janvier, furent composés d'une compagnie hors rang, et de 3 bataillons à 7 compagnies : une de carabiniers, une de voltigeurs, quatre de chasseurs et une de dépôt par bataillon ; les sixièmes compagnies devaient disparaître successivement; la 6ᵉ du 2ᵉ, capitaine Delavelle, fut licenciée en octobre.

Le 7ᵉ léger, qui avait quitté Givet pour faire partie du camp d'opérations réuni sur la Marne sous le commandement du duc d'Orléans, fut arrêté à Rocroy, par suite de la mort de ce prince, et revint à Givet, après avoir été passé en revue par le duc de Nemours.

1843. Septembre. De Givet à Saint-Omer, avec détachements à Boulogne, Montreuil, Ardres, Aire, Saint-Venant, Béthune.

---

giment d'infanterie de la garde royale le 23 octobre 1815. Breveté lieutenant de la ligne le 16 juin 1818, il fut promu capitaine au 20ᵉ d'infanterie légère le 23 novembre 1823. Chef de bataillon au 65ᵉ de ligne le 25 septembre 1830. Lieutenant-colonel au 7ᵉ d'infanterie légère le 9 avril 1833. Colonel du 57ᵉ de ligne le 21 août 1839. Général de brigade le 22 avril 1846. Général de division le 15 août 1852.

Commandeur de la Légion d'honneur.

Campagnes d'Espagne, de Belgique, d'Afrique et d'Orient.

Mort en 1871.

1844. Mars. M. le colonel Diettmann[1] fut nommé général de brigade, et remplacé par le colonel de Luzy de Pélissac.

Juin. Au camp d'Elfaut, il faisait partie de la brigade Guillabert, qui quitta le camp au mois d'août, pour se réunir, à Conflans, à la division Achard, et faire partie du corps d'armée de manœuvres commandé par le duc de Nemours, avec lequel le 7ᵉ léger prit part aux opérations qui eurent lieu autour de Metz.

Octobre. Le régiment rentra dans ses garnisons ; le 2ᵉ bataillon partit pour Arras[2].

1845. Septembre. A Lyon.

1846. 20 avril. Le 1ᵉʳ bataillon se rendit à Saint-Étienne, en chemin de fer, à l'occasion d'une grève parmi les ouvriers charbonniers ; il rentra après un mois de séjour à Saint-Étienne, sa présence seule ayant suffi pour faire tout rentrer dans l'ordre.

1. Diettmann (Georges-François), né le 12 avril 1790, à Lunéville (Meurthe), entra au service comme élève à l'École militaire de Saint-Cyr le 12 avril 1806. Sous-lieutenant au 25ᵉ de ligne le 11 avril 1807. Lieutenant le 12 août 1809. Capitaine le 25 novembre 1811. Passé avec rang de chef de bataillon au 1ᵉʳ grenadiers à pied de la garde le 19 septembre 1813. Capitaine au 4ᵉ grenadiers de la garde le 19 mai 1815 ; au 3ᵉ grenadiers le 1ᵉʳ juillet 1815. Chef de bataillon au 54ᵉ de ligne le 11 septembre 1830. Lieutenant-colonel au 27ᵉ de ligne le 21 juillet 1831. Colonel du 7ᵉ d'infanterie légère le 19 avril 1834. Maréchal de camp le 14 avril 1844.

Commandeur de la Légion d'honneur.

Campagnes de Prusse (1807-1808), d'Autriche (1809), de Russie (1812), de Saxe (1813), prisonnier de guerre à Leipzig.

Campagne de Belgique (1814).

Blessé à Eckmühl, à Viazma et à Pirna. Mort en 1855.

2. Sol (Édouard-Hippolyte-Pierre), né le 13 février 1804 à Strasbourg (Bas-Rhin), entra au service comme élève à l'École militaire de Saint-Cyr le 15 novembre 1821. Sous-lieutenant au 39ᵉ de ligne le 1ᵉʳ octobre 1823. Lieutenant le 1ᵉʳ septembre 1830. Capitaine le 14 août 1836 ; passé au 2ᵉ bataillon de chasseurs à pied le 17 octobre 1840. Chef de bataillon au 7ᵉ régiment d'infanterie légère le 14 août 1842 ; passé au commandement du 4ᵉ bataillon de chasseurs d'Orléans le 10 mai 1844. Colonel du 22ᵉ léger le 13 juillet 1849. Général de brigade le 29 août 1854. Général de division le 26 mai 1859.

Grand officier de la Légion d'honneur.

Campagnes de Belgique, d'Afrique, d'Orient, contre l'Allemagne.

Décédé en 1876.

1847. Au commencement de l'année les 2ᵉ et 3ᵃ bataillons, organisés sur le pied de guerre, prirent position sur les frontières de la Suisse, à Gex, Saint-Denis, Collonges, Fort-l'Écluse, Bourg, Nantua et Pierre-Châtel.

10 juillet. Ils rentrèrent à Lyon.

7 août. Ils partirent pour le camp de Compiègne.

Novembre. Ils allèrent tenir garnison à Paris, à la levée du camp.

Le dépôt quitta Lyon pour Orléans. Les compagnies d'élite du 3ᵉ bataillon et les 5ᵉˢ compagnies des 1ᵉʳ et 2ᵉ bataillons furent dirigées sur Paris.

1848. Le 22 février, le 7ᵉ léger occupait l'Hôtel de ville; le 23, il dissipa des rassemblements qui s'étaient formés dans les rues Saint-Denis et Saint-Martin; quelques coups de fusil furent tirés. Dans la nuit du 23 au 24, il détruisit les barricades qui avaient été élevées dans les environs, et rencontra peu de résistance.

Le 25, le Gouvernement provisoire vint s'installer à l'Hôtel de ville.

Le capitaine Jourdes, de la 5ᵉ compagnie du 1ᵉʳ bataillon, occupant avec sa compagnie le poste Saint-Jean, sommé par les insurgés de se rendre, se retira dans l'intérieur et répondit à leur attaque par un feu des meurtrières. Le capitaine adjudant-major Heurtebise, envoyé pour lui donner l'ordre de se replier, fut frappé mortellement avant d'arriver; sur ces entrefaites, les insurgés ayant mis le feu à la toiture du poste, et l'ordre de cesser le feu lui étant parvenu, le capitaine Jourdes et sa compagnie, sous la protection des gardes nationaux qui se trouvaient parmi les insurgés, se rendit à la mairie du 7ᵉ arrondissement et de là rejoignit le régiment.

Au Val-de-Grâce, le lieutenant Lafon en imposa par sa contenance aux insurgés qui l'entouraient et se retira sans avoir rendu ses armes.

Le 3 mars, le 7ᵉ léger se rendit à Maubeuge, puis à Cambrai.

A l'occasion de l'émeute du 15 mai, le régiment, laissant son dépôt à Cambrai, repartit pour Paris.

Le 23 juin, le 1er bataillon ouvrit le feu dans la rue des Grès et attaqua la barricade de la rue des Mathurins-Saint-Jacques. Le capitaine des carabiniers Dupont-Delporte fut tué et plusieurs hommes blessés. Le colonel de Luzy de Pelissac fut blessé à la main. Le bataillon passa la nuit dans la rue et termina la lutte sur ce point en tournant le lendemain la grande barricade de la place Maubert avec le général Damesme.

Le 3e bataillon, parti de Saint-Cloud le 23, avait pris position au faubourg Poissonnière. Les quatre compagnies de droite enlevèrent les barricades ; le lieutenant des carabiniers Messelot s'y distingua. Les deux autres compagnies, avec le général Lamoricière, prirent par le faubourg Saint-Martin ; le bataillon réuni passa la nuit dans le faubourg Saint-Denis. Le 24, on tira de ce côté quelques coups de fusil seulement. Le 25, le 3e bataillon fut envoyé dans le faubourg à la suite de la garde nationale de Pontoise. Une panique s'étant mise dans les rangs de celle-ci, les gardes nationaux tirèrent les uns sur les autres. Les insurgés profitaient de ce désordre, quand le commandant de Polhes, enlevant son bataillon et faisant battre la charge, balaya tout ce qui était devant lui jusqu'à l'enclos Saint-Lazare, où se trouvait une haute barricade qui fut rapidement emportée. Mais les insurgés se retirèrent derrière les murs, d'où ils firent une fusillade très-vive sans qu'il fût possible de les déposter. Le bataillon revint à son emplacement ; ses pertes étaient sensibles : le lieutenant Dufour avait eu les deux yeux enlevés par une balle ; le sous-lieutenant Trumelet, le sergent-major Frizon étaient blessés.

Le 26, les insurgés, tournés, furent contraints d'abandonner leur position, et le bataillon vint occuper la barrière Saint-Denis.

Les 27 et 28, il était à la Chapelle-Saint-Denis ; le 1er bataillon était au Château-d'Eau.

Le calme revenu, le régiment fut caserné au quai d'Orsay, puis aux baraques des Invalides.

Le colonel de Luzy de Pelissac[1] fut nommé général de brigade et remplacé par le colonel de Lisleferme.

1849. A la suite de la candidature du sergent-major Boichot des carabiniers du 1er bataillon, à l'Assemblée nationale et à l'occasion de son transfèrement à Vincennes, quelques hommes du régiment se mutinèrent et voulurent empêcher son départ ; les fauteurs de ces désordres furent immédiatement arrêtés et le lendemain, 8 mai, le régiment partait pour Marsal. Quelques jours après, Boichot, auquel cette échauffourée, habilement exploitée par les journaux socialistes, avait donné une certaine notoriété, était élu par 116 000 voix. Le 15 novembre, il était condamné, par contumace, par la haute cour de justice séant à Versailles, à la déportation pour avoir, en juin, commis un attentat ayant pour but de détruire et changer le gouvernement, et de porter les citoyens à s'armer les uns contre les autres.

Les coupables, dans les journées qui précédèrent le départ du régiment pour Marsal, furent jugés à Paris et à Metz et condamnés à diverses peines ; un certain nombre d'hommes fut, en outre, envoyé en Afrique.

Dès son arrivée à Marsal, où le choléra sévissait avec

---

1. Luzy de Pelissac (Louis-Henri-François, marquis de), né le 13 avril 1797 à Mirebel (Drôme), entra dans l'armée comme lieutenant aux gardes du corps du roi le 1er juillet 1814. Il fit la campagne de France au 5e de ligne et devint capitaine au 61e en 1823. Mis en non-activité en 1830, il rentra dans la légion étrangère en 1836, fut nommé chef de bataillon au 2e léger en 1837, lieutenant-colonel du 3e de ligne en 1840 et colonel du 7e léger en 1844. Général de brigade le 10 juillet 1848, il commanda une brigade à l'armée des Alpes, puis la subdivision de Constantine. Général de division le 26 janvier 1854, il commanda la 1re division du 4e corps de l'armée d'Italie.

Sa brillante conduite à Solférino lui valut le grade de grand officier de la Légion d'honneur.

Membre du comité de l'infanterie, il fut admis dans le cadre de réserve en 1862.

Député de la Drôme en 1863.

Sénateur en 1869, il mourut quelques jours après sa nomination.

violence, ainsi que dans les environs, le 7ᵉ léger donna des preuves de son dévouement et de ses bons sentiments ; il fit la moisson, la rentra, soigna les malades et ensevelit les nombreuses victimes que le fléau avait faites.

1850. Bitche, Thionville et Longwy.

Le 12 février, un incendie éclata, à dix heures du soir, en face de la caserne à Bitche. Le carabinier Walyse, traversant les flammes au péril de ses jours, sauva une femme et deux petits enfants.

1851. Septembre. Le régiment reçut l'ordre de partir pour Pont-Saint-Esprit. En route, sa destination fut changée ; il apprit qu'il allait en Algérie. Il descendit la Saône et le Rhône de Châlon à Avignon sur des bateaux et il arriva à la Seyne le 23 octobre. Il fit son tiercement et le dépôt partit pour Sâlon (Bouches-du-Rhône).

Le 25 octobre, les trois bataillons de guerre, formant un effectif de 1800 hommes, s'embarquèrent sur les frégates *le Labrador* et *le Pluton*.

Première campagne d'Afrique.

1851. Le 28 octobre, le 7ᵉ léger débarqua à Mers-el-Kebir et se rendit à Oran. Le 31, il partit pour Mascara, où il arriva le 3 novembre, remplaçant le 12ᵉ léger, rentré en France.

NOMINATIONS ET PROMOTIONS.

19 juin. M. Cauvin du Bourguet[1], lieutenant-colonel, nommé colonel au 36ᵉ.

Cauvin du Bourguet (Jules-Antoine), né le 7 janvier 1800, à Paris, entra au service dans la marine militaire comme novice, le 1ᵉʳ octobre 1811. Sous-lieutenant d'infanterie le 11 décembre 1816. Il passa en cette qualité à la légion des Bouches-du-Rhône le 9 avril 1817. Sous-lieutenant au 6ᵉ régiment d'infanterie de la garde royale le 30 octobre 1822. Lieutenant le 28 avril 1828; passé au 7ᵉ de ligne le 16 décembre 1830. Capitaine le 31 juillet

Capitaines.

29 décembre 1851. MM. Berbey et Blot (Omer), lieutenants en remplacement de MM. Benoît et Lafond, admis à la retraite.

Lieutenants.

MM. Ponsardin, sous-lieutenant, et Estave de Valséry, lieutenant en non-activité.

Sous-lieutenant.

M. Champion, adjudant.

1852. Le 6 février, les 2e et 3e bataillons partirent pour Sidi-bel-Abbés.

Le 23 mars, les grenadiers et les voltigeurs du 1er bataillon, désignés pour faire partie d'une colonne mobile destinée à opérer dans le Djebel-Amour, se mirent en marche.

Carabiniers : Mouton, capitaine ; Bourgeois, lieutenant ; de Bermon, sous-lieutenant. Voltigeurs : Doyer, capitaine ; Bauduin, lieutenant ; de Montgaultier, sous-lieutenant.

Cette colonne se composait de quatre compagnies du 1er bataillon d'infanterie légère d'Afrique, d'un escadron de chasseurs d'Afrique et du goum ; en tout, 2500 hommes, sous la direction du chef de bataillon Deligny et le commandement du chef de bataillon Liébert ; elle devait apaiser les troubles soulevés par les prédications du chérif Si-Amza. Elle passa par Vachero, Frendah, les Schotts-Chergui et arriva à Stitten au bout de quelques jours. Le commandant Deligny, apprenant alors que Si-Amza fuyait dans la direction de Rhassoul, entraînant avec lui les tribus soulevées, forma une colonne composée de 25 hommes par compagnie, de l'escadron et du goum ; il réunit un nombre de mulets suffi-

---

1836. Chef de bataillon au 7e d'infanterie légère le 10 mars 1844. Lieutenant-colonel au 29e de ligne le 11 avril 1848 ; passé au 7e d'infanterie légère le 17 septembre 1848. Colonel du 36e de ligne le 9 juin 1851. Général de brigade le 21 mars 1855. Général de division le 12 août 1861.

Commandeur de la Légion d'honneur.

Campagnes de Belgique, d'Afrique et d'Italie.

sant pour monter l'infanterie, à raison de un pour deux hommes, et, laissant le reste de la colonne à Stitten, il arriva à Rhassoul vers midi, ayant franchi seize lieues en dix heures. Si-Amîza, rejoint par la cavalerie, fit sa soumission et fut ramené.

La colonne aux ordres du commandant Liébert rentra à Mascara le 26 avril.

Le 1er avril, les 2e et 3e bataillons avec l'état-major avaient été envoyés de Sidi-bel-Abbés à Tlemcen, et la 4e compagnie du 1er bataillon avait été détachée à Zebdou. Les 1re, 2e et 3e compagnies du même bataillon, détachées à Nemours, furent envoyées le 9 au soir contre les Beni-Snassen. Elles formaient un effectif de 200 hommes, sous les ordres de M. Messelot, capitaine, avec MM. Graland et Demengeot, lieutenants, et Mayer, sous-lieutenant, et passèrent sous les ordres du commandant Douai du 68e, qui était parti d'Arzew avec cinq compagnies de son régiment. Le 10 avril, dans la matinée, cette colonne arriva sur le territoire des Beni-Snassen, qui se trouvèrent pris entre elle et la colonne du général de Montauban qui était partie de Tlemcen ; ils perdirent leurs troupeaux qui furent ramenés le même jour à Sidi-Brahim.

Le 25 avril, les 2e et 3e bataillons du 7e léger (lieutenant-colonel de Chambarlhac), avec les compagnies d'élite du 1er bataillon, firent partie d'une colonne expéditionnaire forte d'environ 8000 hommes, destinée à opérer contre les Beni-Snassen.

Les compagnies du centre du 1er bataillon (commandant de Polhés) restèrent à Aïn-Tolba, pour assurer les communications.

Le colonel de Lisleferme, avec MM. Blanc, capitaine, et Demengeot, lieutenant, partit pour Paris afin d'y recevoir le drapeau.

Expédition du Kiss.

La colonne expéditionnaire se trouva rassemblée vers le 5 mai sur les bords du Kiss, dans la plaine, en face des mamelons sur lesquels sont perchés les villages des Beni-Snassen. Après avoir établi le camp et mis en état les communications avec Nemours, les troupes firent des sorties pour enlever les moissons et les incendier.

Le 15 mai, les Kabyles, réunis en assez grand nombre, descendirent de leurs montagnes pour nous disputer leurs récoltes, mais ils furent promptement refoulés. Dans cette affaire le sergent Bouvallot fut blessé.

Le 5 juin, une nouvelle tentative de leur part échoua comme la première. La plaine étant entièrement ravagée, on procéda à la recherche des silos jusque sur leur propre territoire; le 15 juin on eut un engagement très-vif, dans lequel, outre d'autres blessés, le 7e léger perdit ce jour-là le sergent Davoust qui succomba aux suites de sa blessure.

Les Beni-Snassen ayant réussi à entraîner dans leur parti un certain nombre de tribus voisines, l'attaque et l'incendie de leurs villages furent décidés. Le 24 juin, à quatre heures du matin, les troupes escaladèrent les montagnes et rencontrèrent une forte résistance. Bientôt le 7e léger fut envoyé au secours des chasseurs d'Afrique et de la légion étrangère, devant lesquels le nombre des ennemis allait en croissant. Le régiment eut deux hommes tués : le caporal Frémy, qui fut décapité, et le grenadier Bouttier; parmi les blessés, MM. Blot et Braquemart, lieutenants ; ce dernier mourut quelques mois après des suites de ses blessures ; les sergents Longé et Pélissier, le caporal Camus. Les Beni-Snassen, entièrement ruinés, demandèrent la paix.

Le régiment rentra le 8 à Tlemcen, laissant une compagnie au détachement de Nemours qui était sous les ordres du capitaine Gondrexon, et une compagnie à Zebdou.

Au commencement d'août, des tribus voisines du Maroc et près du bord de la mer donnèrent des signes de mécontentement et refusèrent l'impôt. Une colonne, dont fit partie une compagnie du 7ᵉ léger et un détachement de 80 hommes pris dans les compagnies de Nemours, avec MM. Blot (Omer), capitaine, d'Antin, lieutenant, et Jamais, sous-lieutenant, marcha contre ces tribus qui se soumirent aussitôt.

Vers la fin d'août le régiment fut réuni à Tlemcen pour être inspecté par le général de Montauban.

L'inspection générale terminée, les diverses fractions du régiment reprirent leurs détachements à Temsalet, Aïn-Temouchen, Zebdou et Nemours.

NOMINATIONS ET PROMOTIONS.

Lieutenant-colonel.

10 mai. M. Deligny[1], chef de bataillon, nommé au 75ᵉ de ligne.

Chef de bataillon.

10 mai. M. Vaissier, capitaine au 16ᵉ léger, en remplacement de M. Deligny.

Capitaines.

29 février. M. Buchot, lieutenant, en remplacement de M. Laity, démissionnaire.

---

1. Deligny (Edmond-Jean-Étienne), né le 12 décembre 1815, à Ballan (Indre-et-Loire), entra au service comme élève à l'École militaire de Saint-Cyr, le 20 novembre 1832. Sous-lieutenant au 13ᵉ léger le 20 avril 1835. Lieutenant le 27 décembre 1840. Capitaine le 19 octobre 1844 ; passé au bataillon de tirailleurs indigènes d'Oran le 12 mai 1848. Chef de bataillon au 36ᵉ de ligne le 12 septembre 1848 ; passé au 12ᵉ de ligne le 12 avril 1849 ; passé au 7ᵉ léger le 16 décembre 1851. Lieutenant-colonel au 75ᵉ de ligne le 10 mai 1852. Colonel du 60ᵉ le 30 décembre 1852. Général de brigade le 31 juillet 1855. Général de division le 11 décembre 1859.

Grand croix de la Légion d'honneur.

Campagnes d'Afrique, d'Orient, d'Italie, contre l'Allemagne.

A commandé une division à l'armée du Rhin.

Commande actuellement le 4ᵉ corps d'armée, au Mans.

5 août. M. Oster, lieutenant.

30 décembre. MM. Boutet lieutenant, et Bréger, capitaine en non-activité, en remplacement de MM. Michelet et Boyer, admis à la retraite.

Lieutenants.

29 février. M. Durand, sous-lieutenant.

15 août. M. Braquemart, sous-lieutenant.

30 décembre. MM. de Bermon et Clavelin, sous-lieutenants.

Sous-lieutenants.

5 mars. M. Soubéran, sous-lieutenant en non-activité.

MM. Ventre, sergent-major, et Grosjean, adjudant au 16e léger.

1er octobre. M. Daclon, élève à l'École spéciale militaire.

30 décembre. MM. de Bermon, adjudant, Mourgues-Carrère, sergent-major.

1853. En mars, les détachements rentrèrent à Tlemcen. Au commencement d'avril, le 2e bataillon et 2 compagnies du 3e bataillon furent répartis sur la route d'Oran à Tlemcen et sur celle de Lala-Maghrnia.

Pendant tout le cours de cette année, les différentes compagnies du régiment furent employées à des travaux dans la province.

Le 26 décembre, le colonel de Lisleferme passa au commandement de la place de Valenciennes.

NOMINATIONS ET PROMOTIONS.

Colonel.

14 janvier. M. de Chambarlhac[1], lieutenant-colonel, nommé au 11e de ligne.

Lieutenant-colonel.

14 janvier. M. Fournier, chef de bataillon au 71e de ligne.

---

1. De Chambarlhac (Louis-André-Antoine), né le 31 octobre 1801, à Mayence (Grand-duché de Hesse), entra au service comme engagé volontaire dans le régiment de chasseurs à cheval de la Corrèze. Sous-lieutenant au dit régiment le 6 novembre 1823; il passa au 7e chasseurs à cheval et de là dans l'infanterie au 2e de ligne le 19 février 1829. Lieutenant le 22 janvier 1831. Capitaine le 31 décembre 1836. Chef de bataillon au 3e d'infanterie légère le

Chef de bataillon.

29 novembre. M. Bertrand, capitaine au 58e de ligne, en remplacement de M. Fauvart-Bastoul[1]: passé au commandement du 6e bataillon de chasseurs à pied.

Capitaines.

10 août. M. Barboile, lieutenant, en remplacement de M. Melliatte, admis à la retraite.

30 septembre. M. Bourgeois (Louis-Alfred), lieutenant, en remplacement de M. Godard de la Belouse, admis à la retraite.

28 décembre. M. Bauduin, lieutenant, en remplacement de M. Lamarque, admis à la retraite.

29 décembre. M. Mandavi, lieutenant, au 9e léger.

Lieutenants.

10 août. M. Lambert, sous-lieutenant.

30 septembre. M. Laffargue, sous-lieutenant.

29 décembre. M. Gaultier de Montgaultier, sous-lieutenant, en remplacement de M. Ponsardin, passé aux chasseurs à pied.

Sous-lieutenants.

30 septembre. M. Simon, sergent-major.

1er octobre. M. Quincmant, élève à l'École spéciale militaire.

3 décembre. M. Blondel, sergent-major, en remplacement de M. Pariset, passé aux chasseurs à pied.

---

4 novembre 1844. Lieutenant-colonel au 7e léger le 9 juin 1851. Colonel au 11e de ligne le 14 janvier 1852; passé au commandement du 5e léger le 19 janvier 1853. Général de brigade le 24 décembre 1858.
Commandeur de la Légion d'honneur.
Campagnes d'Espagne, d'Afrique, d'Orient, d'Italie.
1 blessure.
Décédé.

1. Fauvart-Bastoul (Jacques-Alexandre-Jules), né le 30 octobre 1814, entra au service comme élève à l'École militaire de Saint-Cyr, le 20 novembre 1832. Sous-lieutenant au 28e le 20 avril 1835. Lieutenant le 27 décembre 1840. Capitaine le 12 décembre 1844. Chef de bataillon au 7e léger le 14 janvier 1853; passé au commandement du 6e bataillon de chasseurs à pied le 21 novembre 1853. Lieutenant-colonel au 3e grenadiers le 26 juin 1855. Colonel du 35e de ligne le 30 décembre 1857; passé au commandement du 3e grenadiers. Général de brigade le 16 décembre 1865. Général de division le 27 octobre 1870.
Commandeur de la Légion d'honneur.
Campagnes d'Afrique, d'Orient, d'Italie, contre l'Allemagne.
Commande la 18e division d'infanterie, 3e corps d'armée.

CAMPAGNE D'ORIENT.

1854. Le 3 février, le régiment, désigné pour faire partie de l'armée d'Orient, se réunit à Tlemcen et se mit en route pour Oran.

Le 10, le colonel Jannin prit le commandement du régiment qui se réunit à Oran, le 13.

Le 23, on procéda au tiercement et à la formation de 2 bataillons de guerre.

Le 24, le lieutenant-colonel Fournier et les deux compagnies d'élite du 3ᵉ bataillon s'embarquèrent à Mers el Kebir pour rejoindre le dépôt à Salon.

Le régiment reçut de différents corps de l'armée d'Afrique des détachements qui portèrent son effectif à 2200 hommes.

ÉTAT DES OFFICIERS.

Colonel : Jannin.
Lieutenant d'état-major : Lafouge.
Officier payeur : Foulon.
Porte-drapeau : Sauvin.
Médecin aide-major : Bauchet.

1ᵉʳ bataillon.

Chef de bataillon : Vaissier. — *Capitaine adjudant-major* : Pavi.

	Capitaines.	Lieutenants.	Sous-lieutenants.
Carabiniers..	Gondrexon.	Garet.	Mayer.
1ʳᵉ........	Blot.	Vettault.	Blondel.
2ᵉ.........	Bréger.	Laffargue.	de Bermon.
3ᵉ.........	Guillaumé.	de Bermon.	Rincheval.
4ᵉ.........	Botta.	de Mᵗ-Gaultier.	Champion.
5ᵉ.........	Buchot.	Clavelin.	Quinemant.
6ᵉ.........	Bloquet.	Didier.	Simon.
Voltigeurs....	Chatté.	de Gourville.	Legay.

2ᵉ bataillon.

Chef de bataillon : Guichard. — *Capitaine adjudant-major* : Bauduin.

	Capitaines.	Lieutenants.	Sous-lieutenants.
Carabiniers..	Bourgeois.	du Peloux.	de la Giraudière.
1ʳᵉ.........	Delmas.	Graland.	Trinquart.
2ᵉ.........	de Polhés.	Polonus.	Carrère.
3ᵉ.........	Benoit.	Laxague.	Jamais.
4ᵉ.........	Bourgeois.	Chaumette.	Blum.

5e...........	Malafaye.	d'Antin.	Obry.
6e...........	Berbet.	Durand.	de Traversay.
Voltigeurs....	Messelot.	Charpines.	Henriet.

3e bataillon et dépôt.

Lieutenant-colonel : Fournier.
Major : Lavisse.
Capitaine-trésorier : Gustin
Capitaine d'habillement : Darroyat.
Médecin aide-major : Bonnard.
Chef de bataillon : O'Malley.
Capitaine adjudant-major : Blot.

	Capitaines.	Lieutenants.	Sous-lieutenants.
Carabiniers ..	N.	Le Petit.	Ségard.
1re...........	Oster.	Bonnefoy.	Mieullet.
2e...........	Abry.	Trumelet.	Millar.
3e...........	Boutet.	N.	Vincent.
4e...........	Estève.	de Menorval.	Buchot
5e...........	Mandavi.	Prunier.	Gravelin.
6e...........	*	*	*
Voltigeurs....	de Vocance.	N.	Frizon.

Campagne d'Orient.

Le 7e léger fit partie de la 2e division (général Bosquet) de l'armée d'Orient.

1re *brigade*. Général N.
4e bataillon de chasseurs à pied, 3e zouaves, 50e de ligne.

2e *brigade*. Général Bouat.
7e léger, 6e de ligne.

Il partit en plusieurs fractions qui furent embarquées sur *le Sané, le Canada*[1], *le Titan* et *le Magellan*, du 28 avril au 14 mai.

Le 27 mai, il était réuni au camp de Boulaïr, à 11 kilomètres de Gallipoli.

Le 31 mai, le lieutenant-colonel Fournier arriva du dépôt.

---

1. L'état-major et le 1er bataillon embarqués à bord du *Canada*, relâchèrent à Malte le 9 mai pour des réparations à faire à la machine ; ils furent débarqués et casernés dans le port militaire jusqu'au 21 mai.

Le 9 juin, le régiment partit pour Andrinople, du 10 au 13, il campa à Tagha-déré ; le 14, à Beyli-déré ; le 15, à Keschan ; le 16, à Kadi-Keui ; le 17, à Ouzoun-Keupri ; le 18, à Etcheli-Keu ; le 19, à Andrinople où il fut placé dans l'île du Sérail.

Le 28 juin, il partit pour Varna ; il campa le soir à Serai-Katakleu ; le 29, à Karabounar-Tchiflick ; le 30, à Oumour-Fakir ; le 1er juillet, à Karabounar-Kani ; le 2, à Roussou-Kersidéré ; les 3 et 4, à Aïdos ; le 5, à Kopéran ; le 6, à Achivadjik ; le 7, à Kamtchick-déré et le 8 à Varna ; il campa d'abord à 12 kilomètres au nord, à Yeni-Keuï, puis il descendit dans la ville, le 11, et y fit le service jusqu'au 20.

Le 22 juillet, il fit partie de l'expédition de la Dobroutscha ; le 26, il était à Mangalia, d'où il revint sur Varna, où il rentra, le 9 août, pour reprendre son ancien camp de Yeni-Keuï. Il avait été épargné par l'épidémie qui frappa si cruellement l'armée, ou n'avait du moins subi que des pertes insignifiantes. Le commandant O' Malley vint du dépôt remplacer le commandant Guichard, passé aux tirailleurs algériens.

Le 10 août, il travailla activement à arrêter les progrès de l'incendie à Varna.

Le 28 août, arriva un détachement de 250 hommes, sous la conduite de M. le sous-lieutenant Ségard.

Le régiment fut aussitôt formé à deux bataillons de 600 hommes chacun ; on laissa à Varna les malingres et les éclopés, et le 29 août le 7e léger se mit en route pour Baltchick, où il s'embarqua, le 31, sur les vaisseaux *le Suffren* et *l'Iéna*.

Les flottes alliées, après s'être réunies, le 11 septembre, à hauteur de l'île des Serpents, arrivèrent, le 13, devant Eupatoria, après une traversée effectuée en 9 jours, par un temps magnifique ; le débarquement eut lieu le lendemain à Old-Fort, sans opposition de la part des Russes.

Le 19 septembre, l'armée alliée se mit en marche et bivouaqua sur le Bulganac, en vue de l'armée russe.

Bataille de l'Alma.

Le 20 septembre fut livrée la bataille de l'Alma.

La 2ᵉ brigade de la 2ᵉ division formait l'aile droite de l'armée; elle passa la rivière de l'Alma à son embouchure, et gravit les escarpements par un étroit sentier; arrivée sur le plateau, elle se déploya, puis, par un changement de front à gauche, elle se porta sur l'aile gauche de l'armée russe, et décida sa retraite. Le 7ᵉ léger perdit 2 tués et 5 blessés.

Le choléra, qui avait épargné le régiment dans la Dobroutscha, fit des victimes en Crimée. MM. Michel, médecin-major; de Montgaultier, lieutenant; Sauvin, porte-drapeau; Simon, sous-lieutenant, furent enlevés en quelques heures.

Le 23 septembre, à Katcha, le régiment était aux avant-postes; le 24, à Belbeck.

Le 25, on se mit en marche sur Sébastopol; le 7ᵉ léger vint bivouaquer sur le plateau de Mackensie, près de la ferme, après avoir beaucoup souffert de la fatigue et surtout de la soif.

Le 26 septembre, on descendit dans la plaine de la Tchernaïa. Le régiment bivouaqua sur les hauteurs de Fediouchine.

Le 27 septembre, le 7ᵉ léger fit partie de la reconnaissance du plateau de Chersonèse.

Le 28 septembre, Balaklava.

Le 30, on monta définitivement sur le plateau de Chersonèse, en passant par le col de Balaklava.

Le général Canrobert prit le commandement de l'armée, qui fut divisée en deux corps : le corps de siége (général Forey), et le corps d'observation (général Bosquet); la 2ᵉ division fit partie de ce dernier.

Le 6 octobre, le détachement de Varna rejoignit le régiment, qui fut, pendant tout ce mois, employé à construire la

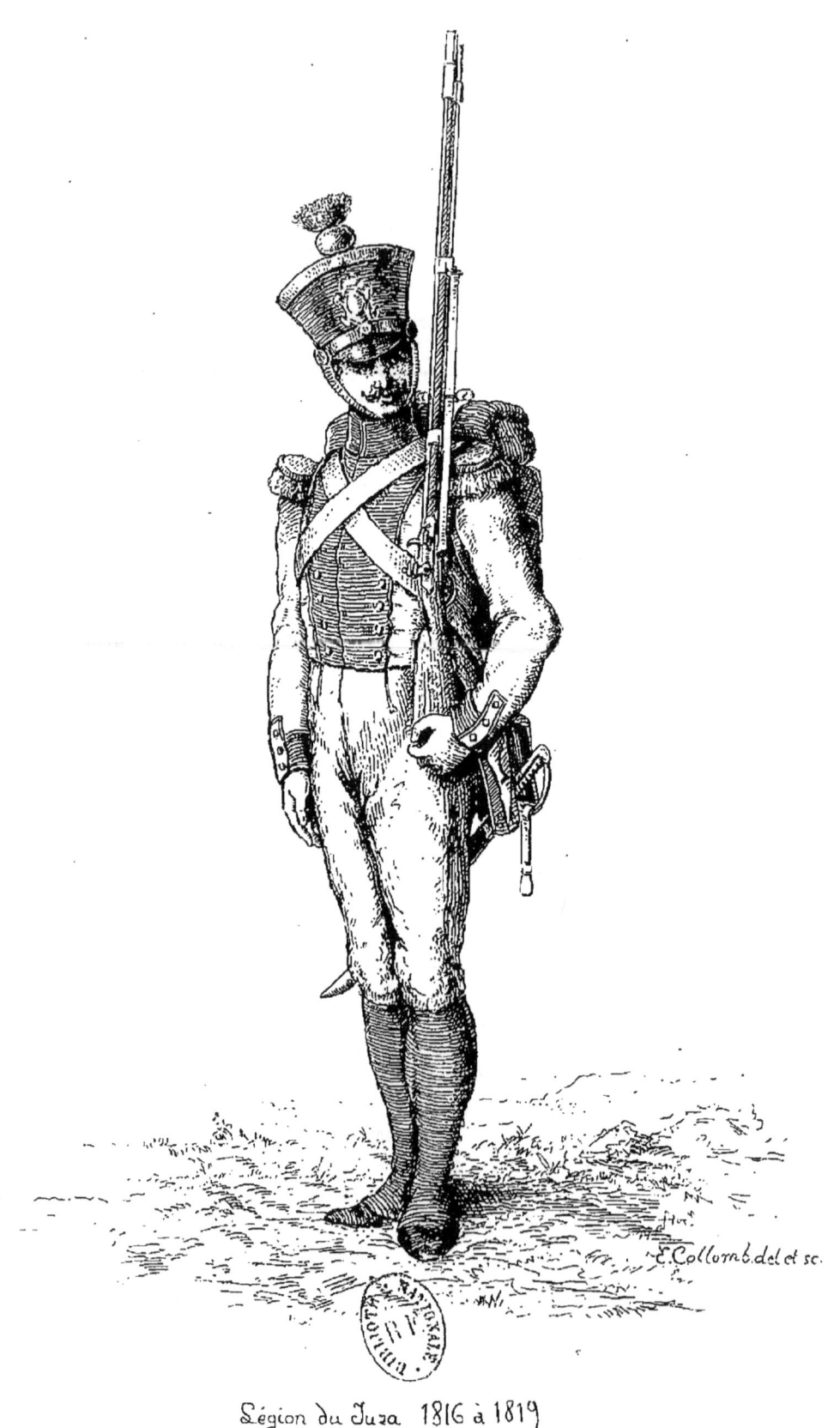

Légion du Jura 1816 à 1819

ligne de contrevallation, de la redoute Canrobert au col de Balaklava.

A l'attaque du 25 octobre, le 7ᵉ léger resta en réserve.

Le 26 octobre, le 7ᵉ léger fut porté vers Inkermann, et servit ce jour-là de réserve aux Anglais.

Le général Bourbaki prit le commandement de la 2ᵉ brigade en remplacement du général Bouat, nommé général de division.

Bataille d'Inkermann.

Le 5 novembre, le 1ᵉʳ bataillon était, depuis 3 heures du matin, soutien de grand'garde près du télégraphe ; vers 6 heures il rentrait au camp, lorsqu'on entendit du côté d'Inkermann une canonnade très-vive : 60 000 Russes, parvenus à la faveur du brouillard sur le plateau d'Inkermann, attaquaient l'armée anglaise. La 2ᵉ division prit aussitôt les armes, et la 2ᵉ brigade fut désignée pour aller au secours des Anglais. Quand elle fut près du moulin, le brouillard s'étant dissipé, on vit dans la plaine de Balaklava le corps du général Liprandi qui marchait sur nos positions ; la 2ᵉ brigade rétrograda aussitôt, et le 1ᵉʳ bataillon du 7ᵉ léger vint prendre position près du télégraphe, le 2ᵉ était sur notre ligne de circonvallation.

A peine arrivé, le 1ᵉʳ bataillon reçut l'ordre de se porter de nouveau en avant, et de courir au secours de l'armée anglaise, coupée vers le centre de sa ligne et repoussée jusque dans ses camps. Après un trajet de 3 kilomètres au pas de course, il arriva en présence des Russes ; reçu par les hurrahs des Anglais, il se forma en avant en bataille, et, quoique essoufflé de la course qu'il venait de fournir, s'avança la baïonnette croisée, son brave commandant en avant, contre les colonnes Russes qui faiblirent sous son choc. Obligé de se replier derrière un ouvrage en terre pour se reformer, au signal de son chef, il se précipita une seconde fois sur les Russes en se frayant un sanglant chemin au milieu de leur masse : les Russes, pliant devant cette furie, s'enfuirent jusqu'au fond d'un ravin dans lequel ils se rallièrent sous la protection de leur artillerie et de nouveaux renforts qui leur arrivaient.

Le 1er bataillon regagna alors les hauteurs pour y attendre l'attaque de l'ennemi.

A ce moment arrivèrent un bataillon du 3e zouaves, un bataillon de tirailleurs algériens et quatre compagnies du 4e bataillon de chasseurs à pied. Ces trois bataillons, réunis au 1er bataillon du 7e léger, chargèrent ensemble les Russes et les culbutèrent, la baïonnette dans les reins, jusqu'au fond du ravin d'Inkermann, où, pressés les uns contre les autres et présentant une masse compacte aux feux de mousqueterie, ils furent écrasés et mis en déroute complète.

Le 1er bataillon du 7e léger, auquel revint la plus grande part des honneurs de cette journée, avait chèrement payé sa gloire. Son brave chef de bataillon Vaissier, dont le général en chef signalait la bravoure quelques jours après dans son rapport au ministre de la guerre[1], avait eu son cheval tué sous lui; il avait lui-même été très-compromis pendant un instant, au milieu des colonnes ennemies, et avait été dégagé par ses soldats, parmi lesquels se fit particulièrement remarquer le voltigeur Giroux.

MM. Botta, capitaine; Mayer et Champion, sous-lieutenant, furent tués. M. de Bermon, sous-lieutenant, mourut des suites de ses blessures. MM. Bréger et Blot (Louis), capitaines; de Gourville, Clavelin, Laffargue, de Bermon (Casimir), Rincheval, lieutenants; Quinemant, Drevon, Patriarche, sous-lieutenants, furent blessés.

6 sous-officiers, 4 caporaux, 32 soldats tués; 8 sous-officiers, 14 caporaux, 131 soldats blessés. En tout, 209 hommes tués ou blessés, et 7 disparus.

Après cette victoire, on fortifia les hauteurs qui dominent le fond des gorges où l'armée russe venait de subir un

1. « Le 1er bataillon du 7e léger, commandant Vaissier, a été d'une bravoure chaude et brillante et mérite une mention particulière. » (Rapport.)

si complet échec. Le 7ᵉ léger fut employé à ces travaux que les approches d'un hiver rigoureux rendaient pénibles et qui étaient compliqués par les grand'gardes et les alertes, fréquentes surtout la nuit. Le 14 novembre, vers 8 heures du matin, un vent impétueux du S. O. avec grêle, neige et pluie, se déchaîna subitement et balaya pendant six heures le plateau de Chersonèse, renversant tout sur son passage. Le régiment souffrit comme le reste de l'armée de cette tempête au milieu de laquelle quelques hommes disparurent.

A la fin de novembre, un détachement de 233 hommes, commandés par le capitaine Le Petit et le lieutenant Bonnefoy, arriva de France.

Au commencement de décembre, le 7ᵉ léger prit son campement d'hiver en arrière du télégraphe.

L'année se termina par une revue passée, le 31 décembre, par le général Bosquet, à l'occasion des récompenses accordées à son corps pour sa participation à la bataille d'Inkermann.

NOMINATIONS ET PROMOTIONS.

Colonel.

1ᵉʳ Janvier. M. Jannin, lieutenant-colonel du 3ᵉ zouaves, en remplacement de M. de Lisleferme [1], passé au commandement de la place de Valenciennes.

1. De Lisleferme (Pierre-Nicolas), né le 17 décembre 1794, au Bosc (Lot-et-Garonne), entra au service comme voltigeur-caporal au 1ᵉʳ régiment de la garde impériale, le 30 décembre 1811. Sous-lieutenant au 29ᵉ léger le 24 janvier 1813. Lieutenant le 14 juin 1813 ; passé au 11ᵉ léger le 6 août 1814. Aide de camp du général Picquet le 27 avril 1815. Lieutenant à la 1ʳᵉ légion de la Gironde (19ᵉ de ligne), le 1ᵉʳ janvier 1816. Capitaine au 44ᵉ de ligne le 13 avril 1825 ; officier d'ordonnance du général duc de Rovigo le 1ᵉʳ janvier 1832 ; passé au 2ᵉ de ligne le 30 mai 1837. Chef de bataillon au 7ᵉ de ligne le 25 avril 1840. Lieutenant-colonel au 35ᵉ de ligne le 27 avril 1846. Colonel du 7ᵉ léger le 15 juillet 1848. Nommé au commandement de la place de Valenciennes le 1ᵉʳ janvier 1854.
Officier de la Légion d'honneur.
Campagne de Saxe (1813) ; prisonnier de guerre à Dresde.
Campagne de Belgique (1815).
Campagne d'Afrique.
5 blessures à Waterloo et à Senlis, 18 et 27 juin 1815.

Lieutenants-colonels.

1er Janvier. M. de Polhés [1], chef de bataillon, nommé au 25e léger.
9 novembre. M. Vaissier, chef de bataillon, nommé au 6e léger, et passé au 7e léger par permutation avec M. Fournier.

Chefs de bataillons.

1er janvier. M. O'Malley, capitaine au 3e bataillon d'Afrique.
9 novembre. M. Daguerre, capitaine au 9e bataillon de chasseurs à pied.

Médecin-major.

M. de Finance, en remplacement de M. Michel, décédé.

Médecin aide-major.

M. Bessière.

Capitaines.

23 février. M. Blot (Louis), lieutenant, en remplacement de M. Mouton, admis à la retraite.
Septembre. M. Le Petit, lieutenant, en remplacement de M. Botta, tué à l'ennemi.
Décembre. MM. Polonus et de Gourville, lieutenants.
M. du Peloux, lieutenant, nommé au 16e léger.

Lieutenants.

23 février. MM. Frizon et Gaultier de Montgaultier, sous-lieutenants.
3 mars. M. de la Goublay de Menorval, lieutenant en non-activité, en remplacement de M. Estave de Valséry, démissionnaire.
Septembre. M. Rincheval, sous-lieutenant.
Décembre. MM. Henriet et Trinquart, sous-lieutenants.

---

1. De Polhés (Balthazar-Alban, Gabriel de Bonnet Maurelhan, baron), né le 6 **décembre 1813**, à Béziers (Hérault), entra au service comme élève à l'École militaire de Saint-Cyr, le 1er décembre 1830. Sous-lieutenant au 34e de ligne le 1er octobre 1832; passé au 2e léger le 25 juin 1834. Lieutenant le 26 avril 1837; capitaine le 21 juin 1840. Officier d'ordonnance du roi le 1er juillet 1845. Chef de bataillon au 7e léger le 22 septembre 1847. Lieutenant-colonel au 25e léger le 26 décembre 1853. Colonel du 2e zouaves le 21 mars **1855**. Passe au commandement des zouaves de la garde. Général de brigade le 12 mars **1859**. Général de division le 27 février 1868.
Commandeur de la Légion d'honneur.
Campagnes d'Afrique, d'Orient, d'Italie.
Une blessure.
M. le général de Polhés appartient au cadre de réserve.

Sous-lieutenants.

28 février. MM. Vincent, sergent-major; Millar, adjudant.
Septembre. M. Drevon, adjudant.
1ᵉʳ octobre. M. Guyétant, élève à l'École spéciale militaire.
Décembre. MM. Mangin, adjudant; Maxe et Béranger, sergents-majors; Bouscaren, sergent.

Porte-drapeau.

M. Blum, sous-lieutenant.

1855. La nouvelle année commença aussi mal que l'autre finissait; le froid était de plus en plus intense, et le plateau était recouvert d'une couche épaisse de neige. Le bois était rare, chaque jour des hommes étaient atteints de congélations partielles, et le scorbut faisait déjà des ravages dans nos rangs. Grâce aux précautions prises et à la sollicitude de ses chefs, comme dans la Dobroustcha, le 7ᵉ léger se distingua par son état sanitaire.

Le 7 février, le régiment reçut 500 hommes du dépôt avec le capitaine Estève et le lieutenant Demengeot.

Le colonel Jannin[1] fut nommé colonel du 1ᵉʳ régiment de zouaves, et remplacé par le colonel de Castagny, du 7ᵉ de ligne.

Par décret du 24 octobre 1854, les 25 régiments d'infanterie légère furent transformés en régiments de ligne, et prirent la suite à partir du n° 75. Le 7ᵉ léger devint 82ᵉ de ligne.

---

1. Jannin (Charles-Aimé), né le 23 septembre 1810, à Besançon (Doubs), entra au service comme élève à l'École militaire de Saint-Cyr, le 14 novembre 1828. Sous-lieutenant au 12ᵉ léger le 1ᵉʳ octobre 1830. Lieutenant le 18 décembre 1832. Capitaine le 19 avril 1839; passé au 2ᵉ bataillon de chasseurs à pied en 1840; aux zouaves en 1842. Chef de bataillon au 51ᵉ de ligne le 23 mai 1847. Lieutenant-colonel au 6ᵉ léger le 24 décembre 1851; passé au 3ᵉ zouaves le 17 février 1852. Colonel du 7ᵉ léger le 26 décembre 1853; passé au commandement du 1ᵉʳ zouaves le 6 janvier 1855. A commandé le régiment des zouaves de la garde. Général de brigade le 8 septembre 1855. Général de division le 12 août 1862.
Commandeur de la Légion d'honneur.
Campagnes d'Afrique, d'Orient, d'Italie.
Mort en 1866.

CHAPITRE X.

82ᵉ RÉGIMENT D'INFANTERIE DE LIGNE, 1855 A 1870.

Le 7ᵉ léger devient 82ᵉ régiment d'infanterie de ligne. — Siége de Sébastopol, 1854-1856. — Combat de nuit du 22 mars 1855. — Prise et occupation du Mamelon-Vert. — Bataille de Tracktir. — Prise de Sébastopol. — Rentrée en France. — Campagne d'Italie, 1859. — Rentrée en France. — Deuxième campagne d'Afrique, 1864-1867. — Rentrée en France. — Campagne de 1870-1871. — Bataille de Sedan.

Siége de Sébastopol.

1855. Le siége de Malakoff étant résolu, on compléta l'investissement de la partie sud de Sébastopol ; cette attaque dite attaque de droite, fut confiée au 2ᵉ corps sous les ordres du général Bosquet. Elle comprenait Malakoff et le Mamelon-Vert, séparés des Anglais par le ravin de Karabelnaïa d'une part, et de l'autre les Ouvrages blancs séparés du Mamelon-Vert par le ravin du Carénage.

Le 12 février, le 82ᵉ fournit son premier détachement de travailleurs pour la construction de la batterie n° 1 du Carénage.

Le 16 février, l'attaque du Mamelon-Vert fut confiée à la 2ᵉ division du 2ᵉ corps, conjointement avec la division Brunet. Le soir même eut lieu l'ouverture de la tranchée devant cet ouvrage par une nuit sombre et pluvieuse. Le 82ᵉ eut 3 hommes blessés.

A partir de cette époque, le régiment fournit tous les trois jours un bataillon de garde à la tranchée; en même temps, il concourut au service de l'armée d'observation en envoyant des avant-postes à la queue d'hirondе, au télégraphe, à la redoute Canrobert, etc., etc. Les autres bataillons travaillaient à la construction des routes, à l'entretien des fontaines et des abreuvoirs et au transport des gabions et des projectiles.

Le 17 mars, au moment où le 1er bataillon prenait la garde de tranchée, la compagnie de grenadiers, ayant en tête le lieutenant-colonel Vaissier et son capitaine Bréger, partit pour occuper en plein jour une embuscade russe, située à 200 mètres de nos lignes et enlevée la veille.

Dans cette marche à découvert, sous le feu des nombreux tirailleurs ennemis, le colonel Vaissier fut tué; le lieutenant Garet, atteint de deux coups de feu qui nécessitèrent l'amputation d'une jambe, mourut des suites de l'opération. Le sous-lieutenant Jamais eut l'œil droit enlevé par un éclat de pierre, en entrant dans la parallèle.

Le général Bosquet adressa le soir même, au colonel de Castagny, la lettre suivante :

« Mon cher colonel,

« Votre lieutenant-colonel Vaissier a été tué hier en donnant à ses soldats l'exemple de l'intrépidité. L'armée perd en lui un de ses plus braves enfants et une de ses plus riches espérances, le 82e un chef aimé qui conduisit si glorieusement à Inkermann un de ses bataillons, et moi en particulier, mon cher colonel, un ami et un compagnon d'armes qui avait toute ma confiance et toutes mes sympathies.

« Le 82e de ligne gardera sa mémoire avec fierté, et comme un noble exemple à suivre.

« *Le général commandant en chef*,

« BOSQUET. »

SIÈGE DE SÉBASTOPOL. 249

Combat de nuit du 22 mars.

Le 22 mars, le 2ᵉ bataillon (commandant Daguerre), de garde à la tranchée, avait été disposé pour protéger l'ouverture de la deuxième parallèle ; à sa gauche se trouvait un bataillon du 3ᵉ zouaves qui devait couvrir les travailleurs de ce côté.

Vers neuf heures et demie, au moment où le travail allait commencer, après le coucher de la lune, l'approche d'une forte colonne ennemie fut signalée ; au même moment, une vive fusillade se faisait entendre du côté des zouaves. Ceux-ci, après une résistance opiniâtre, durent céder au nombre et se replier dans la tranchée où les Russes, qu'accompagnaient de nombreux travailleurs munis d'outils pour détruire nos ouvrages, allaient pénétrer, quand le colonel Jannin, de garde à la tranchée ce jour-là, appela à son secours le régiment ; la compagnie la plus rapprochée (3ᵉ), franchissant la parallèle, se précipita sur l'ennemi et l'aborda à la baïonnette : la nuit était noire ; on se distinguait à peine à la lueur des coups de fusil ; une lutte corps à corps s'était engagée ; on se battait à coups de crosses, et même à coups de pierres. Les grenadiers et les voltigeurs, lancés à leur tour, arrivèrent sur le lieu du combat au moment où l'ennemi, débordant notre gauche, enfilait de ses feux la parallèle par laquelle ils débouchaient.

Le capitaine Messelot, des voltigeurs, tomba mortellement frappé, à la tête de sa compagnie ; le lieutenant Graland, des grenadiers, atteint en franchissant le parapet, mourut en arrivant à l'ambulance. Le sous-lieutenant de la Giraudière prit aussitôt le commandement des grenadiers, et défendit la position avec énergie. Les 1ʳᵉ et 2ᵉ compagnies, capitaines Laxague et de Polhés, conduites par le commandant Daguerre, arrivèrent au secours des compagnies engagées : réunies, et d'un vigoureux effort, elles arrêtèrent enfin le mouvement en avant des Russes, et continuèrent le combat jusqu'à l'arrivée du 4ᵉ bataillon de chasseurs à pied, qui leur permit de culbuter l'ennemi et de le faire rentrer dans ses lignes, après un combat acharné qui n'avait pas duré moins de cinq heures.

Au jour, on trouva le cadavre du sous-lieutenant Mangin en avant de la parallèle; dans l'après-midi, et pendant une suspension d'armes pour l'ensevelissement des morts, on apprit que le capitaine Malafaye avait reçu huit blessures et qu'il était prisonnier. Dans ce combat où nous avions lutté un contre dix, le 2ᵉ bataillon du 82ᵉ avait fait essuyer à l'ennemi des pertes considérables; de son côté, il avait eu trois officiers tués, MM. Messelot capitaine, Graland lieutenant, et Mangin sous-lieutenant; trois blessés, MM. de Polhés, Benoît et Malafaye, capitaines. Parmi les sous-officiers, caporaux et soldats, 17 tués et 106 blessés. La 3ᵉ compagnie avait le plus souffert; de tout son cadre, il ne revint qu'un caporal. Dans son ordre général n° 17, le général en chef adressa les plus chaudes félicitations aux troupes qui avaient pris part à ce combat et leur annonça qu'il allait faire connaître à la France, combien ses soldats étaient dignes d'elle.

Par décret du 24 mars, les régiments furent formés à 4 bataillons de 6 compagnies; le 7 mai, les compagnies d'élite, sous les ordres du commandant Chaunac de Lanzac, arrivèrent de France, et le 82ᵉ fut organisé à 4 bataillons, dont 1 de dépôt.

ÉTAT DES OFFICIERS.

Colonel : de Castagny.
Lieutenant-colonel : Adam.
Médecin-major : Brumens.
Médecin aide-major : Bessière.

1ᵉʳ BATAILLON.

Chef de bataillon : O'Malley. *Capitaine adjudant-major* : Pavi.

	Capitaines.	Lieutenants.	Sous-lieutenants.
Grenadiers...	Bréger.	Henriet.	Mourgues-Carʳᵉ
1ʳᵉ............	Blot.	Véttault.	Roussel.

2e..........	Cha?ine.	Lalla?ue.	N.
3e..........	Guillaumé.	de Bermon.	Patriarche.
4e..........	Oster?	Jamais.	Guyétant.
Voltigeurs....	Chatté.	Ségard.	Blondel.

2ᵉ BATAILLON.

Chef de bataillon : Chaunac de Lanzac. *Cap. adjudant-major* : Bauduin.

	Capitaines.	Lieutenants.	Sous-lieutenants.
Grenadiers...	Bourgues.	Clavelin.	Maxe.
1re.........	Laxague.	Durand.	Mille.
2e..........	de Polhés.	Artus.	Guntz.
3e..........	Malafaye.	Quinemant.	Pellissier.
4e..........	Bourgeois.	Foulon.	Bel.
Voltigeurs....	Benoit.	Demard.	Bouscaren

3ᵉ BATAILLON.

Chef de bataillon : Guiomar. *Capitaine adjudant-major* : Blot.

	Capitaines.	Lieutenants.	Sous-lieutenants.
Grenadiers...	Polonus.	Demengeot.	Daclon.
1re.........	Buchot.	de Traversay.	Carutti.
2e..........	d'Antin.	de la Giraudière.	Padovani.
3e..........	Bloquet.	Didier.	Bounin.
4e..........	Le Petit.	Obry.	Bourdin.
Voltigeurs....	de Vocance.	Bonnefoy.	Gravelin.

4ᵉ BATAILLON (DÉPÔT).

Major : Lavisse. *Capitaine-trésorier* : Gustin.
Capitaine d'habillement : Darroyat. *Médecin aide-major* : Casses.

	Capitaines.	Lieutenants.	Sous-lieutenants.
1re.........	Boutet.	Trinquart.	Vincent.
2e..........	Abry.	Trumelet.	Chatillon.
3e..........	Mandavi.	Prunier.	Millar.
4e..........	Delmas.	de Menorval.	Abry.
5e..........	de Gourville.	Chaumette.	N.
6e..........	Estève.	Frison.	Mieulet.

Dans la nuit du 17 mai, le capitaine Blot (Louis), des grenadiers, fut blessé.

Quelque temps après, le 82ᵉ vint camper à l'entrée du ravin de Karabelnaïa; il se trouva ainsi plus rapproché des tranchées, dont le service devenait plus pénible à mesure qu'on avançait.

Le 28 mai, le capitaine Bauduin fut tué en avant de la 2ᵉ parallèle.

Au commencement de juin, les approches étaient achevées et les batteries armées et approvisionnées.

Le 6 juin, à trois heures du soir, un feu violent fut ouvert sur toute la ligne.

Prise et occupation du Mamelon-Vert.

Le 7 juin, à quatre heures du soir, le 82ᵉ, en *grande tenue*, les officiers en épaulettes et gantés, se réunit sur son front de bandière; à cinq heures, la 2ᵉ brigade entra, en colonne, dans le ravin de Karabelnaïa; le général Bosquet la fit arrêter, et passa devant chaque régiment.

« Brave 7ᵉ léger, s'écria-t-il, rappelez-vous Inkermann, où vous avez vaincu un contre dix. Vous prendrez le Mamelon-Vert; mais n'oubliez pas que le plus difficile, pour nous, c'est de le conserver. »

Des cris enthousiastes poussés par les soldats lui répondirent.

A six heures, au signal de l'assaut, parti de la batterie de Lancastre, où se tenait le général en chef, le feu de l'artillerie cessa de toutes parts, et la 1ʳᵉ brigade, franchissant nos lignes, s'élança sur l'ennemi. Les tirailleurs algériens s'emparèrent de la batterie à droite du Mamelon-Vert, pendant que le 50ᵉ de ligne et le 3ᵉ zouaves abordaient de front la redoute. L'ennemi, surpris par la rapidité de l'attaque, abandonna ses positions et s'enfuit vers Malakoff, où l'ardeur de nos soldats les entraîna à sa suite; mais des renforts venus de la place repoussèrent la 1ʳᵉ brigade jusque dans nos tranchées, et reprirent les ouvrages conquis. La 2ᵉ brigade fut alors lancée en avant; le 82ᵉ escalada les hauteurs à droite du ravin au pas de course, et arriva bientôt sur la crête, sous le feu des batteries ennemies; franchissant alors un espace de près de 800 mètres couvert par les projectiles russes, sans que rien pût arrêter leur élan, les soldats du 82ᵉ chassèrent les Russes de leurs ouvrages, et, ralliant leurs camarades de la 1ʳᵉ brigade, pénétrèrent une seconde fois dans le Mamelon-Vert, puis le dépassant, vinrent se heurter contre Malakoff, tandis qu'une autre partie du 82ᵉ poursuivait l'ennemi du côté de la rade.

Pendant qu'on organisait activement la défense du Mamelon-Vert, une partie du régiment, ralliée à la voix du commandant Guiomar et de ses officiers, s'établissait dans les carrières ouvertes en avant et à droite du Mamelon-Vert. La nuit fut tranquille; l'ennemi n'essaya pas de retour offensif.

Au point du jour, le 82ᵉ se réunit dans le Mamelon-Vert, et chacun se rendit à son poste : le 1ᵉʳ bataillon devant la face sud de l'ouvrage; les deux autres bataillons derrière la face droite.

La journée et la nuit du 8 furent terribles. L'ennemi ne cessa, pendant cinquante heures, de couvrir de ses projectiles l'étroit espace sur lequel le régiment était resserré, faisant à chaque instant de nouvelles victimes et éclaircissant les rangs du 82ᵉ, dont le dévouement, l'abnégation et le mépris de la mort furent au-dessus de tout éloge[1]. Cette page, une des plus sanglantes de son histoire, en est aussi la plus brillante.

Dans la journée du 7, le colonel de Castagny avait eu une de ses épaulettes enlevée par un biscaïen. Les pertes consistaient en : 8 officiers tués ou morts des suites de leurs blessures, 14 blessés; 132 sous-officiers, caporaux et soldats tués, 645 blessés.

En tout, 799 tués et blessés.

---

1. Le sombre aspect de l'ouvrage, l'encombrement des morts et des blessés qu'on n'enlevait qu'avec peine, l'espace étroit sur lequel on était entassé et où chaque projectile faisait des victimes, la fatigue qui harassait les soldats, tant de scènes douloureuses dont il fallait rester les témoins impassibles, ont fait de ce séjour de cinquante heures un des drames les plus terribles du siége de Sébastopol.

MM. Oster, Charpine, capitaines, Blondel, sous-lieutenant, tués; de Lanzac, chef de bataillon, Polonus, capitaine, Guntz, Pellissier, Mille, sous-lieutenants, morts des suites de leurs blessures.

MM. Adam, lieutenant-colonel, Bourgeois, Chatté, Benoît, Bourgeois (Alfred), amputé, Le Petit, Bonnefoy, capitaines; Durand, Vettault, lieutenants, amputés, Demard, Ségard, Carrère, lieutenants; Maxe, Roussel, sous-lieutenants, blessés.

Un ordre général cita, pour leur belle conduite dans l'enlèvement de vive force des redoutes autour de la ville : MM. de Castagny colonel, Guiomar chef de bataillon, Guillaumé capitaine adjudant-major, Soulié adjudant et Bonthoux sergent-major, qui furent mis à l'ordre de l'armée.

Le 9 juin, à onze heures, les glorieux débris du régiment rentraient au camp.

Le 16 juin, la 2ᵉ division vint camper sur les monts Fediouchine, et fit partie de l'armée de la Tchernaïa. C'est là que se termina, pour le 82ᵉ, cette brillante période du siége de Sébastopol[1], pendant laquelle il eut 1100 hommes tués ou blessés.

A l'attaque du 18 juin, la 2ᵉ brigade de la 2ᵉ division se porta, dès huit heures du matin, au plateau d'Inkermann; le 82ᵉ, placé à gauche de la redoute du Combat, détacha deux compagnies à la redoute Canrobert, et forma les faisceaux. A trois heures, toute apparence de retour de la part de l'ennemi ayant disparu, la 2ᵉ brigade reprit ses emplacements. Le 82ᵉ fut employé à la fabrication des gabions et fascines nécessaires aux travaux de siége.

Un détachement venu de France augmenta l'effectif.

[1]. RÉCAPITULATION DES PERTES PENDANT LA PÉRIODE DU SIÈGE.

	Tués.	Blessés.	Morts des suites de leurs blessures.
Officiers supérieurs	1	2	1
Officiers	7	20	5
Sous-officiers, caporaux et soldats.	225	839	»

Bataille de Tracktir.

Le 16 août, à la pointe du jour, 60 000 Russes descendirent des hauteurs de Mackensie. Au bruit de la fusillade qui s'engageait entre nos avant-postes et les tirailleurs ennemis, le camp prit les armes. Le 82⁰ se porta aussitôt à la division Faucheux, sur le Mamelon, au-dessus du pont de Tracktir; à peine y arrivait-il, que la tête de colonne du corps Read, qui avait déjà franchi le pont de Tracktir et refoulé nos grand'gardes, à la faveur d'un brouillard épais, gravissait les pentes qui côtoient le canal. Le 1ᵉʳ bataillon, commandé par le capitaine Guillaumé, avec le colonel de Castagny, descendant aussitôt le ravin, arriva dans la plaine au moment où un bataillon du 3ᵉ zouaves, écrasé par des forces supérieures, commençait à céder. Faisant aussitôt mettre la baïonnette au canon et sonner la charge, le colonel de Castagny lança son bataillon sur le flanc droit de l'ennemi; le 3ᵉ zouaves et le 50ᵉ de ligne joignirent leurs efforts aux nôtres, et bientôt les Russes, en désordre, repassèrent la Tchernaïa. Quand le 3ᵉ bataillon arriva, leurs débris commençaient à peine à se rallier sous le canon de Mackensie. Le 2ᵉ bataillon, en réserve, ne donna point.

Par sa charge brillante, le 1ᵉʳ bataillon du 82ᵉ avait encore une fois mérité les éloges de l'armée, dont ne furent pas moins dignes les deux autres bataillons, pour l'attitude imposante et le sang-froid qu'ils surent garder sous le feu violent de l'artillerie ennemie. Dans son ordre général, le commandant en chef cita le régiment comme ayant puissamment contribué à la victoire de Tracktir, et le colonel de Castagny comme ayant acquis des droits à la reconnaissance de l'armée.

Le chiffre des tués fut de 12; celui des blessés, de 78.

Le colonel de Castagny eut son cheval blessé sous lui.

Le champ de bataille était complétement balayé à dix

heures du matin. A midi, le régiment rentrait au camp, où il reçut les éloges de son général en chef le général Bosquet.

Le jour même, un détachement de 200 hommes (capitaine Prunier) arriva du dépôt. Le régiment prit le service d'avant-postes sur la Tchernaïa ; nos soldats, de leurs embuscades sur la rive gauche de la rivière, échangeaient tous les jours des coups de fusil avec les tirailleurs ennemis.

Ainsi se termina l'année 1855. Dans l'espace de quatorze mois, le 82e avait participé à trois grandes victoires en rase campagne, livré un combat de nuit terrible, et ouvert les portes de Sébastopol en enlevant d'assaut le Mamelon-Vert, qu'il garda pendant cinquante heures sous une pluie de fer et de feu.

Prise de Sébastopol.

Le 8 septembre, l'assaut fut donné, et la tour Malakoff tomba en notre pouvoir. La 2e brigade (général Vergé) passa la journée sous les armes près de la Tchernaïa, et ne contribua pas à la prise de la ville.

L'hiver approchait ; on se hâta de prendre des mesures pour résister à ses rigueurs. Le 82e campa en colonne par division, sur la crête du mamelon occidental de Fediouchine ; il reçut de grandes tentes, organisa ses cuisines et des huttes. Le 1er bataillon entra dans Sébastopol pour y faire le service (décembre).

NOMINATIONS ET PROMOTIONS.

Colonel.

Février. M. de Castagny, lieutenant-colonel, du 7e de ligne, en remplacement de M. Jannin, passé au commandement du 3e zouaves,

Septembre. M. Adam, lieutenant-colonel, nommé au 96e de ligne.

Lieutenant-colonel.

Avril. M. Adam, chef de bataillon, en remplacement de M. Vaissier. tué à l'ennemi.

Septembre. M. de Lanzac, chef de bataillon.

Octobre. M. Jeanningros, chef de bataillon aux voltigeurs de la

Infanterie Légère 1820

Garde, en remplacement de M. de Lanzac, mort des suites de ses blessures.

O'Malley[1], chef de bataillon, nommé au 18ᵉ de ligne.

Chef de bataillon.

6 Avril. M. Guiomar[2], chef de bataillon au 54ᵉ de ligne, par permutation avec M. Daguerre[3].

MM. Bréger[4], capitaine, nommé au 50ᵉ régiment de ligne;

---

1. O'Malley (Auguste-André), né le 7 septembre 1815, à Paris (Seine), entra au service comme élève à l'Ecole militaire de Saint-Cyr, le 20 décembre 1833. Sous-lieutenant au 15ᵉ léger le 1ᵉʳ octobre 1835. Lieutenant le 19 février 1839. Capitaine le 22 janvier 1843 ; passé au 51ᵉ de ligne en 1847 ; au 3ᵉ bataillon d'Afrique en 1851. Chef de bataillon au 7ᵉ léger le 25 décembre 1853. Lieutenant-colonel au 18ᵉ de ligne le 30 juin 1855. Colonel du 73ᵉ de ligne le 4 avril 1856. Général de brigade le 6 novembre 1860.

Campagnes d'Afrique, d'Orient, de Chine ; a commandé la subdivision de Constantine.

Une citation.

2. Guiomar (Jean-Louis), né le 20 septembre 1817, à Digne (Basses-Alpes), entra au service comme élève à l'École militaire de Saint-Cyr, le 6 novembre 1835. Sous-lieutenant au 12ᵉ de ligne le 1ᵉʳ octobre 1837 ; passé au 5ᵉ bataillon de chasseurs à pied en 1840. Lieutenant au 1ᵉʳ bataillon de chasseurs le 13 mars 1841. Capitaine au 2ᵉ bataillon de chasseurs le 21 juin 1846 ; passé au 3ᵉ bataillon. Chef de bataillon au 4ᵉ léger le 18 octobre 1854 ; passé au 7ᵉ léger le 16 avril 1855 ; a commandé le 16ᵉ bataillon de chasseurs à pied. Lieutenant-colonel au 26ᵉ de ligne le 4 avril 1856. Colonel du 77ᵉ de ligne le 14 mars 1859. Général de brigade le 7 juin 1865. Général de division le 27 octobre 1870.

Commandeur de la Légion d'honneur.

Campagnes d'Afrique, d'Orient, d'Italie, contre l'Allemagne.

3. Daguerre (Joseph-Auguste-Eugène), né le 16 décembre 1814, à Bayonne (Basses-Pyrénées), entra au service comme élève à l'École militaire de Saint-Cyr, le 17 décembre 1833. Sous-lieutenant au 48ᵉ de ligne le 1ᵉʳ octobre 1835. Lieutenant le 25 avril 1840 ; passé au 9ᵉ bataillon de chasseurs à pied en 1840. Capitaine le 19 mai 1846. Chef de bataillon au 7ᵉ léger le 18 octobre 1854 ; passé au 54ᵉ de ligne en 1855. Lieutenant-colonel au 24ᵉ de ligne le 15 janvier 1856 ; passé au 12ᵉ de ligne. Colonel du 91ᵉ de ligne le 20 août 1863. Général de brigade le 27 octobre 1870.

Commandeur de la Légion d'honneur.

Campagnes d'Afrique, d'Orient, contre l'Allemagne.

Commande la 22ᵉ brigade d'infanterie : 11ᵉ division, 6ᵉ corps.

4. Bréger (Alexis-Évariste-Apollonie), né le 31 octobre 1817, à Lorient (Morbihan), entra au service comme élève à l'École militaire de Saint-Cyr le 5 novembre 1837. Sous-lieutenant au 60ᵉ de ligne le 1ᵉʳ octobre 1838. Lieutenant le 27 décembre 1840. Capitaine le 14 juin 1844 ; passé au 7ᵉ léger en

Benoît [1], capitaine, nommé au 86e; de Maud'huy, capitaine aux voltigeurs de la Garde; de Reyniac, capitaine au 3e zouaves.

Septembre. M. Minot, capitaine, en remplacement de M. de Maud'huy, passé dans la Garde.

Octobre. MM. Paris, capitaine; Guillaumé, capitaine, nommé au 61e de ligne.

Capitaines.

Janvier. M. Laxague, lieutenant.
Avril. M. Bonnefoy, lieutenant, en remplacement de M. Gondrexon, passé dans la Garde.
Mai. MM. Charpine et d'Antin, lieutenants.
Juin. MM. Demengeot, Didier, Clavelin, Laffargue, lieutenants.
Juillet. M. de Bermon, lieutenant.
Septembre. M. Dumont, lieutenant dans la Garde, en remplacement de M. de Polhès, passé dans la Garde.
Novembre. M. Fitili, capitaine, au 9e de ligne, par permutation avec M. Malafaye.
Décembre. M. de Menorval, lieutenant.

Lieutenants.

Janvier. MM. Demard, sous-lieutenant au 85e de ligne; Ségard, sous-lieutenant.

1852. Chef de bataillon au 50e de ligne le 19 avril 1855; passé au 31e de ligne. Lieutenant-colonel du 46e de ligne le 7 mars 1861. Colonel du 18e de ligne le 3 août 1867. Général de brigade le 7 octobre 1874.
Commandeur de la Légion d'honneur.
Campagnes d'Afrique, d'Orient, contre l'Allemagne.
1 blessure.
Commande la 56e brigade d'infanterie : 28e division, 4e corps.

1. Benoît (Claude-Joseph-Paul), né le 26 décembre 1819, à Paris (Seine), entra au service comme élève à l'École militaire de Saint-Cyr le 9 novembre 1839. Sous-lieutenant au 12e léger le 1er octobre 1841. Lieutenant le 3 mai 1848. Capitaine le 8 février 1851; passé au 7e léger le 25 décembre 1851. Chef de bataillon au 86e le 24 juin 1855; passé au 3e régiment de grenadiers. Lieutenant-colonel au 61e de ligne le 4 juillet 1859. Colonel du 84e le 20 août 1863. Général de brigade le 25 août 1870.
Commandeur de la Légion d'honneur.
Campagnes d'Afrique, d'Orient, d'Italie, contre l'Allemagne.
1 blessure.
Commande la 44e brigade d'infanterie : 22e division, 11e corps.

Mars. M. Jamais, sous-lieutenant, en remplacement de M. Rincheval, passé dans la Garde.

Mai. MM. Obry, de la Giraudière, Quinemant, de Traversay, sous-lieutenants.

Juin. MM. Mourgues-Carrère, Drevon, sous-lieutenants.

Juillet. MM. Guyétant, Béranger, sous-lieutenants.

Sous-lieutenants.

Février. MM. Guntz, adjudant; Padovani, Chatillon, sergents.

Mars. MM. Mille, adjudant; Bel, sergent-fourrier; Bounin, Bourdin, élèves à l'École spéciale militaire.

Mai. MM. Roussel, Carutti, sergents-majors; Pelissier, sergent.

Juin. MM. Hontarrède, Soulié, adjudants; Paulin, Bauduin, sergents-majors; Gonon, Carrère, sergents.

Juillet. MM. Grégoire, Daux, adjudants; Longé, Girardet, sergents-majors.

Novembre. M. Picard, sous-lieutenant en non-activité.

Décembre. M. Le Bras, élève à l'École spéciale militaire.

Juillet. M. Quantin, chef de musique.

1856. L'installation intelligente du camp et les précautions prises sous l'initiative du colonel de Castagny, auquel officiers, sous-officiers et soldats prêtèrent leur concours le plus dévoué, permirent de supporter les rigueurs de l'hiver sans trop de souffrances; il y eut peu de malades.

10 mars. Le maréchal Pélissier fit connaître à l'armée l'institution de la médaille commémorative de Crimée.

Le 14 mars, un armistice fut conclu; il eut pour effet d'alléger le service des avant-postes.

Le 24 mars eurent lieu, dans la plaine de la Tchernaïa, des courses auxquelles assistèrent les soldats russes et ceux des armées alliées.

Le 3 avril, une salve de 101 coups de canon annonça aux deux armées la signature de la paix.

Le 13 avril, les classes de 1848 et de 1849 furent libérées.

Le 17 avril, le maréchal Pélissier passa une grande revue de toute l'armée et distribua des récompenses. Le régiment se fit remarquer par le nombre des hommes que son état sanitaire lui permit de mettre sous les armes.

Le 29 avril, le régiment reçut l'ordre de s'embarquer pour rentrer en France[1] ; il partit de Kamiesch sur *le Tourville*, *l'Indus* et *le Simoïs* les 1er, 3 et 6 mai, et se trouva réuni à Marseille le 23 mai.

Rentrée en France.

Conduit en chemin de fer à Arles, après un court séjour dans cette ville, le 82° se mit en route pour se rendre par étapes à Napoléon-Vendée, où il devait tenir garnison ; son voyage à travers la France ne fut qu'une suite de triomphes : partout on rivalisa de zèle pour faire accueil à ces

---

1.   ORDRE.

La 2° brigade de la division est appelée à son tour à rentrer en France. Je suis fier d'avoir eu directement sous mes ordres, pendant une grande partie de la campagne, les deux régiments de ligne qui la composent, le 6° et le 82°, dont les numéros se sont illustrés dans cette guerre et ont été associés aux plus éclatants triomphes.

En effet, ces deux vaillants corps, toujours réunis sur le champ de bataille, ont été, en toute vérité, les enfants privilégiés de la fortune. A l'Alma, ils faisaient partie de cette 2° division dont le mouvement audacieux a terrifié l'armée russe et contribué si puissamment au succès de la journée.

A Inkermann, ce sont eux qui ont abordé les premiers l'ennemi sans le compter, et l'ont arrêté et refoulé au moment où il se croyait sûr de la victoire. Au Mamelon-Vert, c'est la même brigade qui a reconquis cette redoute, défendue par 32 bouches à feu, et l'a conservée malgré un ouragan de fer qui a duré trois jours. A la bataille de la Tchernaïa, je retrouve encore le 82° culbutant les Russes à la baïonnette, les rejetant dans la rivière et couvrant ses bords de leurs cadavres. N'est-ce pas une faveur spéciale du sort d'avoir pu ainsi participer pendant toutes les phases de ce long siège au plus grand nombre des événements glorieux qui se sont accomplis?

Aussi vous est-il bien permis, officiers et soldats, de rentrer avec orgueil dans la mère patrie ; vous pourrez élever fièrement vos aigles à votre retour, car vous les avez portées haut devant l'ennemi et vous avez dignement répondu à l'espoir de la France et à la confiance de l'Empereur.

Au camp de la Tchernaïa, le 29 avril 1856.

Le général commandant par intérim la division,
Signé : VERGÉ

troupes qui venaient de porter si haut le drapeau de la France.

Le 15 juin, il arriva à Napoléon-Vendée, où il reçut les témoignages les plus flatteurs de la part de la population. Le jour même, le corps d'officiers fut réuni dans un banquet offert par les notabilités de la ville.

Le 82ᵉ occupa les détachements de Parthenay, Noirmoutier, les Sables, Cholet et Bressuire.

Le dépôt, venant de Sâlon, arriva le 11 août.

NOMINATIONS ET PROMOTIONS.

Chef de bataillon.
25 août. M. Denéchau.

Médecin-major.
15 mars. M. Masse, en remplacement de M. Brumens, décédé.

Capitaines.
16 février. M. Durand, lieutenant.
22 mars. M. Trumelet, lieutenant, en remplacement de M. Dumont, passé dans la Garde.
14 avril. M. Demard, lieutenant.
25 juin. M. Vettault, lieutenant.
29 juillet. M. Crevel, capitaine en non-activité.
8 octobre. M. Frizon, lieutenant.

Lieutenants.
16 février. MM. Bouscaren et Picard, sous-lieutenants.
22 mars. MM. Vincent et Millar, sous-lieutenants.
14 avril. M. Padovani, sous-lieutenant, en remplacement de M. Obry, passé dans la Garde.

Sous-lieutenants.
16 février. MM. Jean et Alary, sous-officiers.
17 mars. M. Bérard de Verzel, sous-officiers.
22 mars. M. Aubertel, sous-officier.
14 avril. M. Camus, sous-officier.
M. Bertrand, sous-officier, en remplacement de M. Bel, passé dans la Garde.
1ᵉʳ octobre. MM. Massicot, Le Grand et de Launay, élèves à l'École spéciale militaire.

1857. Le 13 mai, les 1er et 2e bataillons se rendirent à Paris.

Le 3e bataillon et le dépôt à Cambrai.

Le 82e fit partie de la 2e brigade (général Cauvin du Bourguet) de la 3e division (général Uhrich) de l'armée de Paris ; il occupa successivement le fort d'Ivry[1], la caserne de Reuilly et les forts de Nogent et de Rosny.

NOMINATIONS ET PROMOTIONS.

Lieutenant d'état-major.

14 janvier. M. Imbourg.

Capitaines.

12 mars. MM. Foulon et Henriet, lieutenants, en remplacement de MM. Bourgeois et Blot, admis à la retraite.

MM. Artus et Trinquart, lieutenants.

12 août. M. Ségard, lieutenant.

Lieutenants.

12 mars. MM. Maxe, Bounin, Bourdin, Abry, sous-lieutenants.
12 août. MM. Carutti, Roussel, Paulin, sous-lieutenants.
21 novembre. M. Arnaud du 56e, par permutation avec M. Padovani.

Sous-lieutenants.

12 mars. MM. Bonthoux et Dehertogh, sous-officiers.
21 mars. M. Lamolinaire, en remplacement de M. Girardet, passé dans la Garde.
12 août. M. Renvoyé, adjudant.
1er octobre. MM. Vexiau, Le Grand, Perrier de Lahitolle, élèves à l'École spéciale militaire.

---

1. Le 7 juin, un service funèbre commémoratif en l'honneur des officiers, sous-officiers et soldats du 82e, morts à l'attaque du Mamelon-Vert, fut célébré dans la cour du fort d'Ivry, où un autel avait été dressé ; le régiment y assista en grande tenue et en armes. Le drapeau était voilé d'un crêpe. Cette cérémonie simple et sévère impressionna vivement les assistants, et surtout ceux qui se souvenaient du sombre aspect de la redoute russe, dans la journée et la nuit du 8 juin, et des camarades qu'ils y avaient perdus.

1858. En juin, le régiment reçut un armement nouveau, le fusil modèle 1842 rayé.

Dans le courant de l'année, il rentra dans Paris, où il occupa les casernes de la Nouvelle-France, de la Courtille, de Popincourt et le poste-caserne n° 4. A la fin de l'année, il occupa les forts de Montrouge et de Vanves, avec des compagnies détachées à Dreux, Poissy et Saint-Germain-en-Laye.

NOMINATIONS ET PROMOTIONS.

Chef de bataillon.

17 mars. M. Bourgeois, capitaine, au 18e de ligne.

Capitaine.

27 mars. M. Jamais, lieutenant.

Lieutenants.

M. Hontarrède, sous-lieutenant.

Sous-lieutenants.

1er octobre. M. Franqueville d'Orthal, élève à l'École spéciale militaire.

1859. Le 14 mars, le colonel de Castagny [1] fut nommé général de brigade et remplacé par le colonel Becquet de Sonnay.

---

1. De Castagny (Armand-Alexandre), né le 30 novembre 1807 à Vannes (Morbihan), entra au service comme élève à l'École spéciale militaire de Saint-Cyr le 23 novembre 1824. Sous-lieutenant au 61e de ligne le 1er octobre 1827; lieutenant le 16 octobre 1831; capitaine le 19 avril 1839; il passa au 6e bataillon de chasseurs à pied, à sa formation, le 1er décembre 1840. Chef de bataillon au 21e léger le 17 février 1847; il commanda le 6e bataillon de chasseurs à pied du 23 mars 1848 au 30 décembre 1852, date à laquelle il fut nommé lieutenant-colonel du 7e de ligne. Colonel du 82e de ligne le 24 janvier 1855, il se signala à la tête de son régiment à la prise du Mamelon-Vert; à la bataille de Tracktir, il eut son cheval blessé et renversé sous lui, et fut félicité par le général en chef pour sa brillante conduite. Sous son initiative, le 82e fut un des régiments les mieux installés pendant l'hiver de 1855-1856 :

1er avril. Le régiment fut formé à quatre bataillons, dont un de dépôt.

ÉTAT DES OFFICIERS.

Colonel : Becquet de Sonnay.
Lieutenant-colonel : Jeanningros.
Médecin-major : Masse.
Aide-major : Casses.

1er BATAILLON.

Chef de bataillon : de Reyniac. Capitaine adjudant-major : Ségard.

	Capitaines.	Lieutenants.	Sous-lieutenants.
Grenadiers...	Demengeot.	Gravelin.	Le Bras.
1re.........	Durand.	Bourdin.	Bertrand.
2e.........	Gustin.	Roussel.	*
3e.........	Henriet.	Meric.	*
4e.........	Crevel.	Vincent.	Stoffer.
Voltigeurs....	Laxague.	Drevon.	Longé.

2e BATAILLON.

Chef de bataillon : Minot. Capitaine adjudant-major : Clavelin.

	Capitaines.	Lieutenants.	Sous-lieutenants.
Grenadiers...	de Bermon.	Carrère.	Grégoire.
1re.........	Demard.	*	Le Grand.
2e.........	Delmas.	Bouscaren.	Bonthoux.
3e.........	Trinquart.	Guyétant.	Vexiau.
4e.........	Buchot.	Soulié.	Bauduin.
Voltigeurs....	d'Antin.	Patriarche.	Alary.

des réserves de bois faites en prévision de l'hiver permirent de supporter les rigueurs du climat; des mesures hygiéniques furent prises pour éviter le scorbut; une boulangerie créée par ses soins permit de donner aux ordinaires du pain de soupe; des jardins potagers furent disposés; un théâtre en plein vent, installé sur la place d'armes du régiment, vint encore contribuer à entretenir la bonne humeur du soldat, et toutes ces précautions, résultats d'une sollicitude incessante, firent que le 82e résista à la recrudescence du typhus et du scorbut qui exerça de cruels ravages dans toute l'armée; « dans le mois de mars, un seul homme du régiment entra à l'ambulance ». Général de brigade le 14 mars 1859. Général de division le 12 août 1864. Grand-officier de la Légion d'honneur. — Campagnes de Belgique, 1832; d'Afrique, 1837-1846; d'Orient, 1855-1856; d'Italie, du Mexique; contre l'Allemagne. — 2 blessures, 4 citations.

3ᵉ BATAILLON.

Chef de bataillon : Denéchau. *Capitaine adjudant-major* : Fitili.

	Capitaines.	Lieutenants.	Sous-lieutenants.
Grenadiers ...	Laffargue.	Quinemant.	Jean.
1ʳᵉ	Frizon.	Arnaud.	Berard de Verzel
2ᵉ	Estève.	Abry.	de la Hitolle.
3ᵉ	Artus.	Carutti.	d'Orthal.
4ᵉ	Boutet.	Picard.	Massicot.
Voltigeurs ...	de Gourville.	Millar.	Valleton.

4ᵉ BATAILLON ET DÉPÔT.

Major : Bessière.

Capitaine-trésorier : Foulon. *Capitaine d'habillement* : Darroyat.

	Capitaines.	Lieutenants.	Sous-lieutenants.
1ʳᵉ	de la Giraudière.	Bounin.	de Launay.
2ᵉ	Robert.	Hontarrède.	Lamolinaire.
3ᵉ	Jamais.	Maxe.	Le Grand.
4ᵉ	Prunier.	Béranger.	Dehertogh.
5ᵉ	de Traversay.	Paulin.	Renvoyé.
6ᵉ	Didier.	Daclon.	Gonon.

— Corrigé en mai. —

Campagne d'Italie.

Le 82ᵉ fut appelé à faire partie du 5ᵉ corps, sous le commandement du prince Napoléon, 2ᵉ division (général Uhrich), 1ʳᵉ brigade (général N.), 14ᵉ bataillon de chasseurs, 18ᵉ, 26ᵉ de ligne : 2ᵉ brigade (général Cauvin du Bourguet), 80ᵉ et 82ᵉ de ligne.

Il quitta Paris le 19 mai par le chemin de fer de Paris-Lyon-Méditerranée et arriva à Aix le 21 ; il en partit par étapes le 22 et arriva le 24 à Toulon, où il s'embarqua le 25 sur le vaisseau *l'Arcole* et la frégate *l'Albatros*. Il comptait 2115 hommes présents.

Le 26, à dix heures du matin, les bâtiments étaient en vue de Livourne, où le régiment fit son entrée à deux heures de l'après-midi, au milieu des acclamations enthousiastes de toute une population qui jetait des fleurs sur son passage.

Le 29, il quitta Livourne pour se rendre à Florence, où il arriva le 31.

Le 5 juin, il se rendit à Lucques en chemin de fer.

Le 6, les 1er et 2e bataillons allèrent prendre position à Ponte-Doro, Ponte-Seraglio, Ponte di Calavorno, occupant par des postes les routes de Torreglio, de Castelnuovo et de Modène.

Le 3e bataillon demeura à Lucques.

Le 7, on apprit la victoire de Magenta.

Le 8, le 82e occupait les emplacements suivants : 1er bataillon, au camp sur la Fegana ; 2e bataillon, Bagni di Lucca et Ponte-Doro ; 3e bataillon, Lucques.

Le 16, le régiment entier se trouva réuni à Lucques ; le 18, il partit avec le 80e de ligne et quatre compagnies du 14e bataillon de chasseurs pour Pietra Santa, et de là pour Massa (duché de Modène), où toute la division se trouva réunie le 19.

Le 21, à Sarzana ; le 22, à Aulla ; le 23, à Pontremolli ; le 24, à Bercetto ; le 25, à Cacciol ; le 26, à Fornovo sur le Taro ; le 27, à Parme ; le 29, en face de Casalmaggiore ; le 30, passage du Pô, Casalmaggiore ; le 1er juillet, Piadena ; le 2, Gazaldo ; le 3, Goïto ; le 5, passage du Mincio ; le 6, Salionze.

Le 7, à trois heures du matin, le régiment prit position à Castelnuovo, derrière le 1er corps d'armée (maréchal Baraguey-d'Hilliers) ; à dix heures, il rentra au camp.

Le 13, le 82e repassa le Mincio et vint camper à Rivoltella.

Le 19, il quitta Rivoltella pour se rendre à Milan, où il arriva le 28.

Le 17 août, le 82e quitta Milan pour se rendre à Crema, où il arriva le 19. Il était destiné à faire partie du corps d'occupation, 2e division (général Uhrich), 2e brigade (général Cauvin du Bourguet), et prit ses quartiers d'hiver dans cette ville.

Le 19 septembre, S. M. le roi Victor-Emmanuel vint à Crema ; le 82e lui rendit les honneurs.

Le 7 octobre, le maréchal Vaillant visita Crema.

NOMINATIONS ET PROMOTIONS.

Colonel.

14 mars. M. Becquet de Sonnay, lieutenant-colonel du 91e, en remplacement de M. de Castagny, nommé général de brigade.

Lieutenant-colonel.

Juillet. M. Weissenbürger, chef de bataillon aux zouaves de la Garde, en remplacement de M. Jeanningros[1], nommé colonel du 43e.

Major.

14 mars. M. Bessière, capitaine au 34e.

Chef de bataillon.

5 mai. M. Blot[2] (Omer), capitaine, nommé au 101e.

Médecin-major.

Juillet. M. Vallin.

1. Jeanningros (Pierre-Jean-Joseph), né le 21 novembre 1816, à Besançon (Doubs), entra au service comme engagé volontaire au 66e de ligne, où il était enfant de troupe, le 20 novembre 1834 ; passé aux zouaves comme fourrier en 1836, il y fut promu sous-lieutenant le 21 juin 1840, lieutenant le 2 janvier 1842, capitaine le 10 juillet 1847 ; passé au 1er zouaves en 1852. Chef de bataillon au 43e de ligne le 7 février 1854 ; passé au 1er voltigeurs de la Garde en 1855. Lieutenant-colonel au 82e de ligne le 20 octobre 1855. Colonel du 46e de ligne le 12 juillet 1859. Général de brigade le 13 août 1865. Général de division le 22 mai 1873.

Commandeur de la Légion d'honneur.

Campagnes d'Afrique, d'Orient, d'Italie, du Mexique, contre l'Allemagne.

6 blessures, 3 citations.

Commande la 13e division d'infanterie, 7e corps.

2. Blot (Omer-Arsène-André), né le 27 novembre 1824, à Marbaix (Nord), entra au service comme élève à l'École militaire de Saint-Cyr le 18 novembre 1842. Sous-lieutenant au 7e léger le 1er octobre 1844. Lieutenant le 11 avril 1848. Capitaine le 29 décembre 1851. Chef de bataillon au 101e le 5 mai 1859. Lieutenant-colonel au 16e de ligne le 12 août 1861. Colonel du 87e le 6 mars 1867. Général de brigade le 22 septembre 1870.

Commandeur de la Légion d'honneur.

Campagnes d'Afrique, d'Orient, de Chine, contre l'Allemagne. Une blessure.

Le régiment de M. le général Blot, renfermé dans la place de Strasbourg au début de la guerre 1870-71, a fourni à la défense son principal et plus solide élément.

M. le général Blot est sous-chef d'état-major du ministre de la guerre et président de la commission de révision des règlements de manœuvres d'infanterie.

Capitaines.

5 mai. MM. de Traversay et de la Giraudière, lieutenants.
Juin. M. Mourgues-Carrère, lieutenant.
8 septembre. MM. Gravelin, Quinemant, Patriarche, lieutenants.

Lieutenants.

5 mai. M. Soulié, sous-lieutenant.
Juin. MM. Gonon, Bauduin, Grégoire, Le Bras, sous-lieutenants.
8 septembre. MM. Daux, Carrère, Longé, sous-lieutenants.

Sous-lieutenants.

14 mars. M. Stoffer, sous-officier.
Juin. MM. Masson, Roussel, Breton, sous-officiers.
8 septembre. M. Valleton, sous-officier.
1er octobre. M. Chopin d'Arnouville, élève à l'École spéciale militaire.
Novembre. M. Faroux, sous-officier.

1860. Au commencement de l'année, la médaille commémorative de la guerre d'Italie fut distribuée au 82e ; des promotions furent faites dans les ordres du Mérite militaire et de Saint-Maurice et Lazare, ordre militaire de Savoie.

Le 5 avril, le régiment quitta Crema pour Lodi.

Le 8, commença la rentrée en France ; le passage du Mont-Cenis étant très-difficile, le mouvement n'eut lieu qu'à raison d'une compagnie par jour, de telle sorte que les différentes fractions du 82e ne furent réunies à Chambéry que le 1er mai.

Le 9 mai, le régiment fut remis sur le pied de paix.

Rentrée en France.

Le 13 mai, le 82e quitta Chambéry pour rentrer en France et la 2e division de l'armée d'Italie constituée vint occuper les bords du Rhône depuis Peyrieux jusqu'à Villes (Ain).

Le 18 juin, il quitta ses cantonnements pour se rendre à

Cambrai où était déjà le dépôt; à partir de Dijon, il prit le chemin de fer et arriva le 1er juillet.

Le 2, le 4e bataillon fut licencié.

Le 24 octobre, le 3e bataillon à Avesnes.

NOMINATIONS ET PROMOTIONS.

Lieutenant d'état-major.

Janvier. M. Caron.

Lieutenant.

22 août. M. Alary, sous-lieutenant.

Sous-lieutenants.

4 juin. M. Luttzinger, adjudant au 5e bataillon de chasseurs à pied.

M. de Lanuza, adjudant au 14e bataillon de chasseurs à pied.

22 août. M. Petit, adjudant.

1er octobre. MM. de Contencin, Dutheil, élèves à l'École spéciale militaire.

1861. Le 17 mars, le colonel Becquet de Sonnay[1] passa au commandement du 1er régiment de grenadiers de la Garde et fut remplacé par le colonel Ponsard.

Le 15 avril, le 82e partit pour le camp de Châlons, où il arriva le 22.

Le 4 septembre, dans une manœuvre, le colonel Ponsard[2]

---

1. Becquet de Sonnay (Alfred-Alexandre-Cécile), né le 9 septembre 1811, à Cravant (Indre-et-Loire), entra au service comme élève à l'École militaire de Saint-Cyr le 5 mai 1828. Sous-lieutenant au 37e de ligne le 1er octobre 1829. Lieutenant le 29 août 1832. Capitaine le 25 avril 1840. Chef de bataillon au 43e le 29 novembre 1849. Lieutenant-colonel au 91e de ligne le 11 août 1855. Colonel du 82e de ligne le 14 mars 1859; passé au 1er grenadiers de la Garde en 1861. Général de brigade le 31 juillet 1867.

Commandeur de la Légion d'honneur.

Campagnes de Belgique, d'Afrique, d'Orient, d'Italie, contre l'Allemagne. 2 blessures. 1 citation.

2. Ponsard (Jean-Napoléon), né le 19 novembre 1808 à Paris, entra au service comme élève à l'École spéciale militaire de Saint-Cyr le 12 novembre 1827; sous-lieutenant au 6e de ligne le 1er octobre 1830; lieutenant le 28 janvier 1836; capitaine le 25 mai 1840. Chef de bataillon au 16e de ligne le 6 mai

fit une chute de cheval, des suites de laquelle il mourut le 7, emportant les regrets de tout son régiment.

Le 15, le camp fut levé et le 82ᵉ fut désigné pour y passer l'hiver.

NOMINATIONS ET PROMOTIONS.

Colonel.

7 mars. M. Ponsard, lieutenant-colonel du 46ᵉ, en remplacement de M. Becquet de Sonnay, passé au 1ᵉʳ grenadiers.

27 décembre. M. de La Chaise, colonel du 103ᵉ, en remplacement de M. Ponsard, décédé.

Major.

17 septembre. M. Néel, chef de bataillon au 52ᵉ, par permutation avec M. Bessière.

Chef de bataillon.

4 Octobre. M. Fitili, nommé au 41ᵉ de ligne.

Capitaines.

27 décembre. MM. Daclon, Drevon, Béranger, lieutenants.

M. Mounier, capitaine en non-activité.

Lieutenants.

27 décembre. MM. Jean, Bérard de Verzel, Cognés, sous-lieutenants.

Sous-lieutenants.

13 août. MM. Kremer et Dejou, sous-officiers au 33ᵉ et au 85ᵉ de ligne.

M. de Montbel, sous-lieutenant au 103ᵉ.

M. Lochon, sous-lieutenant en non-activité.

1862. Au mois de mars, le régiment quitta le camp de Châlons pour se rendre à Lyon; le dépôt fut dirigé sur Rodez.

1850; passé au 2ᵉ grenadiers de la Garde le 22 juin 1854. Lieutenant-colonel du 46ᵉ de ligne le 22 septembre 1855. Colonel du 82ᵉ le 7 mars 1861. Il mourut le 7 septembre de la même année, au camp de Châlons, des suites d'une chute de cheval qu'il avait faite dans une grande manœuvre. Officier de la Légion d'honneur. — Campagnes d'Afrique, d'Orient, d'Italie. — Blessé au siége de Sébastopol.

Dans le courant de l'année, il alla au camp de Sathonay et eut des détachements à Châlon-sur-Saône et à Montbrison.

NOMINATIONS ET PROMOTIONS.

Chef de bataillon.

4 avril. M. Gustin, capitaine nommé au 55e.

Capitaines.

4 avril. M. Lestang, capitaine en non-activité.
Juin. M. Béranger, nommé trésorier en remplacement de M. Foulon, admis à la retraite.
31 juillet. M. Guyélant, lieutenant.

Lieutenant.

31 juillet. M. de Launay, sous-lieutenant.

Sous-lieutenant.

31 juillet. M. Ruhlmann, adjudant.

1863. Dans le courant de cette année, le 82e détacha ses bataillons successivement à Saint-Étienne, à Valence, à Annonay, et se trouva réuni au camp de Sathonay à la fin de l'année.

NOMINATIONS ET PROMOTIONS.

Lieutenant d'état-major.

22 janvier. M. Dutheil de la Rochère.

Capitaines.

29 janvier. M. Meric, lieutenant.
21 mars. M. Millar, lieutenant.
17 avril. M. Bouscaren, lieutenant.

Lieutenants.

29 janvier. M. Aubertel, sous-lieutenant.
21 mars. M. Massicot, sous-lieutenant.
17 août. M. Vexiau, sous-lieutenant.

Sous-lieutenants.

29 janvier. M. Breton.
21 mars. M. Tellier, adjudant
17 août. M. Gérard, adjudant aux voltigeurs de la Garde, en remplacement de M. Lochon, passé dans la Garde.
M. Bourgeon, adjudant au 3º zouaves.
1ᵉʳ octobre. M. Wièse, élève à l'École spéciale militaire.

Deuxième campagne d'Afrique.

1864. Le 21 mai, le 82ᵉ quitta Lyon pour se rendre en Afrique.

Il arriva à Toulon le 22 mai et s'embarqua le même jour à bord du *Gomer* et de *l'Eldorado*.

ÉTAT DES OFFICIERS.

Colonel : de La Chaise.
Lieutenant-colonel : Weissenbürger.
Médecin major de 1ʳᵉ classe : Buges.
Médecin aide-major de 1ʳᵉ classe : Ferru.

1ᵉʳ BATAILLON.

Chef de bataillon : Minot. *Capitaine adjudant-major* : Ségard.

	Capitaines.	Lieutenants.	Sous-lieutenants.
Grenadiers...	Demengeot.	Vincent.	Stoffer.
1ʳᵉ..........	Henriet.	Jean.	Masson.
2ᵉ...........	Drevon.	Roussel.	Petit.
3ᵉ...........	Jamais.	Massicot.	Gérard.
4ᵉ...........	Robert.	de Launay.	de Lahitolle.
Voltigeurs....	Demard.	Abry.	de Lanuza.

2ᵉ BATAILLON.

Chef de bataillon : Gand. *Capitaine adjudant-major* : Clavelin.

	Capitaines.	Lieutenants.	Sous-lieutenants.
Grenadiers...	de Bermon.	Cognés.	Roussel.
1ʳᵉ..........	Trinquart.	Bauduin.	Ruhlmann.
2ᵉ...........	Bouscaren.	Longé.	Bonthoux.

Infanterie Légère 1830

3e............	de la Giraudière	Bérard de Verzel	Veau de la Nouvelle.
4e............	Durand.	Alary.	Magne.
Voltigeurs....	d'Antin.	Picard.	Dehertogh.

3e BATAILLON.

Chef de bataillon : Miquel de Riu. *Capitaine adj.-major :* de Traversay.

	Capitaines.	Lieutenants.	Sous-lieutenants.
Grenadiers...	Didier.	Arnaud.	Le Grand.
1re............	Artus.	Daux.	*
2e............	Lestang.	Le Grand.	Valleton.
3e............	Daclon.	Bounin.	Lutzinger.
4e............	Méric.	Le Bras.	Bourgeon.
Voltigeurs....	de Gourville.	Maxe.	Chopin d'Arnouville.

Le régiment débarqua à Mostaganem le 25 mai ; le 27, il partit pour Relizane, où il arriva le 28, ayant franchi en deux jours 65 kilomètres sous un soleil ardent.

Le 82e devait faire partie, avec le 12e de ligne et le 1er hussards, d'une brigade active sous le commandement du général Rose, destinée à opérer contre les Flittas dans la province d'Oran.

Le 29, le 3e bataillon rejoignit la colonne Lapasset, à laquelle il devait être attaché.

Le 31, dans la journée, le 1er bataillon, avec une pièce de campagne, chassa les contingents arabes qui s'étaient répandus dans la plaine entre Relizane et Zemorah, et leur tua 4 hommes.

Le 1er juin, les Arabes s'étant de nouveau montrés et ayant recommencé leurs ravages, les 1er et 2e bataillons n'eurent qu'à paraître pour les mettre en fuite. Le général Rose prit ce même jour le commandement de la colonne et quitta Relizane le lendemain en y laissant deux compagnies.

Le 3 juin, le 82e, formant l'avant-garde de la colonne, arriva au plateau de Sidi-Tifour, dont une centaine de cavaliers arabes et autant de fantassins essayèrent de lui défendre l'accès, très-difficile et très-étroit. Ils furent repoussés ; le sergent-major Malick fut blessé.

Le 4 juin, on commença à Dar-ben-Abdallah, une redoute qui devait être le centre des opérations. Vers midi, 400 Arabes environ tentèrent de refouler nos avant-postes formés de la 4ᵉ compagnie du 1ᵉʳ bataillon ; la compagnie de grenadiers et une pièce de canon ayant été envoyées à son secours, les Arabes se retirèrent en laissant 12 hommes sur le terrain : de notre côté, nous n'eûmes que 2 blessés ; mais deux soldats du régiment, qui lavaient leur linge dans l'Oued-Menasfa, furent surpris et massacrés à 200 mètres des avant-postes du 12ᵉ.

La nuit du 5 juin fut très-agitée, de nombreux coups de feu ne cessèrent de retentir sur la ligne des avant-postes, jusqu'au matin. Entre une heure et deux heures de l'après-midi, les Flittas, au nombre de dix mille hommes environ, fondirent sur le camp en l'enveloppant ; l'attaque principale porta sur la face défendue par la 4ᵉ compagnie, capitaine Durand, au secours de laquelle accourut aussitôt le commandant Gand avec 3 compagnies du 2ᵉ bataillon. Réunies, elles repoussèrent toutes les attaques de l'ennemi, et Si-Lazereg, atteint par leurs balles, tomba frappé mortellement. Pendant ce temps, le régiment avait pris position en avant des faces contre lesquelles vinrent échouer tous les efforts de l'ennemi. A 4 heures, les Arabes fuyaient, ayant perdu 400 hommes.

Le régiment, grâce aux dispositions prises et aux retranchements qui le couvraient, n'avait que 4 hommes blessés. Le capitaine Drevon fut contusionné.

Le général Rose adressa des félicitations au 82ᵉ, et particulièrement au capitaine Durand.

Le 11 juin, le 82ᵉ forma l'arrière-garde de la colonne qui se rendait de Dar-ben-Abdallah à Zemorah pour s'y ravitailler ; à peine à 4 kilomètres du camp, il fut assailli par les Flittas, renforcés de nombreux contingents venus de Mascara et commandés par Abd-el-Azir, qui avait succédé à Si-Lazereg. Toutes ces attaques, qui se renouvelèrent jusqu'à Zemorah, échouèrent devant l'énergie et la bravoure du régiment, qui eut 4 officiers blessés, MM. Buges, médecin-major ; Alary, Massicot, lieutenants ; Dehertogh, sous-lieutenant ; 4 soldats tués et 25 blessés.

Les Arabes eurent 800 hommes blessés et 240 tués.

Le 27 juin, les tribus révoltées firent leur soumission.

Le 82ᵉ vint occuper le camp d'El-Anceur, où il fut rejoint par les deux compagnies qu'il avait laissées à Relizane, il détacha quatre compagnies pour garder la redoute de Darben-Abdallah.

Le 6 juillet, le général Rose partit avec le 12ᵉ de ligne et le 1ᵉʳ hussards, laissant le reste de la colonne sous les ordres du colonel de la Chaise. Le 3ᵉ bataillon était à Relizane, où se rendirent les compagnies d'élite pour y former un bataillon qui fit partie d'une colonne commandée par le colonel Lapasset (29 juillet).

Le camp de Ras-el-Anceur fut levé le 28 août.

Le 3ᵉ bataillon quitta Relizane avec les compagnies du centre des deux premiers bataillons, pour rejoindre la colonne Lapasset au camp de Medouar ; à leur arrivée, le bataillon d'élite fut dissous, et les trois bataillons du 82ᵉ étant reconstitués, le demi-bataillon de droite du 1ᵉʳ bataillon partit pour Mostaganem ; l'autre demi-bataillon occupa Zemorah et Ammi-Moussa.

Le 31 août, la colonne arriva au Guédal, plateau situé à 1183 mètres. M. Luttzinger, sous-lieutenant, mourut d'une insolation en arrivant au bivouac.

Le 27 décembre, la colonne Lapasset fut dissoute. Formée le 30 juillet, au moment où l'ennemi allait pénétrer dans le Tell par le bassin de la Mina, la colonne Lapasset, par sa position à Mederoussa, avait déjoué ses projets. En occupant successivement les camps de Médouar et du Guédal, elle arrêta la défection du cercle d'Ammi-Moussa et restreignit l'insurrection en même temps qu'elle faisait rentrer les impôts.

A la fin de l'année, le 82ᵉ occupait Zemorah, Ammi-Moussa, Mostaganem et Relizane.

NOMINATIONS ET PROMOTIONS.

Lieutenant-colonel.

26 janvier. M. de Reyniac, chef de bataillon, nommé au 29ᵉ de ligne.

Chef de bataillon.

26 janvier. M. Miquel de Riu, capitaine à l'École spéciale militaire.

21 mai. M. Gand, chef de bataillon au 78ᵉ de ligne, par permutation avec M. Denéchau.

Médecin-major.

21 mai. M. Buges.

Lieutenant.

2 février. M. Le Grand (Léon), sous-lieutenant.

Sous-lieutenants.

2 février. M. Régnault, sous-officier au 90ᵉ de ligne.

M. de la Vaissière, sous-officier au 90ᵉ de ligne.

12 août. MM. Bourson et Perrin, sous-officiers aux 56ᵉ et 62ᵉ de ligne.

1ᵉʳ Octobre. MM. Broussignac et Domenech, élèves à l'École spéciale militaire.

1865. Par décret du 27 janvier, M. Berthau-Duchesne, lieutenant-colonel du 2ᵉ de ligne, fut nommé colonel du 82ᵉ en remplacement de M. de la Chaise, admis à la retraite [1].

Le 17 avril, les 1ᵉʳ et 3ᵉ bataillons firent partie d'une colonne sous les ordres du colonel Lapasset; elle rentra à Mostaganem le 27.

Le 20 mai, l'Empereur arriva à Mostaganem et se rendit à Relizane le 21.

Le 25 mai, Sa Majesté s'embarqua à Mostaganem à bord de *l'Aigle*.

---

1. De la Chaise (Jean-Baptiste, Jules), né le 29 janvier 1813, à Moulins (Allier), entra au service comme élève à l'École spéciale militaire de Saint-Cyr, le 20 novembre 1831. Sous-lieutenant au 38ᵉ de ligne le 27 décembre 1833; lieutenant le 6 avril 1840; capitaine le 2 mai 1845; chef de bataillon au 18ᵉ léger le 12 juin 1852; lieutenant-colonel au 89ᵉ de ligne le 30 décembre 1857; colonel du 103ᵉ de ligne le 28 juin 1860, il passa au 82ᵉ de ligne le 15 janvier 1862, au licenciement du 103ᵉ. Admis à la retraite en décembre 1864. Officier de la Légion d'honneur.

Campagnes d'Afrique, 1845-50, 1855-59, 1864-65, d'Italie, 1859-60.

1ᵉʳ juillet, le 1ᵉʳ bataillon à Tiaret.

A la fin de l'année, le 2ᵉ bataillon à Mascara.

En novembre, un décret prescrivit la suppression de deux compagnies par régiment d'infanterie.

NOMINATIONS ET PROMOTIONS.

Colonel.

27 janvier. M. Berthau-Duchesne, lieutenant-colonel du 2ᵉ de ligne, en remplacement de M. de la Chaise, admis à la retraite.

25 juin. M. Weissenbürger, nommé au 17ᵉ de ligne.

Lieutenants-colonels.

25 juin. M. Bressolles, chef du 10ᵉ bataillon de chasseurs à pied.

M. Minot [1], chef de bataillon, nommé au 19ᵉ de ligne.

Chefs de bataillon.

25 juin. M. du Guiny, capitaine au 79ᵉ de ligne.

18 décembre. M. de Gourville, capitaine, nommé au 17ᵉ de ligne.

Lieutenant d'état-major.

7 février. M. Wartelle.

Capitaine.

1ᵉʳ octobre. M. Mastranchard, du 6ᵉ de ligne, par permutation avec M. Béranger.

Sous-lieutenants.

7 février. MM. Roux et Chevrier, sous-officiers aux 1ᵉʳ et 77ᵉ de ligne.

M. Haudot, sous-officier au 77ᵉ.

1ᵉʳ octobre. MM. Gottran et d'Armagnac, élèves à l'École spéciale militaire.

---

1. Minot (Charles-Victor), né le 3 juin 1823, à Charenton (Seine), entra au service comme engagé volontaire au 47ᵉ de ligne, le 9 juin 1843. Entré à l'École militaire de Saint-Cyr le 7 novembre 1843. Sous-lieutenant au 25ᵉ léger le 1ᵉʳ octobre 1845. Lieutenant le 19 décembre 1848. Capitaine le 12 septembre 1852. Chef de bataillon au 82ᵉ de ligne le 23 septembre 1855. Lieutenant-colonel au 19ᵉ de ligne le 17 juin 1865. Colonel au 38ᵉ de ligne le 27 février 1869. Général de brigade le 18 octobre 1870.

Officier de la Légion d'honneur.

Campagnes d'Afrique, d'Orient, d'Italie, contre l'Allemagne.

Commande la 65ᵉ brigade d'infanterie : 33ᵉ division, 17ᵉ corps d'armée.

1866. Au mois d'avril, le 82⁰ fut occupé à divers travaux, à Sidi-Moussa, à Ichoubla et Sarraoui, à Saïda, où le 2ᵉ bataillon fut campé. Au mois de juillet, le 1ᵉʳ bataillon s'établit au camp de Sidi-Khaled, devant Tiaret; il fut remplacé au mois d'octobre par le 3ᵉ bataillon dont 2 compagnies occupèrent le poste de Frendah; le 1ᵉʳ bataillon rentra à Mostaganem.

Par décret du 21 décembre 1866, M. Genneau, lieutenant-colonel du 28ᵉ de ligne, fut nommé colonel du 82ᵉ, en remplacement de M. Berthau-Duchesne [1], nommé commandant de la place de Constantine.

NOMINATIONS ET PROMOTIONS.

Colonel.

21 décembre. M. Genneau, lieutenant-colonel du 28ᵉ, en remplacement de M. Berthau-Duchesne, passé au commandement de la place de Constantine.

Lieutenant-colonel.

12 août. M. Amadieu, chef de bataillon au 48ᵉ, en remplacement de M. Bressolles [2], passé au 30ᵉ.

Médecin aide-major.

26 avril. M. Barbier.

Capitaines.

18 janvier. M. Picard, lieutenant.
12 mars. M. Cognés, lieutenant.
14 juillet M. Bounin, lieutenant, en remplacement de M. de la Giraudière, passé dans la gendarmerie.

---

1. Berthau-Duchesne (François-Louis-Achille), né le 5 octobre 1809, à Montauban (Tarn-et-Garonne), entra au service comme élève à l'École militaire de Saint-Cyr, le 15 novembre 1828. Sous-lieutenant au 14ᵉ léger le 1ᵉʳ octobre 1830; passé au 1ᵉʳ léger le 18 juillet 1831. Lieutenant le 13 décembre 1833. Détaché à l'École militaire de Saint-Cyr. Capitaine au 21ᵉ léger le 25 août 1840. Chef de bataillon au 8ᵉ de ligne le 26 décembre 1853. Lieutenant-colonel au 2ᵉ de ligne le 6 septembre 1859. Colonel du 82ᵉ de ligne le 26 décembre 1864. Nommé au commandement de la place de Constantine le 19 décembre 1866.
Officier de la Légion d'honneur.
Campagnes d'Italie et d'Afrique.
Une blessure.

2. Bressolles (Antoine-Aubin), né le 2 janvier 1828, à Lavaur (Tarn), entra

Sous-lieutenants.

30 septembre. M. Midon, sous-officier, au 2ᵉ zouaves.

M. Pacaud, sous-officier au 2ᵉ zouaves.

1ᵉʳ octobre. M. d'Ormesson, élève à l'École spéciale militaire.

1867. Le 24 mars, les différentes fractions du régiment, détachées à Mascara, Tiaret, Ammi-Moussa et aux camps près Zemorah et de la Djedouia, se réunirent à Mostaganem, d'où le régiment partit, le 27, en deux colonnes, pour Oran, où il se trouva de nouveau réuni le 31.

Le 1ᵉʳ avril, le maréchal de Mac-Mahon, gouverneur général, adressa aux troupes qui quittaient l'Algérie un ordre général :

« Venus en Algérie au milieu de circonstances difficiles, ces régiments ont noblement accompli leur tâche sur la terre d'Afrique et rendu des services que je me plais à rappeler par la voie de l'ordre général.

« A peine débarqué dans la province d'Oran, en mai 1864, le 82ᵉ infligeait de rudes leçons aux Flittas et livrait de glorieux combats autour de la redoute de Dar-ben-Abdallah, confiée à sa garde. »

Rentrée en France.

Le 3 avril, le 82ᵉ s'embarqua à Mers-el-Kébir sur le transport *le Var*, il arriva le 8 à Port-Vendres et se dirigea aus-

---

au service comme élève à l'École militaire de Saint-Cyr, le 6 décembre 1845. Sous-lieutenant au 25ᵉ léger le 1ᵉʳ octobre 1847. Lieutenant le 13 octobre 1849; passé au 17ᵉ bataillon de chasseurs à pied en 1853. Capitaine le 15 mai 1855. Chef de bataillon au 74ᵉ de ligne, le 29 mai 1859 ; passé au commandement du 10ᵉ bataillon de chasseurs à pied le 30 juin 1859. Lieutenant-colonel au 82ᵉ de ligne le 14 août 1865 ; passé au 80ᵉ de ligne le 12 août 1866. Général de brigade le 22 septembre 1870.

Commandeur de la Légion d'honneur.

Campagnes d'Afrique, d'Italie, d'Orient, contre l'Allemagne.

2 blessures.

Commande la subdivision de Dellys.

sitôt sur Perpignan où il devait tenir garnison, en laissant une compagnie à Port-Vendres, et deux compagnies à Collioure.

Le 14 mai, le 1er bataillon fournit les détachements de Port-Vendres, Collioure, Bellegarde et Villefranche.

Le 17 août, à l'occasion de troubles en Espagne, la compagnie qui occupait le fort de Bellegarde alla occuper le bivouac du Puits de la Neige, et fut ensuite cantonnée au village de las Illas, où elle resta jusqu'au 4 octobre. Elle fut remplacée par une compagnie de Collioure.

Le 1er octobre, le 1er bataillon fut relevé dans ses détachements par le 2e.

NOMINATIONS ET PROMOTIONS.

Major.

5 janvier. M. Graziani, capitaine au 85e.

Chefs de bataillon.

3 août. M. Boutet, nommé au 18e de ligne.
6 novembre. M. Dubosq, chef de bataillon au régiment étranger, par permutation avec M. Gand.

Lieutenant d'état-major.

5 janvier. M. Leduc.

Chef de musique.

27 avril. M. Schaller.

Capitaine de tir.

24 avril. M. Bounin.

Capitaines.

5 janvier. M. Bonthoux, lieutenant.
10 avril. M. Varloud, lieutenant au régiment étranger.
13 avril. MM. Arnaud, Maxe, Roussel, Paulin, Bourdin, lieutenants aux 30e, 96e, 77e, 78e et 59e de ligne.
20 avril. M. Danton, du régiment étranger, par permutation avec M. Quinemant.
29 juillet. M. Tissot, des compagnies de discipline, par permutation avec M. Ségard.
7 août. M. Hontarrède, lieutenant au corps.

11 octobre. M. Chardin, du 2ᵉ tirailleurs, par permutation avec M. Bounin.

17 novembre. M. Le Bras, lieutenant.

Lieutenants.

10 avril. M. Degland, lieutenant en non-activité.

13 avril. MM. Dehertogh, Stoffer, Masson, de Contencin, sous-lieutenants.

MM. Alessandri, du 67ᵉ, Rousselin et Pelizza, du 68ᵉ.

MM. Roussel et Breton, sous-lieutenants aux 83 et 84ᵉ.

7 août. M. Valleton, sous-lieutenant.

17 novembre. MM. Wièse et Chopin d'Arnouville, sous-lieutenants.

Sous-lieutenants.

13 avril. M. Dellys, sous-officier.

11 mai. M. Aubry, sous-officier, au 100ᵉ.

MM. Mordillat, Brecht, Dolecie, sous-officiers aux 92ᵉ, 95ᵉ et 34ᵉ de ligne. Blanchet, du 3ᵉ bataillon d'Afrique. Tirlet, du 3ᵉ zouaves.

1ᵉʳ octobre. MM. Bertran et Voirin, élèves à l'École spéciale militaire.

27 novembre. M. Guéguin, sous-lieutenant au 89ᵉ, par permutation avec M. Frizon, promu.

1868. Par décret du 29 janvier, les compagnies d'élite furent supprimées, les grenadiers et voltigeurs de ces compagnies furent placés à titre de soldats de 1ʳᵉ classe dans chacune des compagnies actives, et l'on fit un tiercement afin de placer les capitaines des compagnies d'élite suivant leur ancienneté.

Le 1ᵉʳ juillet, le 3ᵉ bataillon fut détaché à Mont-Louis, Villefranche, Fort-les-Bains, Prats de Mollo et Bellegarde, Collioure et Port-Vendres.

Au mois de septembre, il fut relevé par le 1ᵉʳ bataillon, qui n'occupa plus que Mont-Louis, Villefranche et Fort-les-Bains.

NOMINATIONS ET PROMOTIONS.

Chef de bataillon.

29 février. M. Moret, capitaine au 56ᵉ, en remplacement de M. du Guiny, nommé à l'École spéciale militaire.

Major.

29 février. M. Robert, capitaine, nommé au 48e.

Médecin-major de 1re classe.

29 février. M. Rueff.

Capitaines.

8 janvier. M. Gonon, lieutenant.
11 mars. M. Escolle, du 3e grenadiers, par permutation avec M. Drevon.
10 août. M. Bauduin, lieutenant.

Lieutenants.

8 janvier. MM. Faroux et Magne, sous-lieutenants.
11 mars. M. Valleton, sous-lieutenant.
10 août. MM. de Lanuza et Petit, sous-lieutenants.

Sous-lieutenants.

8 janvier. M. Bermond, du 76e, par permutation avec M. Malick, sous-officier, promu.
11 mars. M. Hiriart, sous-officier au 13e de ligne.
10 août. MM. Bachelier, du 1er bataillon d'Afrique, et Rollinat du 38e. M. Bertonnière, sous-officier au 87e.
1er octobre. MM. Gravas et Loquet, élèves à l'École spéciale militaire.

1869. Au mois d'avril, le 1er bataillon fut relevé dans ses détachements par le 2e et rentra à Perpignan.

MM. Guyétant et de Bermon, capitaines, moururent à l'hôpital de Perpignan.

Le 29 juin, les trois bataillons du 82e partirent pour le camp de Lannemezan, où ils se trouvèrent réunis, le 12 juillet, sous les ordres de M. le général de division Picard.

Les exercices et manœuvres finirent en septembre, et le régiment partit en trois colonnes pour La Rochelle, où il se trouva réuni le 7 octobre.

Le dépôt s'y était rendu de Perpignan et était arrivé le 28 septembre.

Le 1er bataillon fut détaché dans les îles d'Oléron, de Ré et d'Aix.

FRANCE. 283

Le 3ᵉ bataillon en entier, à Rochefort, avec 2 compagnies du 2ᵉ bataillon.

NOMINATIONS ET PROMOTIONS.

Colonel.

2 août. M. Amadieu, nommé au 75ᵉ de ligne.

Lieutenant-colonel.

2 août. M. Gaday, chef de bataillon au 3ᵉ zouaves.

Capitaines.

6 mars. M. de Launay, lieutenant, en remplacement de M. Guyétant, décédé.

7 août. M. Longé, lieutenant, en remplacement de M. de Bermon, décédé.

16 novembre. M. Arvers, du 2ᵉ grenadiers, par permutation avec M. Varloud.

Lieutenants.

6 mars. M. Tellier, sous-lieutenant.

7 août. M. Gérard, sous-lieutenant.

24 décembre. M. Bourgeon, sous-lieutenant.

Sous-lieutenants.

6 mars. M. Lafeuillade, sous-officier.

7 août. MM. Martin et Rouvairolis de Rigault, sous-officiers aux 80ᵉ et 83ᵉ.

M. Charlut, du 83ᵉ.

1ᵉʳ octobre. M. Roussel, élève à l'École spéciale militaire.

16 novembre. M. Marty, sous-officier au 21ᵉ.

M. Raoult, du 21ᵉ, M. Hautelin du 72ᵉ.

25 décembre. M. Jousse, de la non-activité.

1870. Au mois d'avril, les détachements furent relevés, le 3ᵉ bataillon rentra à La Rochelle.

Le 20 juin, le colonel Genneau[1] mourut à la suite d'une longue et cruelle maladie.

---

1. Genneau (Pierre-Alexis), né le 8 novembre 1815, à Provins (Seine-et-Marne), entra au service comme engagé volontaire au 28ᵉ de ligne, le 18 novembre 1833. Sous-lieutenant au 6ᵉ bataillon de chasseurs à pied le 22 novembre 1842; capitaine au 5ᵉ bataillon le 29 décembre 1851. Chef de bataillon

Le 82ᵉ avait encore perdu dans le courant de cette année MM. Patriarche, capitaine, et Le Grand aîné, lieutenant.

Le 9 juillet. M. Guys, lieutenant-colonel du 66ᵉ de ligne, fut nommé colonel du 82ᵉ, en remplacement de M. le colonel Genneau, décédé.

Campagne de 1870-71.

ÉTAT DES OFFICIERS.

Colonel : Guys.
Lieutenant-colonel : Gaday.
Porte-drapeau : Brecht.
Officier-payeur : Dellys.
Médecin-major de 2ᵉ classe : Baldy.
Médecin aide-major : Laval.

1ᵉʳ bataillon.

Chef de bataillon : Miquel de Riu. *Capitaine adj.-major* : de Traversay.

	Capitaines.	Lieutenants.	Sous-lieutenants.
1ʳᵉ	Daclon.	Gérard.	Ernst.
2ᵉ	Millar.	de Contencin.	Mordillat.
3ᵉ	Longé.	de la Vaissière.	Bertran.
4ᵉ	Picard.	Wièse.	Dolecie.
5ᵉ	Bérard de Verzel	Degland.	Rollinat.
6ᵉ	Gonon.	Tellier.	Pacaud.

2ᵉ bataillon.

Chef de bataillon : Dubosq. *Capitaine adjudant-major* : Bouscaren.

	Capitaines.	Lieutenants.	Sous-lieutenants.
1ʳᵉ	Demard.	Gottran.	Bachelier.
2ᵉ	Hontarrède.	Masson.	Blanchet.

au 26ᵉ de ligne le 9 février 1855 ; il commanda le 3ᵉ bataillon de chasseurs à pied du 13 juillet 1855 au 14 août 1860, date à laquelle il fut nommé lieutenant-colonel du 28ᵉ de ligne. Colonel du 82ᵉ de ligne le 21 décembre 1866, il mourut le 20 juin 1870, à La Rochelle.

Commandeur de la Légion d'honneur.

Campagnes d'Afrique, d'Orient : il commanda une compagnie de francs-tireurs devant Sébastopol.

Une blessure. Une citation.

	Chardin.	Le Grand.	Genneau.
3e...			
4e..........	Cognés.	Bonthoux.	Tirlet.
5e..........	Escolle.	d'Armagnac.	Charlut.
6e..........	Le Bras.	Allessandri.	Gravas.

3e bataillon.

Chef de bataillon : Moret. *Capitaine adj.-major :* Mourgues-Carrère.

	Capitaines.	Lieutenants.	Sous-lieutenants.
1re..........	de Launay.	Bourgeon.	Bermon.
2e..........	Alary.	Valleton.	Raoul.
3e..........	Frison.	Domenech.	Hautelin.
4e..........	Bauduin.	Dehertogh.	Lafeuillade.
5e..........	Jean.	Aubertel.	Knoll.
6e..........	Arvers.	Broussignac.	Hiriart.

Le 18 juillet, le 82e reçut l'ordre de se rendre à Lyon pour y faire partie du 7e corps d'armée en voie de formation ; les détachements des îles rentrèrent à La Rochelle, en même temps que le 1er bataillon se concentrait à Rochefort ; une partie des hommes de la réserve arriva le 19 et le 20. On les habilla et équipa aussitôt, et, le 22 au matin, le régiment partait en chemin de fer pour Lyon en deux trains qui arrivèrent à destination, le premier le 23 à 4 heures du soir, le deuxième le 24 au matin.

Le 82e fut réparti dans les forts de Lamothe, de Villeurbanne et des Broteaux, et à la caserne de la Part-Dieu. Il faisait partie du 7e corps, général Douay ; 3e division, général Dumont ; 1re brigade, général Bordas, 52e et 72e.

2e brigade, général Bittar des Portes, 82e et 83e.

Du 26 juillet au 12 août, le régiment reçut, en deux détachements, 536 hommes de la réserve, venus du dépôt, qui portèrent son effectif à 2200 hommes.

Le 13 août, dans la nuit, il partit en deux trains pour Belfort, où il arriva le même jour à 11 heures du soir, et fut campé entre le chemin de fer de Mulhouse et la Savoureuse.

Le 14 août, au matin, le camp fut levé et la 3e division

monta aux Perches, à cheval sur la route de Bâle, sa gauche (1ʳᵉ brigade) appuyée au camp retranché, sa droite (2ᵉ brigade) aux glacis du château. Jusqu'au 20 août, le régiment occupa cette position, fournissant chaque jour des corvées pour les ouvrages des Petites-Perches.

Le 20 août, à 4 heures du matin, le 82ᵉ s'embarqua en chemin de fer, et fila sur Paris, qu'il ne fit que contourner, et de là sur Reims où il arriva le 22, de bonne heure. La 3ᵉ division se trouvait réunie aux deux autres divisions du 7ᵉ corps dans la plaine de Courcelles.

Le 23 août, à 11 heures du matin, la division Dumont se mit en route et alla camper sur la Suippe, au village de Prosne, où elle arriva vers 6 heures. Le régiment eut, à partir de ce moment, le même ordre de campement; les trois bataillons en colonnes, par division, à distance de peloton et à intervalles de trente pas.

Le 24 août, à 4 heures du matin, la 3ᵉ division leva son camp et alla camper à Saint-Étienne à Arne.

Le 25 août, elle partit à 7 heures du matin, et arriva à Vouziers vers 4 heures du soir : traversant la ville et l'Aisne, elle alla camper dans les prairies sur les bords de la rivière, à droite de la route de Vouziers à Grand-Pré.

Le 26 août, la 2ᵉ brigade leva son camp à 10 heures du matin, et vint prendre position face à Falaise, d'abord, puis la droite à l'Aisne et la gauche à Falaise.

C'est dans cette position que, vers 5 heures, elle reçut l'ordre de partir précipitamment pour se porter au devant de la 1ʳᵉ brigade qui était partie depuis le matin pour Grand-Pré, et que son général croyait coupée de Vouziers. Vers 9 heures, après avoir franchi le versant occidental de l'Argonne, le 82ᵉ s'arrêta et les hommes s'établirent sur les côtés de la route. Vers une heure du matin, la 3ᵉ division, tout entière, rentra à Vouziers, où elle arriva à 4 heures.

Le 27 août, le 82ᵉ campa sur les hauteurs, en arrière de Falaise et face au sud. Cette journée permit aux hommes de prendre un repos bien nécessaire après la nuit et la journée de la veille. A 10 heures du soir, les tentes furent abattues, les feux éteints, et le régiment se tint prêt au départ, qui eut lieu, le 28 août, à 4 heures du matin, le 82° formant arrière-garde[1]. On arriva, vers midi, à Quatre-Champs, où tout le 7ᵉ corps se trouva réuni sur un étroit plateau, détrempé par la pluie qui n'avait cessé de tomber depuis le matin. Vers 3 heures, les bagages de la 3ᵉ division, qui avaient pris une fausse direction et que l'on croyait enlevés, rejoignirent, et à 4 heures 1/2 le 82° se mit en marche le dernier, et arriva à 6 heures du soir à Belleville, où il campa à l'est du village sur un terrain descendant en pentes assez raides jusqu'à la rivière de Bar. La nuit venue, on vit un peu plus en arrière, et à droite, les feux de bivouac de la 2ᵉ division établie à Boult-aux-Bois.

Le 29 août, à 9 heures 1/2 du matin, la 2ᵉ brigade descendit les hauteurs de Belleville pour rejoindre la route de Busancy, et traversa Boult-aux-Bois et Germont. Entre ce dernier endroit et Authe, l'apparition d'une masse de cavalerie fit abandonner l'ordre de marche pour prendre les dispositions de combat, la 3ᵉ division placée au-dessus du village, le 82°, en deuxième ligne, par bataillons en colonnes. Au bout d'une heure et demie d'attente, le 7ᵉ corps reprit sa marche. La route fut laissée libre pour les voitures; l'infanterie prit les bas côtés, et, après une marche des plus fatigantes dans les terres labourées, le 82° arriva à Oches, où il bivouaqua sur le revers d'une crête boisée qui sépare ce village de Saint-Pierremont, et du haut de laquelle on découvre la plaine; on y plaça deux compagnies en grand'garde.

Le convoi de la 3ᵉ division, que l'on n'avait pas vu depuis Vouziers, rejoignit; il avait eu une marche des plus pénibles à travers un pays boisé et montueux, et serré de près

---

1. A peine quittait-il son bivouac, que l'on voyait le petit village de Falaise en flammes. On raconte dans le pays qu'un soldat du 82ᵉ attardé démonta plusieurs uhlans ! Nous n'avons pas pu vérifier l'exactitude de ce fait.

par les cavaliers ennemis, avec lesquels les conducteurs firent plusieurs fois le coup de feu.

Le 30 août, le 7⁰ corps quitta ses campements d'Ochés à quatre heures du matin; la brigade Bittar des Portes, qui était d'arrière-garde, ne s'ébranla qu'à dix heures du matin. Les voitures, formant un long convoi de près de quinze kilomètres, avaient leur gauche engagée dans le village; le 82⁰ fût obligé de prendre sur la gauche, et fut arrêté, avec le 83⁰, à un kilomètre. Déjà des partis de cavaliers prussiens se montraient sur les hauteurs occupées le matin par nos grands'gardes. Après une demi-heure de pause, la brigade Bittar des Portes se remit en marche dans l'ordre suivant : 82⁰, 83⁰, en colonnes par pelotons; l'artillerie entre le 2⁰ et le 3⁰ bataillon du 83⁰. Tout à coup des batteries ennemies ouvrirent le feu des hauteurs de Saint-Pierremont, à 1300 mètres environ; la batterie de quatre de la brigade et les mitrailleuses ripostèrent aussitôt, et l'ennemi cessa son feu, qui nous avait occasionné une perte de 8 hommes.

La 2⁰ brigade reprit sa marche sur Stonne, escortée et inquiétée « par deux escadrons de la garde prussienne, qui déjà l'avaient accompagnée la veille[1] ».

On arriva enfin à Stonne, d'où l'on vit distinctement le combat qui se livrait à Beaumont. Les 2⁰ et 3⁰ divisions prirent position. La batterie de mitrailleuses ouvrit le feu sur les cavaliers, qui se montraient de plus en plus entreprenants, et, dès les premières salves, les mit dans un désordre complet. A la faveur de cette diversion, le 7⁰ corps se remit en marche, laissant toujours la 2⁰ brigade en arrière-garde.

Le 82⁰, descendant à son tour des hauteurs de Stonne, s'engagea dans le bois de Raucourt et arriva au débouché du défilé de Raucourt, protégé sur son flanc droit par une compagnie en tirailleurs. Arrivé à l'entrée du village, dont la grande rue forme le défilé, il fut obligé de s'arrêter. Il

---

1. Guerre franco-allemande.

Tenue de France Infanterie Légère. Tenue d'Afrique
C.ie du Centre 1846 Grenadier

était cinq heures, et des voitures d'ambulance ainsi que de nombreux fuyards s'engouffraient dans cet entonnoir dont l'accès était en quelque sorte impossible. Tout à coup des obus tombant dans cette masse accélérèrent sa marche, et le 82e entrant le dernier dans Raucourt, le colonel Guys prit aussitôt des mesures pour arrêter la poursuite de l'ennemi et permettre au 7e corps de s'écouler; le 2e bataillon et la 2e compagnie du 3e bataillon furent déployés à droite et à gauche sur les hauteurs boisées, et ouvrirent le feu contre l'infanterie prussienne qui entrait dans Raucourt.

Le commandant Dubosq se retira ensuite à travers les taillis, poursuivi faiblement par l'ennemi, et rallia son bataillon vers Angecourt. Vers onze heures, le 2e bataillon retrouvait le 3e bataillon à Rémilly.

De leur côté, les deux compagnies du 3e bataillon, déployées sur les hauteurs à droite, rallièrent le 1er bataillon à cinq kilomètres de Rémilly.

Vers dix heures du soir, cette fraction du régiment fut dirigée sur Rémilly, pour y passer la Meuse; mais le pont de bateaux ne donnant plus qu'un passage difficile, le 82e descendit la rivière sur la rive gauche, pour la traverser au pont du chemin de fer. A une heure du matin, il se trouvait réuni à l'entrée du village de Bazeilles, n'ayant laissé sur l'autre rive que quelques officiers et soldats égarés dans l'obscurité de la nuit, qui se dirigèrent ensemble vers la Meuse, où ils arrivèrent aux ponts lorsque le passage en était interdit; ils furent obligés de descendre jusqu'à Sedan, et ne rejoignirent le drapeau que le lendemain soir.

Le 31 août, à cinq heures du matin, après un repos de trois heures pris sur les côtés de la route, où les hommes s'étendirent, le régiment traversa Bazeilles et vint former les faisceaux sur le côté droit de la route de Sedan.

A neuf heures, la brigade Bittar des Portes prit position au-dessus du fond de Givonne, et suivit de là toutes les phases du combat du 31, sans y prendre part.

Vers deux heures, le 82e installa son bivouac, face à la

Belgique, de l'autre côté des bois de la Garenne ; le reste de la division s'étendait, à droite, jusqu'au calvaire d'Illy.

Le 31 août, à l'appel du soir, il ne manquait qu'une trentaine d'hommes, blessés, pour la plupart, la veille, à Stonne ou à Raucourt. L'effectif du 82ᵉ était de 2100 hommes, environ.

Bataille de Sedan.

Le 1ᵉʳ septembre au matin, la canonnade et les feux de l'infanterie se firent entendre dans la direction de Bazeilles et de la Moncelle ; la 3ᵉ division ne prit cependant les armes et ne leva le camp que vers huit heures. Quittant ses positions, la 2ᵉ brigade fut portée de l'autre côté de la route de Bouillon, au-dessus de Givonne ; le 82ᵉ, par bataillons en colonne à intervalles de déploiement, était à peine en position, que le général Bittar des Portes ramena sa brigade en arrière et l'établit sur la lisière d'un parc qui forme la partie sud du bois de la Garenne, et où les projectiles, dont l'artillerie prussienne couvrait cette partie, causaient moins de mal.

Vers dix heures et demie, le 82ᵉ fit par le flanc gauche, et suivit la route de Bouillon ; rentrant dans le bois à gauche, le 3ᵉ bataillon et trois compagnies du 2ᵉ vinrent se former en bataille derrière les batteries placées en avant de la position où le régiment campait le matin. Ramenées aussitôt, par un ordre du général Wimpffen, à leur position précédente, près du kiosque du parc, ces compagnies retrouvèrent le demi-bataillon de droite du 2ᵉ bataillon, qui avait été coupé de la colonne.

Quant au 1ᵉʳ bataillon, arrêté par le général Dumont en face de la ferme de Quérimont, il chercha vainement à rejoindre le drapeau : désuni et rompu par la masse des fuyards qui se jetaient dans le bois de la Garenne, il ne put qu'agir isolément par chacune de ses fractions, et se retira le soir sur Sedan.

Vers onze heures et demie, le régiment, sortant une dernière fois du parc, remonta la route d'Illy, et tourna à droite, à la ferme de Quérimont; arrivés à la lisière est du bois de la Garenne, les deux bataillons furent déployés; mais au moment de se porter en avant, ils furent arrêtés par la mitraille vomie des hauteurs de Daigny et de Givonne, et rejetés en dedans du bois, avec les troupes du 1er corps. Remontés jusqu'à la ferme, les deux bataillons furent ralliés et lancés aussitôt sur le calvaire d'Illy. « A plusieurs reprises, l'infanterie française prend résolûment l'offensive; mais toutes ses tentatives pour gagner du terrain en avant du calvaire échouent devant l'écrasante convergence des feux des batteries prussiennes et devant l'énergique résistance des compagnies qui occupaient Illy[1]. » Par une bizarre coïncidence, ces compagnies appartenaient au 82e prussien. Arrêté en avant des bataillons de réserve du 7e corps, le 82e occupait, vers midi (le 2e bataillon face au nord, le 3e bataillon face au nord-ouest), la portion du calvaire à gauche de la route d'Illy; il avait derrière lui un ravin profond, par-dessus lequel tirait encore, mais faiblement, l'artillerie. A sa droite se trouvait un bataillon du 72e. Bientôt une nombreuse artillerie vint prendre position au nord-ouest d'Illy, et engagea avec nos pièces une lutte inégale qui se termina par l'extinction de notre feu. Les projectiles ennemis, passant par-dessus le 82e, tombaient en grande partie dans le ravin, et ne nous causèrent pas de pertes très-sensibles; mais, abandonné par l'artillerie, le 82e devint à son tour le point de mire des batteries ennemies, qui couvrirent le mamelon d'un véritable ouragan de fer. Le colonel Guys prescrivit de ne plus tirer, les balles étant perdues, vu la grande distance qui séparait de l'ennemi; les soldats, couchés en arrière de la crête, restèrent immobiles, attendant le moment.

Le bataillon du 72e se replia; il fut remplacé par un ba-

---

1. Guerre franco-allemande.

taillon du 17e, colonel Weissenbürger. Le général Bittar des Portes fut blessé à ce moment ; les balles commençaient à arriver dans les rangs du 82e, qui ouvrit aussitôt une vive fusillade contre l'infanterie prussienne qui paraissait à gauche. Vers deux heures, les projectiles ennemis arrivaient de tous côtés. Le colonel Guys[1], atteint d'une balle au pied, tomba sans connaissance, et le commandant Dubosq prit le commandement du régiment, dont la bonne attitude se maintenait.

La position n'était plus tenable : M. le capitaine Le Bras est tué ; MM. Moret, chef de bataillon, Arvers, Hontarrède, Escoile, capitaines, Charlut, sous-lieutenant, sont blessés ; beaucoup d'hommes sont frappés. L'ennemi, qui ne comprend sans doute rien à l'obstination de ces bataillons, agite des mouchoirs, et, ne parvenant pas à faire cesser leur feu, place deux pièces à 500 mètres sur leur flanc gauche, pour les prendre d'enfilade. Le commandant Dubosq ordonna alors la retraite ; il était quatre heures. Descendant rapidement le ravin, les hommes, en désordre, remontèrent vers la lisière du bois ; ralliés au drapeau, et venant d'essuyer une décharge partie des taillis de droite, les soldats du 82e, exaspérés, crient *en avant! à la baïonnette!* et refoulent les Prussiens

---

[1]. Guys (Charles Benigne Alphonse), né le 9 novembre 1824 à Gray (Haute-Saône), entra au service comme élève à l'École spéciale militaire de Saint-Cyr, le 12 novembre 1841. Sous-lieutenant au 28e de ligne, le 1er octobre 1843, capitaine le 1er octobre 1851, il passa au 1er zouaves le 15 septembre 1853, et aux zouaves de la garde le 5 mars 1854. Chef de bataillon au 37e de ligne le 14 mars 1860, il commanda le 16e bataillon de chasseurs à pied du 23 janvier 1863 au 3 juillet 1867, date à laquelle il fut nommé lieutenant-colonel du 66e ; colonel du 82e de ligne le 9 juillet 1870, il prit le commandement du régiment à La Rochelle. Le 1er septembre 1870, il fut atteint au pied d'une balle, pendant qu'à cheval sur la ligne des tirailleurs il donnait à tous l'exemple du courage et de l'abnégation ; à Illy, où il fut d'abord transporté, il s'enquit avec sollicitude du sort des blessés du 82e, entre lesquels il partagea sa bourse, et mourut le 1er octobre à Sedan, emportant les regrets de tout son régiment.

Officier de la Légion d'honneur.
Campagnes d'Afrique, d'Orient, d'Italie.
Une blessure, une citation.

sur la ferme de Quérimont, contre laquelle ils ouvrent un feu nourri, qui cesse aussitôt, dès qu'on s'aperçoit que cette ferme, convertie en ambulance, renferme une grande quantité de nos blessés. De tous côtés, les cris de *cessez le feu! rendez-vous!* se font entendre. À un grand enthousiasme succède un immense abattement; les masses ennemies qui garnissaient les bois se montrent peu à peu, et bientôt tout ce qui restait du 82ᵉ et du bataillon du 17ᵉ de ligne déposait les armes.

« Les contingents ennemis, qui avaient été rabattus de tous côtés sur ce point (la ferme de Quérimont), commencent à se rendre sans résistance; mais bientôt ils reprennent les armes, à la vue d'un bataillon français qui, s'avançant en formation serrée, poussait vers la clairière, et, d'un vigoureux effort, refoulait les fusiliers prussiens au travers de la ferme [1]. »

Épisode du drapeau.

L'aigle du régiment échappa à l'ennemi, grâce au porte-drapeau, M. Brecht, qui, entouré de quelques soldats, en brisa la hampe qui fut cachée dans un ruisseau fangeux, enleva la partie flottante qui fut remise au sergent Mounier, l'aigle qui fut confiée au sergent Gorriot, et conserva cachés sous ses habits le socle portant le numéro du régiment, la cravate et la partie bleue.

Pieusement conservés pendant toute la captivité, et dérobés à la connaissance de l'ennemi, ces débris furent rapportés à La Rochelle par ceux qui en étaient détenteurs, et le drapeau reconstitué fut déposé à Saint-Thomas-d'Aquin en 1872.

Il était cinq heures du soir; ce qui restait du 82ᵉ (2ᵉ et 3ᵉ bataillons) fut conduit au camp au-dessus de Givonne.

La 1ʳᵉ du 1ᵉʳ, détachée à la batterie de mitrailleuses de-

---

1. *Guerre franco-allemande*, p. 1197.

puis le 29. suivit le sort de celle-ci pendant toute la journée, et rentra avec elle dans Sedan, où elle retrouva le 1er bataillon. Compris dans la capitulation, celui-ci fut conduit, le 3, dans la presqu'île d'Iges.

Le chiffre des tués n'est pas connu ; il doit être d'une centaine, au moins, d'après le chiffre des disparus ; celui des blessés fut très-élevé, et parmi eux, beaucoup, emmenés en Allemagne, y moururent des suites de leurs blessures.

Voici les noms des blessés qui figurent sur les matricules du corps : Launay, Santelli, sergents-majors ; Decréon, Mazéas, Lacombe, Filippi, Ducourneau, Vannier, Millote, sergents ; Forceau, Boy, Picasse, Bordenave, Cocard, caporaux ; Rimoux, sapeur ; Schmitt, musicien ; Cambar, tambour ; Espinasse, clairon ; Fortun, Talibart, Fortépaule, Prévost, Anizan, Lacoste, Raymond, Casteran, Pelafigue, Rozes, François, Laguet, Pitavie, Baqué, Debout, Blanc, Carra, Cretin, Moyet.

Le 82e était en entier prisonnier de guerre ; il ne restait plus que son dépôt, où la loi du 10 août venait d'appeler les anciens militaires en même temps que la classe 1870. Des officiers en retraite s'empressèrent d'offrir leur concours, et bientôt on aurait pu reconstituer le 82e avec des éléments tirés de lui-même ; mais, pressé par les nécessités du moment, le gouvernement de la Défense nationale fut obligé de former des régiments de marche successivement et au fur et à mesure que chaque dépôt pouvait fournir un certain nombre d'hommes.

Déjà le 4e bataillon était parti pour Paris où il devait former le 118e ; d'autres détachements partirent ainsi successivement jusqu'à la fin de la guerre et furent versés dans différents régiments de formation nouvelle.

Le dépôt du 82e, à La Rochelle, fonctionna jusqu'à la fin avec un ordre et une régularité qui ne se démentirent pas un seul instant. Il fit l'admiration de ceux qui purent comparer les soins accordés à l'habillement, à l'armement et à l'équipement, ainsi qu'à l'éducation militaire des soldats qu'il fournissait, avec ce qui se passait à côté.

NOMINATIONS ET PROMOTIONS.

Colonels.

9 juillet. M. Guys, lieutenant-colonel du 66e, en remplacement de M. Genneau, décédé.
21 octobre. M. Gaday, lieutenant-colonel, nommé au 38e de ligne.

Lieutenants-colonels.

17 août. M. Miquel de Riu, nommé au 9e de marche.
20 septembre. M. Graziani, nommé au 37e de marche.

Majors.

24 juin. M. Jamais, nommé au 66e de ligne.
30 septembre. M. Mastranchard, nommé au 37e de ligne.
M. Curet, chef de bataillon en retraite.

Chefs de bataillon.

15 juillet. M. Dupond, capitaine au 99e.
30 septembre. M. Cognés, nommé au 32e de marche.
M. Mourgues-Carrère, nommé au 44e de marche.

Médecin-major de 2e classe.

9 février. M. Baldy.

Chef de musique.

26 janvier. M. Digue.

Capitaines.

28 janvier. M. Daux, lieutenant.
12 mars. M. Alary, lieutenant.
24 juin. M. Jean, lieutenant.
15 juillet. M. Bérard de Verzel, lieutenant.
4 août. MM. Aubertel, Vexiau, Le Grand, lieutenants.
9 août. M. Bister, lieutenant au 17e de ligne.
12 septembre. M. Stoffer, lieutenant, nommé au 97e de ligne.
19 septembre. M. Chartier, capitaine en non-activité.
21 septembre. M. Béranger, capitaine en retraite.
22 septembre. M. Pelizza, lieutenant.
4 octobre. M. Valleton, lieutenant, nommé au 32e de marche.
25 octobre. M. Cahuzac, lieutenant au 88e de ligne.
31 octobre. M. Wolf, adjudant de place à Strasbourg.
M. Glaentzer, capitaine en retraite.

Lieutenants.

28 janvier. M. Domenech, sous-lieutenant.
12 mars. M. de la Vaissière, sous-lieutenant.
28 mai. M. Broussignac, sous-lieutenant.
24 juin. M. Gottran, sous-lieutenant.
15 juillet. M. d'Armagnac, sous-lieutenant.
9 août. MM. Racine et Chevrier, des 92⁰ et 98⁰ de ligne.
M. Laforest, du 91⁰ de ligne.
12 août. MM. Demangeon et Scherrer, des 88⁰ et 97⁰ de ligne.
8 septembre. M. Fourrachan, du 22⁰.
16 septembre. M. Estave de Valséry, officier démissionnaire du 7⁰ léger.
22 septembre. M. Beck, du 97⁰ de ligne.
3 octobre. M. Guéguin, sous-lieutenant.
4 octobre. M. Charlut, sous-lieutenant.
21 octobre. M. Ernst, sous-lieutenant.
1ᵉʳ novembre. M. Allenet, sous-lieutenant.
18 décembre. M. Roussel, sous-lieutenant.

Sous-lieutenants.

28 janvier. M. Ernst, du 80⁰, par permutation avec M. Boher, promu.
9 juillet. MM. Cacan, Knoll, Toussaint, des 83⁰, 91⁰ et 92⁰ de ligne.
15 juillet. M. Genneau, adjudant.
19 juillet. M. Allenet, élève à l'École spéciale militaire.
24 juillet. M. Malick, adjudant.
9 août. MM. d'Ornano, Caron, Roussel, sous-officiers.
14 août. MM. de Becdelièvre, Chaigneau, élèves à l'École spéciale militaire.
3 octobre. MM. Decalonne, Jacquet, Piane, Javillard, sous-officiers.
16 octobre. M. Monin-Veyret, sergent-major.
28 octobre. M. Goublin, sergent-major.
31 octobre. M. Dumont, sous-officier.
6 novembre. MM. Arnould, Gasse, sous-officiers.
26 novembre. M. Fournier.
30 novembre. MM. Savatier, Dalbiez.
3 décembre. M. Chevreau.
11 décembre. MM. Goujon, Amiotte, sous-officiers.
15 décembre. M. Bourgey.
26 décembre. MM. Gardeur, Brown, Launay, Robardel, sous-officiers.

CHAPITRE III

82ᵉ DE MARCHE, 1871.

Formation du 82ᵉ de marche. — Attaque du pont de Neuilly. — Siéges des forts du sud. — Entrée dans Paris. — Enlèvement des barricades du boulevard du Maine, du carrefour de la rue Vavin et de la Butte-aux-Cailles.

Formation du 82ᵉ régiment de marche.

1871. Le 82ᵉ régiment de marche fut organisé à Bordeaux le 22 janvier 1871 et formé de détachements venus de dépôts différents.

ÉTAT DES OFFICIERS.

Lieutenant-colonel : Chevreuil.
Chefs de bataillon : Cottin, Vidalé, Futscher.
Capitaines adjudants-majors : Tournayre, Bivert, Cruzel.
Médecins-majors : Laurent, Vincent.
Capitaines : de Kergariou, Parot.
Lieutenants : Schweisch, Carrau, Coste, de Saxel, Croisier, Lobbédez, Gaquère, Méloy, Curteley.
Sous-lieutenants : Jordhery, *officier payeur*, Franclet, Moretti, Marcelli, Davin, Hébert, Gautier, Jarry, Rigal, Vagné, de Ginestous, Roux, Rech, Gaumet, Tisseyre, Barnole, Martinieau, Schevalier, de Saint-Sulpice, Ébinger, Leclerc, Zigang, Patron, Denoual, Strassel, Tucat, Seignabou, Rastouil, Devars-Dumaine, Pillas, Berthod, Lacroix, Gauthier, Schneider.

Il reçut en outre, du 22 au 28 janvier, 2461 hommes de troupe, sous-officiers, caporaux et soldats.

Le 27, il partit en chemin de fer pour Poitiers où s'organisait le 26e corps (général Billot). Il y fut retenu par l'armistice du 29, et le 12 février il fit partie de la division de la Blanchetée, laquelle, en prévision de la reprise des hostilités, se rendit le 19 février aux environs de Châteauroux. Le 82e de marche eut ses trois bataillons à Naud, Serouze, la Brandine et Étrèches.

Dès que les préliminaires de paix furent signés, le 82e de marche fut mis sur le pied de paix et son effectif descendit à 1200 hommes.

Le 15 mars, il partit pour Lyon ; il arriva le 28 au camp de Sathonay.

Le 31 mars il partit pour Versailles en chemin de fer, et débarqua le 2 avril à Choisy-le-Roi, et de là se rendit à Versailles, où il campa sur l'avenue de Saint-Cloud.

Le 3 avril il partit pour Vaucresson où il fut constitué en brigade avec le 85e de marche, lieutenant-colonel Thomas, et le 4e bataillon de chasseurs à pied de marche, commandant Bonnet, sous les ordres du général Besson. Cette brigade devenue 1re brigade de la 8e division (Levassor-Sorval) de l'armée de Versailles occupa le haras organisé défensivement, couvrant Versailles de ce côté et poussant ses avant-postes jusqu'à l'extrémité de Garches, vers Saint-Cloud et le Mont-Valérien.

Le 6 avril, elle partit subitement du camp vers trois heures de l'après-midi, sans sacs, et se dirigea sur Courbevoie ; en arrivant au rond-point, défendu par une immense barricade, le feu qu'échangeait notre artillerie avec celle des insurgés placée de l'autre côté du pont de Neuilly nous fit éprouver quelques pertes. Les insurgés, évacuant Courbevoie, s'étaient retirés sur Asnières ; le 82e et le 85e occupèrent la caserne et échelonnèrent des compagnies dans les rues adjacentes et le long de la voie.

Le 7 avril, au matin, les reconnaissances constatèrent que les insurgés s'étaient repliés pendant la nuit ; mais, vers sept heures, ils reprirent leurs positions et échangèrent des coups de fusil avec nos avant-postes du côté d'Asnières. Les batteries du rond-point et celles du pont de Neuilly avaient recommencé leur feu de très-bonne heure.

Vers une heure, la brigade Besson fut massée dans les jardins à gauche du pont, et à deux heures, sous la protection d'un feu de mousqueterie très-vif dirigé des maisons avoisinantes sur les défenseurs des barricades, elle fut lancée en avant et enleva à la baïonnette les deux barricades du pont ; les insurgés se sauvèrent par les rues latérales dans Neuilly, défendant les barricades qu'ils y avaient construites. Le général Besson, à la tête de sa brigade, se précipitait sur celle qui s'élevait à l'entrée de la rue du Pont, quand il tomba mortellement atteint par une balle tirée d'une maison voisine. Le 82ᵉ de marche perdit dans cette affaire 2 hommes tués et 12 blessés.

Les nommés Torgoros et Richard, soldats, tués, Casta, sergent-major ; Rissan, Sautereau, Vernay, Moulet, Charlot, caporaux ; Rouan, sergent-fourrier ; Pagnaud, Millaud, Rateau, Kaddaz, Chanun, soldats, blessés.

Par décret du chef du pouvoir exécutif du 6 avril, l'armée destinée à faire le siége de Paris fut créée et mise sous le commandement du maréchal de Mac-Mahon.

2ᵉ CORPS D'ARMÉE,

Général commandant le corps d'armée.

M. le général DE CISSEY.

1ʳᵉ *division*. — Général LEVASSOR-SORVAL.

1ʳᵉ *brigade*. — Général FAUVART-BASTOUL.
4ᵉ bataillon de chasseurs à pied de marche.
82ᵉ et 85ᵉ de marche.

2ᵉ *brigade*. — Général OSMONT.
113ᵉ et 114ᵉ régiments de ligne.

2ᵉ *division*. — Général SUSBIELLE.

3ᵉ *division*. — Général LACRETELLE.

Le 8 avril, le 82ᵉ rentra au camp de Vaucresson, d'où la division partit le 10 pour le camp de la cour Rolland.

A partir de ce moment, le 2ᵉ corps fut chargé de faire le siége des forts du sud.

Le 14 avril, 1ᵉʳ bataillon à Fontenay-aux-Roses ; 2ᵉ bataillon à Châtillon ; 3ᵉ bataillon dans les tranchées en avant de la redoute de Châtillon.

Le 15 avril, 6 hommes blessés : les nommés Giraudo, caporal ; Noël, Robus, Desflachesido, Lamotte, Rivori, soldats.

Le 16 avril, le régiment rentra à la cour Rolland.

Le 17 avril, le régiment forma une compagnie de francs-tireurs et une compagnie d'auxiliaires du génie.

Le 19, de tranchée.

Le 20, Charlin, sergent-major, blessé ; Néron, soldat, mort des suites de ses blessures.

Le 21, rentrée à la cour Rolland.

Le 23, à cinq heures du soir, la brigade partit pour Meudon ; le 3ᵉ bataillon du 82ᵉ de marche resta en réserve à Fleury, le 2ᵉ bataillon à Meudon, et le 1ᵉʳ alla aux avant-postes.

Le 24, les nommés Bonhours, caporal, Chomel et Martel, soldats, furent blessés.

Le 25, les batteries des attaques de droite ouvrirent le feu à huit heures du matin. A dix heures, le régiment rentra à la cour Rolland.

Le 26, il partit pour la tranchée de Châtillon ; dans la journée, le caporal Dufournet et quelques hommes de bonne volonté surprirent un poste de 10 insurgés ; ils en tuèrent deux et firent les autres prisonniers.

Le 27, le régiment rentra au camp.

Le 28, Larquey, soldat, blessé.

Le 30, à la tranchée.

Le 1ᵉʳ mai, dans la journée, les nommés Lambert, sergent, Berger, Mitchi, Allier, soldats, furent blessés. Le général Lian vint prendre le commandement de la 1ʳᵉ brigade, en remplacement du général Fauvart-Bastoul, promu général de division, pour prendre rang du 27 octobre 1870.

Le 2 mai, le régiment partit pour Verrières, où il fut cantonné.

Le 6, le 1ᵉʳ bataillon de soutien à la tranchée devant les forts du sud eut deux hommes blessés : Bombon et Rigault, soldats.

Le 8, à cinq heures, le régiment tout entier partit pour la tranchée ; il eut un blessé : Durand, soldat.

Le 10 mai, le 4ᵉ bataillon de chasseurs à pied et le 82ᵉ remplacèrent la brigade Noel à Malabry. Le colonel Louveau de la Guigneraye prit le commandement du 82ᵉ.

Le 12, M. Curteley, lieutenant, fut blessé en arrivant dans la tranchée.

Le 13, les insurgés évacuèrent le fort de Vanves dans la journée ; le 3ᵉ bataillon, après une lutte assez vive, leur fit 26 prisonniers[1]. De notre côté, nous eûmes deux tués : Roche et Echivart, soldats.

M. Tisseyre, sous-lieutenant, et Layle, Perper, Malez, Jourdain, Dagonne, Maurice, Lhomméar, Chassale, Jiquel, Carcaran, Sardumy, soldats, furent blessés.

Le 15 et le 16, les nommés Josselin, Benoît, Lambert, sergents ; Garrigues, caporal ; Millerioux, Rossignol, Chantreau, Lalvé, Salmon, Guillout, soldats, furent blessés.

Le 18 mai : « Le principal fait d'armes est exécuté par deux colonnes composées de troupes du 82ᵉ de marche et du 114ᵉ de ligne, précédées de quelques éclaireurs du 118ᵉ de ligne. Ces colonnes enlèvent brillamment, sous la direction du général Osmont, deux barricades en avant de Bourg-la-Reine, ainsi que le moulin de Cachan, tuant une centaine d'insurgés et ramenant 48 prisonniers. » (Rapport du maréchal de Mac-Mahon sur les opérations de l'armée de Versailles.) Ce brillant coup de main fut en partie exécuté par le 1ᵉʳ bataillon (commandant Leroux) avec la com-

---

1. Sur l'un des prisonniers on trouva une lettre adressée par le chef du fort de Vanves au commandant de l'aile gauche, et lui annonçant que le fort ne pouvait plus tenir ; que les hommes voulaient rentrer dans Paris et menaçaient de fusiller leurs chefs. Elle se terminait ainsi : « Envoyez-moi du secours, du secours, du secours. » Elle fut télégraphiée immédiatement au général de Cissey. Le fort fut occupé dans la nuit par le régiment qui releva le 82ᵉ à la tranchée.

pagnie de francs-tireurs du régiment, capitaine de Kergariou, et celle du 113ᵉ. Le bataillon fut formé en deux colonnes, précédées chacune d'une des compagnies de francs-tireurs ; celle de droite, commandée par le capitaine Duchesne, traversa rapidement la Bièvre, et s'élançant sur une barricade qui défendait l'entrée sud-est de Cachan, l'enleva, ainsi que le moulin : celle de gauche força également l'entrée sud-ouest du village. Les insurgés réunis derrière une maison dirigèrent alors un feu nourri sur les assaillants ; le lieutenant Dehertogh avec une vingtaine d'hommes, se glissant de maison en maison pour les surprendre, tomba sur le point où ils se ralliaient à leur chef de bataillon ; il engagea aussitôt un feu très-vif auquel ils ripostèrent, mais qui mit le désordre parmi eux ; les abordant alors résolûment à la baïonnette, il les accula dans un rentrant où il fit 25 prisonniers dont 1 chef de bataillon et 6 officiers. MM. Leroux, chef de bataillon, de Kergariou, capitaine, Dehertogh, lieutenant, Zigang et Gauthier, furent mis à l'ordre de la division pour leur conduite dans cette affaire, où le régiment perdit 2 hommes tués. M. de Kergariou, capitaine, les nommés Schirmann, caporal, Durieux, Pinaudin, Louby, Hérault, Paoli, soldats, furent blessés.

Le 20 mai, à une heure de l'après-midi, à un coup de canon tiré comme signal, toutes les batteries et l'infanterie commencèrent un feu d'enfer sur l'enceinte. Ce jour-là, le 82ᵉ de marche perdit un de ses chefs les plus estimés, le commandant Leroux, mortellement atteint par une balle, à la Maison-Blanche.

MM. Moretti, sous-lieutenant; Robert, caporal; Braché, clairon; Larquet, Ravet, Hostin, Fabié, Leculier, Castra, Clous, Giroud, soldats, furent blessés.

Le 21 mai, on reçut l'ordre de se tenir prêt à marcher; le 1ᵉʳ bataillon partit pour Sceaux; les 2ᵉ et 3ᵉ bataillons, avec la division, bivouaquèrent dans le parc des aliénés, à Issy. Le 1ᵉʳ bataillon fut laissé sous le commandement du lieutenant-colonel Chevreuil, pour garder le camp.

Le 22 mai, à neuf heures un quart, la brigade Lian, formée de 3 compagnies de chasseurs et de 2 bataillons du 82e (le 85e était resté dans la tranchée), entra dans Paris par la porte de Versailles ; prenant la rue de Vaugirard, elle s'avança sans obstacle jusqu'au boulevard de Vaugirard. Le 3e bataillon, suivant ce boulevard jusqu'à la barrière du Maine, s'empara du bâtiment de l'octroi, sur lequel flottait le drapeau rouge, et attaqua les barricades de la chaussée du Maine de front, pendant que le général Lian les faisait tourner par Plaisance.

Le 2e bataillon, occupant la gare Montparnasse, ouvrit le feu sur les insurgés qui tentaient d'établir une barricade dans la rue de Rennes.

Furent blessés dans la journée du 22 : MM. Schweisch, lieutenant, Chapgier, sergent ; Alléguède, Greffier, caporaux ; Troccon, Luigi, Liannaz, Toublanc, Mahérault, soldats.

Le 23 mai, la forte barricade du boulevard du Maine fut enlevée ; le 82e de marche, qui coopéra à sa prise, y perdit 3 hommes tués et 14 blessés.

Le 3e bataillon, s'engageant à travers les maisons par des cheminements que le génie avait faits la veille, arriva jusqu'au carrefour de la rue Vavin ; la division poussa, ce jour-là, sans attaquer, jusqu'aux abords du Luxembourg. Quand les têtes de colonne du 82e arrivèrent à hauteur de la première barricade de la rue Vavin, les insurgés mirent le feu aux maisons ; on n'en continua pas moins à avancer ; en approchant de la deuxième barricade une violente explosion arrêta un instant la marche : c'était la poudrière du Luxembourg qui venait de sauter, et qui couvrit de ses débris les soldats dont quelques-uns furent blessés. Une compagnie du 82e et des soldats du génie se lançant dans le jardin du Luxembourg en chassèrent les insurgés et parvinrent jusqu'au palais, où ils furent relevés par les troupes de la brigade Paturel de la division Susbielle. Le 82e de marche y eut de nombreux blessés, parmi lesquels les nommés Faussurier, Bagneux, Vély, Fournier, Roche, Mahérault, Lochet, Mazières, Lazargues, soldats.

Le 24, le régiment traversa le Marché aux chevaux et les jardins qui dépendent du boulevard d'Enfer, jusqu'à celui de Montrouge; deux compagnies du 3ᵉ bataillon s'emparèrent de la barricade rue Campagne-Première.

Le 25, à midi, la brigade Lian, quittant la gare Montparnasse, où elle laissa une compagnie du 82ᵉ, se réunit dans le parc de Montsouris; de là, se frayant un passage entre le chemin de fer de ceinture et les fortifications, elle enleva successivement toutes les portes, qu'elle fit occuper; le 2ᵉ bataillon du 82ᵉ de marche, qui précédait la colonne, paya chèrement ce coup de main. Pendant ce temps, le 3ᵉ bataillon, franchissant les deux bras de la Bièvre, arrivait, par la rampe du Moulin, au sommet de la butte aux Cailles dont il enleva la barricade, ainsi que celles qui défendaient les abords des rues Vandrezanne et du Moulin, sur la route d'Italie.

Le 2ᵉ bataillon, enlevant les barricades de la Maison-Blanche et celles des routes d'Ivry et de Choisy, continua de marcher jusqu'au pont Napoléon, où il arriva à huit heures du soir, et où il fut employé à garder les abords de la gare d'Orléans.

Le 3ᵉ bataillon, suivant l'avenue d'Italie, fit, en passant, une capture importante à la prison du 9ᵉ secteur (nº 38 de l'avenue), un poste du 102ᵉ bataillon de fédérés, les assassins des dominicains d'Arcueil dont les cadavres mutilés étaient encore sur la route. Il délivra en même temps les prisonniers qui avaient échappé au massacre, et bivouaqua sur la route d'Italie. Le lendemain, il rejoignit le 2ᵉ bataillon à la gare d'Orléans.

Pendant ces opérations dans Paris, le 1ᵉʳ bataillon, sous les ordres du lieutenant-colonel Leperche, contribua à la prise des Hautes-Bruyères, ainsi qu'à celle des forts de Montrouge et d'Ivry.

Infanterie de Ligne 1856.

Les jours suivants, le corps de Cissey procéda au désarmement de la population sur la rive gauche.

Voici les noms des officiers, sous-officiers, caporaux et soldats, morts ou blessés dans les journées du 24 et du 25 mai.

Besville, sergent-major; Gourdet, Blain, Sarrau, Masson, Marchon, Lelong, Furey, Fourgnaud, soldats, furent tués.

MM. de Kergariou, capitaine; Strassel, Zigang, Rigal, Seignabou, sous-lieutenants; Gindre, Garnier, sergents-majors; Sarot, Garrigues, Pau, Chameau, Frédéric, sergents; Morier, Luzert, caporaux; Chanoine, Bornot, Collet, Veilly, Trouan, Aubry, Trien, Foirest, Mazoyer, Patouillet, Villeneuve, Plotzev, Orset, Lanimal, Gauché, Gravirand, Morère, Vial, Guillemain, François, Grabenstetter, Beneuville, Pouiller, Cos, Destime, Lafitte, Gondet, Jugant, Moulinas, Teisseire, Renollet, Chenevray, Gros, Donquichotte, Duteyrat, Jeannin, Chastel, Lhuilié, Rostagna, Monnier, Machesseu, Lendemain, Mathias, Petroo, Jacquin, Rech, Marchand, Pérot, Baldié, Rudulier, Vialle, Chevalier, Moretti, Foignant, Terrade, Blois, Videau, Abidos, soldats, furent blessés.

Les opérations terminées, le 82e de marche occupa successivement l'École militaire, la gare d'Orléans, la caserne de Nicolaï et la caserne de Reuilly.

Le 7 juillet le général de Cissey fut nommé ministre de la guerre, et remplacé dans le commandement du 2e corps par le général Bataille.

OFFICIERS QUI PRIRENT PART AUX OPÉRATIONS CONTRE LA COMMUNE.

Lieutenant-colonel : Chevreuil.
Chefs de bataillon : Cottin, Vidalé.
Capitaines adjudants-majors : Duchesne, Bivert, Cruzel.
Officier-payeur : Jordhery.
Médecin-major : Laurens.
Capitaines : Gravelin, Daclon, de la Chapelle-Morton, Lachau, Françay, Mazoyer, Lordat, Milliard, Frère, Lescarret, Ducreux, Robinet, de Kergariou, Parot.

Lieutenants : Dehertogh, de Contencin, Domenech, Castre, Veber, Schweisch, Lannegrâce, Perretti, Chevalier, Carrau, Coste, Croisier, Lobbedez, Gaquère, Méloy, Curteley.

Sous-lieutenants : Franclet, Moretti, Marcelli, Davin, Hébert, Gautier, Jarry, Rigal, Vagné, de Ginestous, Chevreau, Gaumet, Bourgey, Tisseyre, Barnole, Martiniau, Schevalier, de Saint-Sulpice, Ebinger, Poyard, Zigang, Leclerc, Patron, Strassel, Tucat, Lacroix, Seignabou, Rastouil, Schneider, Devars-Dumaine, Gauthier, Pillas, Roux.

Au début de l'insurrection de Paris, une partie des officiers du 82ᵉ étaient rentrés de captivité, à La Rochelle; quelques-uns, arrêtés à la frontière, avaient été dirigés sur les places où se formaient des régiments provisoires. Les soldats rentrés les premiers furent, de même, dirigés sur les corps les plus voisins, et ne retournèrent pas au 82ᵉ; mais le plus grand nombre ne revint d'Allemagne qu'après la pacification de Paris, et fut dirigé sur La Rochelle, où l'on forma des compagnies provisoires pour la garde des prisonniers dans les îles.

CHAPITRE IV

82ᵉ RÉGIMENT D'INFANTERIE DE LIGNE, 1871-1876.

Le 82ᵉ de ligne et le 82ᵉ de marche sont fondus en un seul régiment. — Départ de la classe 1870. Ordre du régiment. Application des lois et règlements nouveaux. — Sous-lieutenants de réserve. — Premier appel des réservistes. — Manœuvres du 5ᵉ corps d'armée. — Composition du 5ᵉ corps d'armée. — État-major et différents services au 1ᵉʳ mai 1876.

Par décision ministérielle du 24 juillet, le 82ᵉ de ligne et le 82ᵉ de marche fusionnèrent ensemble.

M. Fauchon, lieutenant-colonel au 2ᵉ provisoire, fut nommé colonel du 82ᵉ le 22 juillet. A la suite de la fusion, le 82ᵉ de ligne compta : 6 officiers supérieurs, 124 officiers subalternes, et 2974 sous-officiers, caporaux et soldats.

Par application de la circulaire ministérielle du 21 août 1871, il fut fait un classement des officiers; les plus anciens entrèrent en possession des emplois, et les autres furent placés à la suite.

Le 30 septembre, la portion du régiment qui était à La Rochelle partit pour Paris, et le 82ᵉ se trouva réuni aux forts de Charenton et de Nogent le 1ᵉʳ octobre.

ÉTAT DES OFFICIERS.

Colonel : Fauchon.
Lieutenant-colonel : d'Arbo.
Chefs de bataillon : Dubosq, Bonnet, Vidalé.
Capitaines adj.-majors : de Traversay, Duchesne, Bivert, Cruzel.

LE 82ᵉ DE LIGNE.

Major : Richard.
Capitaine-trésorier : Raffali. *Capitaine d'habillement :* Daux.
Porte-drapeau : Brecht. *Adjoint au trésorier :* Bachelier.
Médecin-major : Baldy. *Aide-major :* Laval.
Chef de musique : Digue.

1ᵉʳ *bataillon.*

	Capitaines.	Lieutenants.	Sous-lieutenants.
1ʳᵉ	Demard.	Bonthoux.	Pacaud.
2ᵉ	Escolle.	Domenech.	Gravas.
3ᵉ	Millar.	Alessandri.	Dolecie
4ᵉ	de Launay.	Gottran.	Hautelin.
5ᵉ	Lachau.	Tellier.	Bermond.
6ᵉ	Arvers.	Veber.	d'Ornano.

2ᵉ *bataillon.*

	Capitaines.	Lieutenants.	Sous-lieutenants.
1ʳᵉ	Milliard.	Dehertogh.	Blanchet.
2ᵉ	Bauduin.	de la Vaissière.	Lafeuillade.
3ᵉ	de la Chapelle.	de Contencin.	Tirlet.
4ᵉ	Mazoyer.	Laforest.	Knoll.
5ᵉ	Hontarrède.	Gérard.	Hiriart.
6ᵉ	Alary.	Schweisch.	Franclet.

3ᵉ *bataillon.*

	Capitaines.	Lieutenants.	Sous-lieutenants.
1ʳᵉ	Daclon.	Masson.	Mordillat.
2ᵉ	Françay.	Broussignac.	Raoult.
3ᵉ	Picard.	Wièse.	Bertran.
4ᵉ	Longé.	Castre.	Genneau.
5ᵉ	Gonon.	Bourgeon.	Rollinat.
6ᵉ	Bérard de Verzel.	Peretti.	Jarry.

4ᵉ *bataillon.*

	Capitaines.	Lieutenants.	Sous-lieutenants.
1ʳᵉ	Aubertel.	Chevalier.	Moretti.
2ᵉ	Gravelin.	Coste.	Hébert.
3ᵉ	Legrand.	Lannegrâce.	Marcelli.
4ᵉ	Frère.	Croisier.	Gauthier.
5ᵉ	Lordat.	Carrau.	Davin.
6ᵉ	Lescaret.	Lobbedez.	Dumont.

NOMINATIONS ET PROMOTIONS.

Colonel.

22 juillet. M. Fauchon, lieutenant-colonel du 2ᵉ régiment provisoire.

Lieutenant-colonel.

10 juin. M. d'Arbo.

Chefs de bataillon.

19 novembre. M. Bonnet, chef de bataillon au 4ᵉ bataillon de chasseurs à pied.
28 septembre. M. de Garros, chef de bataillon au 84ᵉ de ligne.
30 juillet. M. Vidalé, chef de bataillon au 82ᵉ de marche.

Majors.

27 août. M. Cottin, chef de bataillon au 82ᵉ de marche, passé au 18ᵉ provisoire.
2 avril. M. Verlet-Hanusse, du 6ᵉ de ligne.
9 septembre. M. Richard, chef de bataillon au 89ᵉ

Médecin-major de 1ʳᵉ classe.

15 novembre. M. Jacquemart.

Capitaines.

6 octobre. MM. Lordat et Ducreux, du 82ᵉ, passés au 61ᵉ.
M. Frère, passé au 34ᵉ.

Sous-lieutenant.

27 janvier. M. Mercier du Paty de Clam.

1872. Le demi-bataillon de droite du 1ᵉʳ bataillon, sous les ordres du commandant Dubosq, se rendit à Beauvais le 3 mars.

La loi du 24 juillet sur le recrutement de l'armée fut promulguée [1].

---

[1]. Les principes sur lesquels repose cette loi sont le service obligatoire et personnel pour tous les Français valides de 20 à 40 ans, et la suppression du remplacement et des primes en argent dans l'armée française. Le contingent continue à être partagé en deux portions. La première accomplit cinq années de service dans l'armée active, et la deuxième une année seulement, susceptible d'être réduite à six mois. Les engagements volontaires sont reçus pour 2 ans, 5 ans et à titre conditionnel pour 1 an. Les hommes qui n'ont

Le régiment entier fut réuni au camp de Satory le 1er octobre.

Au commencement de l'année, la commission de révision des grades rendit ses décisions au sujet des officiers du 82e. 9 d'entre eux descendirent au grade inférieur; 4 furent remis sous-officiers, 5 furent rendus à la vie civile.

NOMINATIONS ET PROMOTIONS.

Chef de bataillon.

16 janvier. M. de Traversay, capitaine, nommé au 12e de ligne.

Médecin-major de 1re classe.

25 janvier. M. Maurel de Lapomarède, en remplacement de M. Jacquemart.

Médecins aides-majors de 1re classe.

3 février. M. Bonnier.
9 décembre. M. Dengler.

Capitaine d'état-major.

31 décembre. M. Jacquin.

Capitaines.

31 janvier. M. Belloc, capitaine au 2e bataillon d'infanterie légère d'Afrique, par permutation avec M. Duchesne.

6 avril. M. de Battisti, passé au 106e.

29 avril. MM. Dehertogh, de Contencin, lieutenants, MM. Masson, Bonthoux, promus aux 6e et 123e de ligne.

1er juin. M. Robinet, passé au 79e.

3 juin. M. Pagneux, capitaine au 91e de ligne.

13 juillet. MM. Alessandri, Tellier, Wièze, lieutenants, nommés aux 62e, 25e, 83e.

5 décembre. M. Drevon, du 3e bataillon d'infanterie légère d'Afrique.

Lieutenants.

2 mars. M. Désaubliaux, du 83e.

12 avril. M. Gottran, passé au 87e de ligne.

23 avril. MM. Pacaud, Blanchet, Mordillat, Dolecie, Brecht, Bertran, Bermond, Hiriart, sous-lieutenants.

---

pas accompli cinq années de service dans l'armée active passent dans la disponibilité de cette armée pour y achever leur temps. Après quoi ils sont classés dans la réserve, etc.

15 juin. M. Bert, du 90e de marche.
3 août. MM. Bachelier, Rollinat, Gravas, sous-lieutenants.
MM. Lafeuillade, Raoult, Hautelin, nommés aux 87e, 81e, 97e.

Sous-lieutenants.

15 juin. MM. Molin, du 29e; Blanrue, du 13e; Wagner, du 1er; Sipaire, du 98e; Alzieu, du 45e; André, du 60e; Martin, du 65e; Denny, du 79e.
3 août. M. de Ginestous, passé au 79e.
28 août. MM. Place, du 69e; Fabregoule, du 24e; Bergouignan, du 51e; Saünier, du 93e; Carré, du 65e.
14 septembre. M. Baudry, du 47e.
14 octobre. M. Bourgey, passé dans l'infanterie de marine.
18 octobre. M. Le Loarer, du 80e.
19 octobre. M. Hébert, passé au 8e cuirassiers.
26 octobre. M. Chevreau, passé au 86e; M. Schevalier, passé au 1er tirailleurs algériens; M. Mercier du Paty de Clam, passé au 76e.

1873, 23 mars. Le général Levassor-Sorval commandant la 1re division du 2e corps fut placé dans le cadre de réserve et remplacé par le général de Colomb, qui vint prendre le commandement de la division.

10 juin. Le 82e assista à une grande revue passée à Longchamp en l'honneur du schah de Perse.

Conformément au décret du 29 septembre 1873, portant création de 18 nouveaux régiments d'infanterie, au moyen de compagnies prises dans les régiments qui durent se trouver réduits à trois bataillons de six compagnies, plus un dépôt de trois compagnies, il fut fait un tirage au sort pour la désignation des compagnies qui devaient concourir à la formation du 131e; ce furent: les 4e du 1er bataillon (capitaine Belloc), 6e du 3e bataillon (capitaine Bérard de Verzel), 3e du 4e (capitaine Le Grand): le tiercement eut lieu ensuite entre les 21 compagnies qui restaient. Le 3e bataillon et le dépôt se rendirent de La Rochelle et du camp de Satory à Auxerre. Les compagnies qui devaient former les 1er et 2e bataillons se rendirent de La Rochelle et du camp à Paris, casernes de la Pépinière, de Penthièvre et bastion 46, où ces bataillons furent constitués. — Par application de la loi du 24 juillet 1873, relative à l'organisation générale de l'armée, le 82° fit désormais partie de la 17° brigade d'infanterie : général Lian; 9° division d'infanterie : général de Colomb ; 5° corps d'armée : général Bataille ; chef-lieu Orléans.

Le 82° reçut cette année pour la première fois des engagés conditionnels des départements de l'Aisne et de la Mayenne. M. le capitaine Lachau fut chargé de leur direction.

NOMINATIONS ET PROMOTIONS.

Chefs de bataillon.

8 février. M. Caillard, capitaine au 112°.
3 mars. M. Demard capitaine, nommé au 22°.
23 décembre. M. Artus capitaine.

Majors.

11 septembre. M. Simonnot, capitaine au 51°.
30 septembre. M. Caillard chef de bataillon, nommé au 128°.

Médecin-major de 1re classe.

30 avril. M. Riolacci.

Capitaines.

13 février. MM. Gérard, lieutenant; Bourgeon, nommé au 71°; Domenech, au 25°; de la Vaissière, au 38°; Broussignac, au 17°.
13 mai. MM. Ménétrez, du 54°; Rödel, du 76°; Hugot, du 103°; Ravary, du 103°; Buhot-Launay, du 76°.
19 mai. M. Laforest.
31 mai. MM. Rödel et Buhot-Launay, passés au 76°.
10 juillet. M. Ménétrez, passé au 54°.
21 juillet. MM. Icart, du 79°; Poiret, du 100°; Bastard, du 48°.
11 septembre M. Daverat, du 25°.
16 octobre. MM. Belloc, Bérard de Verzel, Le Grand, Cruzel, passés au 131°.

Lieutenants.

3 mars. MM. Knoll, Genneau, d'Ornano, sous-lieutenants.
MM. Lironville, du 76°; Zabern, du 54°.
22 mai. M. Demange, du 94°.
21 juillet. M. Jarry, sous-lieutenant, nommé au 89°.
30 septembre. M. François, du 28°, par permutation avec M. Gravas.
16 octobre. MM. Mordillat, Dolecie, Peretti, passés au 131°.

Sous-lieutenants.

27 mars. MM. Place, passé au 117e; Rastouil, au 117e; André, au 96e; Gautier, au 114e; Gauthier, au 77e; Schneider, au 77e; Leclerc, au 88e; Bergouignan, au 94e; Baudry, au 106e.

MM. Castel, Berteloite, Ollion, Trouppel, sous-officiers, nommés aux 44e, 116e, 93e, 100e.

8 mai. M. Carré, passé à la 1re légion de la garde républicaine.

16 octobre. MM. Lacroix, Marcelli, passés au 131e.

1874. Le régiment quitta Paris pour se rendre au camp de Villeneuve-l'Étang.

Le 82e reçut des engagés conditionnels de la Sarthe et du Loir-et-Cher. M. le capitaine de Launay fut chargé de leur direction.

Le 2 décembre, le 3e bataillon et le dépôt quittèrent Auxerre pour Sens, et vinrent occuper la 1re subdivision de la 5e région affectée au régiment, *chef-lieu* : Sens.

YONNE.

Arrondissements : Joigny, Sens. — *Cantons* : Brienon, Cerisiers, Villeneuve-sur-Yonne, Joigny.

SEINE-ET-OISE.

Fractions d'Étampes et de Corbeil.

SEINE.

Fractions de Charenton et de Vincennes, et des 2e, 3e, 11e, 12e arrondissements de Paris.

NOMINATIONS ET PROMOTIONS.

Chef de bataillon.

20 novembre. M. Chardin, du 112e, par permutation avec M. Vidalé.

Major.

6 août. M. Lachau capitaine, nommé au 130e.

Médecin-major de 2e classe.

21 mars. M. Baldy, passé au 7e.

Médecin aide-major de 2ᵉ classe.

22 juin. M. Nicaud, en remplacement de M. Dengler, passé aux sapeurs-pompiers.

Capitaines.

6 février. MM. Faubert, du 104ᵉ; Labouchère, du 89ᵉ; Gras, du 1ᵉʳ ; Pauly, du 36ᵉ; Mutel, du 116ᵉ.

23 mai. M. Labouchère, passé au 89ᵉ.

25 juin. M. Bert, lieutenant.

11 septembre. M. Arnault de la Ménardière, du 4ᵉ d'infanterie de marine, par permutation avec M. Bastard.

2 novembre. MM. Vauthey, du 26ᵉ; Lafosse, du 8ᵉ ; Sengler du 130ᵉ.

24 novembre. M. Faubert, nommé trésorier, en remplacement de M. Alary, décédé.

Lieutenants.

30 janvier. M. Garçot, du 123ᵉ, par permutation avec M. Bertran.

21 février. MM. Sipaire, nommé au 41ᵉ; Le Loarer, au 5ᵉ; Gaumet, au 89ᵉ.

13 juin. M. Désaubliaux, passé au 133ᵉ.

7 novembre. MM. Molin, Blanrue, sous-lieutenants.

M. Alzieu, nommé au 71ᵉ.

Sous-lieutenants.

5 mars. M. Blanc, du 83ᵉ.

11 mars. M. Florant, sous-officier, nommé au 91ᵉ.

5 juillet. MM. Marchal, sous-officier, nommé au 94ᵉ; Réau, sous-officier, nommé au 85ᵉ.

1ᵉʳ octobre. MM. Savoye, Gallier, élèves à l'École spéciale militaire.

15 novembre. M. Beuf, sous-officier, nommé au 79ᵉ.

M. Beaulieu, adjudant.

1875. Conformément à la loi du 13 mars 1875 relative à la composition des cadres et des effectifs de l'armée active et de l'armée territoriale, et à la circulaire ministérielle du 30 mars, le 82ᵉ fut formé à 4 bataillons, de quatre compagnies, plus deux compagnies de dépôt, par la suppression des 5ᵉ et 6ᵉ compagnies du 3ᵉ bataillon et de la 3ᵉ compagnie du dépôt. Il fut ensuite procédé au tiercement ; les officiers des compagnies licenciées furent pourvus des emplois vacants suivant leur ordre d'ancienneté.

En exécution de ladite loi, le 4ᵉ bataillon de chasseurs à

FORMATION DE 1875.

pied, désigné comme corps indépendant, cessa de faire partie de la 12° brigade et partit le 9 mai pour l'Algérie.

Au 1er août, le 82° présenta la composition suivante :

ÉTAT DES OFFICIERS.

Colonel : Fauchon.
Lieutenant-colonel : d'Arbo.
Chefs de bataillon : Bonnet, Chardin, Lejeune, Condeau.
Capitaines adjud.-majors : de Launay, de Kergariou, de Contencin, Daverat.
Major : Simonnot.
Capitaine-trésorier : Faubert. *Capitaine d'habillement :* Pauly.
Lieutenant adjoint au trésorier : Franclet. *Porte-drapeau :* Denny.
Médecin-major de 1re classe : Riolacci.
Médecin-major de 2e cl. Vigenaud. *Méd. aide-major de 2e cl. :* Nicaud.
Chef de musique : Jacob.

1er *bataillon.*

	Capitaines.	Lieutenants.	Sous-lieutenants.
1re	Castre.	Blanchet.	Beaulieu.
2e	Poiret.	Blanrue.	Moretti.
3e	Vexiau.	Rollinat.	Seignabou.
4e	Lafosse.	Garçot.	Zigang.

2e *bataillon.*

	Capitaines.	Lieutenants.	Sous-lieutenants.
1re	Drevon.	Lironville.	Wagner.
2e	Icart.	Brecht.	de St-Sulpice.
3e	Milliard.	Hiriart.	Tisseyre.
4e	Vauthey.	Bachelier.	Pomarède.

3e *bataillon.*

	Capitaines.	Lieutenants.	Sous-lieutenants.
1re	Pons.	Demange.	Savoye.
2e	de la Menardière	François.	Rigal.
3e	Ravary.	Knoll.	Martin.
4e	Sengler.	Curteley.	Poyard.

4e *bataillon.*

	Capitaines.	Lieutenants.	Sous-lieutenants.
1re	Arvers.	Molin.	Gallier.
2e	Gras.	d'Ornano.	Saunier.
3e	Hugot.	Genneau.	Ébinger.
4e	Bert.	Schweisch.	Fabregoule.

Dépôt.

	Capitaines.	Lieutenants.	Sous-lieutenants.
1re..........	Gillet.	Pacaud.	Rech.
2e..........	Mutel.	Zabern.	Strassel.

Départ de la classe 1870.

Le 20 juin, la classe de 1870 fut libérée. Appelés par décret du 10 août 1870, les soldats de cette classe avaient dans les circonstances les plus douloureuses donné des preuves d'un patriotisme et d'un dévouement qui ne se démentirent pas un seul jour. Le colonel leur adressa ses adieux dans un ordre du régiment :

« Soldats de la classe 1870,

« Vous allez rentrer dans vos foyers; le colonel ne veut pas vous laisser partir sans vous exprimer au nom du régiment, en même temps que les regrets de la séparation, les témoignages de satisfaction dont vous vous êtes rendus dignes par votre bravoure, votre attachement à vos devoirs et votre dévouement à la patrie.

« Pendant les jours que vous venez de passer sous les drapeaux, votre courage n'a pas faibli, votre esprit d'abnégation et de discipline ne s'est pas démenti un seul jour et vous vous êtes montrés à la hauteur des plus grandes épreuves que puissent subir une nation et une armée. Vous n'avez pas tous combattu sur les mêmes champs de bataille, et vos fortunes ont été diverses; mais vous pouvez rentrer chez vous la tête haute, car tous vous avez fait votre devoir. Vous allez nous quitter dans quelques jours ; la plupart d'entre vous vont échanger la casaque du soldat contre la blouse du travailleur, et déposer le chassepot pour prendre l'outil et la charrue; mais sachez bien que vous ne cesserez pas pour cela de servir la France, car si c'est avec la force, l'audace et la bravoure que l'on fonde les nations, c'est avec le travail, l'ordre et la soumission aux lois qu'on les maintient fortes, grandes et prospères.

« C'est aussi avec le travail, le respect des croyances et des traditions paternelles que l'on fonde les familles, qui sont les premières et les plus précieuses assises de la patrie, notre grande famille à tous.

« Si elle a quelque jour besoin de vous, ce serait vous faire injure d'en douter, vous serez bien vite de retour dans nos rangs pour rivaliser avec vos cadets de dévouement et d'intrépidité.

« En échange de vos sacrifices, de vos devoirs accomplis, l'armée vous a donné tout ce qu'elle a pu, et vos chefs ne vous ont marchandé ni leurs soins, ni leur intérêt, ni leur bienveillance; leurs efforts n'ont pas cessé de tendre à votre bien-être, à votre instruction physique, intellectuelle et morale. Si, dans l'armée, les défaillances trouvent pour les redresser une autorité juste, en revanche, la bonne conduite, les bons services et le mérite sont sûrs d'y trouver des encouragements et des récompenses.

« Le 82e, où vous avez servi comme de braves gens, gardera un bon souvenir de vous; quand, plus tard, vous et vos enfants, vous verrez passer son drapeau, saluez-le comme un vieil ami, n'oubliez pas que sous ses plis, vous avez été à l'école de l'honneur, et que vous y avez appris à espérer dans l'avenir et dans la grandeur de la France.

« Camp de Villeneuve-l'Étang, le 19 juin 1870.

Le Colonel,

Signé : Fauchon [1].

Au mois de septembre, les sous-officiers et soldats de la réserve de l'armée active, classe 1867, furent appelés sous

---

1. Fauchon (Louis), né le 30 juillet 1820, à Cancale (Ille-et-Vilaine), entra au service le 23 août 1838 comme engagé volontaire au 2e régiment de hussards; passé le 25 janvier 1839 au 53e de ligne, il y fut promu sous-lieutenant le 19 septembre 1845. Lieutenant le 1er mars 1849. Capitaine au 69e de ligne le

les drapeaux pour prendre part aux manœuvres du 5ᵉ corps, qui eurent lieu entre Malesherbes, Pithiviers et Château-Landon. La 17ᵉ brigade y assista. Les sous-lieutenants de réserve furent nommés et convoqués au dépôt à Sens.

Cet essai de mobilisation partielle, donna les résultats les plus favorables ; pendant la période de vingt-huit jours qu'ils passèrent au régiment, les réservistes se montrèrent animés d'un excellent esprit.

Le règlement du 12 juin 1875 (école du soldat et école de compagnie) substitué au règlement du 16 mars 1869 sur les manœuvres d'infanterie, marque le point de départ d'une ère nouvelle, et celui de l'adoption officielle de l'ordre dispersé. Le 82ᵉ en fit l'application dans ses cantonnements de Trézan, Pinson et Malesherbes, et dans les manœuvres qui suivirent.

Le 23 septembre, le régiment fut passé en revue à Rumont, par M. le maréchal de Mac-Mahon, président de la République, accompagné du général de Cissey, ministre de la guerre, et d'un nombreux état-major, auquel s'étaient joints des officiers de toutes les armées européennes.

Le 26 septembre, le général Bataille, commandant le 5ᵉ corps d'armée, passa la revue des troupes qui avaient pris part aux manœuvres aux environs de Château-Landon, au château de Chancepois, et leur adressa l'ordre général suivant :

« Officiers et soldats,

« Les grandes manœuvres sont terminées, je ne veux pas laisser les troupes du 5ᵉ corps rentrer dans leurs garnisons

---

10 juillet 1854. Chef de bataillon au 59ᵉ le 13 août 1863. Lieutenant-colonel au 85ᵉ de ligne le 24 décembre 1869 ; passé au 2ᵉ voltigeurs de la garde le 29 septembre 1870 ; passé au 2ᵉ provisoire le 8 avril 1871. Colonel du 82ᵉ de ligne le 22 juillet 1871.

Commandeur de la légion d'honneur.

Campagnes d'Afrique, de Rome, d'Orient, contre l'Allemagne, à l'armée de Versailles (major de tranchée au bois de Boulogne en 1871).

3 blessures, 2 citations. « L'adjudant Fauchon s'est fait remarquer au combat du 17 octobre 1844 (Algérie) où il a emporté sous le feu de l'ennemi M. le capitaine Massiat, mortellement blessé. »

sans leur dire combien j'ai été satisfait du bon esprit et du zèle dont chacun a fait preuve pendant toute leur durée. L'instruction a été bien conduite par les généraux et les chefs de corps, et le résultat heureux en a été constaté avec satisfaction par le maréchal Président de la République et le Ministre de la guerre.

« Les populations vous ont accueillis avec le plus grand empressement; elles semblaient heureuses de vous avoir au milieu d'elles.; de votre côté, vous avez tout fait pour qu'elles n'eussent point à souffrir de votre présence : les propriétés ont été respectées avec le plus grand soin, et de faibles dégâts commis n'ont été que la conséquence de vos manœuvres, ils ont d'ailleurs été remboursés.

« Cette première exécution de la loi aura pour résultat de faire constater par les populations que leurs appréhensions au sujet de leurs propriétés étaient exagérées.

« Les réservistes méritent une part spéciale d'éloges : ils ont répondu à l'appel de leur classe avec un zèle louable ; leur esprit de discipline et leur bonne attitude sous les armes ont été tels, que l'on ne pouvait dans les rangs les distinguer des autres soldats.

« Quelques-uns cependant, mais en très-petit nombre, se sont mis dans le cas d'être punis sévèrement : ils termineront aux corps les punitions qui leur ont été infligées, et seront conservés sous les drapeaux pendant un nombre de jours égal à celui que leur aura fait perdre, pour leur instruction, leur séjour dans les prisons du régiment.

« Un très-petit nombre d'appelés également n'a pas répondu à la convocation : ils sont activement recherchés, et s'ils n'ont pas eu de motifs plausibles pour ne pas rejoindre leurs corps, ils seront jugés par les conseils de guerre.

« Vous, soldats, qui devez achever dans vos régiments le temps de service exigé par la loi, conservez cet excellent esprit qui vous anime ; vous, réservistes, retournez dans vos foyers avec la satisfaction d'avoir bien fait votre devoir, rappelez-vous que vous ne laissez ici que des camarades, et souvenez-vous que la grande famille française est l'armée, parce qu'elle réunit en elle toutes les autres.

Le général commandant le 5⁵ corps d'armée,

Signé : BATAILLE.

Le lendemain, le régiment se mit en route par étapes pour aller occuper, à Paris, la caserne de la Nouvelle-France et le bastion 34, pendant que les réservistes, sous la direction de cadres de conduite, rentraient à Sens pour y être libérés.

L'année 1875 vit aussi une importante réforme administrative. Le décret du 7 août, portant modification à l'ordonnance du 10 mai 1844 sur l'administration et la comptabilité des corps de troupe, simplifia les écritures à tenir dans la compagnie, et donna des règles plus en harmonie avec la composition des cadres et des effectifs fixés par la loi du 13 mars, en ne s'écartant cependant pas sensiblement des règles suivies jusqu'à ce jour. Il fut complété par le décret du 25 décembre 1875, portant modification des dispositions qui régissent le service de la solde, le service des frais de route des militaires isolés et l'administration intérieure des corps de troupe.

Le régiment reçut des engagés conditionnels de la 5⁵ région; ils furent placés sous la direction de M. le capitaine Ravary.

NOMINATIONS ET PROMOTIONS.

Chefs de bataillon.

18 mars. M. Lejeune, capitaine au 141⁵, en remplacement de M. de Garros, admis à la retraite.

12 mai. M. Daclon, capitaine, nommé au 100⁵.

2 juin. M. Condeau, capitaine au 28⁵, emploi vacant par organisation.

Médecin-major de 2⁵ classe.

25 mai. M. Vigenaud.

Décembre. M. Nicaud, promu au 4⁵.

Médecin aide-major de 1ʳᵉ classe.

Décembre. M. Belleau.

Infanterie de Ligne 1860

Capitaines.

1er mai. M. Castre, lieutenant.
8 mai. M. Gillet, du 10e bataillon de chasseurs à pied.
5 juillet. M. Pons, du 4e bataillon de chasseurs à pied, en remplacement de M. Mazoyer, passé dans le recrutement.
11 août. M. Véber, lieutenant, nommé au 85e.

Sous-lieutenants.

1er août. M. Pomarède, adjudant au 117e.
1er octobre. M. Hist, élève à l'École spéciale militaire.

Chef de musique.

25 mars. M. Jacob, sous-chef au 82e.

Sous-lieutenants de réserve.

Août. MM. Alazet, Arrault, Baillet, Baudey, Bénard, Collomb-Gros, Dory, Gaussaud, Joffin, Lahure, Laproste, Leplus, Louault, Marc, Michelat, Roze, Schmoll.

1876. — Au 1er mai le régiment occupe les mêmes emplacements, et le Corps d'armée présente la composition suivante :

5e CORPS D'ARMÉE.

Quartier général à Orléans.

Cinquième région, comprenant les départements du Loiret, Loir-et-Cher, Seine-et-Marne, Yonne, Seine-et-Oise (arrondissements d'Étampes et de Corbeil), et Seine (cantons de Charenton et de Vincennes, 2e, 3e, 11e et 12e arrondissements de Paris).
Chefs-lieux de subdivision de Région : Sens, Fontainebleau, Melun, Coulommiers, Auxerre, Montargis, Blois, Orléans.

Général commandant le corps d'armée.

M. le général de division BATAILLE, G O ✻, à Orléans.

Aides de camp : Miot O ✻, chef d'escadron ; Imbourg ✻, chef d'escadron d'état-major.

Officiers d'ordonnance : De la Chaise, capitaine au 10e de chasseurs ; De Levis Mirepoix, lieutenant au 8e de hussards.

État-major général.

Chef d'état-major général : Villette, C ✻, colonel[1].
Sous-chef d'état-major général : De Plazanet, O ✻, colonel.
Section active. — Corbin, O ✻, lieutenant-colonel, détaché auprès de la Commission de réorganisation de l'armée; Perrotin, O ✻, chef d'escadron; Baudouin de Saint-Étienne, capitaine de 1re classe; Lachouque, capitaine de 2e classe.
Section territoriale. — Kienlin, O ✻, chef d'escadron; Doreau, ✻, capitaine de 1re classe. — *Secrétaire-archiviste* : Chiroussot, ✻, capitaine.

Génie.

Directeur supérieur du génie des 5e et 6e corps d'armée : RAGON, C ✻, général de brigade, à Châlons-sur-Marne.
Directeur : De Préval, O ✻, colonel, à Orléans.

Intendance militaire.

Intendant du corps d'armée : Baron Schmitz, O ✻, à Orléans.
Thiévard, ✻, sous-intendant de 1re classe, à Orléans; Heuillet, O ✻, idem, à Melun; Daussier, ✻, sous-intendant de 2e classe, à Auxerre; Guillemin, ✻, sous-intendant de 1re classe, à Blois; Accary, ✻, adjoint de 2e classe, à Sens; Courtot, ✻, adjoint de 1re classe, à Meaux.

9e DIVISION D'INFANTERIE.
Quartier-général à Paris.

Général commandant : DE COLOMB, C ✻.

Aide de camp : Jacquin, capitaine d'état-major[2].
Officier d'ordonnance : Collard, ✻, lieutenant au 85e de ligne[3].

État-major de la division.

Chef d'état-major : De Clermont-Tonnerre, O ✻, colonel.
Chevalier, ✻, chef d'escadron[4].
De Gérault de Langalerie, ✻, capitaine de 1re classe.

---

1. M. le colonel Villette a été nommé en remplacement de M. le général Forgemol.
2. M. Jacquin a été nommé aide de camp du général de Colomb, par décret du 19 février 1876, en remplacement de M. le commandant Chevalier, passé à l'état-major de la division.
3. M. Collard a été nommé en remplacement de M. de Foucauld, nommé capitaine au 131e.
4. M. de Maizière est passé au 13e corps le 8 mai 1875.

Intendance de la division.

Moyse, O ✻, sous-intendant de 1re classe, à Paris.

17e *brigade d'infanterie.*

Général commandant : Lian, C ✻.
Officier d'ordonnance : Rollinat, lieutenant au 82e de ligne.
82e régiment d'infanterie. *Colonel :* Fauchon, C ✻.
85e régiment d'infanterie. *Colonel :* Rozier de Linage, O ✻.

18e *brigade d'infanterie.*

Général commandant : Sée, O ✻ [1].
Officier d'ordonnance : Bouchu, lieutenant au 113e de ligne.
113e régiment d'infanterie. *Colonel :* Cholleton, O ✻.
131e régiment d'infanterie. *Colonel :* Le Toullec, ✻.

10e DIVISION D'INFANTERIE.

Quartier-général à Orléans.

Général commandant : Berthaut, C ✻, provisoirement à Paris.
Aide de camp : De Locmaria, O ✻, chef d'escadron.
Officier d'ordonnance : N.

État-major de la division.

Chef d'état-major : Sautereau, C ✻, colonel.
Clément, O ✻, capitaine de 1re classe.
Chandonné, ✻, capitaine de 1re classe.

Intendance de la division.

Guille-Desbuttes, ✻, sous-intendant de 2e classe, à Paris.

19e *brigade d'infanterie.*

Général commandant : Bocher, C ✻, provisoirement à Paris.
Officier d'ordonnance : Ravier, lieutenant au 46e de ligne.
46e régiment d'infanterie. *Colonel :* Marchand, O ✻.
89e régiment d'infanterie. *Colonel :* Pichot-Duclos, O ✻.

1. M. le général Sée a remplacé M. le général de Potier, promu général de division.

20ᵉ brigade d'infanterie.

Général commandant : PATUREL, G O ✻, provisoirement à Blois.
Officier d'ordonnance : Rozée d'Infreville, lieutenant au 76ᵉ de ligne.

31ᵉ régiment d'infanterie. *Colonel :* Prouvost, ✻.
76ᵉ régiment d'infanterie. *Colonel :* Brice, C ✻.

17ᵉ bataillon de chasseurs à pied. *Commandant :* Faulte de Vanteaux ✻.

5ᵉ BRIGADE DE CAVALERIE.
Quartier-général à Vendôme.

Général commandant : CHARLEMAGNE, C ✻, à Vendôme.
Officier d'ordonnance : De Collonjeon, lieutenant au 10ᵉ régiment de chasseurs.

Intendance de la brigade.

De Geoffre de Chabrignac, O ✻, sous-intendant de 2ᵉ classe, à Orléans.

4ᵉ régiment de dragons (Joigny). *Colonel :* Genestet de Planhol, O ✻.
10ᵉ régiment de chasseurs (Vendôme). *Colonel :* Alleaume, O ✻.

5ᵉ BRIGADE D'ARTILLERIE.
Quartier-général à Orléans.

Général commandant : DEVILLE, C ✻, à Orléans.
Aide de camp : Jouart ✻, capitaine en 1ᵉʳ.
Chef d'état-major : Morlières, O ✻, chef d'escadron.

Ecole d'artillerie : Vidal, O ✻, *lieutenant-colonel.*

30ᵉ régiment d'artillerie. *Colonel :* Guillemin, O ✻.
32ᵉ régiment d'artillerie. *Colonel :* Lecœuvre, O ✻.

5ᵉ bataillon du génie. *Commandant :* N.

5ᵉ escadron du train des équipages militaires. *Commandant :* Chevillot, O ✻.

5ᵉ section de secrétaires d'état-major et du recrutement.

5ᵉ section de commis et d'ouvriers militaires d'administration.

5ᵉ section d'infirmiers.

Au 1ᵉʳ mai 1876 les nominations et promotions suivantes ont eu lieu au 82ᵉ régiment de ligne.

NOMINATIONS ET PROMOTIONS.

Capitaine d'état-major.

9 février. M. Picard.

Capitaine.

12 février. M. Frayssinaud du 74ᵉ de ligne, par permutation avec M. Sengler.

Lieutenant.

22 février. M. Zigang, promu au 113ᵉ.

Sous-lieutenants.

29 février. M. Duprat, sous-officier au corps, promu au 46ᵉ.
M. Léchère du 124ᵉ.

COLONELS

ET

OFFICIERS SUPÉRIEURS

COLONELS

ET

OFFICIERS SUPÉRIEURS

Colonels ou Mestres de camp qui ont commandé le régiment de Saintonge.

8 septembre 1684. Le marquis de Bligny (François-Germain Le Camus) fut fait brigadier le 3 janvier 1696 et maréchal de camp le 10 février 1704.

14 janvier 1705. Marquis de Lannion (Anne-Bretagne) fut fait brigadier le 29 mars 1710, maréchal de camp le 1ᵉʳ février 1719, lieutenant général le 1ᵉʳ août 1734. Tué à Guastalla.

6 mars 1719. Marquis de Mirepoix (Gaston, Charles, Pierre de Levis) monte ensuite au régiment de la Marine.

10 mars 1734. Marquis de Talleyrand (Daniel-Marie-Anne) monte au régiment de Normandie.

26 juillet 1737. Duc d'Olonne (Charles-Anne-Sigismond, de Montmorency-Luxembourg) monte au régiment de Touraine.

8 juin 1744. De la Granville (Louis-Joseph) fut fait brigadier le 10 mai 1748.

22 mai 1759. Comte de Salles (Louis-Antoine-Gustave).

28 juillet 1750. Comte de Boisgelin (René-Gabriel) obtint ensuite le régiment de Béarn.

20 février 1761. Marquis du Roure (Denis-Auguste, de Beauvoir Grimoard) passa au régiment du Dauphin.

11 mai 1762. Vicomte de Béranger (Charles, du Guast) fut fait brigadier le 3 janvier 1770, maréchal de camp le 1er mars 1780.

8 mars 1780. Vicomte de Custines (Adam-Philippe, Blackarth), colonel de Rouergue, remplaça le vicomte de Béranger, nommé maréchal de camp.

11 novembre 1782. Vicomte de Rochambeau (Donatien-Marie-Joseph, de Vinieu) obtint ensuite le régiment d'Auvergne.

1er juillet 1783. Vicomte du Lau d'Allemans.

3 février 1792. De la Goutte (Pierre-Chapuis, de Maubon).

24 octobre 1792. Desfrancs (Jean-Claude).

Chefs de la 82e demi-brigade.

1799. Esneaux.

15 juin 1801. Pinoteau (Pierre-Armand), général de brigade le 22 août 1811.

1803. Miquel, passé comme colonel au 26e régiment d'infanterie de ligne.

Colonels du 82e régiment de ligne.

17 décembre 1804. Bruny (Jean-Baptiste) devint colonel du 26e de ligne le 13 mai 1806.

10 juillet 1806. Montfort (Jean-Baptiste) fut nommé général de brigade le 6 août 1811.

25 novembre 1811. Van-Geen (Joseph) quitta l'armée en 1814 pour rentrer dans son pays, la Belgique.

1815. Matis (François), colonel du 6 août 1811, devint maréchal de camp le 25 avril 1821.

Colonel de la légion de Vendée (n° 82).

1815. Baron d'Equevilley, colonel du 26 novembre 1814.

Lieutenants-colonels du 7e bataillon de chasseurs ci-devant d'Auvergne.

25 octobre 1788. Desforest.

5 février 1792. De Trentinian (Jean-Jacques).

9 septembre 1792. De Becdelièvre (Gabriel-François-Louis).

Chef de la 7ᵉ demi-brigade d'infanterie légère
de première formation.

25 décembre 1793. Cassagne.

Chefs de la 7ᵉ demi-brigade d'infanterie légère
de deuxième formation.

22 décembre 1796. Lucotte (Edme) fut nommé général de brigade le 17 février 1800, général de division le 5 avril 1814.

1798. Boyer (Joseph) était chef de brigade de la 29ᵉ légère, devint colonel du 7ᵉ régiment d'infanterie légère.

Colonels du 7ᵉ régiment d'infanterie légère.

1803. Boyer (Joseph), admis à la solde de retraite le 8 mars 1807 comme général de brigade.

8 mars 1807. Lamaire (Guillaume), venu du 108ᵉ, où il était major en 1ᵉʳ. Admis à la retraite le 21 septembre 1809.

20 septembre 1809. Luchaire (Sébastien) était colonel en 2ᵉ de la 17ᵉ demi-brigade provisoire. Admis à la retraite le 15 avril 1811.

15 avril 1811. Rome (Jean-François) fut nommé général de brigade en 1813.

1813. Autran.

7 octobre 1813. Groizard (Louis) était major en 1ᵉʳ du 12ᵉ de ligne.

Colonels de la légion du Jura (n° 37)
laquelle devint 7ᵉ régiment d'infanterie légère.

1815. Boscal de Réal, comte de Mornac.

1816. Lambot devint colonel du 7ᵉ régiment d'infanterie légère en 1820.

Colonels du 7ᵉ régiment d'infanterie légère.

20 décembre 1820. Lambot (Paul-Grégoire-Joseph) fut nommé maréchal de camp le 22 mai 1825.

23 mai 1825. Lalande (Louis-Michel-Arsène) fut nommé maréchal de camp le 1ᵉʳ mai 1834.

19 avril 1834. Diettmann (Georges-François) était lieutenant-colonel du 27° de ligne, fut nommé maréchal de camp le 14 avril 1844.

14 avril 1844. De Luzy de Pelissac (Louis-Henri) était lieutenant-colonel du 3° de ligne, fut nommé général de brigade le 10 juillet décembre 1848.

15 juillet 1848. De Lisleferme (Pierre-Nicolas) était lieutenant-colonel du 35°, passé au commandement de la place de Valenciennes en décembre 1853.

26 décembre 1853. Jannin (Charles-Aimé), lieutenant-colonel du 3° zouaves, passé au commandement du 3° zouaves en janvier 1855.

Colonels du 82° régiment d'infanterie de ligne.

24 janvier 1855. De Castagny (Armand-Alexandre), lieutenant-colonel du 7° de ligne, fut nommé général de brigade le 14 mars 1859.

14 mars 1859. Becquet de Sonnay (Alfred-Alexandre-Cécile), lieutenant-colonel du 91° de ligne, fut nommé colonel du 1er grenadiers le 17 mars 1861.

17 mars 1861. Ponsard (Joseph-Napoléon), lieutenant-colonel du 46° de ligne, mort au camp de Châlons le 7 septembre 1861.

15 janvier 1862. De la Chaise (Jean-Baptiste-Jules), colonel du 103°, passé au 82° par suite du licenciement de son régiment admis à la retraite en 1864 (décembre).

26 décembre 1864. Berthau-Duchesne (Louis-François-Achille), lieutenant-colonel du 2° de ligne, passé au commandement de la place de Constantine en décembre 1866.

21 décembre 1866. Genneau (Pierre-Alexis), lieutenant-colonel du 28° de ligne, décédé à La Rochelle le 20 juin 1870.

9 juillet 1870. Guys (Charles-Bénigne-Alphonse), lieutenant-colonel du 66°, mort à Sedan des suites de ses blessures le 1er octobre 1870.

1871. Louveau de La Guigneraye (Marie-René-Amable), colonel du 20°, a commandé le 82° de marche. Nommé général de brigade le 4 juin 1871.

22 juillet 1871. Fauchon (Louis), lieutenant-colonel du 2° provisoire.

Lieutenants-colonels du 7° régiment d'infanterie légère et du 82° de ligne.

1820-1823. Groumault, devenu colonel du 5° léger.
1823-1830. Bonnet, devenu colonel du 31° de ligne.

1820-1833. Humblet, admis à la retraite.
1833-1839. Borelli, devenu colonel du 57° de ligne.
1839-1844. Nebel, admis à la retraite.
1844-1848. Duleu, admis à la retraite.
1848-1851. Cauvin du Bourguet, devenu colonel du 16° de ligne.
1851-1853. De Chambarlhac, devenu colonel du 11° de ligne.
1853-1854. Fournier, passé au 6° léger.
1854-1855. Vaissier, tué à Sébastopol.
1855-1855. Adam, devenu colonel du 96° de ligne.
1855-1859. Jeanningros, devenu colonel du 43° de ligne.
1859-1865. Weissenbürger, devenu colonel du 87° de ligne.
1865-1866. Bressolles, passé au 30° de ligne.
1866-1869. Amadieu, devenu colonel du 75° de ligne.
1869-1870. Gaday, devenu colonel du 38° de ligne.
1871-1871. Chevreuil, a commandé le 82° de marche.
1871. D'Arbo.

Majors du 7° régiment d'infanterie légère et du 82° de ligne.

1820-1827. Bourdon, admis à la retraite.
1827-1830. Magny, passé au 8° léger.
1830-1835. Nègre, devenu lieutenant-colonel du 11° léger.
1835-1837. Mouret, passé au 8° léger.
1837-1841. Macron, admis à la retraite.
1841-1849. Fauconnier, admis à la retraite.
1849-1850. Gay, passé au 15° léger.
1850-1852. Goy, admis à la retraite.
1852-1859. Lavisse, admis à la retraite.
1859-1861. Bessière, passé au 52° de ligne.
1861-1866. Néel, admis à la retraite.
1866-1870. Graziani, devenu lieutenant-colonel du 37e de marche.
1870-1871. Curet, major du 82° pendant la guerre.
1871-1871. Verlet-Hanusse, en non activité.
1871-1873. Richard, admis à la retraite.
1873. Simonnot.

Chefs de bataillon du 7° régiment d'infanterie légère et du 82° de ligne.

1820-1824. Gallet, admis à la retraite.
1820-1821. De Lescure, démissionnaire.

1822-1823. D'Autanc, passé au 6e régiment de la Garde royale.
1823-1824. De Blérancourt, démissionnaire.
1824-1827. Chasseraux, passé au 50e régiment d'infanterie de ligne.
1827-1832. Tempoure, devenu lieutenant-colonel du 55e de ligne.
1831-1833. Maher, admis à la retraite.
1832-1833. De Parades, admis à la retraite.
1832-1837. Guillier de Chavron, admis à la retraite.
1832-1833. Merle, admis à la retraite.
1833-1836. Susini, admis à la retraite.
1833-1840. Lavelaine-Maubeuge, devenu lieutenant-colonel du 18e léger.
1836-1838. Gauthier, admis à la retraite.
1837-1842. Rousseau, devenu lieutenant-colonel du 14e de ligne.
1838-1842. Rulh, admis à la retraite.
1840-1847. De Froidefond, devenu lieutenant-colonel du 34e de ligne.
1842-1842. Tuncq, passé au 7e de ligne.
1842-1844. Sol, passé au 6e bataillon de chasseurs d'Orléans.
1842-1848. Bedos, devenu lieutenant-colonel du 6e léger.
1847-1854. De Bonnet-Maurelhan Polhés, devenu lieutenant-colonel du 25e léger.
1848-1849. Desmazières, admis à la retraite.
1848-1851. Oger, major de place à Lyon.
1849-1850. Fé de Boisrambaud, admis à la retraite.
1850-1851. Surel, passé au 12e de ligne.
1851-1851. Beullard, passé au 73e de ligne.
1851-1853. Topin, passé au 56e de ligne.
1851-1852. Deligny, devenu lieutenant-colonel du 75e de ligne.
1852-1854. Vaissier, devenu lieutenant-colonel du 82e de ligne.
1853-1853. Fauvart-Bastoul, passé au 6e bataillon de chasseurs.
1853-1854. Guichard, passé aux tirailleurs algériens.
1853-1855. O'Malley, devenu lieutenant-colonel du 18e de ligne.
1855-1855. Guiomar, passé au 10e bataillon de chasseurs.
1854-1855. Chaunac de Lanzac, mort des suites de ses blessures.
1854-1855. Daguerre, passé au 54e de ligne.
1855-1855. Souville.
1855-1861. De Maudhuy, passé au 2e grenadiers.
1855-1864. De Reyniac, devenu lieutenant-colonel du 29e de ligne.
1855-1865. Minot, devenu lieutenant-colonel du 19e de ligne.
1855-1856. Paris, décédé.
1856-1864. Denechau, passé au 78e de ligne.
1864-1870. Miquel de Riu, devenu lieutenant-colonel du 9e de marche.

1864-1867. Gand, passé au régiment Étranger.
1865-1868. Du Guiny, passé à l'École spéciale militaire de Saint-Cyr.
1867-1873. Dubosq, admis à la retraite.
1868-1871. Moret, devenu lieutenant-colonel du 88° de marche.
1871-1871. Cottin, passé major au 18° provisoire.
1871-1874. Vidalé, passé au 112° de ligne.
1871-1871. Futscher, passé major au 101° de ligne.
1871-1871. Leroux, mort des suites de ses blessures.
1871-1875. De Garros, admis à la retraite.
1873-1873. Caillard, passé major au 128° de ligne.
1873-1874. Artus, passé dans le recrutement.
1871. Bonnet.
1874. Chardin.
1875. Lejeune.
1875. Condeau.

Officiers du 7ᵉ régiment d'infanterie légère et du 82° de ligne, devenus chefs de bataillon ou majors.

1820-1822. Damonet, major au 24ᵉ léger.
1820-1822. Lefebvre, major au 4° léger.
1820-1823. Chanson, chef de bataillon au 31° de ligne.
1820-1830. Hazon Saint-Firmin, chef de bataillon au 12° léger.
1820-1830. De Smidt, chef de bataillon au 29° de ligne.
1820-1840. Gilbert, chef de bataillon au 57° de ligne.
1820-1848. Cotolendy de Beauregard, chef de bataillon au 71° de ligne.
1823-1837. De Berry de Laplaigne, chef de bataillon au 26° de ligne.
1824-1843. Louic, chef de bataillon au 8° léger.
1826-1840. D'Épremesnil, chef de bataillon au 4° léger.
1831-1848. Devaux, chef de bataillon au 24° léger.
1830-1837. Bontemps, chef de bataillon au 19° de ligne.
1830-1848. Marrast, chef de bataillon au 10° léger.
1835-1848. Fonfrède, chef de bataillon au 61° de ligne.
1820-1848. Pelliat, chef de bataillon au 23° léger.
1852-1855. Bréger, chef de bataillon au 50° de ligne.
1850-1855. Benoit, chef de bataillon au 86° de ligne.
1850-1855. Minot, chef de bataillon au 82° de ligne.
1851-1855. Paris, chef de bataillon au 82° de ligne.

1841-1855. Guillaumé, chef de bataillon au 61° de ligne.
1838-1858. Bourgeois, chef de bataillon au 18° de ligne.
1844-1859. Blot, chef de bataillon au 101° de ligne.
1855-1861. Fitili, chef de bataillon au 41° de ligne.
1833-1862. Gustin, chef de bataillon au 55° de ligne.
1846-1865. De Gourville, chef de bataillon au 17° de ligne.
1834-1867. Boutet, chef de bataillon au 18° de ligne.
1855-1868. Robert, major au 48°.de ligne.
1850-1870. Jamais, major au 66° de ligne.
1865-1870. Mastranchard, major au 37°.de ligne.
1861-1870. Cognés, chef de bataillon au 32°.de marche.
1848-1870. Mourgues-Carrère, chef de bataillon au 40° de marche.
1851-1872. De Traversay, chef de bataillon au 27° de ligne.
1855-1873. Demard, chef de bataillon au 22° de ligne.
1854-1873. Artus, chef de bataillon au 82° de ligne.
1871-1874. Lachau, major au 130° de ligne.
1852-1875. Daclon, chef de bataillon au 100° de ligne.
1856-1876. De Launay, chef de bataillon au 32° de ligne.

Infanterie de Ligne 1867

ARMES D'HONNEUR

ET

LÉGION D'HONNEUR

ARMES D'HONNEUR

ET

LÉGION D'HONNEUR

7ᵉ demi-brigade d'infanterie légère.

ARMES D'HONNEUR (4 *nivôse an VIII*).

Castin, sergent, reçut un fusil d'honneur pour avoir donné les plus grandes preuves de valeur dans un combat de tirailleurs, pendant lequel il tua un grand nombre d'Autrichiens et en fit plusieurs prisonniers. 19 ventôse an XI.

Grugez, sergent, reçut un fusil d'honneur pour les preuves de bravoure qu'il donna aux combats de Setti-Pani et de Melogno.

Decoupade, grenadier, obtint un fusil d'honneur pour s'être distingué dans les mêmes engagements; il fit plusieurs prisonniers et s'empara d'un obusier au moment où il allait faire feu.

Chevalier, sergent-major, obtint un fusil d'honneur pour s'être fait remarquer à la prise d'un retranchement ennemi qu'il franchit sous une fusillade meurtrière et où il pénétra le premier.

Roques, sous-lieutenant, obtint un sabre d'honneur pour être monté le premier à l'assaut et avoir été blessé au combat de Setti-Pani.

Grasset, caporal, obtint un fusil d'honneur le 28 fructidor an X, pour s'être distingué pendant les guerres de 1793 à 1799.

Jamotte, caporal, obtint un fusil d'honneur le 29 brumaire an X, pour être entré seul dans une redoute ennemie, s'y être battu longtemps contre trois Autrichiens, en avoir tué deux et fait le troisième prisonnier.

Parmentier, sergent, obtint un fusil d'honneur le 4 pluviôse an XI, pour sa conduite distinguée aux armées d'Italie et d'Angleterre de 1799 à 1800.

Minguet et Valderon, tambours, obtinrent des baguettes d'honneur le 27 thermidor an VIII, pour être entrés les premiers dans une redoute ennemie en battant la charge.

7e régiment d'infanterie légère.

LÉGION D'HONNEUR (22 *messidor an XII*).

Grugez, adjudant-major; Roques, sous-lieutenant; Castin, Parmentier, Grasset, sergents; Chevalier, sergent-major; Herlick, caporal; Minguet, Valderon, tambours; Decoupade, chasseur, ayant reçu des armes d'honneur, firent de droit partie de l'ordre dès son institution.

14 juin 1804. Monnet, chef de bataillon; Ducouret, major; Cartier, Vagnaier, chefs de bataillon: Hugoin, Ayasse, Maisonnave, Joineaux, Dalquier-Fonfrède, capitaines; Waroquier, Guermont, sous-lieutenants; Roger, Thuillier, sergents; Dubois, Lefort, caporaux.

5 août 1805. Landy, chef de bataillon; Decoute, Baugez, Lafitte, Dumoulin, Charly, capitaines; Bréard, sous-lieutenant; Pascal, sergent-major; Palasoé dit Bourderon, Lavergne, Bonabeau, Martin, sergents.

14 mars 1806. Laprotte, Zémon, Ducourthieux, Bonnescuelle, Duplessy, capitaines; Coste, lieutenant; Cannivet, Estève, sous-lieutenants; Morel, sergent.

14 avril 1807. Hamon, Halloy, Melac, capitaines; Vautrain, Depierre, Courtillon, Garnier, Guérin, Merceron, Mondet, Saint-Alban, lieutenants; Chaborel, sous-lieutenant; Rouxe, adjudant; Rabuté, sergent-major; Goudon, Contenson, Fayel, Boullery, sergents; Vignol, tambour; Carriau, carabinier.

7 juillet 1807. *Officiers :* Baron Lamaire, colonel; Falcon, major. *Chevalier :* Marguerie, chef de bataillon.

1er octobre 1807. Sentis, Guesnon, Lefèvre, Amerdheil, Colard, Minet, Brocq, capitaines; Bouquet, Bellefort, Berger, Barthelemi, lieutenants; Collet, Richardot, sous-lieutenants; Coudroy, adjudant; Deplaine, Roux, sergents; Sentier, caporal; Delmas, carabinier; Masson, voltigeur.

30 août 1808. Liénard, sous-lieutenant.

ARMES D'HONNNEUR.

12 juillet 1809. Billequin, chirurgien-major; Baltzer, capitaine; Lussac, lieutenant.

13 août 1809. *Chevaliers :* Adrien, lieutenant ; Farinelle, sous-lieutenant; Durand, sergent porte-aigle; Delseaux, sergent; Tessier, Ambal, carabiniers.

14 août 1809. Roth, Mounier, capitaines.

17 février 1811. Collin, lieutenant.

19 juin 1811. Rivoiza, sous-lieutenant.

18 juin 1812. Butard, chef de bataillon ; Robin, Saux, Sède, Cosson, Prud'homme, Salmon, Floucaud, Chas, capitaines ; Ouvrard, lieutenant; Trascaze, sous-lieutenant ; Panlin, Cartier, tambours-majors; Reynaud, sergent d'artillerie ; Rouvier, David, Breton, sergents; Boudon, caporal; Vidal, voltigeur ; Thenos, chasseur.

20 août 1812. *Officiers :* Baillif, Reyniac, Marguerie, chefs de bataillon.

30 août 1812. *Chevaliers :* Le comte Moncey, adjudant-major ; Dandale, capitaine; Michelon, carabinier.

10 octobre 1812. Roquevert, Quesnoy, Lépine, Marcel, Dewareux, Desplanques, Gavois, capitaines; Roubier, capitaine adjudant-major; Raoux, Petit, lieutenants adjudants-majors; Boiroux, Falcon, Richard, Turin, Kayser, Solmen, Ponçon, lieutenants; Nicolas, adjudant; Pape, sergent; Adrian, caporal ; Faison, sapeur ; Renaud, Monotte, Ghiony, carabiniers; Salles, voltigeur; Bessière, Periot, Gay, chasseurs.

11 octobre 1812. *Officiers :* Beaugey, major en 2e; Denon, chef de bataillon; Feriol, Beaufort, capitaines.

11 juillet 1813. *Officiers :* Butard, chef de bataillon ; Maisonnave, Saux, Cosson, capitaines.

Chevaliers : Thuilier, Liégo, Pfliéger, capitaines; Rousseau, adjudant-major; Gaussen, lieutenant; Durand, Renaud, sous-lieutenants; Léon, Muller, Fournier, Limonier, Masquet, Dufrin, Lacan, Laposte, sergents; Huigant, fourrier; Audasse, caporal; Arnauld, sapeur; Boutelier, tambour; Daudet, cornette.

19 septembre 1813. *Officier :* Brocq, chef de bataillon.

Chevaliers : Claves, capitaine ; Laigneau, adjudant-major ; Godard, Fonquère, Langé, Maloux, Gaillard, Jamay, lieutenants; Fouquet, Desserville, sous-lieutenants; Bertrand, adjudant; Niqueur, sapeur ; Roques, chasseur.

1814. *Officier :* Bellefond, chef de bataillon.

Chevalier : Perrin, capitaine.

82ᵉ demi-brigade d'infanterie de ligne.

ARMES D'HONNEUR.

Augustin dit Julien, sergent à la 82ᵉ demi-brigade, reçut un fusil d'honneur le 10 prairial an X, pour s'être distingué dans une attaque générale au milieu d'un feu meurtrier d'artillerie et de mousqueterie.

Meroux (Benoît,) caporal à la 82ᵉ demi-brigade, reçut un fusil d'honneur le 4 vendémiaire an X, pour s'être fait remarquer à l'armée de l'Ouest.

82ᵉ régiment d'infanterie de ligne.

LÉGION D'HONNEUR.

1804. Rocheron, chef de bataillon; Gautreau, capitaine.
1805. Bournillon, major.
Octobre 1806. Monfort, colonel; Pinguet, chef de bataillon; Vivien, Margarot, Tinet, Franc, capitaines; Claudel, lieutenant.
1808. *Officier* : Fabre, major en 1ᵉʳ.
10 janvier 1809. Briffaut, chef de bataillon; Pierron, Brice, Reynaud, capitaines; Fau, sous-lieutenant; Sirdey, Dussol, Blanchon, sergents-majors; Liégard, Tournier, Lardaux, sergents; Sdverdz, Mahaut, caporaux.
11 janvier 1809. Goyer, lieutenant.
7 juillet 1809. *Officiers* : Montfort, colonel; Bosse, Ragouain, capitaines.
1810. Ballard, capitaine.
24 juin 1811. *Officier* : Janin, chef de bataillon. *Chevaliers* : Morel, major; Fonville, Hodé, capitaines; Guérin, sergent.
1811. Chabot, Pichon, Charbonnier, Gallois, Mottier, Berthier, Clipet, capitaines.
1812. Michaud, Troquereau, capitaines.
9 janvier 1813. *Officiers* : Van-Geen, colonel; Vivien, chef de bataillon.
20 mai 1813. Bouire, Garret, Foubert-Delaise, Lepin, Daudirac, Lerch, Comte, Muth, capitaines; Montagné, Luquer, Michelet, lieutenants.
1814. Brunet, Broussard, capitaines.
1815. Chaillan, capitaine.

82e régiment d'infanterie de ligne, 1851 à 1876.

1851.

10 décembre. *Chevalier* : Le Petit, capitaine.

1852.

10 mai. *Chevaliers* : Blanc, capitaine ; Prunaire, sergent.
14 mai. *Chevaliers* : Demengeot, capitaine ; Bracquemont, lieutenant.
26 décembre. *Chevaliers* : Chatté, Féréol, capitaines.
10 mai. *Médaille militaire* : Abry, Vincent, sergents-majors; Bellocq, Varlet, Barbier, sergents; Grégoire, caporal; Delphin, sapeur; Poly, musicien; Aufrère, Balard, soldats.
31 décembre. *Médaille militaire* : Lemaire, sergent-major.

1853.

24 décembre. *Commandeur* : De Lisleferme, colonel.
10 août. *Chevalier* : Estève, capitaine.
24 décembre. *Chevalier* : Pavi, capitaine.
10 août. *Médaille militaire* : Longé, sergent.
24 décembre. *Médaille militaire* : Soulié, sous-lieutenant; Marie, sergent.

1854.

3 mars. *Chevalier* : Trumelet, lieutenant.
Octobre. *Chevalier* : Laxague, lieutenant.
Décembre. *Officiers* : Jannin, colonel; Blot, capitaine.
Chevaliers : Guillaumé, Benoît, Gilbert de Gourville, capitaines; de Bermon, Laffargue, lieutenants; Klipfel, Grégoire, sergents; Giroux, voltigeur.
Octobre. *Médaille militaire* : Guerbert, Barratte, Dewatine, sergents.
Décembre. *Médaille militaire* : Barjon, Baurin, Roubaud, Laroche, Brés, Couvelet, Fort, Leguen, Colfa, Niederst, sergents; Carrère, Costedoat, Guinet, sergents-fourriers; Lugat, Pierson, Munier, Grinvalt, Eichenberger, Dunepart, Stamaty, caporaux; Ducros, Miriel, Soulayrac, Biscaburru, Langlois, grenadiers; Francez, Legrand, Guillot, Vinieux, fusiliers; Vilat, Sire, Dilly, Balmelle, Ostermann, voltigeurs.

1855.

Mars. *Chevaliers* : De Polhes, capitaine ; Soulié, sergent.
Juin. *Officier* : Guiomar, chef de bataillon.

Chevaliers : Chaunac de Lanzac, chef de bataillon ; Bourgeois (Alfred), Polonus, capitaines ; Obry, Vettault, lieutenants ; Roubaud, sergent-fourrier.

Juillet. *Officier :* De Maud'huy, chef de bataillon.

Chevaliers : Clavelin, Malafaye, capitaines ; Henriet, lieutenant ; Fort, Gourmaud, sergents ; Chamayou, sergent-fourrier ; Paquette, voltigeur.

Mars. *Médaille militaire :* Ancel, Machéras, sergents ; Clément, Pradeau, caporaux ; Martin, grenadier ; Duret, Rafroidi, fusiliers ; Jean, voltigeur.

Juin. *Médaille militaire :* Gourmaud, Burté, Heinold, Hirsche, Renaudin, sergents ; Scalier, caporal ; Bruyère, Benoît, Dumont, Harrion, Micoulau, grenadiers ; Carion, fusilier ; Hubidos, voltigeur.

Juillet. *Médaille militaire :* Coutron, Girardet, sergents-majors ; Daval, Clanet, Martin, Fichet, Boam, Marie, Jauduin, Roussel, Luccantoni, sergents ; Kock, sergent-fourrier ; Fabre, sapeur ; Lévy, Doré, caporaux ; Malécot, Reculet, grenadiers.

Septembre. Bigot, sergent.

Octobre. Petit, Carrère, fusiliers.

Décembre. Ayard, caporal.

13 mai. *Ordre impérial du Medjidié :* Vaissier, lieutenant-colonel ; Blot, Gondrexon, capitaines ; de Bermon, Laffargue, lieutenants ; Quinemant, Drevon, sous-lieutenants ; Laroche, Costedoat, sergents ; Rougier, Hirsche, caporaux ; Soulayrac, Biscaburru, Raoul, grenadiers ; Legrand, fusilier.

1856.

12 avril. *Commandeur :* De Castagny, colonel.

17 avril. *Officiers :* Jeanningros, lieutenant-colonel ; Bourgeois, capitaine.

Chevaliers : D'Antin, Bonnefoy, Didier, capitaines ; Maxe, de la Giraudière, Jamais, Patriarche, lieutenants ; Pierson, Laroche, sergents ; Dilly, voltigeur.

17 avril. *Médaille militaire :* Renvoyé, adjudant ; Buy, Dumarest, sergents-majors ; Labouglisse, Partarrieu, Jouet, Renard, Grosmort, Le Rider, Cartier, sergents ; Hecker, caporal-sapeur ; Bonnard, Parisot, Fouilloux, caporaux ; Franquin, musicien ; Demange, grenadier ; Hugues, fusilier ; Stein, Lambollé, Taillandier, voltigeurs.

12 juin. Bonnat, sergent.

16 juin. Lecavalier, Viel, Benoît, Dupérier, Dureil, Deroubaix Clerfeuille-Viollet, Sautter, Segain, fusiliers ; Campion, voltigeur ; Brochet, caporal.

18 octobre. *Ordre impérial du Medjidié*, 3e classe : De Castagny,

colonel. — 5e *classe* : Bourgeois, d'Antin, Durand, capitaines; de la Giraudière, lieutenant; Stoffer, sergent-major; Labouglisse, Hecker, Mayer, Grosmort, sergents ; Janniaux, grenadier ; Huguet, fusilier; Alexandre, voltigeur.

1857.

14 mars. *Chevalier* : Buchot, capitaine.
14 mars. *Médaille militaire* : Petit, tambour; Muller, voltigeur.
17 octobre. *Médaille militaire* : Penotet, sergent.
30 décembre. *Médaille militaire* : Michelet, sapeur; Douhaut, musicien.
9 janvier. *Médaille de la valeur militaire de Sardaigne* : De Castagny, colonel; Jeanningros, lieutenant-colonel ; Laxague, capitaine; Ségard, lieutenant; Soulié, sous-lieutenant; Renvoyé, adjudant; Rochebrun, Poitevin, sergents; Mangeot, Racher, caporaux ; Dibasson, sapeur; Varet, voltigeur.

1858.

10 avril. *Chevalier* : Fitili, capitaine.
30 octobre. *Chevalier* : Gustin, capitaine.
17 mars. *Médaille militaire* : Metreau, caporal.
10 avril. *Médaille militaire* : Vaures, sergent; Varet, caporal.
15 août. *Médaille militaire* : Blaise, caporal.
19 septembre. *Médaille militaire* : Krieg, sergent.
30 octobre. *Médaille militaire* : Guittard, sergent; Ifflan, musicien; Corny, fusilier.

1859.

13 mars. *Chevaliers* : Boutet, Darroyat, capitaines.
12 juillet. *Chevaliers* : Ségard, Durand, capitaines.
3 octobre. *Officier* : De Reyniac, chef de bataillon.
Chevaliers : Trinquart, capitaine; Abry, Picard, lieutenants.
14 mars. *Médaille militaire* : Collot, Marty, sergents ; Redon, chef armurier; Bellard, voltigeur; Schmidt, sergent-major ; Jacob, Ruhlmann, sergents; Dibasson, sapeur; Taboureau, grenadier; Romengal, voltigeur.
3 octobre. *Médaille militaire* : Serès, sergent; Dufourg, Vernet, caporaux ; Poirsotte, musicien ; Bucher, Laporte, voltigeurs.

1860.

2 septembre. *Chevalier* : Prunier, capitaine.
29 décembre. *Chevalier* : Foulon, capitaine.
2 septembre. *Médaille militatre* : Grattepanche, sergent; Collot, caporal.

29 décembre. *Médaille militaire :* Richepin, Giot, voltigeurs.

3 avril. *Ordre militaire de Savoie. Chevalier :* Minot, chef de bataillon.

3 avril. *Ordre des Saints-Maurice et Lazare. Chevaliers :* Delmas, Gustin, capitaines.

3 avril. *Valeur militaire :* De Gourville, Boutet, Demengeot, Laffargue, d'Antin, Clavelin, de Bermon, Robert, Henriet, capitaines ; Guyétant, Arnaud, Bouscaren, Roussel, lieutenants ; Alary, Stoffer, sous-lieutenants ; Petit, adjudant ; Stamaty, Tellier, Bernier, Chevrier, sergents-majors ; Jauduin, Le Rider, Partarieu, Roussel, Grosmort, Renard, Fichet, Jouet, Grattepanche, Cartier, Mauss, Couvelet, Laveissière, Luccantoni, Bonnot, Le Saulnier, Bigot, Petit, Buzin, Cornavin, sergents ; Baumann, caporal-sapeur ; Mingros, sapeur ; Vaubourg, caporal ; Bouin, clairon ; Rossignol, grenadier ; Gion, Pajes, Soutteyrand, Rémineras, voltigeurs.

1861.

13 août. *Officier :* Minot, chef de bataillon.
Chevaliers : Mourgues-Carrère, Frizon, capitaines.
27 décembre. *Chevalier :* Artus, capitaine.
7 mars. *Médaille militaire :* Prat, voltigeur.
13 août. *Médaille militaire :* Chevrier, sergent-major ; Morineau, Janin, sergents ; Joseph, grenadier.
27 décembre. *Médaille militaire :* Le Saulnier, sergent ; Rueff, caporal.

1862.

27 août. *Chevalier :* Robert, capitaine.
Médaille militaire : Gabrion, caporal ; Schumacker, sapeur.

1863.

17 août. *Chevalier :* Longé, lieutenant.

1864.

23 février. *Chevalier :* Arnaud, lieutenant.
9 août. *Chevaliers :* Alary, lieutenant ; Dehertogh, sous-lieutenant.
23 février. *Médaille militaire :* Paolini, sergent ; Rossignol, grenadier.
9 août. *Médaille militaire :* Pierock, sergent ; Garrigues, grenadier ; Cathelot, Alquié, voltigeurs.

1865.

24 janvier. *Chevalier :* Drevon, capitaine.
7 février. *Chevalier :* de Traversay, capitaine.

22 mai. *Chevaliers :* Miquel de Riu, chef de bataillon; Demard, capitaine; Cognès, lieutenant; Stoffer, sous-lieutenant.

24 janvier. *Médaille militaire :* Couture, Hommery, sergents.

7 février. *Médaille militaire :* Haffner, sergent.

22 mai. *Médaille militaire :* Veiden, Midi, Varain, Cuvelier, sergents; Belot, sapeur; Perrot, grenadier.

29 décembre. *Médaille militaire :* Laurent, sapeur; Pouech-Bernich, voltigeur.

1866.

12 août. *Chevalier :* Gravelin, capitaine.

22 décembre. *Chevalier :* Ayme, chef de musique.

12 mars. *Médaille militaire :* Finsterback, musicien.

12 août. *Médaille militaire :* Fraisse, Mégevand, voltigeurs.

22 décembre. *Médaille militaire :* René, sapeur; Milliard, voltigeur.

1867.

11 août. *Chevaliers :* M. Daclon, capitaine; Bérard de Verzel, lieutenant.

11 août. *Médaille militaire :* Nageleisen, Leray, voltigeurs.

1868.

10 août. *Chevalier :* Vincent, capitaine.

28 décembre. *Chevalier :* Bouscaren, capitaine.

10 août. *Médaille militaire :* Raymond, sergent; Schmitt, musicien.

28 décembre. *Médaille militaire :* Breton, sergent; Fransquin, caporal.

1869.

8 septembre. *Commandeur :* Genneau, colonel.

8 septembre. *Chevaliers :* Millar, capitaine; Aubertel, lieutenant.

24 décembre. *Chevaliers :* de Lanuza, lieutenant.

8 septembre. *Médaille militaire :* Eeckout, sergent; Santucci, Bauheaire, soldats.

24 décembre. *Médaille militaire :* Roussel, sergent-major; Guthans, musicien.

12 mars. *Médaille militaire :* Prablant, sergent.

1871.

11 mars. *Chevalier :* Arvers, capitaine.

19 avril. *Officier :* Leroux, chef de bataillon.

19 avril. *Chevaliers :* Cruzel, capitaine; Denoual, sous-lieutenant.

24 juin. *Officier :* Cottin, chef de bataillon.

24 juin. *Chevaliers :* de Kergariou, Bivert, capitaines; Gottran, Curteley, lieutenants; Schneider, sous-lieutenant.

15 juillet. *Chevalier :* Tisseyre, sous-lieutenant.

8 août. *Officier :* Hontarrède, capitaine.

8 août. *Chevaliers :* Escolle, Jean, Bauduin, Gonon, capitaines; Masson, lieutenant.

19 avril. *Médaille militaire :* Chapgier, Rouan, sergent; Roux, caporal; Grabenstetter, Pagnaud, soldats.

1er mai. *Médaille militaire :* Dufournet, caporal; Nillaud, soldat.

24 juin. *Médaille militaire :* Trouppel, adjudant; Cortet, Trambouze, Marchal, Denizot, sergents; Schirmann, caporal; Paoli, Maréchal, Toublanc, soldats.

15 juillet. *Médaille militaire :* Robert, caporal.

8 août. *Médaille militaire :* Mazéas, Filippi, Richard, Dorel, sergents; Petitjean, clairon; Fortun, Laguet, Blanc, Rimoux, Viallé, soldats.

2 septembre. *Médaille militaire :* Gindre, Lefebvre, sergents-majors.

16 novembre. *Médaille militaire :* Laterrade, sergent; Cancel, caporal.

1872.

22 mars. *Chevaliers :* Françay, capitaine; Blanchet, sous-lieutenant.

3 août. *Chevalier :* de Launay, capitaine.

2 novembre. *Officier :* de Garros, chef de bataillon.

20 novembre. *Chevalier :* Gérard, lieutenant.

22 mars. *Médaille militaire :* Cambar, tambour; Rouby, Pagès, Faugeras, soldats.

20 novembre. *Médaille militaire :* Boy, caporal; Héraud, Vendengeat, soldats.

10 décembre. *Médaille militaire :* Debout, soldat.

31 décembre. *Médaille militaire :* Chasné, soldat.

1873.

22 mai. *Chevalier :* Milliard, capitaine.

22 mai. *Médaille militaire :* Espinasse, clairon.

11 octobre. *Médaille militaire :* Salaün, sapeur.

1874.

21 avril. *Chevaliers* : Brecht, lieutenant; Digue, chef de musique.

21 avril. *Médaille militaire* : Bamberger, sergent.

1875.

3 février. *Chevalier* : Baumann, tambour-major.
3 août. *Chevalier* : Pacaud, lieutenant.
7 décembre. *Chevalier* : Sengler, capitaine.
3 février. *Médaille militaire* : Monnier, sergent.

1876.

11 janvier. *Commandeur* : Fauchon, colonel.
11 janvier. *Chevalier* : Bachelier, lieutenant.

NOTA. — Il n'a pas été possible de se procurer les nominations dans la Légion d'honneur et dans l'ordre de Saint-Louis, de 1816 à 1850 : c'est une lacune à ajouter à d'autres, qui existent dans l'ouvrage, et que l'auteur aurait voulu combler s'il en avait eu le loisir. Le lecteur comprendra que, dans un travail de recherches aussi longues et minutieuses, on se heurte à des difficultés, sinon à des impossibilités, qu'il n'est pas toujours facile de surmonter.

UNIFORMES

DE L'INFANTERIE LÉGÈRE ET DE LIGNE

DE 1684 A 1876

HISTORIQUE.

Les premières tentatives d'introduction de l'uniformité dans la tenue des troupes remontent à François Ier. Ce fut d'abord par une manche aux couleurs du capitaine, portée par les hommes d'une même compagnie, puis par des écharpes, des casaques, des hoquetons aux couleurs des partis, que l'on essaya de se distinguer dans les mêlées si fréquentes auxquelles donnaient lieu les discordes civiles ; mais ce ne fut qu'en 1670 que les troupes reçurent l'uniforme.

A sa formation en 1684, Saintonge[1] porta habit et culotte gris-blanc, veste, collet et parements bleus, boutons jaunes, pattes de poches garnies de trois boutons, autant sur la manche. Chapeau de forme dite lampion, bordé d'argent. Banderole, cartouchière, ceinturon et bretelle de fusil en cuir fauve.

Jusqu'en 1690, les officiers d'infanterie portaient la pique en tête de leur troupe ; à partir de cette époque elle fut remplacée par un esponton de sept pieds et demi de long ; ils se soustrayaient à l'obligation de porter l'uniforme, quoiqu'il leur fût imposé par les règlements, et se paraient de riches vêtements

---

[1]. Le régiment de Saintonge, comme tous les régiments de cette époque, avait trois drapeaux. Au premier bataillon, le drapeau de la compagnie colonelle était blanc, tous les autres étaient des drapeaux d'ordonnance ; à la croix blanche, cantonnée de quatre quartiers gironnés de bleu, rouge, vert et jaune (azur, gueules, sinople et or), ces couleurs interverties pour chaque canton ; cravate en soie blanche et lance dorée.

de fantaisie, ornés de dentelles et de rubans, portaient sous les armes des écharpes brodées, et pendant l'hiver s'enveloppaient dans des manteaux d'écarlate.

La première ordonnance sur l'uniforme est du 1ᵉʳ décembre 1710 : elle ne modifia pas sensiblement l'uniforme que nous venons de décrire : les officiers prirent dès cette époque l'habitude de s'habiller *conformément*. Les officiers subalternes furent armés du fusil avec la baïonnette à douille. Les régiments se distinguèrent par la forme des poches et des parements, le métal et la disposition des boutons.

Voici quelles furent les couleurs distinctives du régiment de Saintonge jusqu'à la Révolution :

1720-1734. — Boutons jaunes, habit blanc, veste, culotte et parements bleu céleste.

1734-1757. — Boutons jaunes, habit, veste et culotte blancs, parements violet foncé.

1757-1765. — Boutons jaunes, habit et culotte blancs, veste, col et parements violet foncé.

1765-1775. — Boutons blancs, habit, veste et culotte blancs, revers et parements verts.

1775. — Boutons jaunes, revers et parements cramoisis.

1776-1779. — Boutons jaunes, habit, veste et culotte blancs, collet bleu céleste, revers et parements aurore.

1779-1788. — Boutons jaunes, habit, veste et culotte blancs, parements et passe-poils vert foncé. Revers agrafés jusqu'au tiers de leur longueur et garnis de sept petits boutons ; poches figurées par un passe-poil vert foncé et garnies de trois gros boutons. Épaulettes rouges doublées de blanc pour les grenadiers qui cessent de porter le bonnet à poils et le remplacent par un chapeau bordé d'un galon noir au-dessus duquel se porte un pompon.

1791. — L'ordonnance du 1ᵉʳ avril régla l'uniforme et fixa les couleurs distinctives de l'infanterie : le casque de feutre noir fut adopté pour la troupe ; les grenadiers continuèrent de porter le bonnet à poils qu'ils avaient repris en 1786 ; les officiers portèrent le chapeau.

1793. — L'ordonnance du 21 février donna à toute l'infanterie le chapeau de feutre surmonté d'un panache de crins rouges et l'habit national bleu à revers blancs. Malgré cette ordonnance, l'ancienne infanterie conserva l'habit blanc.

Infanterie de Ligne 1872

UNIFORMES.

1797. — L'uniforme de l'infanterie légère entièrement bleu foncé, passe-poils blancs, collet rouge pour les grenadiers et les fusiliers, jaune pour les voltigeurs. Les grenadiers portent le bonnet à poils à tresses rouges. Les fusiliers et voltigeurs le chapeau de feutre à plumet jaune et vert. Épaulettes vertes à tournantes jaunes. Demi-guêtres à glands rouges, verts et jaunes pour les grenadiers, fusiliers et voltigeurs.

1804. — L'infanterie de ligne porte l'habit bleu à revers blancs, passe-poils rouges ; collets et parements rouges, pattes de parements blanches pour les grenadiers et fusiliers; collet et épaulettes jaunes pour les voltigeurs, qui portent un shako. Culotte blanche. Chapeau pour les fusiliers, bonnet à poils pour les grenadiers.

1805. — L'infanterie légère porte l'habit et la culotte bleus, passe-poils blancs. Épaulettes rouges, collet rouge pour les grenadiers.

Épaulettes jaunes, collet jaune pour les voltigeurs.

Bonnet à poils à tresses blanches, et plumet rouge pour les grenadiers.

Shako à tresses blanches, plumet jaune et vert pour les voltigeurs.

Demi-guêtres à glands rouges, verts ou jaunes.

1806. — Par décision du 26 mars, le shako est donné à toute l'infanterie, les compagnies de grenadiers conservent le bonnet à poils à plaque. — Les habits sont raccourcis pour la troupe. — Le collet est rouge pour les grenadiers et fusiliers, jonquille pour les voltigeurs. Les parements rouges à pattes blanches pour tout le monde. Les officiers conservent l'habit long.

1809. — L'infanterie légère conserve ses couleurs distinctives.

1812. — Par décision du 12 janvier, l'infanterie prend l'habit-veste à revers carrés blancs. — Les compagnies de grenadiers et de carabiniers abandonnent le bonnet à poils et prennent le shako uniforme à chevrons écarlates pour la ligne, jonquille pour la légère. Les tresses sont supprimées. — Les plaques et jugulaires sont jaunes pour la ligne, blanches pour la légère. Les guêtres sont diminuées de hauteur et n'emboîtent plus le genou. Les officiers quittent les bottes à revers pour celles à la *hussarde*.

En Espagne quelques régiments portent des pantalons bruns confectionnés avec du drap trouvé dans les couvents.

1816. Légion de Vendée. Habit blanc, collet blanc, passepoils lie de vin. Revers et parements lie de vin, passe-poils blancs. Pattes de parements blanches, passe-poils lie de vin. Boutons jaune. Culotte blanche, demi-guêtre. Shako de feutre noir.

1820. La couleur garance est substituée à la couleur lie de vin.

Le 3e bataillon porte la tenue des chasseurs.

1816. Légion du Jura. Même tenue que la légion de Vendée. Boutons blancs, couleur distinctive rose foncé.

1820. Habit de chasse, vert, boutonné sur la poitrine avec collet et passe-poil rose foncé ; épaulettes vertes. Pantalon vert.

1820. Infanterie légère. Habit bleu de roi, boutonnant droit sur la poitrine, passe-poil jonquille, collet, parements et retroussis bleu de roi. Passe-poil et ornements des retroussis jonquille. Boutons blancs avec cor de chasse et le numéro du régiment au milieu. Pantalon large, bleu de roi, avec passe-poil jonquille. Shako de tissu de coton noir. Plaque blanche aux armes de France avec cor de chasse et le numéro du régiment au milieu.

1830. Même tenue, à l'exception du pantalon qui est garance.

1846. Tunique bleu de roi, boutonnant droit sur la poitrine, avec collet jonquille, parements bleu de roi, passe-poil jonquille : contre-épaulettes en drap bleu avec tournantes jonquilles, boutons blancs, avec cor de chasse et le numéro du régiment au milieu, capote croisée en drap gris de fer bleuté avec écussons de collet jonquille. Pantalon garance. Shako en drap bleu de roi avec pourtour supérieur en galon jonquille. Plaque jaune au numéro du régiment. Grand équipement blanc.

1856. Infanterie de ligne. — Tunique bleu foncé boutonnant droit sur la poitrine, à collet jonquille, droit sans échancrure; parements et passe-poils garance Épaulettes écarlates pour les grenadiers, jonquilles pour les voltigeurs, vertes avec tournantes écarlates pour le centre. Boutons jaunes avec le numéro du régiment. Pantalon garance. Shako en drap bleu foncé, avec pourtour supérieur en galon jonquille. Plaque à aigle et jugulaires à écailles en cuivre. Grand équipement noir.

1860. Habit-tunique en drap bleu foncé, boutonnant droit sur la poitrine, collet jonquille en forme d'accolade, parements bleus avec pattes jonquilles, mêmes épaulettes. Pantalon court à plis, serré au genou, avec jambières fauves contenant la guêtre. Shako en cuir, plaque à aigle, jugulaire en cuir.

1867. Tunique en drap bleu foncé à deux rangées de boutons ; collet jonquille à passepoil bleu, parements bleus avec passe-poils jonquilles. Épaulettes écarlates. Pantalon droit. Shako en drap garance avec bandeau bleu portant le numéro du régiment découpé en drap jonquille. Grand équipement en cuir noir,

1872. Même tenue avec les modifications suivantes. Le collet jonquille est orné dans les angles d'écussons bleus portant le numéro du régiment découpé en drap jonquille, parements bleus, passe-poils bleus. Boutons en cuivre estampé portant au milieu une grenade sans numéro. — Les numéros des écussons de collet de la capote en drap gris. — Shako en drap bleu foncé avec pourtour en galon jonquille, sur le devant une grenade en cuivre. Pompon à flamme écarlate, jugulaire en cuir noir.

MARCHE DU 82ᵉ RÉGIMENT DE LIGNE

TABLE ALPHABÉTIQUE

DES MILITAIRES DE TOUT GRADE, CITÉS DANS CET OUVRAGE

PREMIÈRE PARTIE

Régiment de Saintonge et 82ᵉ de ligne, de 1684 à 1796.

Allemand, 42.
d'Allois d'Herculais, 29.
André, 29.
Artiguenave, 43.
Astoul, 42.
Ayat, 29, 36, 39.
Balan, 36.
Ballard, 29.
Ballay, 29.
Barbacane, 29, 43.
Bazin, 39.
de Beaugendre, 27.
de Bellegarde, 27.
Bellemare, 27.
de Belot, 28.
Bequet, 42.
de Beranger, 330.
de Berlaymont, 25.
Bernard, 36.
Beskefeld, 29.
Beynier, 43.
Biabel, 29, 41, 43.
Bidat, 43.
de Biotiste, 27.
Biron, 36, 45.

de Bligny, 329.
de Boisgelin, 329.
Bonhomme, 39.
Bonnard, 44.
Bontemps, 39.
Boucherat, 36, 43.
Bouelle, 44.
Bouret, 39.
Boyer, 43.
Braquet, 43.
de Brugairoux, 27.
Bruneau, 41.
de Cabassols, 27.
Cantré, 43.
Cazaux, 43.
de Chastenet, 24.
Chevalier, 43.
Chevassu, 29.
Chinous, 38.
Coley, 39.
Coulaine, 27.
Courtois, 45.
de Crozofons, 28.
de Custines, 26, 30, 330.
Dagné, 27.

Damourette, 43.
Daussy, 43.
Debray, 36, 39, 45.
Dediane, 43.
Delcros, 39.
Delvert, 36, 45.
Denoix, 39.
Desfrancs, 29, 330.
Desprez, 27.
Desvignes, 27, 28, 29.
Diette, 39.
Dolonieu, 27.
Doyen, 28.
Dubas, 39.
Dubos, 29, 43.
Duchesne, 28.
Ducluseau, 27, 28.
Dufié, 40.
Duffraigne, 42.
Dufresne, 42.
Dulau, 28.
Dumaine, 36, 41.
Dumont, 44.
Duperrier, 28.
Duponceau, 27.
Dupond, 41.

Dupont, 27, 28, 29.
Duteil, 27, 28.
Duval, 29.
Duverger, 36, 45.
de Fauste, 27, 28, 29.
Ferrier, 36, 39, 45.
de Fleury, 26.
Fourneaud, 39.
Fournier, 39.
Galey, 40.
Gauthier, 29, 43.
Gauvart, 36.
de la Goutte, 330.
Govard, 45.
de la Grandville, 25, 329.
Guillon, 42, 43.
Guy, 43.
Herbert, 36, 45.
Hivert, 38.
d'Hugues, 28.
Hyard, 45.
Jamé, 37,
James, 27, 28.
Joulans, 37.
Jounot, 29.
Jousselin, 28, 29.
de Kinadiel, 27.
de la Bothelière, 27.
Labrotière, 28.
de la Chaussée, 27.
Lagache, 43.
de Langle, 24.
de Lannion, 329,
Lanoix, 29, 43.
Lapoterie, 29, 34, 43.
Largille, 36.
Larue, 37.
du Lau, 27.
du Lau d'Allemans, 27, 330.
de Laurencin, 28.
de la Valette, 27.

de la Valette (Fabre), 28.
Lavenand, 43.
de la Villeneuve, 27.
Leclair, 42.
Lecomte, 27, 28.
Lefebvre, 44.
Lelièvre, 45.
Lemair, 42.
Lemoine, 36.
Lemonnier, 27, 28, 43.
Leroy, 43.
Lolliot, 28.
Malblanc, 39.
Mares, 36, 38.
Marguerit, 27, 28.
Marignier, 43.
Marion, 43.
Masson, 37.
Mathieu, 39.
Matinot, 39.
de Maubeuge, 27.
Mauduit, 43.
Maupertuis, 29.
Même, 29.
Ménard, 39.
Mesnier, 28.
de Mestre, 27, 28, 29.
Meynier, 28, 29, 33, 34.
de Mirepoix, 329.
Mitier, 36.
Monginot, 36, 45.
Montaulieu, 27.
Montfranc, 43.
Montfrau, 29.
Morel, 39.
Moriand, 42.
Nadaud, 39,
Nicolo, 37.
Nouet, 36, 37.
d'Olone, 329.
Pajol, 29, 30, 31, 32, 34.

Pérault, 36, 39.
Pierry, 36.
Pin, 44.
Poirson, 29, 34.
Ponsot, 40.
de Quirit, 27.
de Rabaine, 28.
Raimond, 41.
Recusson, 27, 28, 29.
Regondeaux, 39.
de Reste, 27, 28.
Richer, 28, 35.
de Riencourt, 24.
de Rochambeau, 26, 330.
de Roche, 27, 23.
Rogeal, 43.
du Rosel, 27, 28, 29.
du Rosel (Léon), 27, 28.
Rougeol, 43.
de Roure, 329.
Saignès, 40.
Saint-Cyr, 27.
de Salles, 329.
Santezau, 29.
de Saulny, 27.
de Sceaulx, 27.
Schérer, 29.
de Séguier, 27.
Séris, 29, 43.
Sévrin, 43.
de Seguin, 28.
Simon, 36.
Strope, 43.
de Taffin, 27.
Taison, 43.
de Talleyrand, 329.
Taragon, 36.
de Tascher, 27, 28.
Terrien, 36.
Texier, 43.
de Teyssières, 28.
Thomas, 38.

Valles, 27.
Vidal, 36.
de Villefranche, 27.

Villefranche, 43.
Villemin, 43.
de Villeneufve, 27.

Viot, 37.
Voignier, 43.
de Wittinghoff, 28.

DEUXIÈME PARTIE.

82ᵉ demi-brigade et 82ᵉ de ligne, de 1799 à 1815.

Agrisset, 83, 91.
Aguerrebord, 149.
Alexandre, 102.
Allaire, 83, 91.
Allesio, 124.
Allory, 83, 91, 94.
Amant, 83.
Amouroux, 83, 90.
Antoine, 80.
Arvet, 72.
Audibert, 102.
Austry, 131.
Autran, 56.
Azéla, 51.
Ballard, 342.
Balossier, 83, 84, 85, 86, 87.
Baraillée, 51, 56.
Barbier, 138.
Barillier, 144.
Baron, 51, 56.
Barré, 133.
Barret, 102.
Barthes, 59.
Bastien, 91.
Baudaux, 106.
Bauzil, 59.
Beaudoin, 102.
Beaugendre, 51.
Beaurain, 59, 89.
Beauvais, 102.
Bellard, 106.

Benêche, 59.
Beniste, 138.
Benoît, 102.
Bergeot, 138.
Bernard, 144.
Berthier, 69, 120, 127, 153, 342.
Bertrand, 56.
Bidou, 91, 95.
Bigouret, 144.
Billion, 59, 89.
Blairon, 83, 84, 85, 86.
Blaise, 91.
Blanchon, 342.
Blimer, 83, 91, 93.
Blondet, 138.
Bona, 131, 138.
Bonencia, 138.
Bonnetto, 102.
Boos, 51, 56.
Bosse, 342.
Bossert, 51, 56.
Bouire, 145, 342.
Boulinière, 51, 59.
Bounet, 102.
Bourdier, 91.
Bourdon, 91.
Bournillon, 342.
Bournisien, 144.
Braun, 56.
Brazil, 144.

Bredelet, 51, 56.
Brice, 105, 342.
Briffault, 90, 106, 342.
Broc, 102.
Broussard, 51, 79, 80, 342.
Brun, 59.
Brunet, 83, 86, 87, 90.
Brunet, 149, 342.
Bruny, 59, 330.
Caillot, 51, 78.
Campenet, 91.
Carabi, 144.
Casteran, 51, 56, 124.
Catherine, 124, 138.
Cattue, 112.
Cazabat, 83.
Cazenave, 138.
Cerisola, 127.
Chabar, 138.
Chabot, 342.
Chaillan, 342.
Chaix, 59.
Champés, 138.
Chanavat, 51, 56.
Charbonnier, 120, 342.
Charlemont, 70.
Chartraud, 51, 56.
Chatain, 51, 79, 80.
Chérier, 109.
Cheutin, 120.

Cheval, 56.
Chevalot, 83, 91, 95.
Chevet, 90.
Chouan, 131.
Claude, 83.
Claudel, 90, 91.
Claudel, 92.
Clipet, 72, 120.
Clouard, 54.
Cluiv, 120, 155.
Cocq, 131.
Combin, 59, 120.
Comte, 127, 133.
Cornette, 59.
Cornevin, 83, 87.
Cosseron, 155.
Coulomy, 56.
Coursan, 114.
Courtois, 124.
Courtois, 138.
Coyette, 102.
Crème, 91.
Creps, 89.
de Créquy, 143, 152.
Cuendet, 56.
Culpin, 138.
Curia, 59.
Dalché, 91.
Damont, 129.
Darmer, 83, 90.
Daubermesnil, 83, 85, 91.
Daubos, 138.
Daudet, 79.
Daudirac, 118, 143, 145, 342.
Daupein, 114.
Daurie, 80, 91.
Dauriol, 51.
Dayet, 91.
Deffrère, 51, 59, 79, 80.
Defroment, 59.

Degoix, 59, 91, 95.
Deiss, 51, 56.
Delage, 52.
Delalay, 91.
Delarue, 89.
Delenne, 70.
Delisle, 56.
Delorme, 83, 90.
Delouche, 138.
Delpy, 51, 56.
Delucis, 104.
Delval, 52.
Delvaux, 106.
Demont, 51.
Denaud, 51.
Déranger, 83, 92, 93.
Derode, 59.
Deschuyteneer, 104.
Deshauteurs, 83, 91.
Desruelles, 83, 91.
Destribois, 155.
Destruchant, 155.
Devilliers, 138.
Diey, 52, 56.
Dinard, 56.
Douet, 59.
Doullière, 102, 114, 144.
Drogret, 51, 56.
Drouet, 92.
Dubois, 83, 91.
Dufert, 102.
Duffaut, 51, 53, 76, 79, 80.
Dugot, 56.
Duloube, 155.
Dumas, sergent, 102.
Dumas, soldat, 144.
Dupierreux, 102.
Dupin, 51, 53, 76, 79.
Duprat, 51.
Dupré, 70, 72, 128, 152.

Dupuy, 129.
Dupuy, 150.
Dussol, 342.
Dutil, 83, 85, 86, 87, 91, 94.
Duvallet, 138.
Duverger, 127.
Ebert, 52, 79.
Esneaux, 51, 330.
Estève, 104, 108, 109.
Eudes, 70, 72.
Fabre, 70, 342.
Fau, 118, 342.
Fauchereau, 59, 80, 102.
Faure, 59.
Favier, 59, 89.
Favro, 102.
Fayard, 138.
Feron, 83, 91, 94.
Feys, 106.
Feys, 138.
Florent, 51.
Foison, 138.
Fonville, 342.
Forstal, 83, 85.
Foubert-Delaise, 145, 342.
Foucault, 120, 122, 124.
Fouquier, 56.
Franc, 83, 87, 342.
Frain, 126.
Fristo, 56.
Gallois, 123, 342.
Galpy, 120, 129.
Gardamagna, 124.
Garret, 59, 114, 143, 145, 342.
Gasse, 102.
Gautreau, 342.
Gavanie, 129.
Gelinière, 83, 91.

Génin, 83, 91.
Gerfaux, 51, 56
Germain, 56.
Gervais, 102.
Ghilbert, 138.
Gilbert, 120.
Gilli, 102.
Gindel, 52, 79.
Ginot, 83, 91.
Giraudon, 83, 85, 86, 87, 91.
Gobert, 59.
Goujard, 83, 91.
Goujon, 83, 92.
Goulier, 102, 144.
Gourlin, 51.
Gouy, 131.
Goyer, 111, 118, 342.
Graincourt, 56.
Gratis, 83, 91.
Grilhé, 59, 100, 120.
Groisne, 60, 67.
Guerin, 107, 108.
Guérin, 342.
Guerlat, 144.
Guichet, 155.
Guidet, 59, 79, 80.
Guileme, 102.
Guillaume, 52, 59.
Guillot, 144.
Guy, 102.
Harlé, 52.
Hautrath, 83, 91.
Hœck, 102.
Henry, 124.
Héricourt, 91.
Heurtematte, 83, 91.
Hodé, 59, 109, 342.
Hoffmann, 51, 79, 80.
Hollier, 59.
d'Houdelot, 83, 91.
Humbert, 90, 114.
Hurtault, 59, 99, 100,

102, 103, 104, 107, 108, 109.
Icher, 144.
Illiano, 138.
Iris, 102.
Jamard, 52, 79, 80, 82, 83, 91, 93, 94.
Jandé, 70.
Janin, 68, 109, 112, 114, 121, 122, 342.
Jesfen, 127.
Joly, 102.
Jomain, 83, 90.
Jorand, 59, 124.
Jore, 79.
Joseph, 102.
Josnier, 102.
Julien, 83, 91, 342.
Jumel, 51, 56.
Labarthe, 79.
Lafaurie, 51, 56.
Laffont, 120.
Lahier, 83, 91, 93.
Laigre, 124.
Lambert, 59, 79, 102.
Lamy, 70.
Lanchy, 56.
Langlois, 51, 56.
Laporte, 59.
Lardaux, 342.
Laroche, 52, 56.
Larrieu, 59.
Lassalle, 56.
Lasserre, 144.
Latour, 83, 85, 90.
Laubière, 83, 85, 90.
Laurent, 109.
Lauret, 150.
Lavoignat, 52, 79, 80.
Lavoisière, 118.
Lebaron, 51.
Lebesgue, 59.

Léchappé, 106.
Lecomte, 144.
Lefizelier, 112, 114, 121, 122, 124, 125, 142.
Legrand, 51, 78, 80.
Lelidec, 51.
Lentz, 149.
Léonard, 83, 91.
Lépin, 145, 342.
Lépine, 91.
Lerch, 145, 342.
Leroux, 131.
Leroy, 59, 79, 80.
Lespiaut, 144.
Lesprit, 91.
Letoc, 102.
Letrosne, 83, 92.
Levraud, 51, 79.
Lévy, 144.
Liégard, 342.
Loix, 138.
Luquer, 145, 342.
Lussot, 102.
Mabilliotte, 102.
Magentier, 51.
Maginel, 52, 56.
Magnan, 83, 91.
Mahaut, 342.
Malcourant, 83, 92.
Malfilla, 138.
Malidor, 51, 56.
Mallet, 79.
Mallet, 102.
Manoury, 138.
Mansuir, 149.
Marceleaux, 138.
Marcelle, 102.
Marchal, 51.
Margarot, 83, 90, 91, 342.
Marie, 51, 56.
Marignat, 52, 56.

46

Mars, 102.
Martin, 56, 91.
Mathe, 124.
Matis, 70, 159, 162, 330.
Maure, 52.
Menuet, 51, 56.
Mérand, 83, 92.
Meroux, 342.
Méry, 138.
Messin, 126.
Michel, 51, 56.
Michelet, 145, 342.
Mick, 51, 79, 80.
Miquel, 56, 330.
Modersheim, 144.
Monnais, 79.
Mondet, 51.
Mondon, 144.
Monnerat, 91, 93.
Monneraud, 76, 79, 80.
Montagné, 144, 145, 342.
Montalan, 102.
Monteil, 138.
Montfort, 83, 87, 89, 91, 92, 93, 94, 95, 108, 121, 122, 330, 342.
Montfront, 138.
Monticone, 131.
Morel, 67, 117, 342.
Morin, 51, 56.
Morin, 102.
Mottier, 119, 120, 127, 342.
Mounot, 51.
Mulle, 144.
Muth, 145, 342.
Naucilhand, 56.
Nicaise, 138.
Nicolas, 83, 91.

Ninon, 59, 111, 112, 122, 125, 127.
Nocus, 83, 84, 85, 90.
Noëllat, 91.
Nogues, 59, 80, 82.
Nogues, 79, 80.
Ocher, 87, 91, 93, 94.
Ossola, 102.
Pagelet, 92.
Paris, 51.
Paris, 102.
Pasquier, 56.
Peca, 149.
Pelletier, 79, 80.
Pelteret, 91.
Pequeux, 51, 79.
Pernaudet, 127.
Perret, 102.
Perrin, 92.
Pestel, 118.
Petavy, 59, 98, 99, 102.
Petreret, 83.
Peupier, 51.
Peyron, 144.
Peyron (Pierre), 144.
Picard, 102.
Pichon, 342.
Picoiseau, 138.
Pierron, 342.
Pinard, 51.
Pinède, 83, 84, 85, 86, 87, 90.
Pinguet, 71, 83, 89, 91, 93, 94, 159, 342.
Pinoteau, 51, 53, 54, 55, 56, 57, 130, 330.
Pinoteau, 102.
Pinsard, 102.
Pizzal, 120.
Plauzoles, 59.
Poggio, 124.
Poinsignon, 83, 91.
Pollarolo, 124.

Ponteau, 52.
Pontheney, 83.
Pontouille, 79, 80.
Porquet, 51, 56.
Pouget, 131.
Poulet, 51, 56.
Proutières, 59.
Quénon, 102.
Quicray, 138.
Quillot, 138.
Quin, 56.
Rabazan, 56.
Raberain, 56.
Ragouain, 342.
Raillard, 83, 87.
Renaud, 51, 56.
Reynaud, 342.
Richard, 51, 56.
Ripouteau, 59, 79, 126.
Robert, 120, 127.
Rocco, 124.
Rocheron, 109, 112, 118, 120, 121, 342.
Rocton, 102.
Roger, 51, 56.
Roger, 131.
Ronaert, 106.
Rouault, 51, 79.
Rouet, 102.
Rougemont, 79, 80.
Roullac, 51, 56.
Roullot, 51, 79, 80.
Rousse, 51.
Rousseau, 51, 56.
Rousseau, 102.
Royancz, 102.
Sabat, 144.
Saint-Hilaire, 79, 80.
Sallaz, 102.
Sanguinetta, 144.
Sauton, 102.
Schiffer, 144.
Sdverdz, 342

Seguette, 102.
Seimmes, 155.
Seince, 138.
Sembrés, 59.
Senac, 102.
Senart, 114.
Serres, 59, 102.
Serva, 131.
Sirdey, 342.
Soulas, 83.
Steiger, 59.
Tabasso, 102.
Teissier, 102.
Theuler, 149.
Thévenard, 102, 112.
Thibaut, 59, 102.
Thomas, 112.

Thomas (Sébastien), 114.
Thomas, 120.
Thumin, 144.
Tinet, 51, 79, 80, 342.
Tournier, 342.
Tourrel, 102.
Toussaint, 127.
Touzé, 56.
Tréney, 91.
Tricoche, 80.
Troadec, 59.
Troquereau, 342.
Trupaud, 155.
Vachette, 51, 79.
Vacret, 83, 91.
Vallier, 51, 56.

Vancoppenoble, 106.
Vandernoot, 52.
Van Geen, 124, 125, 134, 330, 342.
Vasseur, 138.
Verat, 59, 89.
Vernaet, 120, 129.
Vigniaux, 59.
Villeneuve, 78.
Viret, 59.
Vivien, 130, 137, 138, 342.
Wiltz, 51, 79, 80.
Wolf, 144.
Wolfienger, 83, 91.
Zandrino, 120, 129.
Zickel, 91.

TROISIÈME PARTIE.

7ᵉ demi-brigade et 7ᵉ régiment d'infanterie légère, de 1788 à 1815.

Adam, 182.
Adrian, 341.
Adrien, 188, 341.
Allais, 182.
Amerdheil, 182, 340.
Anfray, 180.
d'Angerville, 170.
d'Anrosey, 170.
Argus, 182.
Arnauld, 341.
Aspelli, 205.
Astre, 182.
Audasse, 341.
Autran, 203, 204, 331.
Ayasse, 182, 340.
Baillif, 182, 189, 190, 195, 341.
Balet, 170.

Baltzer, 182, 341.
Barbier, 194.
Barrère, 179.
Barthélemi, 182, 340.
Beaugey ou Baugez, 182, 188, 195, 197, 202, 340, 341.
Baumgartner, 205.
Beaufort, 341.
de Becdelièvre, 170, 330.
Bellefond, 208, 341.
Bellefort, 340.
Bereaud, 180.
Berger, 340.
Bernard, 208, 209.
Bernarday, 208.
Berthe, 183.

Berthomé, 183, 188.
Bertrand, 341.
Bessière, 341.
Billa, 183.
Billequin, 182, 341.
Billy, 182.
Blaignan, 180.
Bleurville, 182.
Boiroux, 341.
Boisselier, 170.
Bonabeau, 340.
Bonnescuelle, 340.
de la Bordière, 170.
Borot, 170.
Boudon, 341.
Boullery, 340.
Bouquet, 183, 340.
Bourg, 182.

Boutellier, 341.
Boyer, 179, 182, 331.
Brandon, 186.
Braunn, 182.
Bréard, 188, 204, 340.
Brepson, 170.
Breton, 341.
Brocq, 182, 194, 199, 202, 208, 209, 340, 341.
Bruneau, 180,
Bureau, 170, 171, 202.
Butard, 200, 202, 204, 205, 207, 341.
Campet, 182.
Cannivet, 340.
Capiaumont, 180.
Caquet, 180, 182.
Carriau, 34
Cartier, 182, 184, 189, 190, 340.
Cartier, 341.
Cassagne, 171, 331.
Castex, 180.
Castin, 339.
Chabert, 180.
Chaborel, 340.
Chambellan, 180.
Chancel, 204.
Charly, 182, 340.
Chanteloup, 183.
Chas, 341.
Chevalier, 339.
Chevalier, 183, 340.
Claves, 341.
Colard, 182.
Collet, 340.
Collin, 341.
Colomb, 183.
Combessies, 180, 182,
Contenot, 183.
Contenson, 340.

Cosson, 180, 194, 198, 200, 341.
Coste, 183, 340.
Coudroy, 340.
Coulomb, 183.
Coupez, 180.
Courtillon, 183, 340.
Dalouzi, 210.
Dalquier-Fonfrède, 183, 188, 340.
Dandalle, 180, 182, 341.
Dandalle, 180, 182.
Darnille, 182.
Dasques, 180, 182.
Daudet, 341.
David, 341.
Decoupade, 339.
Decoute, 182, 340.
Decrion, 183.
Defer, 182.
Degand, 180, 182.
Delmas, 340.
Delseaux, 341.
Demonget, 179.
Demongot, 180.
Demossan, 180.
Denas, 170.
Denon, 197, 341.
Denot, 180.
Deoux, 180.
Depierre, 180, 182, 340.
Deplaine, 340.
Depommery, 186.
Deriquehem, 182.
Desforest, 170, 330.
Desnost, 180.
Desplanques, 341.
Desserville, 341.
Destournelle, 170.
Dewareux, 188, 341.
Dietz, 194.

Doise, 180, 182
Dubois, 340.
Duclos, 170.
Ducorbier, 183.
Ducouret, 182, 340.
Ducourthieux, 340.
Dufrin, 341.
Dulac, 170.
Dumoulin, 182, 340.
Duplessy, 182, 340.
Dupont, 183, 188.
Duportail, 204.
Dupré, 180.
Dupuy, 188.
Durand, 341.
Durut, 180.
Duvilla, 183.
Ecoiffier, 180 182.
Estève, 340.
Fages, 182, 194.
Faison, 341.
Falcon, 195, 202, 340,
Falcon, 341.
Faraguet, 209.
Farinelle, 341.
Fattat, 180.
Faury, 182, 189, 190, 195.
Fayel, 340.
Ferrandon, 180.
Ferriol, 180, 182, 202, 204, 34
Floucaud, 194, 201, 341.
Folschsweiler, 182.
Fonquère, 341.
Fontaine, 180.
Fougère, 180.
Fouillade, 188.
Fouquet, 188, 341.
Fournier, 341.
Fovel, 180.
Gaignot, 182.

Gaillard, 341.
Gallois, 182.
Garnier, 180, 182, 340.
Garralon, 188.
Garré, 186, 188.
Garry, 180.
Gaussen, 341.
Cavois, 194, 341.
Gay, 341.
Gélis, 179.
Ghiony, 341.
Girod, 180.
Giroux, 180, 182.
Godard, 180, 182, 341.
Goudon, 340.
Granjean, 182.
Gras, 180, 182.
Grasset, 339, 340.
Groizard, 208, 331.
Grugez, 178, 179, 339, 340.
Guellard, 182.
Guérin, 182, 340.
Guermont, 340.
Guesnon, 182, 188, 340.
Guichard, 180, 182.
Guillot, 180.
Hainault, 180.
Halloy, 182, 340.
Hamon, 182, 340.
Hémon, 182.
Herlick, 340.
Hollenveyer, 182.
Holtz, 195.
Hugoin, 182, 340.
Huigant, 341.
Jamay, 341.
Jamotte, 339.
Joineaux, 182, 340.
Julian, 180.
Kayser, 341.
Labastie, 188.

Laborie, 170.
Lacan, 341.
Lafitte, 180, 182, 340.
Lagarde, 182.
Laigneau, 341.
Lamaire, 184, 190 194, 331, 340.
Landy, 179, 182, 184.
Langé, 340, 341.
Laposte, 341.
Lapotterie, 170.
Laprotte, 182, 340.
Larrieu, 180.
Lavergne, 340.
Lefèvre, 182, 186, 340.
Lefort, 340.
Legay, 180.
Léon, 341.
Léonhardt, 182.
Lépine, 341.
Liego, 341.
Liénard, 340.
Liépin, 180.
Lierneur, 182.
Ligneux, 180.
Limonier, 341.
Loinard, 180.
Lollier, 180.
Lombard, 179, 183.
Loubet, 198, 201.
Luchaire, 195, 331.
Lucotte, 179, 331.
Lucq, 180.
Lussac, 188, 341.
Madier, 194.
Maisonnave, 182, 194, 340, 341.
Maloux, 341.
Manneville, 182.
Marcel, 341.
Marchand, 188.
Mareschal, 180.
Margaillan, 182.

Marguerie, 197, 202, 203, 204, 205, 340, 341.
Marot, 180.
de Martel, 170.
Martin, 340.
Masquet, 341.
Masson, 200.
Masson, 340.
Massy, 185, 190.
Mauberdière, 180.
Maupertuis, 170.
Mazereil, 180.
Melac, 180, 182, 188, 340.
Merceron, 183, 340.
Mercier, 182, 188.
Mereau, 182.
Michel, 180.
Michelon, 341.
Minet, 182, 340.
Minguet, 340.
de Miribel, 170.
Moncey, 199, 341.
Mondet, 182, 340.
Monotte, 341.
Morain, 180, 182.
Morel, 340.
Morelli, 205.
Morin, 180.
de la Morlière, 170.
Mouneins, 180.
Mounet, 179, 182, 340.
Mounier, 341.
Müller, 341.
Navarre, 180.
Nicolas, 341.
Niqueur, 341.
Noireau, 180.
Ochlert, 182, 188.
Olivier, 180, 182.
Ouvrard, 200, 341.
Pantin, 341.

Pape, 341.
Parmentier, 340.
Pascal, 340.
Patenôtre, 194.
Patouillot, 182.
Payoz, 183.
Pélier, 182.
Pépin, 180, 182.
Periot, 341.
Perrin, 341.
Pessies, 180.
Petit, 341.
Pfliger, 183, 341.
de Piépape, 170.
Pintiaux, 183.
Plantier, 188.
Pomet, 180.
Ponçon, 341.
Pondvin, 185.
Poulet, 180.
Présat, 180.
Presvôt, 180.
Prévot, 182.
Prudhomme, 180, 182, 341.
Quesnoy, 341.
Rabut, 183.
Rabuté, 340.
Ragon, 180.
Raoux, 341.
Renaud, 341.
Renaud, 341.
Reverchon, 180.
Revert, 180.
Reynaud, 341.
Reynes, 179.
Reyniac, 197, 202, 203, 204, 341.
Richard, 198, 341.

Richardot, 340.
Rimon, 192.
Rivoiza, 194, 341.
Robin, 183, 198, 341.
Roger, 340.
Rolland, 183.
Romans, 188, 199.
Rome, 197, 202, 331.
Roques, 178, 180, 339, 340.
Roques, 341.
Roquevert, 341.
de Rostaing, 170.
Roth, 183, 193, 341.
Rouanet, 182.
Roubier, 341.
Rousseau, 180, 182, 341.
Rouvier, 341.
Roux, 179.
Roux, 340.
Rouxe, 340.
Sabe, 182.
Sailly, 194.
Saint-Alban, 340.
Saint-Aubin, 170.
Saint-Clément, 170.
Saint-Martin, 170.
Salin, 180.
Salins, 180.
Salles, 341.
Salmon, 341.
Saudoncq, 170.
Sautemont, 205.
Sauvajol, 180.
Schmitt, 182.
Sède, 188, 341.
Seguineau, 188.
Sénat, 183.

Sentier, 340.
Sentis, 182, 340.
Series, 197.
Serry, 186.
Sinn, 183.
Solmen, 341.
Souillère, 182.
Tallandier, 180.
Tessier, 341.
Thenos, 341.
Thuillier, 340.
Thuillier, 341.
Titon de Saint-Lamain, 170.
Trascaze, 198, 341.
de Trentinian, 170, 330.
Triadou, 182.
Trinqualier, 170.
Trouillot, 182.
Turin, 341.
Tyrant, 170.
Vagnaier, 182, 184, 187, 340.
Valderon, 340.
Vanduelle, 208.
Vautrain, 180, 188, 340.
Vidal, 178.
Vidal, 341.
Vignol, 340.
Villard, 180.
Villedieu, 183, 188.
Vinsson, 205.
Vuillier, 182.
Wargnier, 182.
Waroquier, 183, 192, 340.
Zémon, 340.

QUATRIÈME PARTIE.

7ᵉ régiment d'infanterie légère et 82ᵉ de ligne, de 1816 à 1876.

Abidos, 305.
Abry, 238, 251.
Abry, 251, 262, 265, 272, 343, 345.
Adam, 250, 254, 256, 333.
Alary, 261, 264, 269, 273, 275, 285, 295, 308, 314, 346.
Alazet, 321.
Alessandri, 281, 285, 308, 310.
Alexandre, 345.
Allard, 217.
Alleguède, 303.
Allenet, 296.
Allier, 300.
Alquié, 346.
Alzieu, 311, 314.
Amadieu, 278, 283, 333.
Amiotte, 296.
Ancel, 344.
André, 311, 313.
Anizan, 294.
d'Antin, 234, 238, 251, 258, 264, 273, 344, 345, 346.
d'Arbo, 307, 309, 315, 333.
d'Armagnac, 277, 285, 296.
Arnaud, 262, 265, 273, 280, 346.
Arnould, 296.

d'Arnouville (Chopin), 268, 273, 281.
Arrault, 321.
Artus, 251, 262, 264, 273, 312, 335, 336, 346.
Arvers, 283, 285, 292, 308, 315, 347.
Aubertel, 261, 271, 295, 308, 347.
d'Aubignose, 224.
Aubreton, 217.
Aubry, 281.
Aubry, 305.
Aufrère, 343.
d'Autane, 217, 334.
Ayard, 344.
Ayme, 347.
Bachelier, 282, 284, 308, 311, 315, 349.
Bagneux, 304.
Baillet, 321.
Balard, 343.
Baldié, 305.
Baldy, 284, 295, 308, 313.
Balmelle, 343.
Bamberger, 349.
Baqué, 294.
Barberet, 216, 222.
Barbier, 278, 343.
Barboile, 236.
Barjon, 343.
Barnole, 297, 306.
Barrate 343.

Bastard, 312, 314.
Battisti, 310.
Bauchet, 237.
Baudey, 321.
Baudry, 311, 313.
Bauduin, 231, 236, 237, 251, 252.
Bauduin, 259, 264, 268, 272, 282, 285, 308, 348.
Bauheaire, 347.
Baumann, 346, 349.
Baurin, 343.
Beaulieu, 314, 315.
de Beauregard, 217, 335.
Beck, 296.
de Becdelièvre, 296.
Bedos, 334.
Bel, 251, 259, 261.
Bellard, 345.
Belleau, 320.
Belloc, 310, 311, 312.
Bellocq, 343.
de la Belouse, 236.
Belot, 347.
Bénard, 321.
Béneuville, 305.
Benoît, cap., 231.
Benoît, cap., 238, 250, 251, 254, 258, 335, 343.
Benoît, 301.
Benoît, 344.
Benoît, 344.

Béranger, 245, 259, 265, 270, 271, 277, 295.
Berbet, 238.
Berbey, 231.
Berger, 300.
Bergouignan, 311, 313.
de Bermon, 231, 235, 237, 242, 343, 344.
de Bermon, 235, 237, 242, 251, 258, 264, 272, 282, 283, 346.
Bermond, 282, 285, 308, 310.
Bernier, 346.
Bert, 311, 314, 315.
Berteloite, 313.
Berthau-Duchesne, 276, 278, 279, 280, 332.
Bertholet, 216.
Berthod, 297.
Bertonnière, 282.
Bertran, 281, 284, 308, 310, 314.
Bertrand, 236.
Bertrand, 261, 264.
Besancenot, 216.
Bessière, m., 244, 250.
Bessière, 265, 267, 270, 333.
Besville, 305.
Beuf, 314,
Beullard, 334.
Bigot, 344, 346.
Biscaburru, 343, 344.
Bister, 295.
Bivert, 297, 305, 307, 348.
Blain, 305.
Blaise, 345.
Blanc, cap., 232, 343.
Blanc, 294, 348.

Blanc, 314.
Blanchet, 281, 284, 308, 310, 315, 348.
Blanrue, 311, 314, 315.
de Blérancourt, 217, 221, 334.
Bloquet, 237, 251.
Blois, 305.
Blondel, 236, 237, 251, 254.
Blot (Omer), 231, 234, 238, 251, 267, 336, 344.
Blot (Louis), 233, 237, 242, 244, 250, 251, 262, 343.
Blum 238, 245.
Boam, 344.
Boher, 296.
Boichot, 229.
de Boisrambaud (Fé), 334.
Boissel, 216.
Bombon, 301.
Bonhours, 300.
Bonnard, 238, 344.
Bonnat, 344.
Bonnefoy, 238, 243, 251, 254, 258, 344.
Bonnet, 222, 332.
Bonnet, 307, 309, 315, 335.
Bonnier, 310.
Bonnot, 346.
Bontemps, 217, 222, 335.
Bonthoux, 254, 262, 264, 272, 280, 285, 308, 310.
Bonvallot, 233.
Bordenave, 294.
Borne, 216.
Bornot, 305.

de Borelli, 224, 333.
Botta, 237, 242, 244.
Bouin, 346.
Bouleau, 217, 219.
Bounin, 251, 259, 262, 265, 273, 278, 280, 281.
Bourdin, 251, 259, 261, 264, 280.
Bourdon, 216, 333.
Bourgeois, 223, 224, 231, 236, 237, 251, 254, 262, 336, 343, 344, 345.
Bourgeois, 238, 251, 254, 263.
Bourgeon, 272, 273, 283, 284, 308, 312.
Bourgey, 296, 306, 311.
Bourson, 276.
Bouscaren, 245, 251, 261, 264, 271, 272, 284, 346, 347.
Boussard, 217, 222.
Boutet, 235, 238, 251, 265, 280, 336, 345, 346.
Bouttier, 233.
Boy, 294, 348,
Boyer, 231, 235.
Braché, 302.
Bracquemont, 343.
Braquemart, 233, 235.
Brecht, 281, 284, 293, 308, 310, 315, 349.
Bréger, 235, 237, 242, 248, 250, 257, 335.
Bres, 343.
Bressolles, 277, 278, 333.
Breton, 268, 272, 281.
Breton, 347.

Brochet, 344.
Broussignac, 276, 285, 296, 308, 312.
Browers, 217.
Brown, 296.
Brumens, 250, 261.
Bruyère, 344.
Bucher, 345.
Buchot, cap., 234, 237.
Buchot, 238, 251, 264, 345.
Buffart, 217.
Buges, 272, 275, 276.
Buhot-Launay, 312.
Burté, 344.
Buy, 344.
Buzin, 346.
Cacan, 296.
Cahuzac, 295.
Caillard, 312, 335.
Cambar, 294, 348.
Campion, 344.
Camus, 233.
Camus, 261.
Cancel, 348.
Cantrelle, 217, 220, 221.
Carcaran, 301.
Carion, 344.
Caron, 269.
Caron, 296.
Carra, 294.
Carrau, 297, 306, 308.
Carré, 311, 313.
Carrère, 237, 254,
Carrère, 259, 264, 268, 343.
Carrère, 344.
Cartier, 344, 346.
Carutti, 251, 259, 262, 265.
Cassal, 218.
Casses, 251, 264.

Casta, 299.
de Castagny, 245, 248, 250, 253, 254, 255, 256, 259, 263, 267, 332, 344, 345.
Castel, 313.
de Castella, 217, 222.
Castelan, 217.
Castéran, 294.
Castra, 302.
Castre, 306, 308, 315, 321.
Cathelot, 346.
Catheriney, 224.
Cauliez, 217.
Cauvin du Bourguet, 230, 333.
de Cendrecourt, 216.
Chaigneau, 296.
Chamayou, 343, 344.
de Chambarlhac, 232, 235, 334.
Chameau, 305.
Champion, 231, 237, 242.
Championnet, 224.
Chanoine, 305.
Chanson, 216, 222, 335.
Chantreau, 301.
Chanun, 299.
Chapgier, 303, 348.
Chardin, 281, 285, 313, 315, 335.
Charlier, 225.
Charlin, 300.
Charlot, 299.
Charlut, 283, 285, 292, 296.
Charpine, 238, 251, 254, 258.
Chartier, 295.
Chasné, 348.

Chassale, 301.
Chasseraux, 222, 334.
Chastel, 305.
Chatillon, 251, 259.
Chatté, 237, 251, 254, 343.
de Chavron, 334.
Chaumette, 238, 251.
Chaumont, 217.
Chenevray, 305.
Chevalier, 305, 308.
Chevalier, 306.
Chevreau, 296, 306, 311.
Chevreuil, 297, 302, 305, 333.
Chevrier, 277.
Chévrier, 296, 346.
Chomel, 300.
Clanet, 344.
Clavolin, 205, 237, 242, 251, 258, 264, 272, 344, 346.
Clément, 344.
Clerfeuille-Viollet, 344.
Clous, 302.
Cocard, 294.
Cognés, 270, 272, 278, 285, 295, 336, 347.
Colfa, 343.
Collet, 305.
Collomb, 321.
Collot, 345.
Collot, 345.
Condeau, 315, 320, 335.
de Contencin, 269, 281, 284, 306, 308, 310, 315.
Cornavin, 346.
Corny, 345.
Cortet, 348.
Cos, 305.

Coste, 297, 306, 308.
Costedoat, 343, 344.
Cottin, 297, 305, 309, 335, 348.
Courmes, 217.
Coutron, 344.
Couture, 347.
Couvelet, 343, 346.
Cretin, 294.
Crevel, 261, 264.
Croisier, 297, 306, 308.
Cruzel, 297, 305, 307, 312, 347.
Curet, 295, 333.
Curteley, 297, 301, 306, 315, 348.
Cuvelier, 347.
Daclon, 235, 251, 265, 270, 273, 284, 305, 308, 320, 336, 347.
Dagonne, 301.
Daguerre, 244, 249, 257, 334.
Dalbiez, 296.
Damonet, 216, 217, 335.
Danton, 280.
Darroyat, 223, 233, 251, 265, 345.
Daux, 259, 268, 273, 295, 308.
Daval, 344.
Daverat, 312, 315.
Davin, 297, 306, 308.
Davoust, 233.
Debout, 294, 348.
Decalonne, 296.
Decréon, 294.
Degland, 281, 284.
Dehertogh, 262, 265, 273, 275, 281, 285, 302, 306, 308, 310, 346.
Dejou, 270.

Dejoux, 217, 221.
Delavelle, 223, 224, 225.
Deligny, 231, 234, 334.
Dellys, 281, 284.
Delmas, 237, 251, 264, 345, 346.
Delphin, 343.
Demange, 312, 315.
Demange, 344.
Demangeon, 296.
Demard, 251, 254, 258, 261, 264, 272, 284, 308, 312, 336, 346.
Demengeot, 232, 245, 251, 258, 264, 272, 343, 345, 346.
Denechau, 261, 265, 276, 334.
Denizot, 348.
Dengler, 310, 314.
Denny, 311, 315.
Denoual, 297, 347.
Deroubaix, 344.
Désaubliaux, 310, 314.
Desflachesido, 300.
Desmazières, 334.
Destime, 305.
Devars-Dumaine, 297, 306.
Devaux, 223, 335.
Dewatine, 343.
Dibasson, 345.
Didier, 237, 251, 258, 265, 273, 344.
Diettmann, 224, 225, 226, 332.
Digue, 295, 308, 349.
Dilly, 343, 344.
Dolecie, 281, 284, 308, 310, 312.
Domenech, 272, 285, 296, 306, 308, 312.

Dompmartin, 216.
Donquichotte, 305.
Doré, 344.
Dorel, 348.
Dory, 321.
Douhaut, 345.
Drevon, 242, 245, 259, 264, 270, 272, 274, 282, 344, 346.
Drevon, 310, 315.
Dubosq, 280, 284, 289, 292, 307, 309, 335.
Duchesne, 302, 305, 307, 310.
Ducourneau, 294.
Ducreux, 305, 309.
Ducros, 343.
Dufour, 228.
Dufourg, 345.
Dufournet, 300, 348.
Duleu, 333.
Dumarest, 344.
Dumont, 258, 261.
Dumont, 296, 308.
Dumont, 344.
Dunepart, 343.
Dupérier, 344.
Dupond, 295.
Dupont-Delporte, 228.
Duprat, 325.
Durand, 235, 238, 251, 254, 261, 264, 273, 274, 344, 345.
Durand, 301.
Dureil, 344.
Duret, 344.
Durieux, 302.
Duteyrat, 305.
Dutheil, 269.
Ebinger, 297, 306, 315.
Echivart, 301.
Eeckout, 347.

Eichenberger, 343.
d'Epremesnil, 335.
Ernst, 284, 296.
Escolle, 282, 285, 292, 308, 348.
Espinasse, 294, 348.
Estève, 238, 245, 251, 265, 343.
Etchène, 221.
Fabié, 302.
Fabre, 344.
Fabregoule, 311, 315.
Faroux, 268, 282.
Faubert, 314, 315.
Fauchon, 307, 309, 315, 317, 323, 332, 349.
Fauconnier, 333.
Faugeras, 348.
Faussurier, 303.
Fauvart-Bastoul, 236, 334.
Féréol, 343.
Ferru, 272.
Fichet, 344, 346.
Filippi, 294, 348.
de Finance, 244.
Finsterback, 347.
Fitili, 258, 265, 270, 336, 345.
Florant, 314.
Foignant, 305.
Foirest, 305.
Fonfrède, 313, 335.
Forceau, 294.
Formis, 217, 221, 222.
Fort, 343, 344.
Fortépaule, 294.
Fortun, 294, 348.
Fouilloux, 344.
Foulon, 237, 251, 261, 265, 271, 345.
Fourgnaud, 305.

Fournier, 235, 237, 238, 243, 244, 333.
Fournier, 296.
Fournier, 304.
Fourrachan, 296.
Fraisse, 347.
Françay, 305, 308, 348.
Francez, 343.
Franclet, 297, 306, 308, 315.
François, 294.
François, 305.
François, 312, 315.
Franquin, 344.
Fransquin, 347.
Frayssinaud, 325.
Frédéric, 305.
Frémy, 233.
Frère, 305, 308, 309.
Frizon, 228, 238, 244, 251, 261, 265, 285, 346.
Frizon, 281.
De Froidefond, 225, 334.
Furey, 305.
Futscher, 297, 335.
Gabrion, 346.
Gaday, 283, 284, 295, 333.
Gallet, 216, 333.
Gallet, 218.
Gallier, 314, 315.
Gand, 272, 274, 276, 280, 335.
Gaquère, 297, 306.
Garçot, 314, 315.
Gardeur, 296.
Garet, 237, 248.
Garnier, 305.
Garrigues, 301.
Garrigues, 305.
Garrigues, 346.

de Garros, 309, 320, 335, 348.
Gasse, 296.
Gauché, 305.
Gaumet, 297, 306, 314.
Gaussaud, 321.
Gauthier, 218.
Gauthier, 297, 302, 306, 308, 313.
Gauthier, 334.
Gautier, 297, 306, 313.
Gay, 333.
Genneau, 278, 280, 283, 284, 295, 332, 347.
Genneau, 285, 296, 308, 312, 315.
Geoffroy, 221.
Gérard, 272, 283, 284, 308, 312, 348.
Gilbert, 217, 222, 335.
Gillet, 316, 321.
Gilliard, 217.
Gilliard, 217.
Gindre, 216.
Gindre, 305, 348.
de Ginestous, 297, 306, 311.
Gion, 346.
Giot, 346.
Girardet, 259, 262, 344.
de la Giraudière, 237, 249, 251, 259, 265, 268, 273, 278, 344, 345.
Giraudo, 300.
Giroud, 302.
Giroux, 242, 343.
Glaentzer, 295.
Gondet, 305.
Gondrexon, 234, 237, 258, 344.

Gonon, 259, 265, 268, 282, 284, 308, 348.
Gorriot, 293.
Gottran, 277, 284, 296, 308, 310, 348.
Goublin, 296.
Goujon, 296.
Gourdet, 306.
Gourmaud, 344.
de Gourville, 237, 242, 244, 251, 265, 273, 277, 336, 643, 346.
Gousselet, 221.
Goy, 333.
Grabenstetter, 305, 348.
Graland, 232, 237, 249, 250.
Grand, 216, 222.
Gras, 314, 315.
Grattepanche, 345, 346.
Gravas, 282, 284, 308, 311, 312.
Gravelin, 238, 251, 264, 268, 305, 308, 347.
Gravirand, 305.
Graziani, 280, 295, 333.
Greffier, 303.
Grégoire, 259, 264, 268.
Grégoire, 343.
Grinvalt, 343.
Grognard, 222.
de Grolier, 217, 222.
Gros, 305.
Grosjean, 235.
Grosmort, 344, 345, 346.
Groumault, 216, 222, 332.
Guéguin, 281, 296.

Guerbert, 343.
Guichard, 237, 239, 334.
Guigneraye (Louveau de la), 301, 332.
Guillaumé, 237, 251, 254, 255, 258, 336, 343.
Guillemain, 305.
Guillot, 343.
Guillout, 301.
Guinet, 343.
du Guiny, 277, 281, 335.
Guiomar, 251, 253, 254, 257, 334, 343.
Guittard, 345.
Guntz, 251, 254, 259.
Gustin, 238, 251, 264, 271, 336, 345, 346.
Guthans, 347.
Guyétant, 245, 251, 259, 264, 271, 282, 283, 346.
Guys, 284, 289, 291, 292, 295, 332.
Haffner, 347.
du Hamel, 225.
Harrion, 344.
Haudot, 277.
Hautelin, 283, 285, 308, 311.
Hébert, 217, 222.
Hébert, 297, 306, 308, 311.
Hecker, 344, 345.
Heinold, 344.
Henriet, 238, 244, 250, 262, 264, 272, 344, 346.
Héraud, 348.
Hérault, 302.
Heurtebise, 227.

Hiriart, 282, 285, 308, 310, 315.
Hirsche, 344.
Hist, 321.
Hommery, 347.
Hontarrède, 259, 263, 265, 280, 284, 292, 308, 348.
Hostin, 302.
Hubidos, 344.
Hugot, 312, 315.
Hugues, 344.
Huguet, 345.
Humblet, 333.
Icart, 312, 315.
Ifflan, 345.
Imbourg, 262.
Jacob, 315, 321.
Jacob, 345.
Jacquemart, 309.
Jacquet, 296.
Jacquin, 305.
Jacquin, 310.
Jamais, 234, 237, 248, 251, 259, 263, 265, 272, 295, 336, 344.
Janin, 346.
Janniaux, 345.
Jannin, 237, 243, 245, 249, 256, 332, 343.
Jarry, 297, 306, 308, 312.
Jauduin, 344, 346.
Javillard, 296.
Jean, 261, 265, 270, 272, 285, 295, 348.
Jean, 344.
Jeannin, 305.
Jeanningros, 256, 264, 267, 333, 344, 345.
d'Jenner, 217.
Jiquel, 301.
Joffin, 321.

Jordhéry, 297, 305.
Joseph, 346.
Josselin, 301.
Jouet, 344, 346.
Jourdain, 217.
Jourdain, 301.
Jourdes, 227.
Jousse, 283.
Jugant, 305.
Kaddaz, 299.
de Kergariou, 297, 302, 305, 315, 348.
Klipfel, 343.
Knoll, 285, 296, 308, 312, 315.
Koch, 344.
Kremer, 270.
Krieg, 345.
Labordère, 217.
Labouchère, 314.
Labouglisse, 344, 345.
de la Chaise, 270, 272, 275, 276, 277, 332.
de la Chapelle-Morton, 305, 308.
Lachau, 305, 308, 312, 313, 336.
Lacombe, 223, 224.
Lacombe, 294.
Lacoste, 294.
Lacroix, 297, 306, 313.
Lafeuillade, 283, 285, 308, 311.
Lafitte, 305.
Laffargue, 236, 237, 242, 251, 258, 265, 343, 344, 346.
Lafon, 227.
Lafond, 231.
Laforest, 296, 308, 312.
Lafosse, 314, 315.
Lafouge, 237.
Laguet, 294, 348.

de Lahitolle, 262, 265, 272.
Lahure, 321.
Laity, 234.
Lalande, 222, 223, 224, 331.
Lalvé, 301.
Lamarque, 236.
Lambert, 236.
Lambert, 300, 301.
Lambollé, 344.
Lambot, 216, 219, 220, 221, 222, 331.
Lamolinaire, 262, 265.
Lamotte, 300.
Lançon, 217, 222.
Langlois, 343.
Lanimal, 305.
Lannegrâce, 306, 308.
de Lanuza, 269, 272, 282, 347.
de Lanzac (Chaunac), 250, 251, 254, 256, 257, 334, 344.
de Laplaigne de Berry, 217, 218, 335.
de Lapomarède, 310.
Laporte, 345.
Laproste, 321.
Laroche, 343, 344.
Larquet, 302.
Larquey, 300.
Laterrade, 348.
de Launay, 261, 265, 271, 272, 283, 285, 308, 313, 315, 336, 348.
Launay, 294, 296.
Laurens, 305.
Laurent, 297.
Laurent, 347.
de la Vaissière, 276, 284, 296, 308, 312.

Laval, 284, 308.
Laveissière, 346.
Lavelaine-Maubeuge, 334.
Lavisse, 238, 251, 333.
Laxague, 237, 249, 251, 258, 264, 343, 345.
Layle, 301.
Lazargues, 304.
Le Bras, 259, 264, 268, 273, 281, 285, 292.
Lecavalier, 344.
Léchère, 325.
Leclerc, 297, 306, 313.
Léculier, 302.
Leduc, 280.
Lefebvre, 217, 335.
Lefebvre, 348.
Le Gay, 237.
Le Grand, 261, 265, 273, 284.
Le Grand, 262, 264, 273, 276, 285, 295, 308, 311, 312.
Legrand, 343, 344.
Leguen, 343.
Lejeune, 315, 320, 335.
Le Loarer, 311, 314.
Lelong, 305.
Lemaire, 343.
Lendemain, 305.
Le Petit, 238, 244, 251, 254, 343.
Leplus, 321.
Leray, 347.
Le Rider, 344, 346.
Leroux, 301, 302, 335, 347.
Lesaulnier, 346.
Lescarret, 305, 308.
de Lescure, 216, 217, 333.

Lestang, 271, 273.
Lévy, 344.
Lhomméar, 301.
Lhuilié, 305.
Liannaz, 303.
Lironville, 312, 315.
de Lisleferme, 229, 232, 235, 243, 332, 343.
Lobbédez, 297, 306, 308.
Lochet, 304.
Lochon, 270, 272.
Loichet, 218.
Longé, 233, 259, 264, 268, 272, 283, 284, 308, 343, 346.
Loquet, 282.
Lordat, 305, 308, 309.
Louault, 321.
Louby, 302.
Louic, 335.
Luccantoni, 344, 346.
Lugat, 343.
Luigi, 303.
Lutzinger, 269, 273, 275.
Luzert, 305.
Machéras, 344.
Machesseu, 305.
Macron, 225, 333.
Magne, 273, 282.
Magny, 333.
Maher, 334.
Mahérault, 303, 304.
Malafaye, 238, 250, 251, 258, 344.
Malécot, 344.
Malez, 301.
Malick, 273, 282.
Malick, 296.
Mandavi, 236, 238, 251.
Mangeot, 345.

Mangin, 245, 250.
Marc, 321.
Marcelli, 297, 306, 308, 313.
Marchal, 348.
Marchal, 314.
Marchand, 305.
Marchon, 305.
Maréchal, 348.
Marie, 343.
Marie, 344.
Marrast, 335.
Martel, 300.
Martin, 283.
Martin, 311, 315.
Martin, 344.
Martin, 344.
Martinieau, 297, 306.
Marty, 283, 345.
Masse, 261, 264.
Massicot, 261, 265, 271, 272, 275.
Masson, 268, 272, 281, 284, 308, 310, 348.
Masson, 305.
Mastranchard, 277, 295, 336.
Mathias, 305.
de Mathis, 217, 222.
de Maud'huy, 258, 334, 344.
Maurice, 301.
Mauss, 346.
Maxe, 245, 251, 254, 262, 265, 273, 280, 344.
Mayer, 232, 237, 242, 344, 345.
Mazéas, 294, 348.
Mazières, 304.
Mazoyer, 305, 308, 321.
Mazoyer, 305.
Mégevand, 347.

Melliatte, 236.
Méloy, 297, 306.
de la Ménardière, 314, 315.
Ménetrez, 312.
de Ménorval, 238, 244, 251, 258.
Merle, 334.
Méric, 264, 271, 273.
Messelot, 228, 232, 238, 249, 250.
Metreau, 345.
Meunier, 217.
Michel, 240.
Michelat, 321.
Michelet, 235.
Michelet, 345.
Micoulau, 344.
Midi, 346.
Midon, 279.
Mieullet, 238, 251.
Millar, 238, 245, 251, 261, 265, 271, 284, 308, 347.
Millaud, 299, 348.
Mille, 251, 254, 259.
Millerioux, 301.
Milliard, 305, 308, 315, 348.
Milliard, 347.
Millotte, 294.
Mingros, 346.
Minot, 258, 264, 272, 277, 334, 335, 345, 346.
Miquel de Riu, 273, 276, 284, 295, 334, 347.
Miriel, 343.
Mitchi, 300.
de Moissey, 217.
Molin, 311, 314, 315.
Monin-Veyret, 296.

Monnier, 305.
Monnier, 349.
de Montbel, 270.
de Montgaultier, 231, 236, 237, 240, 244.
Morand, 217.
Mordillat, 281, 284, 308, 310, 312.
Moret, 281, 335.
Morère, 305.
Moretti, 297, 302, 306, 308, 315.
Moretti, 305.
Morier, 305.
Morineau, 346.
de Mornac, 216, 331.
Mortier, 217.
Moulet, 299.
Moulinas, 305.
Mounier, 270.
Mounier, 293.
Mouret, 333.
Mourgues — Carrère, 235, 250, 259, 268, 284, 295, 336, 346.
Mouton, 231, 244.
Moyet, 294.
Müller, 345.
Munier, 343.
Mutel, 314, 316.
Nageleisen, 347.
Naturel, 217.
Nebel, 225, 333.
Néel, 270, 333.
Nègre, 333.
Néron, 300.
Nicaud, 314, 315, 320.
Niederst, 343.
Noel, 300.
de la Nouvelle (Veau), 273.
Obry, 238, 251, 259, 261, 344.

Oger, 334.
Ollion, 313.
O'Malley, 238, 239, 243, 244, 250, 257, 334.
d'Ormesson, 279.
d'Ornano, 296, 308, 312, 315.
Orset, 305.
d'Orthal, 263, 265.
Oster, 235, 238, 251, 254.
Ostermann, 343.
Pacaud, 279, 284, 308, 310, 316, 349.
Padovani, 251, 259, 261, 262.
Pagès, 348.
Pagnaud, 299, 348.
Pagneux, 310.
Pajes, 346.
Paoli, 302, 348.
Paolini, 346.
Paquette, 217.
Paquette, 343, 344.
de Parades, 334.
Paris, 258, 334, 335.
Pariset, 236.
Parisot, 344.
Parot, 297, 305.
Partarrieu, 344, 346.
Patouillet, 305.
Patriarche, 242, 251, 264, 268, 284, 344.
Patron, 297, 306.
du Paty de Clam, 309, 311.
Pau, 305.
Paulin, 259, 262, 265, 280.
Pauly, 314, 315.
Pavi, 237, 250, 343.
Pelafigue, 294.

de Pelissac (Luzy), 226, 228, 229, 332.
Pélissier, 233, 325.
Pelizza, 281, 295.
Pelliat, 335.
Pellissier, 251, 254, 259.
du Peloux, 237, 244.
Penotet, 345.
Perot, 305.
Perper, 301.
Perrard, 223.
Perrard, 224.
Perret, 223, 224.
Perretti, 306, 308, 312.
Perrin, 276.
Perrot, 347.
Perrotte, 217.
Petit, cap., 216.
Petit, 269, 272, 282, 346.
Petit, 344, 346.
Petit, 345.
Petit, 346.
Petitjean, 348.
Petroo, 305.
Piane, 296.
Picard, 259, 261, 265, 273, 278, 284, 308, 345.
Picard, 325.
Picasse, 294.
Pierock, 346.
Pierre, 222.
Pierson, 343, 344.
Pillas, 297, 306.
Pinaudin, 302.
Pitavie 294.
Place, 311, 313.
Plotzev, 305.
Poiret, 312, 315.
Poirsotte, 345.
Poitevin, 345.

de Polhes, 228, 232, 244, 334,
de Polhes, 237, 249, 250, 251, 258, 343.
Polonus, 237, 244, 251, 254, 344.
Poly, 343.
Pomarède, 315, 321.
de Pons, 222.
Pons, 315, 321.
Ponsard, 269, 270, 332.
Ponsardin, 231, 236.
Portales, 216.
Pouech-Bernich, 347.
Pouiller, 305.
Poyard, 306, 315.
Prablant, 347.
Pradeau, 344.
Prat, 346.
de Prébaron, 216, 221.
Prévost, 294.
Prunaire, 343.
Prunier, 238, 251, 256, 265, 345.
Quantin, 259.
Quinemant, 236, 237, 242, 251, 259, 265, 268, 280, 344.
Racher, 345.
Racine, 296.
Raffali, 308.
Rafroidi, 344.
Raoult, 283, 285, 308, 311,
Raoul, 344.
Rastouil, 297, 306, 313.
Rateau, 299.
Sardumy, 301.
Ravary, 312, 315.
Ravet, 302.
Raymond, 294.
Réau, 314.
Rech, 297, 316.

Rech, 305.
Reculet, 344.
Redon, 345.
Regnault, 276.
Reminéras, 346.
Renard, 344, 346.
Renaudin, 344.
René, 347.
Renollet, 305.
Renvoyé, 262, 265, 344, 345.
de Reyniac, 258, 264, 276, 334, 345.
Richard, 299, 348.
Richard, 308, 309, 333.
Richepin, 346.
Rigal, 297, 305, 306, 315.
de Rigault, 283.
Rigault, 301.
Rimoux, 294, 348.
Rincheval, 237, 242, 244, 258.
Riolacci, 312, 315.
Rissan, 299.
Rivori, 300.
Robardel, 296.
Robert, 265, 272, 282, 336, 345, 346.
Robert, 302, 348.
Robinet, 305, 310, 335.
Robus, 300.
Roche, 301.
Roche, 304.
Rochebrun, 345.
de la Rochère (Dutheil), 271.
de la Rochette, 217.
Rödel, 12.
Rollinat, 282, 284, 308, 211, 315, 323.
Romengal, 345.
Rossignol, 301.

Rossignol, 346.
Rostagna, 305.
Rouan, 299, 348.
Roubaud, 344.
Rouby, 348.
Rougier, 344.
Rousseau, 225, 334.
Roussel, 250, 254, 259, 262, 264, 272, 280, 346.
Roussel, 268, 272, 281, 344, 346.
Roussel, 283, 296, 347.
Roussel, 296.
Rousselin, 281.
Roux, 277, 306.
Roux, 297, 348.
Roze, 321.
Rozes, 294.
Rudulier, 305.
Rueff, 282.
Rueff, 346.
Rulh, 334.
Ruhlmann, 271, 272, 345.
Ryard, 217.
de Saint-Firmin, 216, 218, 335.
de Saint-Paul, 217.
de Saint-Sulpice, 297, 306, 315.
Salaün, 348.
de Salin-Saillan, 217, 221.
de Salin-Saillan, 217.
Salmon, 301.
Santelli, 294.
Santucci, 347.
Sarrau, 305.
Sarot, 305.
Saunier, 311, 315
Sautereau, 299.

Sautter, 344.
Sauvin, 237, 240.
Savatier, 296.
Savoye, 314, 315.
de Saxel, 297.
Scalier, 344.
Schaller, 280.
Scherrer, 296.
Schevalier, 297, 306, 311.
Schirmann, 302, 348.
Schmidt, 345.
Schmitt, 294, 347.
Schmoll, 321.
Schneider, 297, 306, 313, 348.
Schumacker, 346.
Schweisch, 297, 303, 306, 308, 315.
Segain, 344.
Ségard, 238, 239, 251, 254, 258, 262, 264, 272, 280, 345.
Seignabou, 297, 305, 306, 315.
Sengler, 314, 315, 325, 349.
Sérés, 345.
Simon, 236, 237, 240.
Simonnot, 312, 315, 333.
Sipaire, 311, 314.
Sire, 343.
de Smidt, 216, 334.
de Smidt, 335.
Sol, 226, 334.
de Sonnay (Becquet), 263, 264, 267, 269, 270, 332.
Soubéran, 235.
Soulayrac, 343, 344.
Soulié, 254, 259, 264, 268, 343, 345.

Soulié, 343.
Soutteyrand, 346.
Souverant, 217.
Souville, 334.
Stamaty, 343, 346.
Stein, 344.
Stoffer, 264, 268, 272, 281, 295, 344, 345, 346, 347.
Strassel, 297, 305, 306, 316.
Surel, 334.
Susini, 223, 334.
Taboureau, 345.
Taillandier, 344.
Talibart, 294.
Teisseire, 305.
Tellier, 272, 283, 284, 308, 310, 346.
Tempoure, 334.
Terrade, 305.
Thiébaut, 221.
Thirel, 216.
Tirlet, 281, 285, 308.
Tisseyre, 297, 301, 306, 315, 348.
Tissot, 280.
Titon, 217.
Tondu, 217.
Topin, 333.
Torgères, 299.
Toublanc, 303. 348.
Tournayre, 297.
Toussaint, 296.
Trambouze, 348.
de Traversay, 238, 251, 259, 265, 268, 273, 284, 307, 310, 336, 346.
Trien, 305.
Trinquart, 237, 244, 251, 262, 264, 272, 345.

Trobriant, 222.
Troccon, 303.
Trouan, 305.
Trouppel, 313, 348.
Trumelet, 228, 238, 251, 261, 343.
Tucat, 297, 306.
Tuncq, 334.
Vagné, 297, 306.
Vaissier, 234, 237, 242, 243, 244, 248, 256, 333, 334, 344.
Valleton, 265, 268, 273, 281, 282, 285, 295.
Vallin, 267.
de Valséry (Estave), 231, 244, 296.
Vannier, 294.
Varain, 347.
Varet, 345.
Varlet, 343.
Varloud, 280, 283.
Vaubourg, 346.
Vaures, 345.
Vauthey, 314, 315.
Veber, 306, 308, 321.
Veiden, 347.
Veilly, 305.
Vély, 304.
Vendangeat, 348.
Ventre, 235.
Verlet-Hanusse, 309, 333.
Vernay, 299.
Vernet, 345.
de Verzel (Bérard), 261, 265, 270, 273, 284, 295, 308, 311, 312, 347.
Vettault, 237, 250, 254, 261, 344.

48

Vexiau, 262, 264, 271, 295, 315.
Vial, 305.
Vialle, 305.
Viallé, 348.
Vidalé, 297, 305, 307, 309, 313, 335.
Videau, 305.
Viel, 344.
Vigenaud, 315, 320.
Vila, 216.

Vilat, 343.
Villard, 217.
Villeneuve, 305.
Vincent, 238, 245, 251, 261, 264, 272, 343, 347.
Vincent, 297.
Vinieux, 343.
de Vocance, 238, 251.
Voirin, 281.
Vuillaume, 217.

Wagner, 311, 315.
Walyse, 230.
Wartelle, 277.
Weissenbürger, 267, 272, 277, 333.
Wièse, 281, 284, 308, 310.
Wolf, 295.
Zabern, 312, 316.
Zigang, 297, 302, 305, 306, 315, 325.

TABLE DES MATIÈRES

Préface.. 1
Notice sur les différentes organisations de l'infanterie............. 11

PREMIÈRE PARTIE.

SAINTONGE ET 82ᵉ DE LIGNE (1684-1796)....

Chapitre 1ᵉʳ — 21

DEUXIÈME PARTIE.

82ᵉ DEMI-BRIGADE ET 82ᵉ RÉGIMENT D'INFANTERIE DE LIGNE (1799-1815).

Chapitre 1ᵉʳ. — Intérieur et dépôt.. 49
Chapitre II. — Campagnes des Antilles (1801-1809).................... 75
Chapitre III. — Campagnes de Portugal et d'Espagne (1807-1814)..... 97
Chapitre IV. — Campagnes de Saxe, de France et de Belgique (1813-1815)... 141
Chapitre V. — Légion de la Vendée (82ᵉ)............................... 165

TROISIÈME PARTIE.

CHASSEURS D'AUVERGNE, 7ᵉ DEMI-BRIGADE ET 7ᵉ RÉGIMENT
D'INFANTERIE LÉGÈRE (1788-1815).

Chapitre 1ᵉʳ. — Chasseurs d'Auvergne et 7ᵉ demi-brigade de première formation (1788-1796)... 169
Chapitre II. — 7ᵉ demi-brigade (deuxième formation) et 7ᵉ régiment d'infanterie légère (1796-1815).................................... 175

QUATRIÈME PARTIE.

LÉGION DU JURA, 7ᵉ RÉGIMENT D'INFANTERIE LÉGÈRE ET 82ᵉ RÉGIMENT D'INFANTERIE DE LIGNE (1816-1876).

Chapitre Iᵉʳ. — Légion du Jura et 7ᵉ léger (1816-1854)............... 215
Chapitre II. — 82ᵉ régiment d'infanterie de ligne (1855-1870)........ 247
Chapitre III. — 82ᵉ de marche (1871)............................... 297
Chapitre IV. — 82ᵉ régiment d'infanterie de ligne (1871-1876)........ 307

Colonels et officiers supérieurs 327
Armes d'honneur et légion d'honneur................................. 337
Uniformes de l'infanterie légère et de ligne de 1684 à 1876.......... 351
Marche du régiment 355
Table alphabétique des noms des militaires de tous grades cités dans les différentes parties.. 357

Typographie Lahure, rue de Fleurus, 9, à Paris.

www.ingramcontent.com/pod-product-compliance
Lightning Source LLC
Chambersburg PA
CBHW050904230426
43666CB00010B/2023